Android – Smartphone & Tablet

Die verständliche Anleitung

von
Steffen Bien

Vierfarben

Liebe Leserin, lieber Leser,

die Entwicklung bei Android-Geräten geht ständig weiter und das Angebot an unterschiedlichen Modellen ist unüberschaubar. Längst sind es nicht mehr nur Smartphones: Auch Tablets und Foldables erfreuen sich wachsender Beliebtheit. Und auch das Betriebssystem Android ruht nicht. Jedes Jahr gibt es eine neue Version, die ein neues Design und neue Funktionen mit sich bringt. Bei den vielfältigen Möglichkeiten, Einsatzszenarien, aber auch Risiken ist es wichtig, dass Sie verlässliche Informationen erhalten. Der erfahrene Autor Steffen Bien hat das geballte Wissen aus zahlreichen Büchern und Schulungen für Sie in dieses Buch gepackt. Mit verständlichen Schritt-für-Schritt-Anleitungen sind Sie immer auf der sicheren Seite, ganz gleich, welches Android-Gerät Sie nutzen – Smartphone, Tablet oder Foldable.

Sie erfahren ganz genau, wie Sie Ihr Gerät in Betrieb nehmen und wichtige Einstellungen vornehmen. Sie telefonieren, nutzen Ihre gut sortierte Kontaktsammlung zum Schreiben von Nachrichten und E-Mails, surfen im Internet, fotografieren und sichern, wenn Sie das möchten, Ihre Dateien in der sogenannten Cloud. Sie navigieren durch Städte, hören Musik, behalten Ihre Gesundheit im Blick und lassen sich von den KI-Funktionen mit Gemini im Alltag unterstützen. Die vielen Empfehlungen und Tipps zur Sicherheit sorgen dafür, dass auch nach dem Konsum etlicher Apps aus dem Store keine Reue aufkommt.

Dieses Buch wurde mit größter Sorgfalt geschrieben und hergestellt. Sollten Sie dennoch einmal einen Fehler finden oder inhaltliche Anregungen haben, freue ich mich, wenn Sie mit mir in Kontakt treten. Für Kritik bin ich dabei ebenso offen wie für lobende Worte. Doch nun wünsche ich Ihnen erst einmal viel Freude mit Ihrem Android-Gerät und dieser Anleitung!

Ihr Erik Lipperts
Lektorat Vierfarben

erik.lipperts@rheinwerk-verlag.de

Auf einen Blick

Wir hoffen, dass Sie Freude an diesem Buch haben und sich Ihre Erwartungen erfüllen. Falls Sie Anregungen, Wünsche und Kommentare haben, lassen Sie es uns wissen: **service@rheinwerk-verlag.de**.

Informationen zu unserem Verlag und Kontaktmöglichkeiten finden Sie auf unserer Verlagswebsite **www.rheinwerk-verlag.de**. Dort können Sie sich auch umfassend über unser aktuelles Programm informieren und unsere Bücher und E-Books bestellen.

Autor Steffen Bien
Copy-Editing Annette Lennartz, Bonn
Lektorat Erik Lipperts
Typografie & Layout Vera Brauner
Herstellung Denis Schaal
Satz Markus Miller, München
Covergestaltung Bastian Illerhaus
Druck mediaprint solutions, Paderborn

PEFC
PEFC/04-31-0810

Dieses Buch wurde auf PEFC©-zertifiziertem Papier gedruckt.
Hergestellt in Deutschland.

Bibliografische Information der Deutschen Nationalbibliothek:
Die Deutsche Nationalbibliothek verzeichnet diese Publikation in der Deutschen Nationalbibliografie; detaillierte bibliografische Daten sind im Internet über *http://dnb.dnb.de* abrufbar.

ISBN: 978-3-8421-1198-1

1. Auflage 2026
Vierfarben ist eine Marke des Rheinwerk Verlags.

Rheinwerk Verlag GmbH • Rheinwerkallee 4 • 53227 Bonn
service@rheinwerk-verlag.de

Inhalt

Kapitel 1
Android verstehen

Android begegnet Ihnen heute auf sehr unterschiedlichen Geräten: auf Smartphones, Tablets, faltbaren Geräten, Uhren oder im Auto. Viele Menschen nutzen Android im Alltag selbstverständlich, haben aber dennoch das Gefühl, das System nicht vollständig zu durchschauen. Menüs sehen je nach Gerät unterschiedlich aus, Einstellungen heißen anders, als erwartet, und mit neuen Versionen kommen regelmäßig Änderungen hinzu.

Dieses Kapitel schafft Orientierung. Es erläutert grundlegende Begriffe, Zusammenhänge und Besonderheiten von Android, ohne technisches Vorwissen vorauszusetzen. Ziel ist es, Android einzuordnen und typische Unsicherheiten gleich zu Beginn abzubauen. Android ist bewusst flexibel aufgebaut. Diese Flexibilität ermöglicht eine große Gerätevielfalt, führt aber auch dazu, dass Android nicht auf jedem Gerät gleich aussieht oder sich identisch bedienen lässt. In diesem Kapitel erfahren Sie, warum das so ist und welche Gemeinsamkeiten allen Android-Geräten zugrunde liegen.

Am Ende des Kapitels wissen Sie, was Android grundsätzlich ausmacht, wie sich das System im Alltag verhält und warum Unterschiede zwischen Geräten normal sind. Dieses Verständnis bildet die Grundlage für alle weiteren Kapitel und erleichtert den sicheren Umgang mit dem eigenen Gerät.

Was ist Android?

Android ist ein Betriebssystem. Es stellt die grundlegende Software bereit, die dafür sorgt, dass ein Smartphone oder Tablet funktioniert. Android steuert unter anderem den Start von Apps, die Darstellung auf dem Bildschirm, die Bedienung per Touch sowie die Verwaltung von Daten und Einstellungen.

Geräte mit installiertem Android erkennen Sie am Symbol mit dem grünen Androiden.

Android wird von vielen verschiedenen Herstellern eingesetzt. Es gibt daher nicht das eine Android-Gerät, sondern eine große Bandbreite an Smartphones und Tablets, die auf demselben Grundsystem basieren.

Für Sie bedeutet das: Android bildet das technische Fundament Ihres Geräts. Alles, was Sie sehen und bedienen – vom Startbildschirm über die Einstellungen bis hin zu installierten Apps –, basiert auf Android. Auch wenn die Oberfläche je nach Gerät unterschiedlich gestaltet sein kann, bleiben die grundlegenden Funktionsprinzipien gleich.

Im täglichen Gebrauch arbeitet Android überwiegend im Hintergrund. Es sorgt dafür, dass Apps starten, Benachrichtigungen angezeigt werden und das Gerät zuverlässig funktioniert. Viele Abläufe sind automatisiert, etwa App-Aktualisierungen oder Sicherheitsfunktionen.

Android auf Foldable, Smartphone und Tablet

Gleichzeitig bietet Android zahlreiche Möglichkeiten zur Anpassung. Sie können festlegen, welche Apps Sie verwenden, wie der Startbildschirm aufgebaut ist oder welche Benachrichtigungen angezeigt werden. Diese Kombination aus Automatisierung und individueller Anpassung ist ein zentrales Merkmal von Android.

Google-Dienste als Bestandteil von Android

Android ist eng mit verschiedenen *Google-Diensten* verknüpft. Dazu zählen unter anderem *Gmail*, *Kalender*, *Kontakte*, *Maps* und der *Play Store*. Auf den meisten Android-Geräten sind diese Dienste bereits vorinstalliert. Diese Integration ermöglicht es, viele Funktionen direkt nach der Einrichtung zu nutzen. Daten können automatisch synchronisiert werden und Apps lassen sich unkompliziert installieren.

Die Nutzung dieser Dienste ist in weiten Teilen optional. Android erlaubt es, selbst zu entscheiden, welche Funktionen verwendet werden sollen.

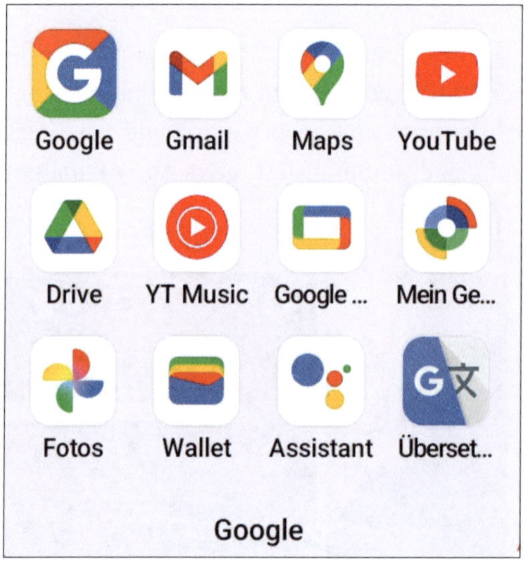

Google bietet zahlreiche kostenlose Apps und Dienste für den direkten Einstieg.

Warum Android je nach Gerät unterschiedlich aussieht

Ein häufiges Merkmal von Android ist die unterschiedliche Gestaltung der Benutzeroberfläche. Hersteller passen Android ihren Geräten an, indem sie Farben, Symbole, Menüs oder zusätzliche Funktionen integrieren. Diese Anpassungen verändern nicht das Betriebssystem selbst, sondern betreffen vor allem die Darstellung und teilweise die Bezeichnungen einzelner Funktionen. Die grundlegenden Abläufe bleiben dabei gleich.

Sobald Sie die gemeinsamen Prinzipien kennen, fällt es leicht, sich auch auf anderen Android-Geräten zurechtzufinden. Unterschiede lassen sich dann schnell einordnen und verursachen keine Unsicherheit.

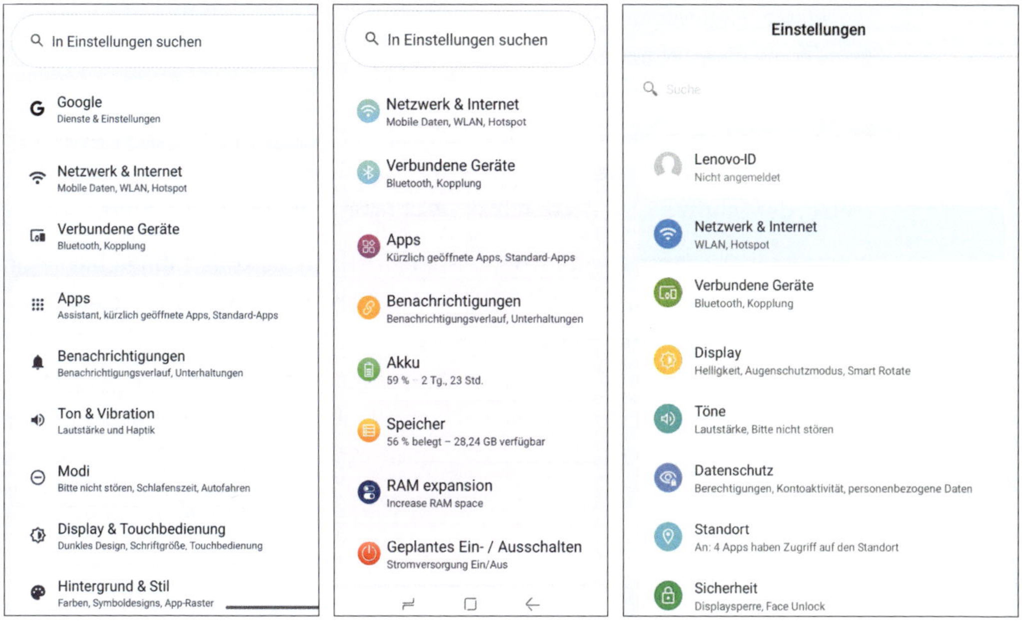

Hersteller von Android-Smartphones individualisieren die Benutzeroberfläche.

Kapitel 2
Einrichtung und erste Schritte

Die ersten Minuten mit einem neuen Android-Smartphone oder -Tablet prägen den späteren Nutzungseindruck stärker, als es auf den ersten Blick scheint. Bereits während der Ersteinrichtung entscheidet sich, wie sicher das Gerät ist, wie komfortabel es sich bedienen lässt und wie gut persönliche Daten geschützt werden. Android begleitet Sie dabei mit einem klar strukturierten Einrichtungsassistenten, der Schritt für Schritt durch alle wichtigen Entscheidungen führt.

Dieses Kapitel nimmt Sie dabei bewusst an die Hand. Es erklärt Ihnen nicht nur, welche Einstellungen vorgenommen werden, sondern auch, warum diese sinnvoll sind und an welchen Stellen Sie sich Zeit lassen können. Ziel ist es, dass Sie Ihr Smartphone nach Abschluss der Ersteinrichtung sicher, aktuell und ausgestattet mit allen wichtigen Inhalten nutzen können, ohne das Gefühl zu haben, etwas Wichtiges übersehen zu haben.

Gerät einschalten und vorbereiten

Die Ersteinrichtung beginnt mit dem Einschalten des Smartphones oder Tablets. Halten Sie dazu die Ein-/Aus-Taste gedrückt, bis das Herstellerlogo erscheint. Kurz darauf begrüßt Sie Android mit dem Startbildschirm des Einrichtungsassistenten.

Zunächst wählen Sie die gewünschte *Sprache* und Region aus. Diese Einstellungen beeinflussen nicht nur die Menüsprache, sondern auch Datumsformate, Tastaturbelegung und regionale Dienste.

1. Tippen Sie auf die angezeigte Sprache.
2. Wählen Sie aus der Liste die gewünschte Systemsprache aus.
3. Bestätigen Sie die Auswahl.
4. Prüfen Sie die voreingestellte Region und passen Sie diese bei Bedarf an.

Mit einem Tipp auf **Starten** beginnt der eigentliche Einrichtungsprozess. Android führt Sie nun schrittweise durch die grundlegenden technischen Voraussetzungen, die für die Nutzung des Smartphones bzw. Tablets erforderlich sind.

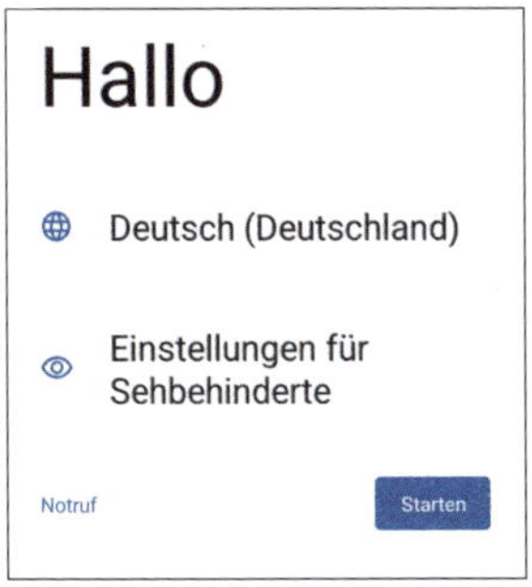

Startbildschirm »Hallo« – Auswahl der Sprache und Start der Ersteinrichtung

Bereits zu Beginn weist Android auf optionale Bedienungshilfen hin, etwa eine vergrößerte Schrift oder verbesserte Kontraste. Diese Funktionen richten sich nicht nur an Menschen mit Sehbeeinträchtigungen, sondern auch an Nutzerinnen und Nutzer, die Wert auf eine besonders gut lesbare Darstellung legen. Auch hier gilt: Alle Entscheidungen lassen sich später problemlos anpassen.

SIM- und eSIM-Einrichtung

Die Einrichtung der Mobilfunkverbindung ist ein zentraler Bestandteil der Ersteinrichtung, da sie darüber entscheidet, ob Ihr Smartphone unabhängig vom WLAN erreichbar ist. Telefonate, SMS und mobile Daten sind für viele Nutzerinnen und Nutzer grundlegende Funktionen, die im Alltag selbstverständlich geworden sind.

Android unterstützt sowohl klassische *SIM-Karten* als auch moderne *eSIM*-Lösungen. Welche Variante genutzt wird, hängt vom Gerät und vom gewählten Mobilfunktarif ab. Für Telefonie, Nachrichten und mobile Daten ist in jedem Fall ein aktiver Tarif erforderlich – entweder über eine physische SIM-Karte oder ein digital hinterlegtes eSIM-Profil.

Bei Smartphones dient die SIM oder eSIM in der Regel dazu, das Gerät vollständig mobil nutzbar zu machen: Sie können telefonieren, SMS empfangen und senden sowie unterwegs mobile Daten verwenden. Das ist besonders wichtig, wenn Sie auch ohne WLAN erreichbar bleiben, Navigationsdienste nutzen, E-Mails abrufen oder Apps verwenden möchten.

Auch manche Android-Tablets sind in einer Variante mit Mobilfunkmodul erhältlich. Mit einer SIM-Karte oder eSIM gehen Sie dann unabhängig vom WLAN online. Das ist besonders sinnvoll, wenn Sie Ihr Tablet regelmäßig unterwegs einsetzen – etwa bei Kundenbesuchen, in der Schule, im Studium oder auf Reisen – und nicht auf öffentliche Hotspots oder die Internetfreigabe eines Smartphones angewiesen sein möchten. Je nach Modell, Hersteller und Mobilfunktarif sind neben mobilen Daten auch klassische Telefonate und SMS möglich. Bei vielen Tablets steht die SIM- oder eSIM-Funktion jedoch vor allem für den mobilen Internetzugang zur Verfügung; Telefonate laufen dann über Internetdienste wie WhatsApp, Signal, Google Meet oder Teams.

Befinden Sie sich zu Hause, im Büro, in der Schule oder an einem anderen Ort mit stabilem WLAN, benötigen Sie für die reine Internetnutzung keine Mobilfunkkarte. Sie können Apps installieren, Webseiten aufrufen, E-Mails abrufen, Messenger verwenden oder Videoanrufe führen, solange eine Funkverbindung besteht. Ohne aktiven Mobilfunktarif ist das Gerät außerhalb des WLAN-Bereichs allerdings nicht direkt online. Klassische Telefon- und SMS-Funktionen stehen dann nur eingeschränkt oder gar nicht zur Verfügung.

SIM-Karte einrichten

Wenn Sie eine physische SIM-Karte verwenden, wird diese in den SIM-Schacht des Geräts eingesetzt. Android erkennt die Karte automatisch und fordert Sie gegebenenfalls zur Eingabe der SIM-PIN auf. Nach erfolgreicher Freigabe steht die Mobilfunkverbindung unmittelbar zur Verfügung.

1. Öffnen Sie den SIM-Schacht mit dem mitgelieferten Werkzeug.
2. Legen Sie die SIM-Karte korrekt ein.
3. Schieben Sie den Einschub wieder ins Gerät.

SIM-Karten-Einschub mit SD-Speicherkarte und SIM-Karte

eSIM einrichten

Viele aktuelle Smartphones unterstützen darüber hinaus die Nutzung einer eSIM. Dabei handelt es sich um ein digitales SIM-Profil, das direkt auf dem Gerät gespeichert wird.

1. Wählen Sie während der Einrichtung die Option **eSIM hinzufügen**.
2. Scannen Sie den vom Mobilfunkanbieter bereitgestellten QR-Code.
3. Bestätigen Sie das Herunterladen des eSIM-Profils.
4. Warten Sie, bis die Aktivierung abgeschlossen ist.

Besonders praktisch ist dies bei Geräten mit Dual-SIM-Funktion. So lassen sich beispielsweise private und berufliche Rufnummern oder Inlands- und Auslandsverträge parallel nutzen. Die Zuordnung können Sie jederzeit später in den Einstellungen ändern – Sie müssen sich also nicht sofort endgültig festlegen.

WLAN verbinden

Im nächsten Schritt stellt Android die Verbindung zum Internet her. In der Regel verbinden Sie Ihr Smartphone oder auch Tablet zunächst mit einem *WLAN*, indem Sie ein verfügbares Netzwerk auswählen und das entsprechende Passwort eingeben.

Eine WLAN-Verbindung ist für die Ersteinrichtung besonders sinnvoll, da viele nachfolgende Schritte – etwa Sicherheitsprüfungen oder das Laden von Daten – eine stabile Internetverbindung erfordern. Alternativ können Sie, sofern bereits ein Mobilfunktarif aktiv ist, auch das Mobilfunknetz verwenden.

1. Wählen Sie ein verfügbares WLAN aus.
2. Geben Sie das Passwort ein.
3. Tippen Sie auf **Verbinden**.

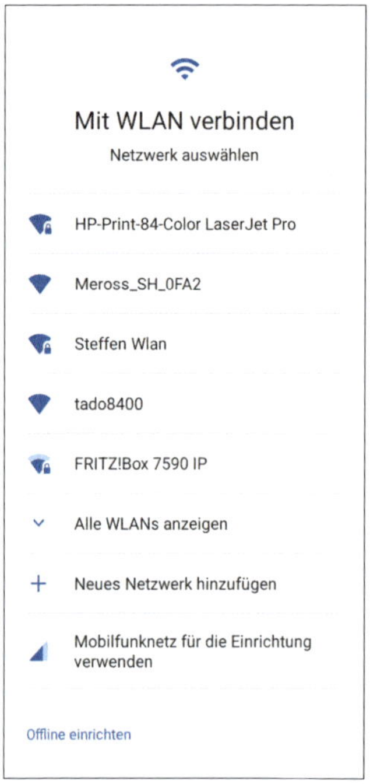

WLAN auswählen – Verbindung mit einem drahtlosen Netzwerk herstellen

Gerät wird vorbereitet

Sobald eine Internetverbindung besteht, beginnt Android im Hintergrund mit ersten Vorbereitungen. Dabei werden grundlegende Systemkomponenten initialisiert, Sicherheitsmechanismen vorbereitet und notwendige Dienste gestartet. Dieser Vorgang wird auf dem Bildschirm mit dem Hinweis angezeigt, dass das Smartphone oder jeweils eingerichtete Gerät vorbereitet wird.

Dieser Moment markiert den Übergang von den rein technischen Grundlagen hin zur eigentlichen Personalisierung des Geräts. Auch wenn es so wirkt, als würde nichts passieren, schafft Android hier die Voraussetzung dafür, dass Daten übernommen, Konten verknüpft und Dienste zuverlässig eingerichtet werden können.

Apps und Daten kopieren

Direkt im Anschluss fragt Android, ob Inhalte von einem bisherigen Gerät übernommen werden sollen. Dieser Schritt ist optional, erleichtert den Umstieg jedoch erheblich, da viele persönliche Einstellungen nicht neu eingerichtet werden müssen.

Sie können festlegen, ob Apps, Kontakte, Fotos, Nachrichten und weitere Daten übertragen werden sollen. Android erläutert dabei transparent, welche Inhalte kopiert werden und wie lange der Vorgang voraussichtlich dauert. So behalten Sie jederzeit die Kontrolle darüber, was übernommen wird.

Wenn Sie sich für die Datenübernahme entschieden haben, legen Sie im nächsten Schritt fest, auf welchem Weg die Inhalte übertragen werden. Je nach Ausgangsgerät und Ausstattung erfolgt dies über eine direkte Kabelverbindung oder drahtlos.

Entscheiden Sie, ob Inhalte von einem bisherigen Gerät übernommen werden sollen.

Die Verbindung per Kabel ist in der Regel schneller und stabiler, insbesondere bei großen Datenmengen. Steht kein passendes Kabel zur Verfügung, können Sie alternativ einen drahtlosen Übertragungsweg wählen. Auch dieser wird Schritt für Schritt erklärt, sodass Sie den Vorgang ohne Vorkenntnisse durchführen können.

Google-Konto einrichten oder anmelden

Im weiteren Verlauf bittet Android um die Anmeldung mit einem *Google-Konto*. Dieses Konto ist ein zentraler Bestandteil der Android-Nutzung, da es den Zugriff auf den *Play Store*, die Synchronisation von Daten und automatische Sicherungen ermöglicht.

Wenn Sie bereits ein Google-Konto besitzen, melden Sie sich mit Ihrer E-Mail-Adresse oder Telefonnummer an. Alternativ können Sie ein neues Konto erstellen oder die Anmeldung überspringen.

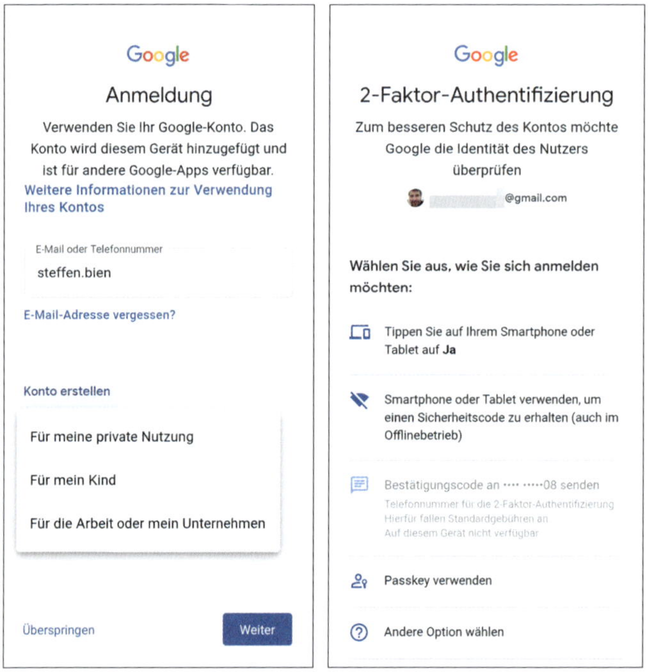

Google-Konto anmelden – Anmeldung mit E-Mail-Adresse oder Telefonnummer

Nach der Anmeldung mit Ihrem Google-Konto überprüft Google aus Sicherheitsgründen, ob Sie tatsächlich die berechtigte Person sind. Damit soll verhindert werden, dass Unbefugte Zugriff auf Ihr Konto und Ihre persönlichen Daten erhalten.

Dies geschieht in der Regel über eine Zwei-Faktor-Bestätigung. Das bedeutet, dass neben Ihrem Passwort eine zweite Bestätigung erforderlich ist. Häufig erhalten Sie dazu eine Meldung auf einem bereits angemeldeten Smartphone, die Sie nur noch bestätigen müssen. Alternativ kann ein Sicherheitscode per SMS gesendet oder in einer Authentifizierungs-App angezeigt werden.

Erst wenn diese zusätzliche Bestätigung erfolgreich abgeschlossen ist, wird die Anmeldung vollständig durchgeführt.

Daten aus der Google-Cloud wiederherstellen

Nach der Anmeldung mit Ihrem Google-Konto bietet Android während der Ersteinrichtung an, Daten aus einer vorhandenen Cloud-Sicherung zu übernehmen. Falls Sie bereits mit Ihrem alten Handy oder Tablet ein Back-up erstellt haben, können Sie dieses nun auswählen und auf Ihr neues Gerät übertragen. Anschließend legen Sie fest, welche Inhalte wiederhergestellt werden sollen, z. B. Apps, App-Daten, Kontakte, Anruflisten und Geräteeinstellungen. Synchronisierte Inhalte wie Fotos (Google *Fotos*), E-Mails, Kalender und Dateien aus Google Drive stehen automatisch nach der Anmeldung zur Verfügung. Die Wiederherstellung kann bei Bedarf übersprungen oder später in den **Einstellungen** erneut angestoßen werden.

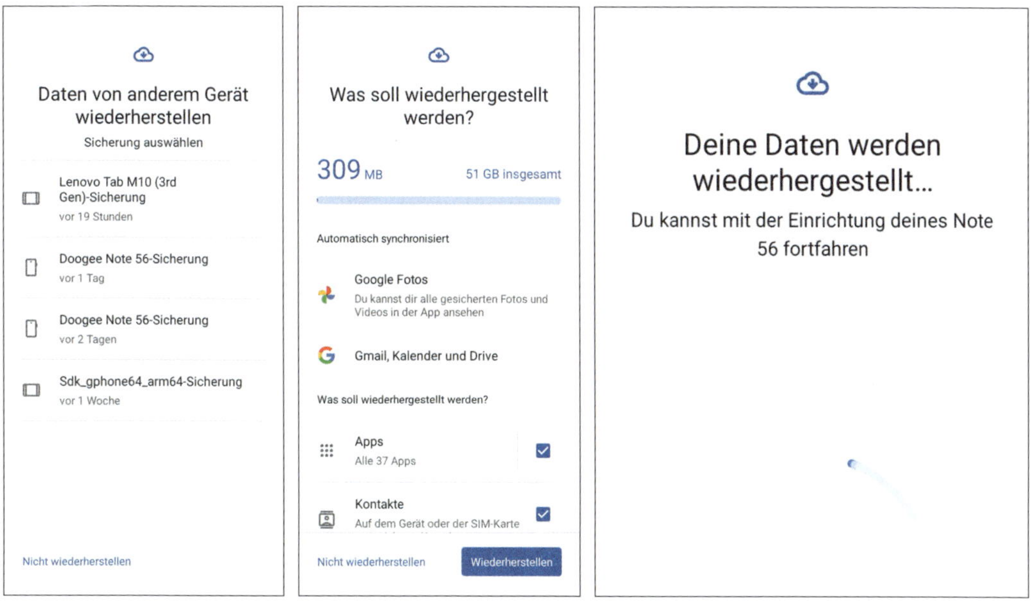

Wiederherstellung von Daten aus einer Google-Cloud-Sicherung

Weitere Einrichtungsschritte

Anschließend legen Sie fest, wer dieses Smartphone oder Tablet hauptsächlich verwenden wird. Sie entscheiden hier, ob das Gerät für Sie selbst oder für ein Kind eingerichtet werden soll. Diese Auswahl ist wichtig, da sie die weitere Konfiguration beeinflusst: Bei einem *Kinderprofil* schlägt Android automatisch erweiterte Jugendschutz-, Zeit- und Inhaltsbeschränkungen vor, während bei der Einrichtung für Erwachsene der Fokus auf Komfort-, Datenschutz- und Synchronisationsfunktionen liegt. Die Entscheidung wirkt sich somit direkt auf empfohlene Sicherheitseinstellungen, App-Vorschläge und Nutzungsoptionen aus.

Im nächsten Schritt zeigt Android die *Google-Nutzungsbedingungen* an. Diese regeln unter anderem die Verwendung des Google-Kontos, den Zugriff auf Google-Dienste sowie die Verarbeitung Ihrer Daten. Um die Einrichtung fortzusetzen und das Gerät vollständig nutzen zu können, müssen Sie diesen Bedingungen zustimmen.

Anschließend legen Sie eine *Bildschirmsperre* fest. Sie schützt Ihre persönlichen Daten vor unbefugtem Zugriff und wird beim Entsperren des Geräts abgefragt. Je nach Gerät stehen verschiedene Varianten zur Verfügung, darunter *PIN*, *Muster* oder *Passwort* sowie biometrische Verfahren wie *Fingerabdruck* und *Gesichtserkennung*. Die biometrischen Methoden lassen sich später komfortabel mit einer klassischen Sperre kombinieren. Weitere Informationen dazu finden Sie in Kapitel 5, »Android einfach sicher nutzen – Verbindungen, Einstellungen und Komfort im Griff«. Alle Einstellungen können Sie später jederzeit in der **Einstellungen**-App anpassen.

Jetzt folgt eine Übersicht der *Google-Dienste*. Hier legen Sie fest, welche grundlegenden Funktionen aktiv sein sollen. Dazu gehören unter anderem die automatische Sicherung von Apps, Geräteeinstellungen und Daten, die Standortdienste oder personalisierte Nutzungsvorschläge. Besonders die Datensicherung ist in der Praxis sehr empfehlenswert: Sie sorgt dafür, dass Ihre Daten bei einem Gerätewechsel, einem Defekt oder einem Verlust schnell und unkompliziert wiederhergestellt werden können. Die einzelnen Optionen lassen sich später jederzeit in den **Einstellungen** anpassen, sodass Sie hier keine endgültigen Entscheidungen treffen müssen.

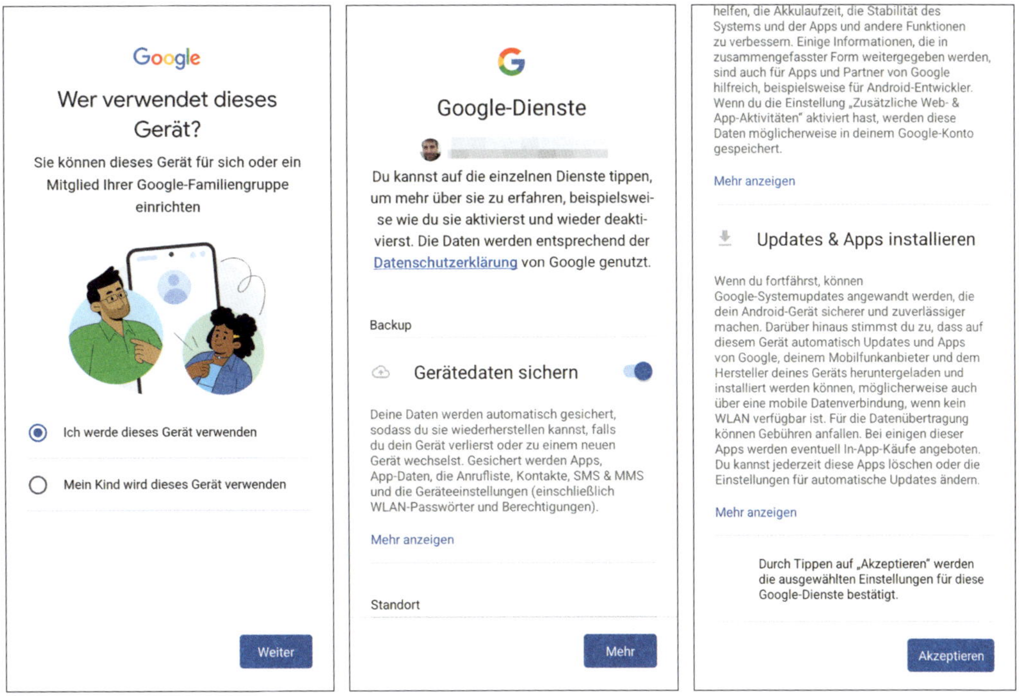

Festlegen des Nutzungsprofils und Bestätigen der Google-Dienste inklusive Sicherung und Updates

Abschluss des Set-ups

Im letzten Abschnitt der Ersteinrichtung bietet Android mehrere optionale Komfort- und Zusatzfunktionen an, mit denen Sie die Nutzung des Smartphones oder Tablets von Beginn an Ihren persönlichen Vorlieben anpassen können:

- So legen Sie den Standard-Webbrowser und die Standard-Suchmaschine fest. Diese Auswahl bestimmt, welche App sich beim Tippen auf Links oder beim Starten einer Websuche öffnet – und lässt sich jederzeit ändern.
- Mit der Funktion zum Teilen mit Geräten in der Nähe übertragen Sie Fotos, Dateien oder Links kabellos an andere Smartphones, Tablets oder Computer – ohne Kabel oder zusätzliche Apps.
- Sie haben die Möglichkeit, den *Google Assistant* einzurichten. Mit dem Sprachassistenten können Sie das Gerät per Stimme steuern, Informationen abfragen,

Erinnerungen erstellen oder Smart-Home-Geräte bedienen. Diese Funktion ist optional und kann später aktiviert, angepasst oder deaktiviert werden.

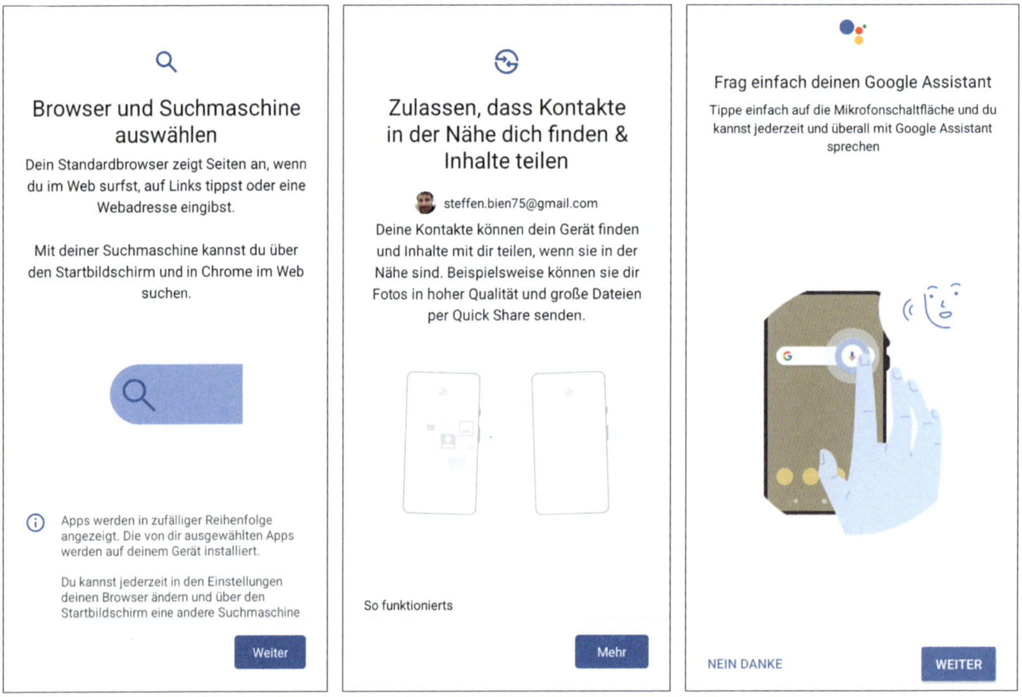

Optionale Einstellungen für Browser, Teilen in der Nähe und Google Assistant

Abschließend erscheint der Bildschirm **Sonst noch etwas?**, über den weitere kleinere Anpassungen vorgenommen werden können. Sie könnten nun etwa zusätzliche E-Mail-Konten hinzufügen oder Anzeigeoptionen verändern.

Das Gerät ist bereit

Nach einem letzten Vorbereitungsschritt erscheint der Startbildschirm. Android installiert nun im Hintergrund automatisch gängige Google-Apps und zuvor ausgewählte Anwendungen. Gleichzeitig werden Kontakte synchronisiert, Einstellungen übernommen und – falls gewählt – Daten von einem anderen Gerät oder aus der Cloud wiederhergestellt. Je nach Datenmenge kann das einige Minuten dauern.

Kapitel 3
Android auf Smartphone, Tablet und Foldable

Android ist kein Betriebssystem für ein einzelnes Gerät, sondern für eine ganze Familie unterschiedlicher Geräteklassen. Smartphones, Tablets und Foldables unterscheiden sich deutlich in Größe, Form und Nutzung und dennoch folgt Android auf allen Geräten denselben Grundprinzipien. Genau dieses Spannungsfeld aus Vertrautheit und Anpassung macht Android so flexibel.

Dieses Kapitel erklärt, warum sich Android je nach Bildschirmgröße unterschiedlich verhält, ohne dass Sie umlernen müssen. Sie erfahren, welche Konzepte auf allen Geräten gleich bleiben und an welchen Stellen Android bewusst andere Schwerpunkte setzt. Ziel ist es, dass Sie jedes Android-Gerät souverän bedienen können – unabhängig davon, wie groß der Bildschirm ist.

Gemeinsamkeiten aller Android-Geräte

Unabhängig davon, ob Sie ein Smartphone, ein Tablet oder ein Foldable verwenden, folgt Android auf allen Geräten denselben grundlegenden Prinzipien. Diese Gemeinsamkeiten sorgen dafür, dass Sie sich auch auf einem neuen Gerät schnell zurechtfinden.

Das zentrale Element ist der *Startbildschirm*. Er dient als Ausgangspunkt für nahezu alle Aktionen. Apps werden hier als Symbole dargestellt, Widgets liefern aktuelle Informationen und die Navigationsleiste ermöglicht den schnellen Wechsel zwischen Apps und Systemfunktionen. Auch wenn sich Größe und Anordnung unterscheiden, bleibt die Grundidee immer gleich.

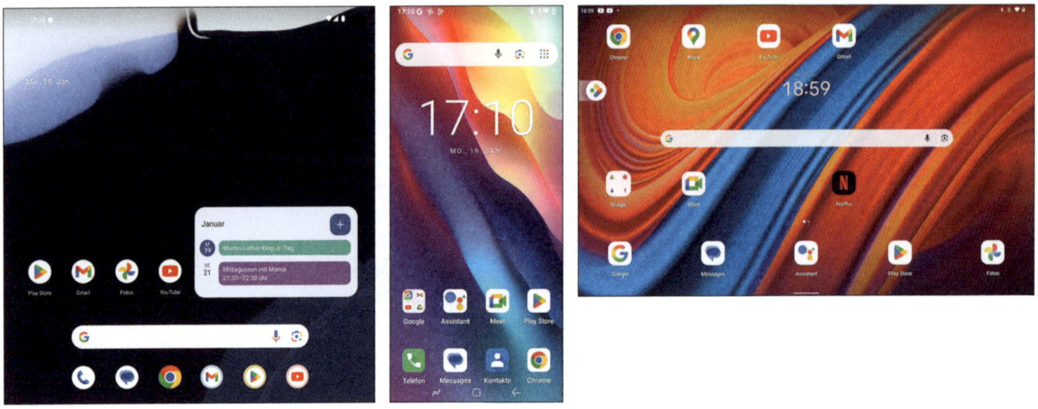

Der Startbildschirm auf Foldable, Smartphone und Tablet

Ebenfalls identisch ist das *Benachrichtigungssystem*. Benachrichtigungen erscheinen am oberen Bildschirmrand und lassen sich durch Wischen nach unten öffnen. Unabhängig vom Gerätetyp sehen Sie hier neue Nachrichten, Hinweise von Apps oder Systemmeldungen.

Die *Schnelleinstellungen* – etwa für WLAN, Bluetooth oder den Flugmodus – sind ebenfalls überall gleich aufgebaut.

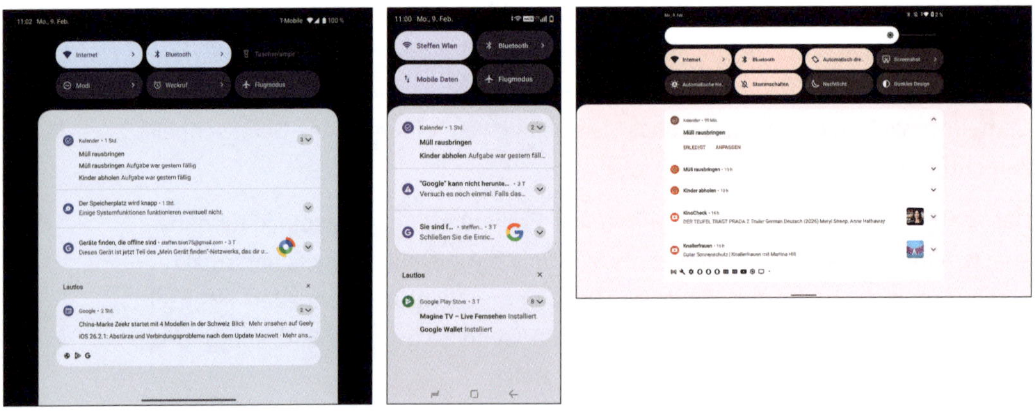

Schnelleinstellungen (oben) und Benachrichtigungscenter (unten) auf Foldable, Smartphone und Tablet

Ein weiteres verbindendes Element ist das *App-Prinzip*. Android-Apps funktionieren geräteübergreifend, werden über den Google *Play Store* installiert und aktualisiert und greifen auf dieselben Berechtigungen und Systemeinstellungen zu.

Auch die *Einstellungen*-App folgt auf allen Geräten derselben Logik, selbst wenn einzelne Menüpunkte je nach Gerät ergänzt oder erweitert sind. Diese Gemeinsamkeiten sind bewusst gewählt: Wer Android auf einem Gerät beherrscht, bringt bereits das nötige Grundverständnis für alle anderen Geräte mit.

Smartphones: Bedienung und Alltag

Das Smartphone ist für viele Menschen das wichtigste digitale Gerät im Alltag. Es begleitet sie den ganzen Tag, ist fast immer griffbereit und wird oft nur für kurze, aber häufig wiederkehrende Interaktionen genutzt. Android trägt diesem Nutzungsmuster Rechnung, indem es Smartphones konsequent auf schnelle Bedienbarkeit, Einhandnutzung und fließende Abläufe auslegt.

Im Gegensatz zu Tablets oder Foldables steht beim Smartphone nicht die Arbeitsfläche im Mittelpunkt, sondern die unmittelbare Erreichbarkeit. Android ist darauf ausgelegt, dass Sie Informationen abrufen, Aktionen ausführen und zwischen Apps wechseln können, ohne das Gerät umzugreifen oder sich auf längere Bedienphasen einzulassen.

Einhandbedienung als zentrales Designprinzip

Ein zentrales Merkmal von Android auf Smartphones ist die Optimierung für die *Einhandbedienung*. Obwohl moderne Smartphones immer größer werden, geht Android weiterhin davon aus, dass viele Aktionen mit nur einer Hand ausgeführt werden. Wichtige Bedienelemente befinden sich daher bevorzugt im unteren Bildschirmbereich oder lassen sich über Gesten erreichen.

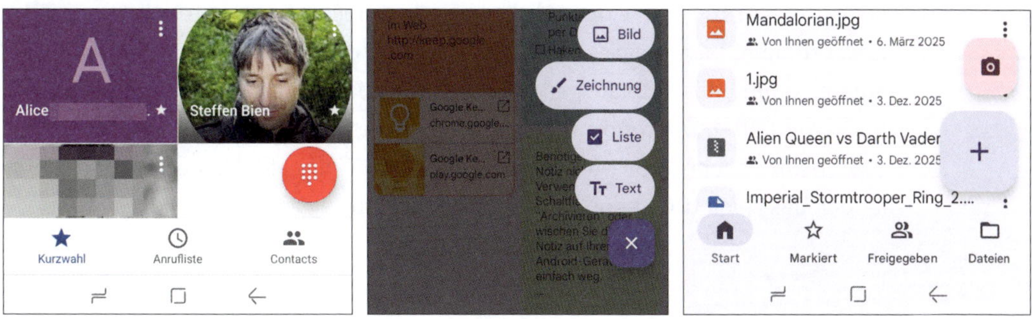

In allen Google-Apps sind wichtige Bedienelemente unten angeordnet.

Der Startbildschirm, die Navigationsleiste und zentrale Interaktionen sind so angeordnet, dass sie auch mit dem Daumen erreichbar bleiben.

Gesten statt Tasten – die moderne Navigation

Ein prägendes Element der Smartphone-Bedienung ist die *Gestensteuerung*. Android nutzt Gesten, um die Navigation möglichst direkt und intuitiv zu gestalten. Statt sichtbarer Schaltflächen führen einfache Wischbewegungen zu den wichtigsten Systemfunktionen. Ein Wisch vom unteren Bildschirmrand bringt Sie zum Startbildschirm zurück. Eine seitliche Wischbewegung ermöglicht den Wechsel zur vorherigen App. Durch eine Wischbewegung nach oben öffnen Sie die Übersicht der zuletzt verwendeten Anwendungen. Diese Gesten sind so gestaltet, dass sie schnell erlernt und zuverlässig ausgeführt werden können.

Der Vorteil dieser Gesten liegt nicht nur in der Platzersparnis auf dem Bildschirm, sondern auch in der Kontinuität der Bedienung. Sie interagieren direkt mit dem Inhalt, anstatt auf abstrakte Schaltflächen zu tippen. Android vermittelt so ein Gefühl von fließender Bewegung, nicht technischer Navigation. Gleichzeitig bleibt Android flexibel. Wer Gesten nicht nutzen möchte, kann alternativ klassische Navigationsschaltflächen aktivieren. Wie dies funktioniert, erfahren Sie in Kapitel 4, »Startbildschirm, Navigation und grundlegende Bedienung«. Das System zwingt niemanden zu einer bestimmten Bedienform, sondern bietet Wahlfreiheit.

Hochformat als natürlicher Nutzungsmodus

Im Alltag wird das Smartphone überwiegend im Hochformat genutzt. Android optimiert Apps und Systemoberflächen gezielt für diese Ausrichtung. Texte sind gut lesbar, Inhalte werden vertikal angeordnet und Scrollbewegungen entsprechen der natürlichen Fingerbewegung. Das Hochformat unterstützt schnelle Interaktionen. Inhalte lassen sich mit einer Hand scrollen, Bedienelemente sind auf den Daumenbereich ausgerichtet und die Orientierung bleibt auch bei kurzen Blicken erhalten. Android unterstützt selbstverständlich auch das Querformat, etwa beim Ansehen von Videos oder Spielen. Für die alltägliche Nutzung bleibt jedoch das Hochformat der zentrale Bezugspunkt.

Tablets: Arbeiten mit großen Bildschirmen

Android-Tablets nehmen innerhalb der Android-Gerätewelt eine besondere Rolle ein. Sie sind weder nur größere Smartphones noch klassische Laptops, sondern eigenständige Arbeits- und Mediengeräte. Android trägt diesem Anspruch Rechnung, indem es den größeren Bildschirm nicht nur skaliert, sondern auch gezielt anders nutzt. Der zentrale Unterschied liegt im Raumangebot. Während Smartphones darauf optimiert sind, Inhalte nacheinander darzustellen, ermöglichen Tablets ein Nebeneinander von Informationen, Werkzeugen und Kontext. Android interpretiert den großen Bildschirm als Arbeitsfläche – und nicht nur als vergrößerte Ansicht.

Mehr Raum für Inhalte und Struktur

Viele Apps reagieren auf Tablets mit erweiterten Layouts. Listen werden nicht mehr bildschirmfüllend angezeigt, sondern rücken an den Rand, während der eigentliche Inhalt dauerhaft sichtbar bleibt. Dateimanager, E-Mail-Apps oder Notizprogramme zeigen auf Tablets häufig mehrere Ebenen gleichzeitig, das heißt, Ordner, Inhalte und Detailansichten befinden sich parallel auf dem Bildschirm.

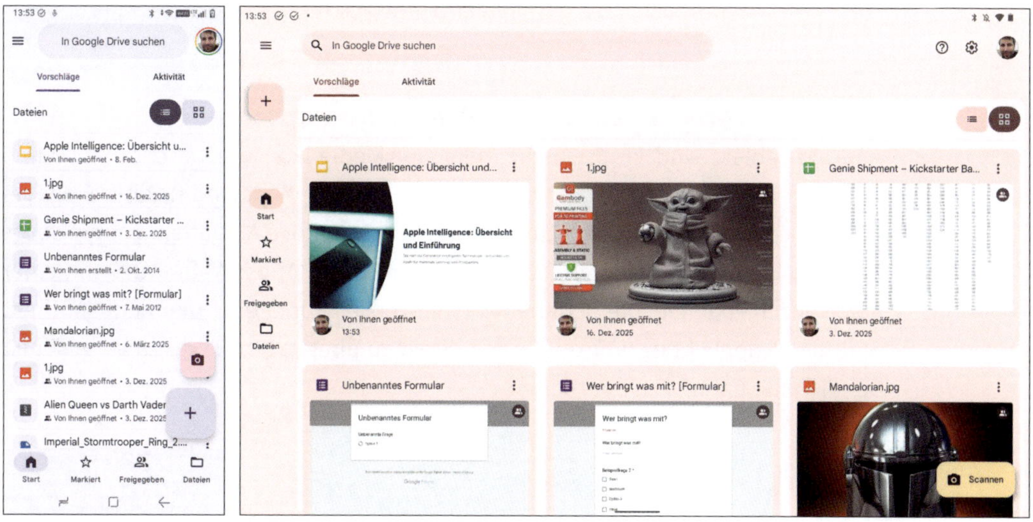

Der Dateimanager auf Smartphone (links) und Tablet

Diese Struktur hilft nicht nur beim Überblick, sondern reduziert auch Navigationsschritte. Anstatt ständig zwischen Ansichten zu wechseln, bleiben relevante Informationen sichtbar. Android nutzt den größeren Bildschirm also, um Arbeitswege zu verkürzen.

Querformat als natürlicher Arbeitsmodus

Im Gegensatz zum Smartphone spielt auf Tablets das Querformat eine zentrale Rolle. Viele Nutzerinnen und Nutzer verwenden Tablets bevorzugt horizontal, etwa beim Schreiben, Recherchieren oder Bearbeiten von Dokumenten. Android erkennt diese Nutzung und passt die Oberfläche entsprechend an.

Im Querformat profitieren insbesondere:

- Texte, die breiter und ruhiger dargestellt werden
- Tabellen und Präsentationen
- Webinhalte mit mehreren Spalten
- Multitasking-Ansichten

Android behandelt das Querformat nicht als Ausnahme, sondern als gleichwertigen Arbeitsmodus. Apps, die gut für Tablets optimiert sind, nutzen diesen Raum aktiv und stellen zusätzliche Bedienelemente oder Informationen bereit.

Produktives Arbeiten statt reiner Mediennutzung

Android-Tablets sind längst nicht mehr auf Medienkonsum beschränkt. Durch verbesserte Multitasking-Funktionen, leistungsfähige Apps und flexible Eingabemöglichkeiten eignen sie sich zunehmend für produktive Aufgaben. Ein typisches Szenario ist das gleichzeitige Arbeiten mit mehreren Apps: Während Sie in einer App Notizen erstellen, bleibt daneben eine Webseite oder ein Dokument geöffnet. Android ermöglicht es, Informationen direkt zu übertragen, Texte zu vergleichen oder Inhalte parallel zu bearbeiten.

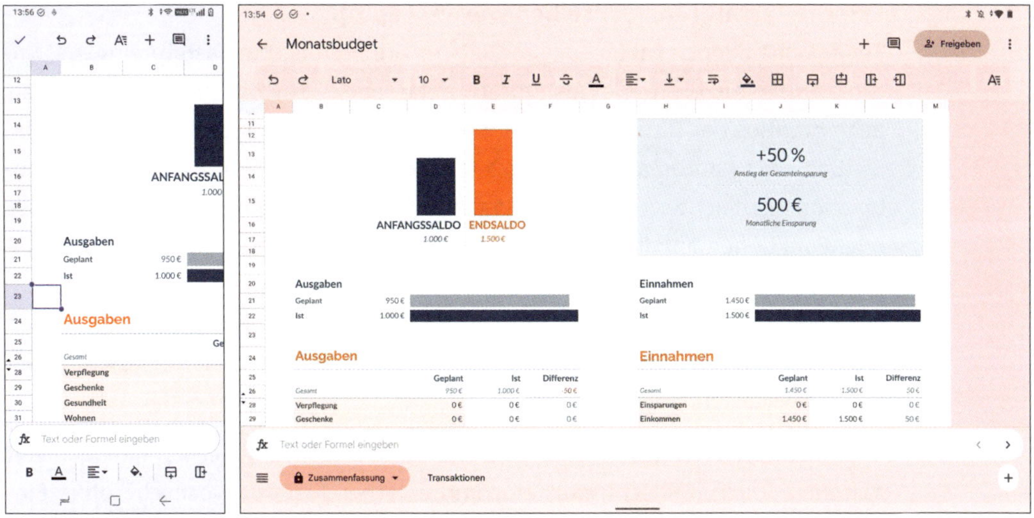

Tabellenkalkulation auf Smartphone (links) und Tablet

Das Tablet wird so zu einem Gerät, das sowohl für konzentriertes Arbeiten als auch für kreative Tätigkeiten geeignet ist.

Bildschirmtastatur – angepasst an große Displays

Auch die Bildschirmtastatur profitiert vom größeren Display. Auf Tablets wird sie häufig breiter dargestellt oder in zwei Hälften geteilt, sodass sie besser erreichbar bleibt. Android passt Größe und Layout der Tastatur dynamisch der Ausrichtung und Bildschirmgröße an.

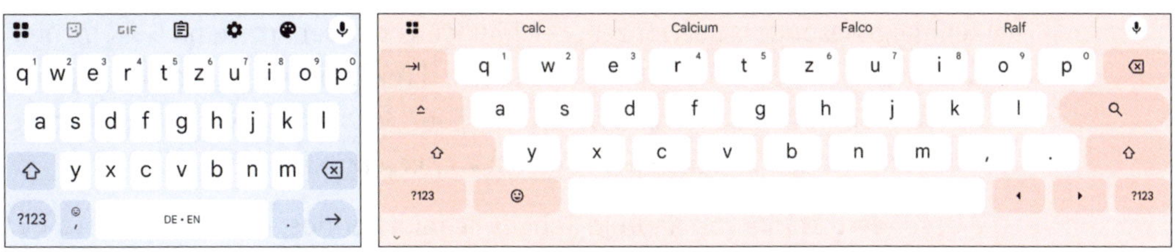

Die Bildschirmtastatur auf Smartphone (links) und Tablet

Besonders im Querformat sorgt diese Anpassung dafür, dass die Texteingabe komfortabel bleibt, ohne den sichtbaren Inhalt vollständig zu verdecken. Die Tastatur wird so zu einem Werkzeug, das sich in den Arbeitsfluss einfügt, anstatt ihn zu unterbrechen.

Externe Tastaturen – schreiben wie am Laptop

Ein entscheidender Faktor für produktives Arbeiten ist die Tastatureingabe. Android unterstützt externe Tastaturen umfassend – sowohl kabelgebunden als auch drahtlos per Bluetooth. Sobald eine Tastatur verbunden ist, passt Android die Bedienung automatisch an. Texte lassen sich schneller erfassen, Tastenkombinationen erleichtern die Navigation und viele Apps zeigen zusätzliche Hinweise oder Funktionen an, die speziell für die Tastaturbedienung gedacht sind. Gerade auf Tablets verschiebt sich dadurch der Nutzungsschwerpunkt: Aus einem Touchgerät wird ein mobiles Schreib- und Arbeitsgerät. E-Mails, Texte oder Recherchen lassen sich effizient erledigen, ohne ständig zwischen Touch- und Bildschirmtastatur zu wechseln.

Android integriert externe Tastaturen bewusst ohne Zwang. Sie können jederzeit zwischen Touch, Bildschirmtastatur und externer Tastatur wechseln, ohne Einstellungen ändern zu müssen. Das System erkennt automatisch, welche Eingabemethode aktuell verwendet wird.

Stiftunterstützung – präzise Eingabe und Kreativität

Viele Android-Tablets unterstützen die Eingabe mit einem Stift. Dieser eröffnet zusätzliche Möglichkeiten, die über die klassische Touchbedienung hinausgehen. Handschriftliche Notizen, Skizzen, Markierungen oder präzise Eingaben lassen sich damit deutlich natürlicher umsetzen.

Android erkennt den Stift als eigene Eingabemethode und unterscheidet ihn von Finger- oder Tastatureingaben. Apps können darauf reagieren, indem sie spezielle Werkzeuge anbieten, etwa feinere Linien, Radierer oder handschriftliche Texterkennung. Besonders bei Notizen, Zeichnungen oder der Arbeit mit Dokumenten zeigt der Stift seine Stärke. Inhalte lassen sich direkt auf dem Bildschirm bearbeiten, kommentieren oder strukturieren – fast so, als würden Sie auf Papier arbeiten, jedoch mit den Vorteilen der digitalen Weiterverarbeitung.

Die besondere Stärke von Android-Tablets liegt im nahtlosen Zusammenspiel der Eingabemethoden. Touch, Tastatur und Stift schließen sich nicht aus, sondern ergänzen sich. Sie können mit der Tastatur schreiben, mit dem Stift markieren und per Touch navigieren – ohne zwischen den Modi wechseln zu müssen. Mehr dazu erfahren Sie in Kapitel 4, »Startbildschirm, Navigation und grundlegende Bedienung«.

Tablets als vielseitige Alltagsgeräte

Neben produktiven Aufgaben bleiben Tablets natürlich auch vielseitige Alltagsgeräte. Medienkonsum, Lesen, Lernen oder Kommunikation profitieren ebenso vom großen Bildschirm. Android sorgt dafür, dass diese Nutzungsszenarien nicht in Konkurrenz zur Produktivität stehen, sondern sich sinnvoll ergänzen. Das Tablet wird so zu einem Gerät, das sich zwischen Sofa, Schreibtisch und unterwegs mühelos anpasst – immer mit derselben vertrauten Android-Basis.

Foldables: Aufklappen, anpassen, weiterarbeiten

Foldables stellen eine besondere Geräteklasse dar, weil sie nicht nur unterschiedliche Bildschirmgrößen bieten, sondern diese auch dynamisch während der Nutzung verändern. Android ist von Grund auf darauf vorbereitet, genau mit diesem Szenario umzugehen. Statt den Wechsel zwischen geschlossenem und geöffnetem Zustand als Unterbrechung zu behandeln, versteht Android ihn als fließenden Übergang.

Im zugeklappten Zustand verhält sich ein Foldable zunächst wie ein klassisches Smartphone. Die Oberfläche ist kompakt, Bedienelemente sind auf Einhandbedienung ausgelegt und Apps werden überwiegend im Hochformat dargestellt. Android nutzt hier dieselben Optimierungen wie auf herkömmlichen Smartphones: Inhalte sind reduziert, Texte gut lesbar, Schaltflächen klar erreichbar.

Ein Foldable im zugeklappten und im aufgeklappten Zustand

Sobald das Gerät aufgeklappt wird, ändert sich die Situation grundlegend. Android erkennt den neuen Formfaktor sofort und passt die Benutzeroberfläche dynamisch an. Dabei geht es nicht nur um eine Vergrößerung der Darstellung, sondern auch um eine Neuinterpretation des verfügbaren Raumes. Inhalte werden neu angeordnet, zusätzliche Bereiche eingeblendet und Funktionen sichtbar, die zuvor verborgen waren.

Ein zentraler Aspekt ist dabei das *kontinuierliche Weiterarbeiten*. Android sorgt dafür, dass eine App beim Aufklappen nicht neu gestartet wird. Stattdessen bleibt der aktuelle Zustand erhalten: Texte bleiben markiert, Eingaben gehen nicht verloren, Videos laufen weiter. Für Nutzerinnen und Nutzer entsteht so der Eindruck, dass sich nicht das Gerät verändert, sondern lediglich der Arbeitsraum erweitert.

Viele Apps reagieren auf diesen Wechsel mit *adaptiven Layouts*. Eine Nachrichten-App zeigt beispielsweise im geschlossenen Zustand eine einfache Nachrichtenliste. Nach dem Aufklappen kann links die Übersicht der Konversationen erscheinen, während rechts der aktuelle Chat geöffnet bleibt. Ähnliche Konzepte finden sich in E-Mail-Apps, Browsern oder Dateimanagern.

Besonders spannend wird das Zusammenspiel von Foldables und *Multitasking*. Durch den großen, flexiblen Bildschirm eröffnen sich Nutzungsszenarien, die auf klassischen Smartphones kaum möglich sind. So lassen sich beispielsweise zwei Apps dauerhaft nebeneinander nutzen, ohne dass Inhalte überlagert oder unübersichtlich werden. Android behandelt den aufgeklappten Bildschirm dabei ähnlich wie ein Tablet – allerdings mit dem zusätzlichen Vorteil, dass Sie jederzeit wieder zur kompakten Smartphone-Ansicht zurückkehren können.

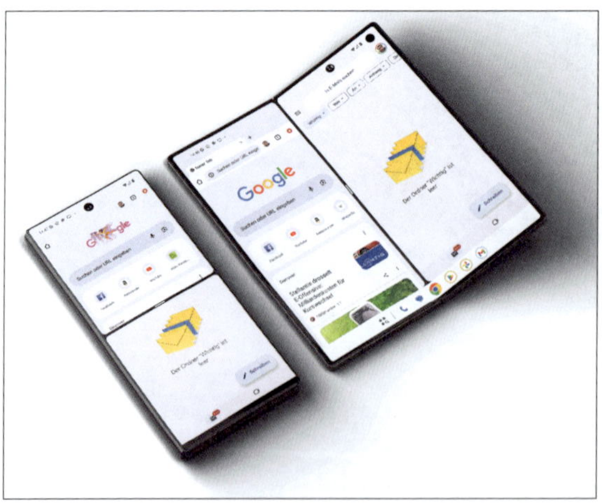

Smartphone (links) und Foldable mit geteiltem Bildschirm

Apps und Layouts auf verschiedenen Bildschirmgrößen

Eine der größten Stärken von Android liegt in seiner Fähigkeit, Apps auf unterschiedlichsten Bildschirmgrößen sinnvoll darzustellen. Gleichzeitig ist genau dieser Punkt für viele Nutzerinnen und Nutzer zunächst irritierend: Eine App sieht auf dem Smartphone anders aus als auf dem Tablet oder Foldable, Menüs befinden sich an anderen Stellen und Inhalte wirken teilweise »reicher« oder komplexer.

Diese Unterschiede sind kein Zufall, sondern das Ergebnis eines bewusst flexiblen Layoutkonzepts. Android ist darauf ausgelegt, Apps nicht zu skalieren, sondern neu zu strukturieren, sobald mehr Platz zur Verfügung steht.

Von kompakt zu erweitert – das Grundprinzip adaptiver Layouts

Auf Smartphones steht nur begrenzter Raum zur Verfügung. Android-Apps sind hier so gestaltet, dass sie Inhalte nacheinander anzeigen. Listen füllen meist den gesamten Bildschirm, Detailansichten ersetzen die Übersicht und zusätzliche Funktionen werden häufig in Menüs oder über Symbole aufgerufen.

Sobald der Bildschirm größer wird, ändert sich dieses Prinzip. Android ermöglicht Apps, mehrere Ebenen gleichzeitig darzustellen. Anstatt eine Ansicht nach der anderen zu öffnen, können Inhalte nebeneinanderstehen. Der verfügbare Platz wird genutzt, um Zusammenhänge sichtbar zu machen.

Ein klassisches Beispiel ist eine E-Mail-App. Auf dem Smartphone sehen Sie zunächst eine Nachrichtenliste; tippen Sie auf eine E-Mail, wechselt die App in die Detailansicht. Auf einem Tablet bleibt die Liste sichtbar, während rechts der Inhalt der ausgewählten E-Mail erscheint. Die Bedienung wird dadurch flüssiger und effizienter – ganz ohne neue Funktionen erlernen zu müssen.

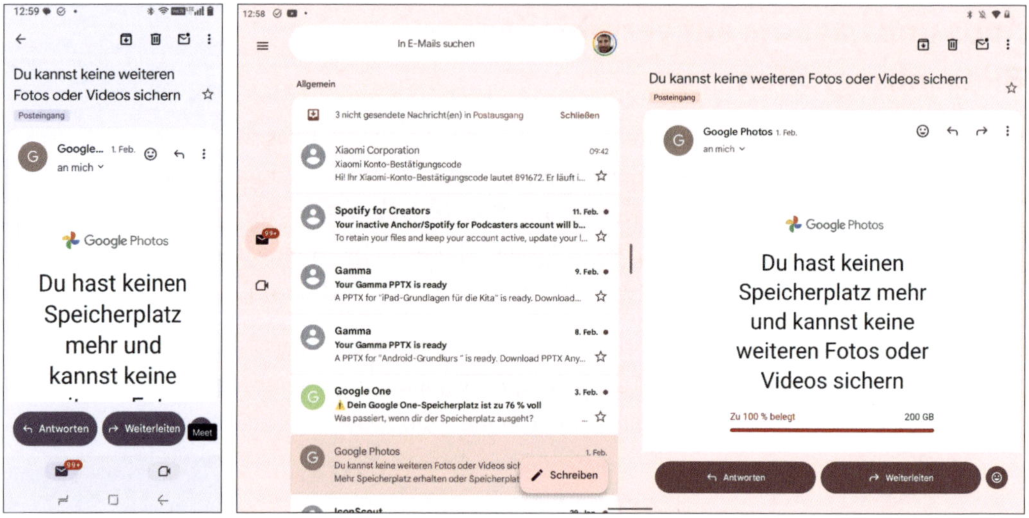

Das E-Mail-Programm auf Smartphone (links) und Tablet

Unterschiedliche Layouts ohne neue Bedienlogik

Ein entscheidender Punkt für die Nutzerfreundlichkeit ist, dass sich die Bedienlogik nicht ändert, auch wenn sich das Layout anpasst. Symbole, Begriffe und Gesten bleiben gleich. Nur ihre Anordnung verändert sich.

Android achtet darauf, dass Apps auf großen Bildschirmen nicht überfordern. Funktionen werden sichtbarer, aber nicht komplexer. Menüs werden nicht neu erfunden, sondern erweitert. Für Sie als Nutzerin oder Nutzer bedeutet das: Sie müssen keine neue App lernen, nur weil Sie ein anderes Gerät verwenden.

Responsive statt starr – warum Android nicht skaliert

Ein häufiger Irrtum ist die Annahme, dass Android-Apps einfach vergrößert oder verkleinert werden. Tatsächlich arbeitet Android mit *responsiven Layouts*, die sich aktiv an Bildschirmgröße, Seitenverhältnis und Ausrichtung anpassen. Ein Button wird nicht einfach größer, sondern möglicherweise an eine andere Position verschoben. Eine Symbolleiste wechselt vom unteren Rand an die Seite. Texte erhalten mehr Zeilenlänge, Bilder zusätzliche Details.

Diese Anpassungen sorgen dafür, dass Apps auf Tablets und Foldables nicht wie »aufgeblasene Smartphone-Apps« wirken, sondern wie eigenständige Tablet- oder Großbildschirmanwendungen.

Querformat und Seitenverhältnis

Neben der grundsätzlichen Nutzung spielt auch das Seitenverhältnis des Displays eine wichtige Rolle. Android reagiert nicht nur auf die reine Bildschirmgröße, sondern auch darauf, wie der verfügbare Raum geschnitten ist. Dadurch unterscheiden sich Darstellungen selbst bei ähnlich großen Geräten spürbar. Im Querformat ergeben sich daraus vor allem strukturelle Vorteile:

- Inhalte können gleichzeitig auf mehreren Ebenen dargestellt werden.
- Navigationselemente lassen sich seitlich oder dauerhaft einblenden.
- Text- und Medienbereiche nutzen die Breite effizienter aus.
- Parallele App-Nutzung wird übersichtlicher organisiert.

Android stellt dafür Layouts bereit, die sich dynamisch an Ausrichtung und Seitenverhältnis anpassen. Apps können so nicht nur rotieren, sondern auch ihre gesamte Struktur verändern – etwa durch zusätzliche Bereiche, verschobene Bedienelemente oder erweiterte Ansichten.

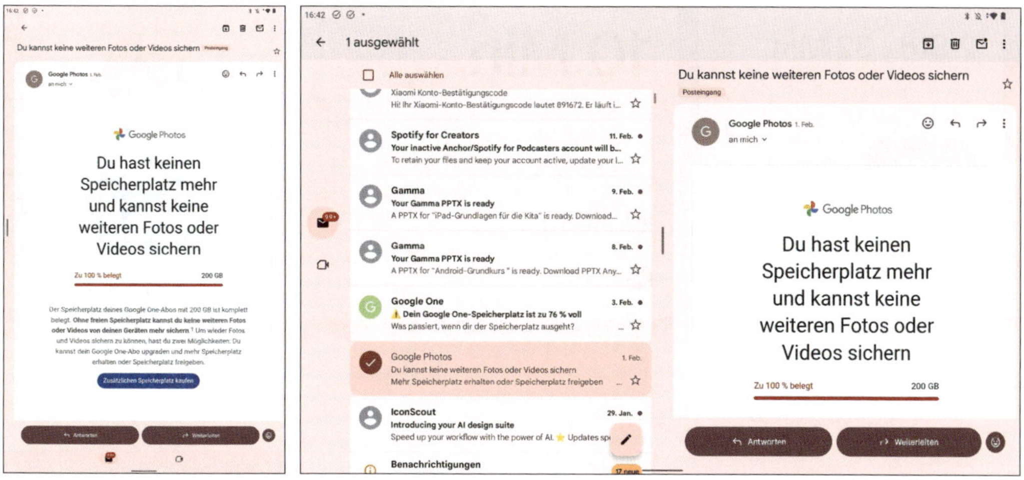

Android-Apps passen den Bildschirminhalt automatisch dem Hoch- bzw. Querformat an.

Widgets als Bindeglied zwischen App und Oberfläche

Ein oft unterschätzter Aspekt sind *Widgets*. Sie schlagen die Brücke zwischen App und Startbildschirm und zeigen Informationen dauerhaft an, ohne die App öffnen zu müssen.

> **Widgets – Informationen direkt auf dem Startbildschirm**
>
> Widgets sind kleine, interaktive Elemente einer App, die direkt auf dem Startbildschirm platziert werden können. Im Gegensatz zu einem App-Symbol zeigen sie bereits Inhalte oder Funktionen an, ohne dass die App geöffnet werden muss.

Auf größeren Bildschirmen entfalten Widgets ihre volle Wirkung. Sie können größer dargestellt werden, mehr Inhalte anzeigen und mehrere Informationsquellen bündeln. Android erlaubt es, Widgets flexibel zu platzieren und zu skalieren, sodass sie sich harmonisch in die Oberfläche einfügen. Widgets sind damit ein weiteres Beispiel dafür, wie Android Layouts nicht nur anpasst, sondern auch funktional erweitert.

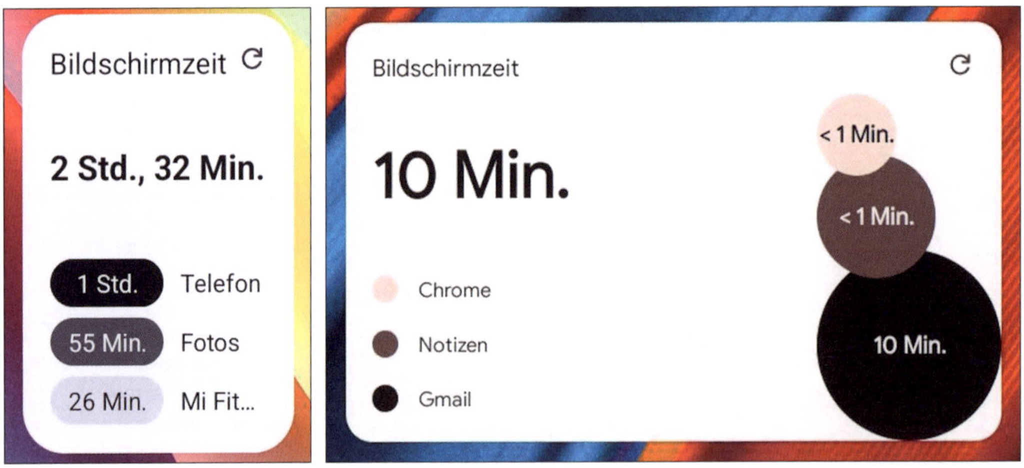

Das gleiche Widget auf Smartphone (links) und Tablet

Kapitel 4
Startbildschirm, Navigation und grundlegende Bedienung

Nach der erfolgreichen Ersteinrichtung steht Ihnen Ihr Android-Gerät vollständig zur Verfügung. Unabhängig davon, ob Sie ein Smartphone, ein Tablet oder ein faltbares Gerät (Foldable) verwenden, bildet der Startbildschirm die zentrale Schaltstelle für die tägliche Nutzung. Von hier aus starten Sie Apps, wechseln zwischen Anwendungen, rufen Benachrichtigungen auf und greifen auf wichtige Informationen zu.

In diesem Kapitel lernen Sie die grundlegende Bedienung von Android Schritt für Schritt kennen. Neben erklärenden Textabschnitten finden Sie bewusst auch Listen und kurze Anleitungen, die typische Aufgaben verständlich und nachvollziehbar darstellen. Unterschiede zwischen Smartphone, Tablet und Foldable werden jeweils ausdrücklich hervorgehoben. Ziel ist es, Ihnen ein solides Grundverständnis zu vermitteln, das unabhängig von der Geräteklasse funktioniert und sich flexibel unterschiedlichen Bildschirmgrößen anpasst.

Der Startbildschirm im Überblick

Nach dem Abschluss der Einrichtung wird automatisch der Startbildschirm angezeigt. Er besteht in der Regel aus mehreren Seiten, zwischen denen Sie durch horizontales Wischen wechseln können. Diese Seiten dienen dazu, Apps, Widgets und Verknüpfungen übersichtlich anzuordnen.

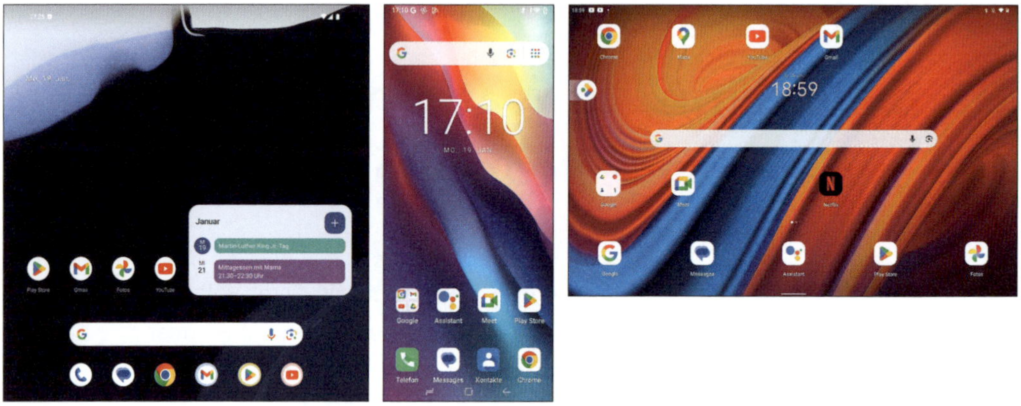

Android-Startbildschirm auf unterschiedlichen Gerätetypen

Typische Bestandteile des Startbildschirms sind:

- App-Symbole und Ordner für häufig genutzte Anwendungen

- Google-Suchleiste für den schnellen Zugriff auf die Text- und Sprachsuche sowie die visuelle Suche *Google Lens*.

- Widgets mit aktuellen Informationen, etwa dem Wetter oder Terminen

- eine feste Dock-Leiste im unteren oder seitlichen Bereich

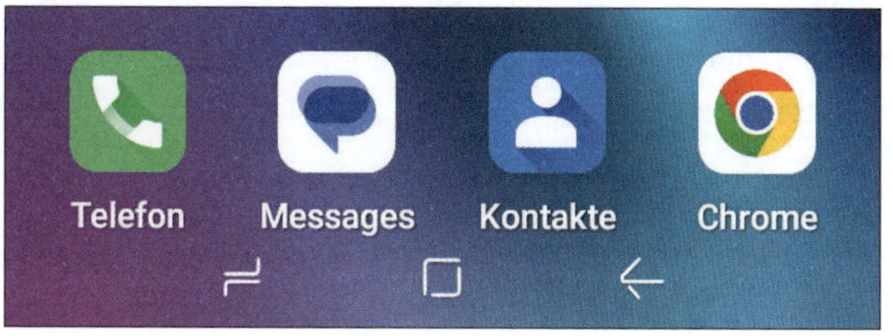

- die Statusleiste am oberen Bildschirmrand

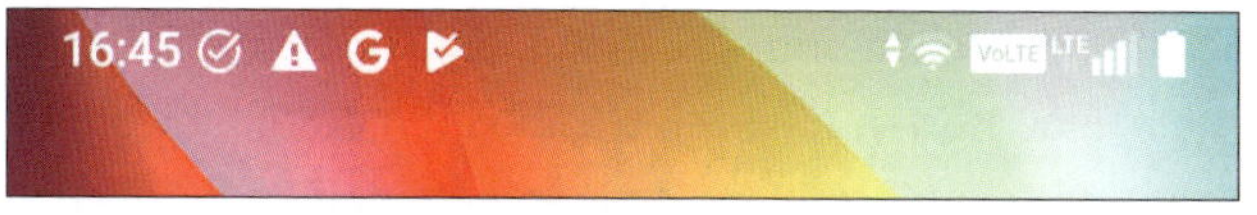

Auf Smartphones befindet sich die Dock-Leiste meist am unteren Rand. Auf Tablets ist sie häufig breiter ausgelegt und bietet Platz für mehr Apps.

Bei Foldables kann sich die Anordnung je nach aufgeklapptem oder zugeklapptem Zustand verändern. Android passt die Darstellung dabei automatisch der verfügbaren Bildschirmfläche an.

Das Dock beim Google Pixel 9 Pro Fold

Die Statusleiste informiert Sie über Uhrzeit, Akkustand, Netzwerkverbindungen und Benachrichtigungen. Auf größeren Displays, insbesondere Tablets, werden diese Informationen oft umfangreicher dargestellt, während Smartphones eine reduzierte Ansicht verwenden.

Apps starten, wechseln und beenden

Apps bilden das Herzstück von Android. Nahezu jede Aufgabe – vom Telefonieren über das Schreiben von Nachrichten bis hin zur Navigation oder Medienwiedergabe – wird über Apps erledigt. Entsprechend wichtig ist es, sicher mit dem Starten, Wechseln und Beenden von Anwendungen umgehen zu können.

Apps starten Sie, indem Sie das entsprechende Symbol auf dem Startbildschirm oder in der App-Übersicht antippen. Android öffnet die App in der Regel innerhalb weniger Augenblicke. Dabei merkt sich das System häufig den zuletzt verwendeten Zustand, sodass Sie Ihre Arbeit später an derselben Stelle fortsetzen können.

Zwischen geöffneten Apps wechseln

So gehen Sie vor, um schnell zwischen bereits geöffneten Apps zu wechseln:

1. Öffnen Sie die Übersicht der zuletzt verwendeten Apps, indem Sie vom unteren Bildschirmrand nach oben wischen und kurz halten. Auf Smartphones werden die Apps meist als einzelne Karten angezeigt. Tablets und Foldables nutzen den größeren Bildschirm, um mehrere Vorschauen nebeneinander darzustellen. Dadurch erkennen Sie schneller, welche App Sie gerade benötigen.

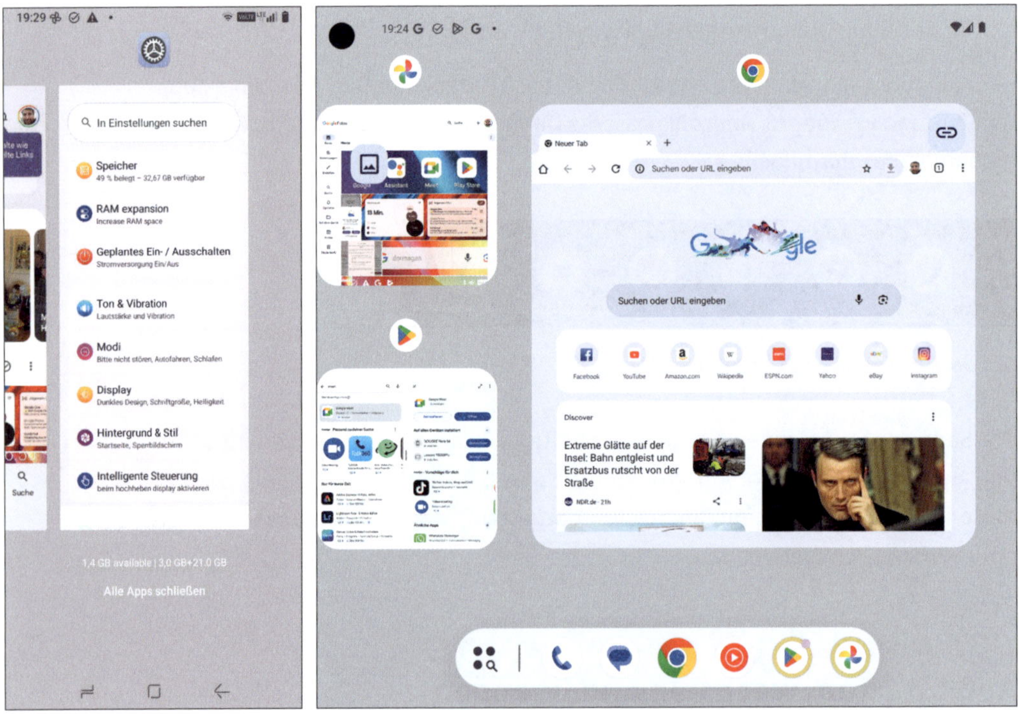

2. Wischen Sie durch die angezeigten App-Karten.

3. Tippen Sie auf eine App, um sie wieder in den Vordergrund zu holen.

Apps im Hintergrund

Android ist so konzipiert, dass Apps auch im Hintergrund weiterbereitgestellt werden können, ohne dass Sie sich aktiv darum kümmern müssen. Das Betriebssystem verwaltet den Arbeitsspeicher automatisch und entscheidet selbst, welche Apps aktuell im Vordergrund gehalten werden. Häufig genutzte oder zuletzt geöffnete Anwendungen bleiben dadurch schneller verfügbar, während weniger benötigte Apps bei Bedarf automatisch in den Hintergrund verschoben oder geschlossen werden.

Ein manuelles Beenden von Apps ist daher nur in bestimmten Situationen sinnvoll, etwa wenn eine App nicht mehr reagiert, ein ungewöhnlich hoher Akkuverbrauch auftritt oder eine Anwendung wiederholt Fehlverhalten zeigt. Im normalen Alltag ist es in der Regel nicht notwendig, Apps regelmäßig manuell zu schließen, da Android diese Aufgabe selbstständig übernimmt.

Apps manuell schließen

Wenn Sie eine App gezielt beenden möchten, gehen Sie wie folgt vor:

1. Öffnen Sie die Übersicht der zuletzt verwendeten Apps.
2. Wischen Sie die gewünschte App-Karte nach oben oder zur Seite, um sie zu schließen. Je nach Gerät und Hersteller kann die Wischrichtung variieren.
3. Auf vielen Geräten besteht zusätzlich die Möglichkeit, alle geöffneten Apps auf einmal zu schließen. Dazu finden Sie in der App-Übersicht eine Schaltfläche wie **Alle schließen** oder **Alle Apps beenden**. Diese Funktion ist vor allem dann sinnvoll, wenn mehrere Apps gleichzeitig Probleme verursachen oder das Gerät nicht mehr flüssig reagiert.

Navigation mit Gesten oder Tasten

Die Navigation bestimmt, wie Sie sich innerhalb von Android bewegen. Sie beeinflusst maßgeblich, wie schnell und intuitiv sich das Gerät bedienen lässt. Android bietet hierfür zwei grundlegende Konzepte: die Gestennavigation und die Navigation über Schaltflächen.

Gestennavigation

Bei der Gestennavigation steuern Sie das Gerät ausschließlich über Wischbewegungen:

- *Wischen vom unteren Bildschirmrand nach oben*: zurück zum Startbildschirm
- *Kurzes Wischen nach oben und Halten*: Übersicht der zuletzt verwendeten Apps
- *Horizontales Wischen*: Sie gelangen auf die weiteren Startbildschirmseiten.

Diese Art der Bedienung wirkt besonders modern und spart Platz auf dem Bildschirm. Auf Tablets und aufgeklappten Foldables profitieren Sie zusätzlich von den größeren Wischflächen, was die Gesten oft angenehmer und präziser macht.

Navigation über Schaltflächen

Alternativ können Sie die klassische Navigation mit festen Schaltflächen verwenden. Am unteren Bildschirmrand erscheinen dann klar erkennbare Symbole für:

- zurück (Dreieck)
- Startseite (Kreis)
- App-Übersicht (Quadrat)

Das Aussehen der Navigationsleiste hängen vom Hersteller des Geräts ab.

Diese Variante ist besonders für Einsteigerinnen und Einsteiger hilfreich, da alle Funktionen dauerhaft sichtbar sind. Auf Smartphones mit kleinerem Display sorgt sie für Orientierung, während sie auf Tablets eher eine Frage der persönlichen Vorliebe ist. Unabhängig vom gewählten Navigationskonzept können Sie diese Einstellung jederzeit ändern. Android erlaubt es, beide Varianten auszuprobieren und flexibel zu wechseln:

1. Öffnen Sie die **Einstellungen**-App.
2. Wählen Sie **System**.
3. Tippen Sie auf **Navigationsmodus** und wählen Sie den Modus durch Antippen aus.

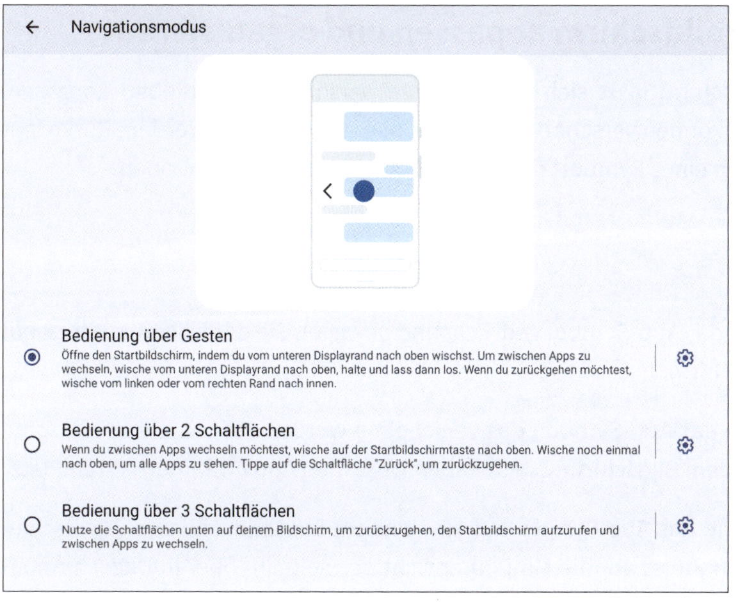

Auswahl des Navigationsmodus in den Android-Einstellungen

Folgende Optionen stehen Ihnen hier zur Verfügung:

- Bedienung über Gesten
  - Die Navigation erfolgt vollständig über Wischgesten.
  - Schafft mehr Platz auf dem Bildschirm, da keine Schaltflächen angezeigt werden.
  - Ist besonders geeignet für moderne Smartphones sowie Tablets und Foldables.
- Bedienung über zwei Schaltflächen
  - Kombination aus Gesten und einer festen Startbildschirmtaste
  - Der App-Wechsel erfolgt durch Wischen nach oben, zurück gehen Sie über eine Schaltfläche.
  - Bedeutet eine gute Zwischenlösung für Nutzerinnen und Nutzer, die Gesten schrittweise nutzen möchten.
- Bedienung über drei Schaltflächen
  - klassische Navigation mit festen Tasten für den Weg zurück, zur Startseite und zur App-Übersicht
  - Alle Funktionen sind dauerhaft sichtbar.
  - Besonders übersichtlich ist das für Einsteigerinnen und Einsteiger.

Den Startbildschirm anpassen und organisieren

Der Startbildschirm lässt sich flexibel Ihren persönlichen Vorlieben anpassen. App-Symbole können verschoben, entfernt oder neu platziert werden. Durch längeres Antippen eines Symbols öffnen sich kontextabhängige Optionen.

Apps anordnen

1. Halten Sie das App-Symbol gedrückt und bewegen Sie es ein kleines Stück auf dem Bildschirm.
2. Ziehen Sie das App-Symbol, das verschoben werden soll, an die gewünschte Stelle auf dem Bildschirm. Die daneben liegenden Apps »räumen« ihren Platz.
3. Möchten Sie das App-Symbol auf eine andere Startbildschirmseite verschieben, ziehen Sie es auf die Miniaturansicht der Seite im oberen Bildschirmbereich.

App-Symbole auf dem Android-Startbildschirm anordnen

Große Bildschirme sind flexibler
Auf Tablets und Foldables erlaubt die größere Bildschirmfläche mehr Spalten und Zeilen. Dadurch lassen sich komplexere Layouts umsetzen, ohne dass die Übersicht leidet. Nutzen Sie diese Flexibilität bewusst, um den Startbildschirm Ihrer Arbeitsweise anzupassen.

Apps vom Startbildschirm entfernen

1. Halten Sie das App-Symbol gedrückt und bewegen Sie es ein kleines Stück auf dem Bildschirm.
2. Ziehen Sie es auf **Entfernen** oder **Vom Startbildschirm entfernen**.

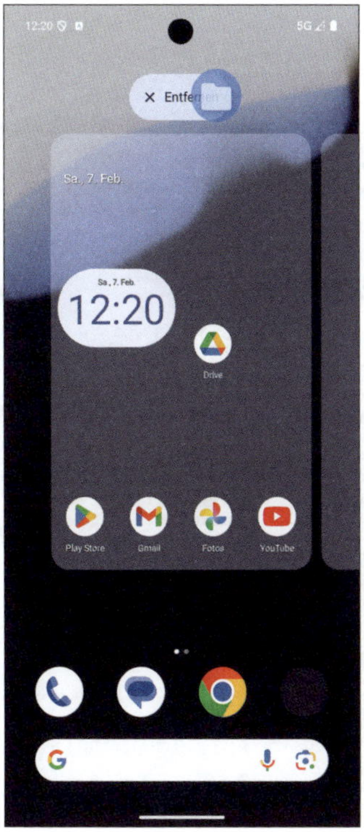

3. Die App wird dabei nicht deinstalliert, sondern lediglich das App-Symbol vom Startbildschirm entfernt.

Ordner auf dem Startbildschirm erstellen

Um den Startbildschirm übersichtlich zu halten, können Apps in Ordnern zusammengefasst werden:

1. Ein Ordner entsteht, indem Sie ein App-Symbol auf ein anderes ziehen und kurz gedrückt halten (linke Abbildung).
2. Android erstellt daraufhin automatisch einen Ordner, den es mit einem geeigneten Namen benennt (mittlere Abbildung).
3. Öffnen Sie den Ordner, indem Sie darauf tippen, und tippen Sie dann auf den Ordnernamen, um diesen zu ändern (rechte Abbildung).

Sinnvolle Ordner orientieren sich häufig an Themen, etwa:

- Kommunikation
- Medien
- Arbeit
- Reisen

Tipp
Innerhalb eines Ordners lassen sich jederzeit weitere Apps hinzufügen oder entfernen. Ordner können zudem ebenfalls aus mehreren Ordnerseiten bestehen.

Widgets – wichtige Informationen auf einen Blick

Widgets sind interaktive Anzeigeelemente, die direkt auf dem Startbildschirm platziert werden. Sie stellen Informationen bereit, ohne dass eine App geöffnet werden muss, und ermöglichen so einen schnellen Überblick.

Typische Beispiele für Widgets sind:

- Wettervorhersagen
- Kalenderübersichten
- Uhren
- Notizen oder Aufgabenlisten

Widget hinzufügen

1. Halten Sie eine freie Stelle auf dem Startbildschirm gedrückt.
2. Wählen Sie den Punkt **Widgets** aus.
3. Tippen Sie beim entsprechenden Widget auf **Hinzufügen**.

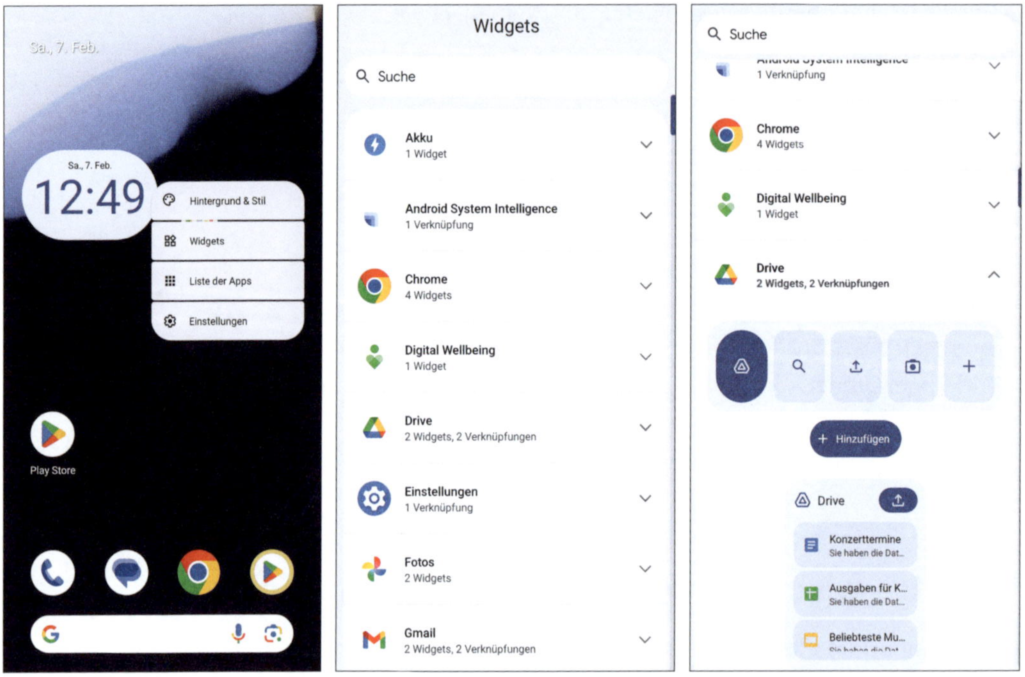

Tipp

Widgets lassen sich verschieben und in der Größe anpassen. Auf Tablets und Foldables stehen oft größere Widget-Formate zur Verfügung, die mehr Inhalte gleichzeitig anzeigen und sich besonders für informationsreiche Startbildschirme eignen.

Die App-Übersicht (App-Drawer)

Neben dem Startbildschirm verfügt Android über eine zentrale App-Übersicht, den sogenannten *App-Drawer*. Er enthält eine vollständige Liste aller installierten Apps und dient damit als Gegenstück zum individuell gestalteten Startbildschirm.

App-Drawer öffnen und verwenden

1. Wischen Sie auf dem Startbildschirm vom unteren Bildschirmrand nach oben.

2. Die App-Übersicht wird als Raster mit allen installierten Anwendungen angezeigt.
3. Scrollen Sie vertikal durch die Liste oder blättern Sie – je nach Gerät – zwischen mehreren Seiten.
4. Tippen Sie auf eine App, um sie zu starten.

Aufbau des App-Drawers

Der App-Drawer ist übersichtlich strukturiert und enthält in der Regel folgende Elemente:

- ein Suchfeld im oberen Bereich
- einen Bereich für häufig genutzte oder empfohlene Apps
- eine alphabetisch sortierte App-Liste
- eine Scrollleiste oder einen Positionsindikator für schnelles Navigieren

Gerade bei vielen installierten Anwendungen ist die Suchfunktion ein wichtiges Werkzeug. Sie können dort direkt den Namen einer App eingeben, ohne lange durch die Liste zu scrollen. Bereits nach wenigen Buchstaben werden passende Treffer angezeigt.

Auf Tablets wird der App-Drawer häufig großzügiger dargestellt, sodass mehr Apps gleichzeitig sichtbar sind. Bei manchen Herstellern kann die Darstellung leicht variieren, das Grundprinzip bleibt jedoch identisch.

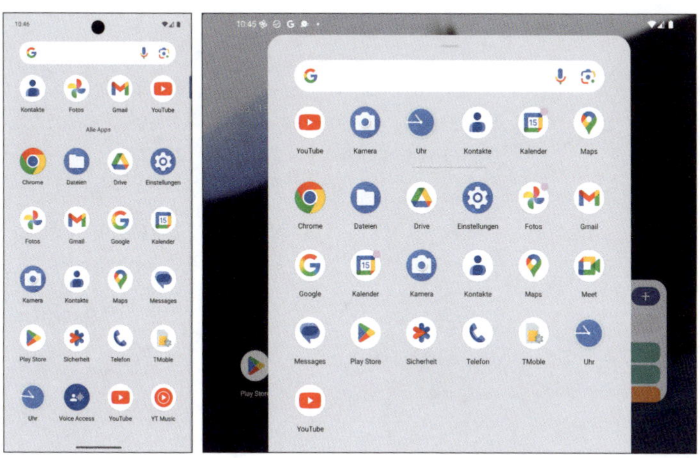

Der App-Drawer auf Smartphone (links) und Tablet (rechts)

Die Bildschirmtastatur

Die Bildschirmtastatur erscheint automatisch, sobald Sie in ein Feld tippen, in dem Sie Text oder andere Zeichen und Ziffern eingeben können – etwa beim Schreiben einer Nachricht, bei der Suche im Internet oder beim Ausfüllen eines Formulars. Sie passt sich dabei automatisch der Bildschirmgröße, Ausrichtung und Eingabesituation an. Auf Smartphones nimmt sie den unteren Bereich des Displays ein, auf Tablets oder aufgeklappten Foldables kann sie deutlich breiter dargestellt werden. Die Bildschirmtastatur erscheint allerdings nur dann, wenn keine externe Tastatur angeschlossen ist.

Android verwendet standardmäßig eine virtuelle Tastatur. Welche Variante zum Einsatz kommt, hängt vom Hersteller des Geräts ab.

Unterschiedliche Tastaturen unter Android

Je nach Gerät wird eine unterschiedliche Standardtastatur verwendet. Besonders verbreitet sind:

- *Gboard* (Google-Tastatur) – Standard bei Google-Pixel-Geräten und vielen anderen Herstellern
- Samsung-Tastatur – Standard auf Samsung-Geräten
- weitere herstellerspezifische Varianten

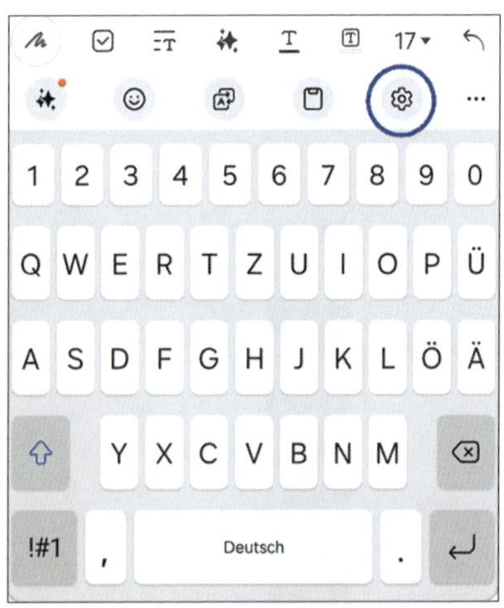

Standard-Tastatur (links) und Samsung-Tastatur (rechts)

Zusätzlich können Sie im *Play Store* alternative Tastaturen installieren und als Standard festlegen.

Gboard (Google-Tastatur)

Gboard ist eng in das Android-System und seine Google-Dienste integriert. Typische Elemente von Gboard sind die Wortvorschläge oberhalb der Tastatur, die Umschaltung zu Sonderzeichen über die Taste [?123] sowie der direkte Zugriff auf Emojis. Durch längeres Drücken einzelner Tasten lassen sich zusätzliche Zeichen aufrufen, etwa alternative Buchstabenvarianten, Sonderzeichen oder Währungssymbole.

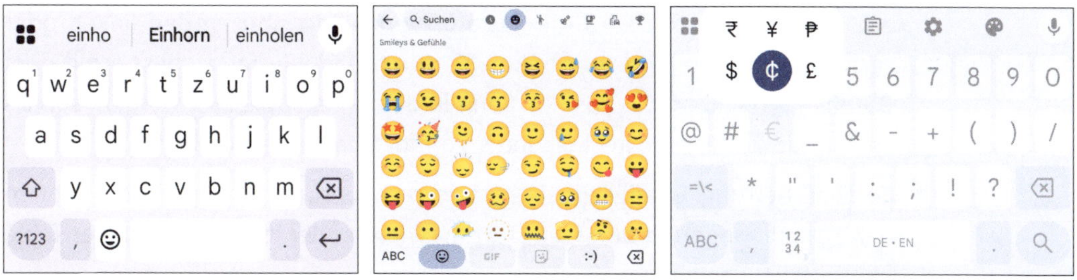

Wortvorschläge (links), Emojis (Mitte) und zusätzliche Zeichen (rechts) der Gboard-Tastatur

Weitere Funktionen sind:

- Emoji- und GIF-Auswahl
- integrierte Zwischenablage
- Mehrsprachigkeit mit automatischem Sprachwechsel
- optionale Google-Suche direkt aus der Tastatur

Erweiterte Funktionen der Gboard-Tastatur (Smartphone und Tablet)

Über das Funktionsmenü von Gboard stehen zusätzliche Werkzeuge zur Verfügung, mit denen Sie die Texteingabe erweitern oder anpassen können. Dieses Menü öffnen Sie über das Symbol mit den vier Quadraten oder über die Symbolleiste oberhalb der Tastatur. Je nach Gerät – Smartphone oder Tablet – kann die Darstellung variieren. Auf Tablets werden die Funktionen häufig großzügiger angeordnet und sind teilweise direkt sichtbar, ohne dass Untermenüs geöffnet werden müssen.

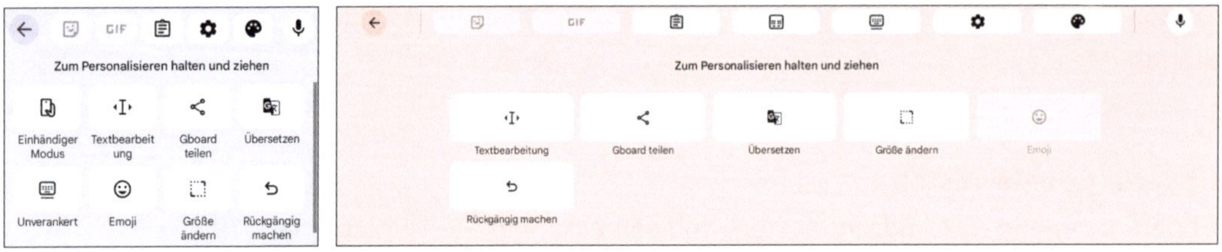

Funktionsmenü der Bildschirmtastatur auf Smartphone (links) und Tablet (rechts)

Folgende Funktionen stehen zur Verfügung:

- **Einhändiger Modus**: Auf größeren Smartphones kann die Bedienung mit einer Hand schwierig sein. Viele Tastaturen bieten daher einen einhändigen Modus an. In diesem Modus wird die Tastatur verkleinert und an den linken oder rechten Bildschirmrand verschoben. Dadurch sind alle Tasten besser mit dem Daumen erreichbar. Die Position kann in der Regel angepasst werden, sodass sowohl Links- als auch Rechtshänder komfortabel tippen können.
- **Textbearbeitung**: Ermöglicht eine präzisere Steuerung des Cursors. Sie können den Textcursor gezielt bewegen, Text markieren oder innerhalb längerer Texte komfortabel navigieren.
- **Gboard teilen**: Erlaubt das Weitergeben von Inhalten oder Einstellungen der Tastatur.
- **Übersetzen**: Gboard bietet auch eine integrierte Übersetzungsfunktion. Eingegebener Text wird automatisch in eine gewählte Zielsprache übersetzt und kann direkt eingefügt werden.
- **Unverankert**: Bei vielen Geräten steht der sogenannte *Unverankert- oder Floating-Modus* zur Verfügung. Dabei wird die Tastatur als frei verschiebbares Element dargestellt. Sie kann an eine beliebige Stelle auf dem Bildschirm gezogen werden.
- **Größe ändern**: Hier können Sie die Höhe der Tastatur anpassen. Eine größere Tastatur erleichtert das Treffen der Tasten, eine kleinere schafft mehr Platz für Inhalte.
- **Emoji**: Öffnet die Emoji-Übersicht mit Smileys und Symbolen.
- **Rückgängig machen**: Macht die letzte Eingabe oder Textänderung rückgängig.

Tablet-spezifische Besonderheiten

Auf Tablets wird das Funktionsmenü oft in einer breiteren Ansicht dargestellt. Dadurch sind mehrere Werkzeuge gleichzeitig sichtbar. Zusätzlich profitieren Sie auf größeren Geräten von:

- einer komfortableren Textbearbeitung durch mehr Platz

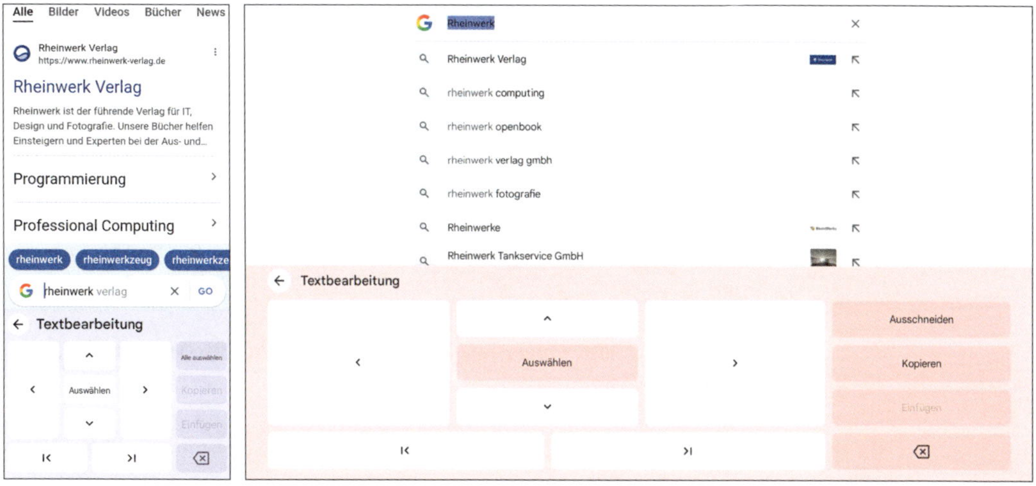

Textbearbeitungswerkzeuge der Android-Tastatur auf Smartphone (links) und Tablet (rechts)

- optional geteilten Tastaturlayouts

Geteilte Bildschirmtastatur auf einem Android-Tablet

- besserer Übersicht bei aktivierter Übersetzungs- oder Zwischenablagefunktion

Sonderzeichen, Emojis und alternative Eingaben

Viele Tasten bieten zusätzliche Zeichen, die durch längeres Gedrückthalten sichtbar werden. In den Abbildungen sehen Sie beispielsweise die Auswahl alternativer Zeichenvarianten bei längerem Drücken einer Taste.

Über die Emoji-Schaltfläche wechseln Sie in eine Übersicht mit Smileys und Symbolen. Emojis lassen sich wie normale Zeichen in Texte einfügen.

Auch die Spracheingabe ist direkt in die Tastatur integriert. Nach Antippen des Mikrofonsymbols 🎙 können Sie gesprochene Sprache in Text umwandeln. In bestimmten Ansichten kann die Tastatur dabei ausgeblendet werden, um mehr Platz für die Sprachaufnahme zu schaffen.

Kopieren, Einfügen und Zwischenablage

1. Tippen und halten Sie ein Wort im Text, um das Wort auszuwählen, oder tippen Sie doppelt darauf.
2. Tippen Sie dreimal auf ein Wort in einem Textabsatz, um den ganzen Absatz auszuwählen.
3. Über die eingeblendeten Optionen können Sie Text kopieren, ausschneiden oder einfügen.
4. Nutzen Sie die Markierungsgriffe am Anfang und Ende des ausgewählten Textes, um mehr oder weniger Text auszuwählen.

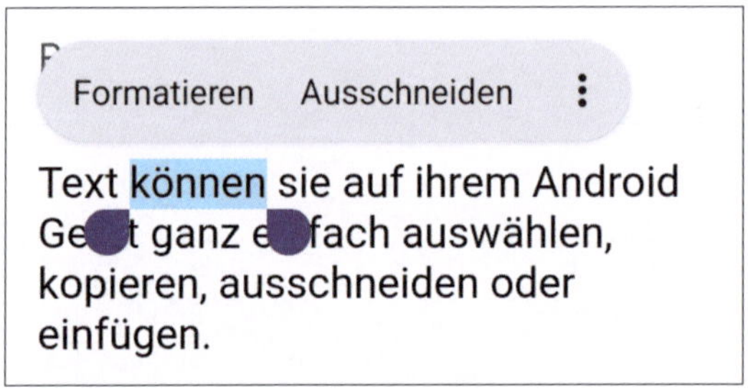

5. Android speichert kopierte Inhalte kurzzeitig in der Zwischenablage. Bei Gboard lässt sich diese Zwischenablage sogar öffnen und verwalten. So können mehrere kopierte Inhalte nacheinander wieder eingefügt werden.

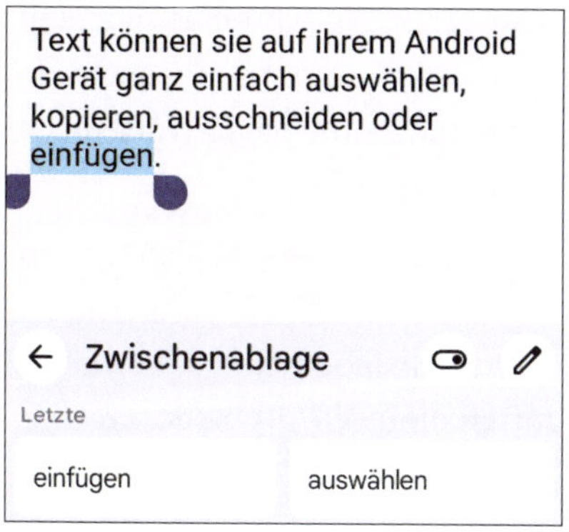

6. Zum gezielten Korrigieren von Text nutzen Sie die Tastaturlupe: Wenn Sie den Finger auf den Text setzen und leicht bewegen, erscheint eine vergrößerte Darstellung des Bereichs.

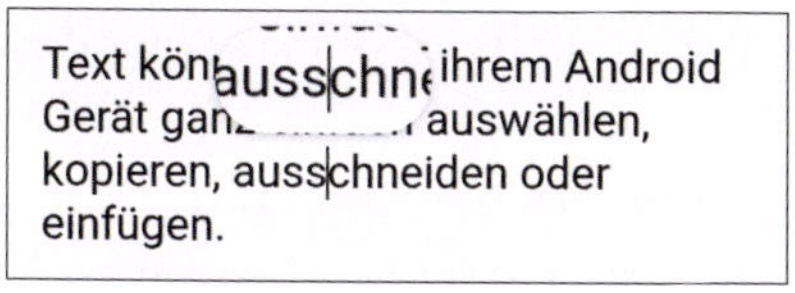

Tastatureinstellungen anpassen

Die Tastatureinstellungen finden Sie in der **Einstellungen**-App unter **System • Tastatur • Bildschirmtastatur**:

Die Tastatureinstellungen bieten umfangreiche Einstellungen.

- **Sprachen**: Hier legen Sie fest, in welchen Sprachen Sie schreiben möchten. Sie können mehrere Sprachen gleichzeitig aktivieren. Gboard erkennt während der Eingabe automatisch die passende Sprache und passt Wortvorschläge sowie Autokorrektur entsprechend an.
- **Einstellungen**: In diesem Bereich steuern Sie grundlegende Funktionen der Tastatur, darunter:
  - **Zifferntastenzeile**: Blendet oberhalb der Buchstaben eine dauerhafte Zahlenreihe ein. Dadurch entfällt das Umschalten auf die Sonderzeichenansicht.
  - **Zahlenreihe für Passwörter**: Blendet bei der Eingabe von Passwörtern automatisch eine zusätzliche Zahlenzeile oberhalb der Tastatur ein. Dadurch können Ziffern direkt getippt werden, ohne zuvor über [?123] zur Symbolansicht wechseln zu müssen. Dies erleichtert die Eingabe komplexer Kennwörter mit Zahlen deutlich.
  - **Emoji-Taste**: Ersetzt die Sprachwechseltaste durch eine direkte Emoji-Taste – praktisch, wenn Sie regelmäßig Emojis verwenden.
  - **Schaltertaste für Sprache**: Blendet eine eigene Taste zum schnellen Wechseln zwischen mehreren eingerichteten Tastatursprachen ein.
  - **Kommataste** und **Punkttaste**: Erlaubt das dauerhafte Einblenden dieser Satzzeichen auf der Haupttastatur, sofern die gewählte Sprache dies unterstützt.
- **Design**: Über den Bereich **Design** passen Sie das Erscheinungsbild der Tastatur an. Sie können zwischen hellen und dunklen Designs wählen oder eigene Hintergrundbilder festlegen. Gerade bei häufiger Nutzung lohnt sich eine optische Anpassung, die zu Ihren Anzeigeeinstellungen passt.
- **Korrekturen & Vorschläge**: Bestimmt, wie stark Gboard in Ihre Texteingabe eingreift und welche Unterstützung beim Schreiben erfolgt.
  - **Autokorrektur**: Korrigiert erkannte Tippfehler automatisch während der Eingabe.
  - **Automatische Groß-/Kleinschreibung**: Schreibt den ersten Buchstaben eines neuen Satzes automatisch groß.
  - **Rechtschreibprüfung**: Markiert falsch geschriebene Wörter farblich und schlägt Alternativen vor.
  - **Grammatikprüfung**: Weist auf grammatikalische Fehler hin und bietet Korrekturvorschläge an.

  - **Leiste mit Vorschlägen**: Blendet oberhalb der Tastatur eine Leiste mit Wortvorschlägen ein.
  - **Wortvorschläge**: Zeigt während der Eingabe passende Begriffe an.
  - **Vorschläge für nächstes Wort**: Bietet kontextbasierte Vorschläge für das nächste Wort an – basierend auf dem bisherigen Satz.
  - **Kontaktvorschläge**: Verwendet Namen und Informationen aus Ihren Kontakten als Vorschläge.
- **Glide Typing**: Mit **Glide Typing** aktivieren Sie die Wischeingabe. Dabei ziehen Sie den Finger über die Buchstaben, ohne ihn anzuheben. Gboard erkennt das gewünschte Wort anhand der Bewegung. Diese Eingabemethode kann besonders auf kleineren Displays oder bei schneller Texteingabe effizient sein.
- **Spracheingabe**: Hier aktivieren Sie die Umwandlung gesprochener Sprache in Text. So können Sie Ihrem Gerät den Text einfach diktieren.
- **Zwischenablage**: In diesem Bereich verwalten Sie kopierte Inhalte. Gboard kann mehrere Textbausteine speichern, die Sie später erneut einfügen können. Optional lassen sich Einträge fixieren, sodass sie nicht automatisch gelöscht werden.
- **Wörterbuch**: Hier fügen Sie eigene Begriffe hinzu, etwa Fachbegriffe oder Eigennamen. Diese Wörter werden anschließend nicht mehr als Fehler markiert und können in die Vorschläge übernommen werden.
- **Emojis, Sticker & GIFs**: In diesem Abschnitt legen Sie fest, wie Emojis, Sticker und animierte GIFs angeboten werden. Sie können beispielsweise die Emoji-Vorschläge während der Texteingabe aktivieren oder deaktivieren.

Benachrichtigungen und Schnelleinstellungen

Die obere Bildschirmkante gehört zu den wichtigsten Bereichen von Android. Hier laufen Informationen zusammen, hier greifen Sie unmittelbar in Systemfunktionen ein und hier steuern Sie viele Aspekte Ihres Geräts, ohne eine einzige App öffnen zu müssen.

Wenn Sie vom oberen Bildschirmrand nach unten wischen, öffnen Sie zunächst die *Benachrichtigungszentrale*. Ein zweites Herunterziehen erweitert die Ansicht und zeigt zusätzlich die *Schnelleinstellungen* an. Auf diese Weise sind Informations- und Steuerbereich logisch miteinander verknüpft.

Gerade im Alltag – beim schnellen Antworten auf eine Nachricht, beim Aktivieren des Flugmodus oder beim Einschalten der Taschenlampe – spielt dieser Bereich eine zentrale Rolle.

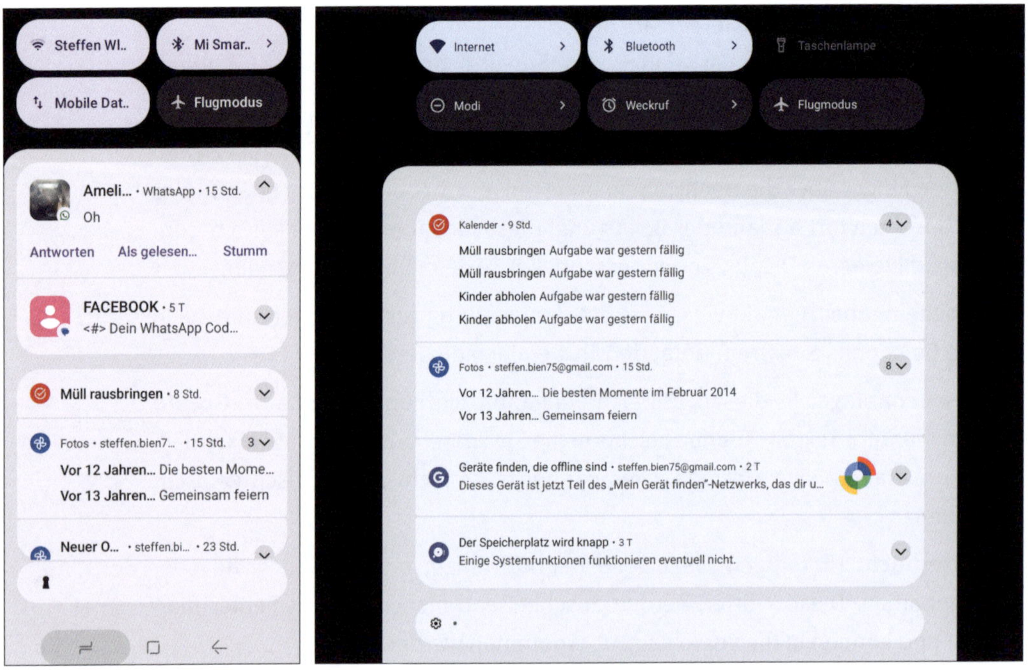

Benachrichtigungszentrale und Schnelleinstellungen

Die Benachrichtigungszentrale im Detail

Benachrichtigungen informieren Sie über neue Nachrichten, Erinnerungen, Systemmeldungen oder App-Aktivitäten. Jede Benachrichtigung enthält typischerweise das App-Symbol, den Absender oder App-Namen, eine Zeitangabe sowie einen kurzen Vorschautext.

1. Ein einfacher Tipp auf eine Benachrichtigung öffnet die zugehörige App.
2. Wischen Sie eine Benachrichtigung seitlich weg, wird sie aus der Übersicht entfernt.
3. Viele Benachrichtigungen lassen sich erweitern. Tippen Sie auf den kleinen Pfeil am rechten Rand. Gerade bei Messenger-Apps erscheint dann ein Ant-

wortfeld, sodass Sie direkt reagieren können, ohne in die App wechseln zu müssen. Dieses sogenannte »Inline-Reply« spart Zeit und unterbricht Ihren Arbeitsfluss nicht.

4. Tippen und halten Sie die Benachrichtigung, um die Benachrichtigungseinstellungen für diese App schnell anzupassen.

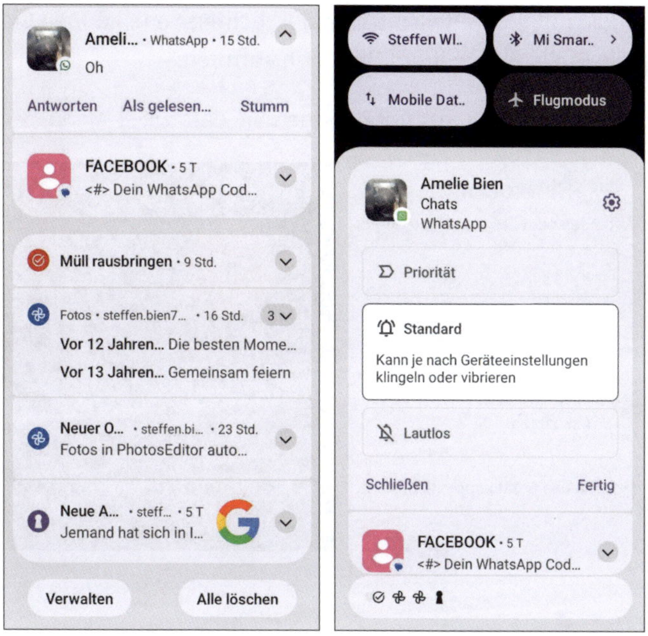

Benachrichtigungszentrale mit erweiterten Optionen: links die Übersicht aller Mitteilungen, rechts die Detailansicht mit individuellen Benachrichtigungseinstellungen (z. B. »Priorität«, »Standard« oder »Lautlos«)

Die Schnelleinstellungen – Funktionen direkt steuern

Ziehen Sie die Benachrichtigungsleiste ein zweites Mal nach unten, erscheinen alle installierten Schnelleinstellungen. Hier sehen Sie rechteckige Kacheln mit Symbol und Funktionsbezeichnung. Aktive Funktionen sind farblich hervorgehoben, inaktive erscheinen dunkler. Typische Kacheln betreffen WLAN, mobile Daten, Bluetooth, Flugmodus, automatische Bildschirmdrehung oder die Taschenlampe.

1. Ein kurzes Antippen schaltet die jeweilige Funktion sofort ein oder aus.

2. Ein Gedrückthalten öffnet die zugehörigen Detaileinstellungen. So gelangen Sie beispielsweise durch längeres Drücken auf die WLAN-Kachel direkt zur Netzwerkübersicht, ohne den Umweg über die **Einstellungen**-App nehmen zu müssen.

3. Bei Schnelleinstellungen mit einer Pfeilspitze an der rechten Seite können Sie über einen Tipp auf die Pfeilspitze weitere Optionen aufrufen.

4. Durch Drücken der Ein/Aus-Taste rechts unten öffnen Sie das *Power-Menü.*

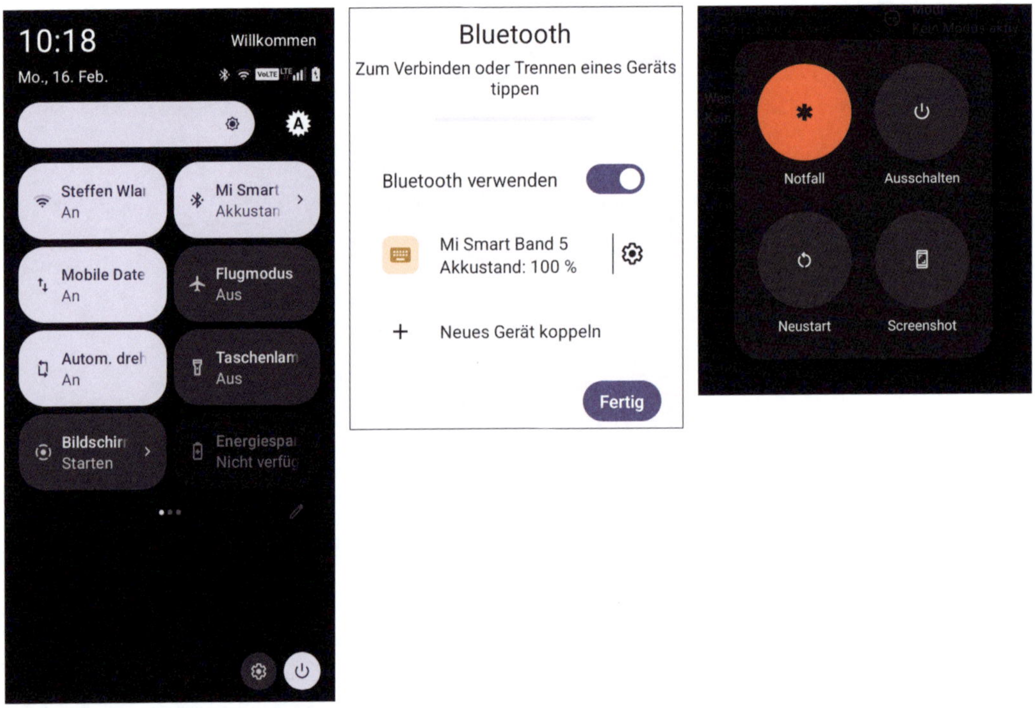

Schnelleinstellungen mit direktem Zugriff auf die Geräteeinstellungen, Bluetooth sowie das Ein-/Ausschaltmenü

Schnelleinstellungen anpassen

Android erlaubt es Ihnen, die angezeigten Kacheln individuell zu ordnen:

1. Öffnen Sie die vollständige Schnelleinstellungsansicht und tippen Sie auf **Bearbeiten** oder das Stiftsymbol.

2. Nun sehen Sie im unteren Bereich eine Übersicht aller verfügbaren Kacheln.
3. Um eine Funktion in den sichtbaren Bereich aufzunehmen, halten Sie die entsprechende Kachel gedrückt und ziehen sie nach oben.
4. Nicht benötigte Kacheln verschieben Sie in den unteren Bereich.

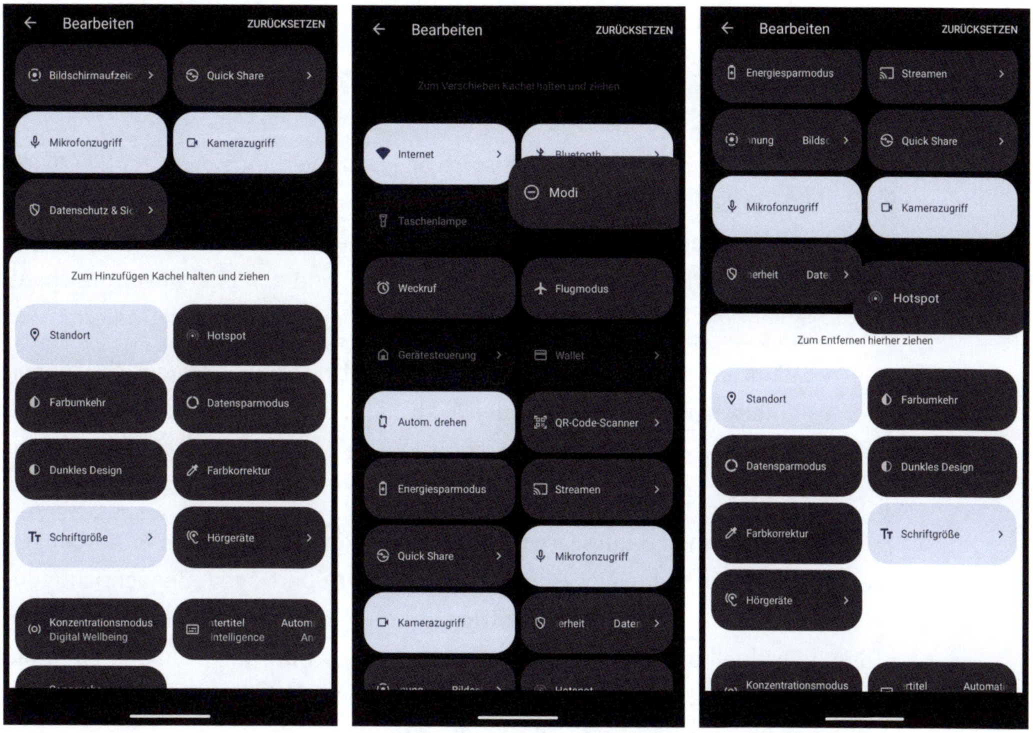

Bearbeitungsmodus der Schnelleinstellungen: in der Mitte neue Kacheln hinzufügen, rechts bestehende Kacheln per Ziehen neu anordnen

Schnellzugriff optimal anordnen

Die Reihenfolge der Kacheln ist nicht zufällig: Die obersten beiden Reihen sind besonders leicht erreichbar und sollten daher mit häufig genutzten Funktionen belegt sein. Wer beispielsweise regelmäßig zwischen WLAN und mobilen Daten wechselt, platziert diese Optionen möglichst weit oben.

Kapitel 5
Android einfach sicher nutzen – Verbindungen, Einstellungen und Komfort im Griff

Ein Smartphone arbeitet nie nur »für sich allein«. Es verbindet sich mit *WLAN* und *Mobilfunknetzen*, tauscht Dateien mit anderen Geräten aus, synchronisiert Daten im Hintergrund und informiert Sie über eingehende Nachrichten. Gleichzeitig steuert es Töne, Vibrationen, Konzentrationsmodi und den Energieverbrauch. All das geschieht meist automatisch, bis etwas nicht wie erwartet funktioniert.

Plötzlich lädt eine Seite nicht, eine Datei kommt nicht an, Benachrichtigungen stören im falschen Moment oder der Akku hält kürzer als gewohnt. In solchen Situationen wirkt Technik schnell kompliziert. In Wirklichkeit sind es meist Einstellungen, die man einmal verstehen und bewusst anpassen sollte.

Android bietet Ihnen dafür klare Werkzeuge: Sie können kabellose Verbindungen gezielt einrichten, mit Quick Share Dateien sicher übertragen, Benachrichtigungen strukturieren, Modi für konzentriertes Arbeiten oder ruhige Nächte nutzen, Töne individuell anpassen und den Akkuverbrauch transparent analysieren. Sie müssen nicht jede technische Feinheit kennen – entscheidend ist, die Bereiche zu verstehen, die Ihren Alltag direkt beeinflussen.

Dieses Kapitel führt Sie Schritt für Schritt durch genau diese Einstellungen. Sie lernen, wie Ihr Smartphone mit anderen Geräten zusammenarbeitet, wie Sie Unterbrechungen sinnvoll steuern und wie Sie den Energieverbrauch nachvollziehen und beeinflussen können. Ziel ist nicht technisches Spezialwissen, sondern Souveränität im Alltag, damit Ihr Gerät zuverlässig funktioniert und sich so verhält, wie Sie es möchten.

Hinweis zu Herstellerunterschieden

Die Einstellungen sind das Kontrollzentrum Ihres Android-Geräts. Hier legen Sie fest, wie Ihr Smartphone klingt, sich verbindet, Benachrichtigungen anzeigt, Energie verbraucht oder Inhalte darstellt. Viele dieser Optionen wirken im Hintergrund – und genau deshalb lohnt es sich, sie einmal bewusst zu verstehen.

Bevor Sie beginnen, ist ein wichtiger Hinweis hilfreich: Android wird von unterschiedlichen Herstellern eingesetzt. Samsung, Google, Xiaomi, Motorola oder andere Anbieter verwenden zwar dieselbe technische Basis, gestalten die Oberfläche jedoch teilweise unterschiedlich. Das betrifft sowohl die Reihenfolge der Menüpunkte als auch einzelne Bezeichnungen oder zusätzliche Funktionen.

So kann derselbe Bereich einmal **Display**, ein anderes Mal **Anzeige** oder **Anzeige & Helligkeit** heißen. Der Bereich **Über das Telefon** kann auch als **Telefoninfo** oder **Geräteinformation** benannt sein. Manche Funktionen sind direkt sichtbar, andere in Untermenüs versteckt. Auch das Design der Oberfläche kann variieren.

Lassen Sie sich davon nicht verunsichern. Die grundlegenden Einstellungsbereiche sind bei allen Android-Geräten vorhanden. Entscheidend ist nicht die exakte Menübezeichnung, sondern zu wissen, *welche Art von Einstellung Sie suchen* – etwa WLAN, Benachrichtigungen oder Akku.

Kabellose Verbindungen – das Fundament, auf dem alles aufbaut

Android ist ein System, das Verbindungen nicht nur »ein- oder ausschaltet«, sondern auch aktiv verwaltet. Genau das ist einerseits praktisch – andererseits wirkt es für Einsteiger manchmal unberechenbar. Wer jedoch ein paar Grundprinzipien kennt, kann typische Fehlerbilder erstaunlich schnell einordnen und lösen.

Ein hilfreiches Bild ist der Alltag zu Hause: Sie haben nicht nur eine Tür, sondern auch Fenster, einen Schlüssel und manchmal eine Alarmanlage. Je nach Situation nutzen Sie das passende Element. Genauso arbeiten WLAN, Mobilfunk, Bluetooth, NFC und Hotspot zusammen. Sie sind nicht gleichwertig, sondern haben jeweils einen Zweck, eine Reichweite und typische Stärken.

Mobile Daten – unterwegs unverzichtbar und dennoch kontrollierbar

Sobald Sie das Haus verlassen, nutzt Ihr Smartphone automatisch das Mobilfunknetz, damit Sie mit dem Internet verbunden bleiben. Dafür müssen die mobilen Daten aktiviert sein. Die entsprechende Einstellung finden Sie meist im Bereich **Netzwerk & Internet** oder **Mobilfunk** der **Einstellungen**-App.

Wenn Ihr Gerät zwei SIM-Karten oder eine zusätzliche eSIM verwendet, können Sie dort außerdem festlegen, welche Karte für die mobile Internetverbindung genutzt werden soll. Das ist beispielsweise praktisch auf Reisen oder bei der Trennung von privater und beruflicher Nutzung.

Mobile Daten konfigurieren

1. Öffnen Sie zunächst die **Einstellungen** und wechseln Sie in den Bereich **Netzwerk & Internet**.
2. Unter **SIM-Karten** wird angezeigt, welcher Anbieter aktiv ist – im gezeigten Beispiel T-Mobile.
3. Tippen Sie auf **SIM-Karten**.
4. Hier sehen Sie, ob Ihre SIM aktiv ist und ob **Mobile Daten** eingeschaltet sind. Der Schalter neben **Mobile Daten** bestimmt, ob Ihr Smartphone unterwegs Internet über das Mobilfunknetz nutzen darf. Ist der Schalter aktiviert, kann das Gerät außerhalb des WLANs auf das Internet zugreifen. Ist er deaktiviert, funktionieren unterwegs nur Telefonie und SMS – aber keine Internetdienste.

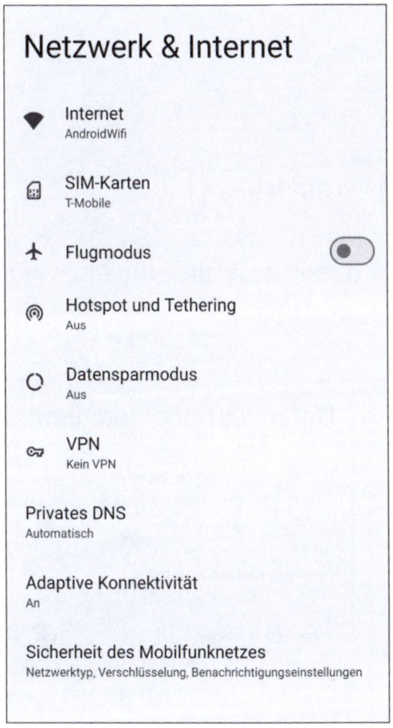

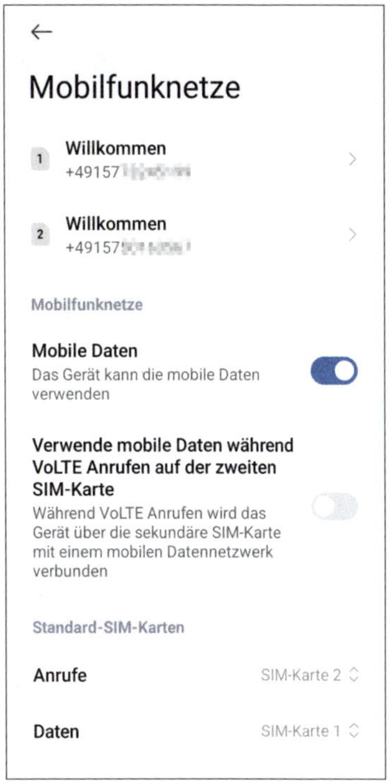

Die Einstellungsübersichten für Mobilfunk und mobile Daten

Mobile Daten bei Dual-SIM-Nutzung

Gerade bei Dual-SIM-Geräten ist dieser Bereich besonders wichtig. Hier entscheiden Sie, welche SIM für mobile Daten zuständig ist. Wer etwa im Urlaub eine zweite SIM nutzt, sollte hier bewusst prüfen, welche Karte Daten liefern soll. Diese müssen Sie dann aktivieren.

Datenwarnung und Datenlimit sinnvoll setzen

Viele Einsteiger fragen sich irgendwann: »Wo sind meine Gigabyte geblieben?« Die Antwort liegt meist nicht im Mobilfunknetz, sondern in einzelnen Apps:

1. Tippen Sie innerhalb der SIM-Einstellungen auf **Datennutzung durch Apps**.
2. Hier öffnet sich die Übersicht **Mobile Datennutzung**, wie sie auf dem Screenshot zu sehen ist.

3. Sie erkennen dort:
   - den aktuellen Abrechnungszeitraum
   - die bisher verbrauchten Daten
   - eine grafische Verlaufskurve
   - die Auflistung der Apps mit ihrem jeweiligen Verbrauch

   Im Beispiel wurden 106 MB genutzt. Auffällig ist dabei, dass einzelne Apps wie **Google** oder **Gboard** bereits messbar Daten verbraucht haben.

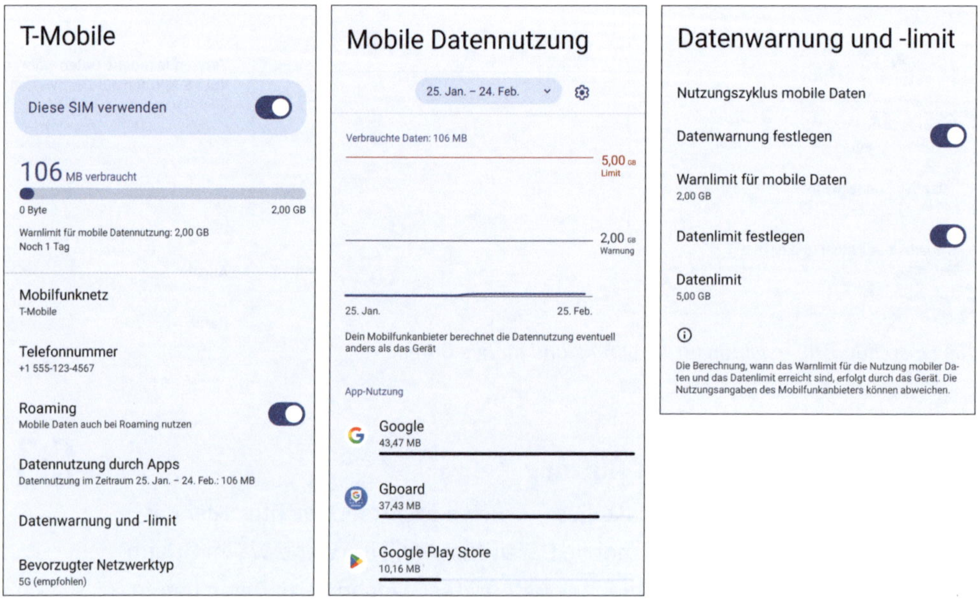

4. Tippen Sie auf **Datenwarnung und -limit**.

5. Aktivieren Sie **Datenwarnung festlegen**.

6. Tippen Sie auf **Warnlimit für mobile Daten** und geben Sie einen Wert ein, der unterhalb Ihres Tariflimits liegt.

7. Bestätigen Sie Ihre Eingabe mit Tipp auf **Übernehmen**.

Warnlimit richtig wählen

Viele Nutzer wählen beispielsweise 80 % ihres monatlichen Volumens. Das fühlt sich nicht wie ein Verbot an, sondern wie ein frühzeitiger Hinweis.

8. Wenn Sie absolute Kontrolle möchten, aktivieren Sie **Datenlimit festlegen**.
9. Tippen Sie auf **Datenlimit** und geben Sie einen Wert ein, der Ihrem Datenvolumen entspricht.
10. Bestätigen Sie Ihre Eingabe mit Tipp auf **Übernehmen**.

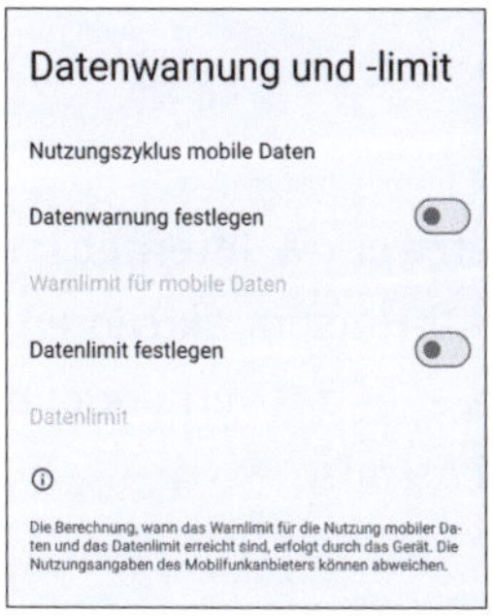

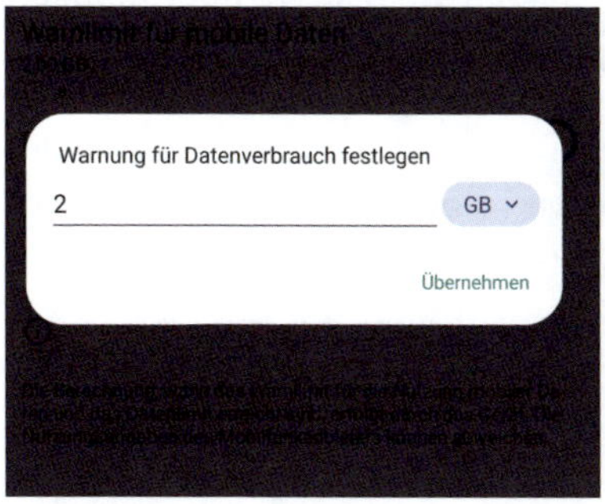

Weitere Mobilfunkeinstellungen

- **Roaming** – Internet im Ausland bewusst steuern: In Ihren SIM-Einstellungen finden Sie auch den Punkt **Roaming**. Ist dieser aktiviert, darf Ihr Smartphone auch außerhalb Ihres Heimatnetzes mobile Daten nutzen. Innerhalb der EU ist das meist unproblematisch. Außerhalb der EU können jedoch hohe Kosten entstehen.
  Deshalb gilt: Aktivieren Sie **Roaming** nur, wenn Sie es wirklich benötigen, und behalten Sie parallel die Datennutzung im Blick oder verwenden Sie bevorzugt WLAN.

- **Bevorzugter Netzwerktyp** – 4G oder 5G? Unter **Bevorzugter Netzwerktyp** können Sie festlegen, welche Mobilfunkstandards genutzt werden sollen. In Ihrem Beispiel ist 5G aktiviert. 5G bietet höhere Geschwindigkeit, verbraucht jedoch teilweise etwas mehr Energie. In Regionen mit schwachem 5G-Ausbau kann es sinnvoll sein, testweise auf 4G zu wechseln, wenn Verbindungen instabil wirken.
- **Schutz vor 2G-Netzen**: Diese Einstellung erhöht die Sicherheit Ihrer Mobilfunkverbindung. 2G gilt als veraltet und weniger geschützt. Wer maximale Sicherheit möchte, kann diese Option aktivieren. In sehr ländlichen Regionen kann das jedoch vereinzelt zu Verbindungsproblemen führen.

Hotspot – Internet teilen, wenn kein WLAN in Sicht ist

Manchmal wird Ihr Smartphone selbst zum Internetzugang, etwa dann, wenn Sie unterwegs mit dem Laptop arbeiten, ein Tablet verbinden möchten oder ein Familienmitglied dringend online gehen muss, aber weit und breit kein WLAN verfügbar ist. In solchen Momenten springt der mobile Hotspot ein. Ihr Android-Gerät nutzt dann seine Mobilfunkverbindung und stellt sie anderen Geräten als WLAN zur Verfügung.

Sie finden diese Funktion in den **Einstellungen** unter **Netzwerk & Internet** im Bereich **Hotspot und Tethering**. Dort können Sie den WLAN-Hotspot aktivieren, einen Netzwerknamen festlegen und ein Passwort vergeben. Für das verbundene Gerät sieht Ihr Smartphone dann wie ein ganz normales WLAN aus.

Hotspot einrichten und verwenden

1. Öffnen Sie die **Einstellungen** und wechseln Sie zu **Netzwerk & Internet**.
2. Tippen Sie auf **Hotspot und Tethering**.
3. Aktivieren Sie den Schalter **WLAN-Hotspot**.
4. Nun legen Sie die Zugangsdaten fest. Tippen Sie auf den Hotspot-Namen.
5. Sie befinden sich nun in den Einstellungen für den WLAN-Hotspot, wo Sie die Daten eingeben:
   - Tippen Sie **Name des Hotspots** an und vergeben Sie eine Bezeichnung, die Sie leicht wiedererkennen.
   - Öffnen Sie anschließend den Bereich **Passwort des Hotspots** und vergeben Sie ein sicheres Kennwort. Android schlägt in der Regel bereits ein starkes Passwort vor, das Sie übernehmen oder anpassen können.

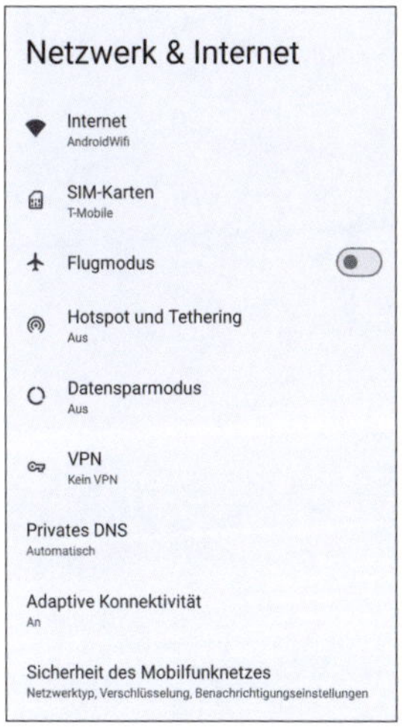

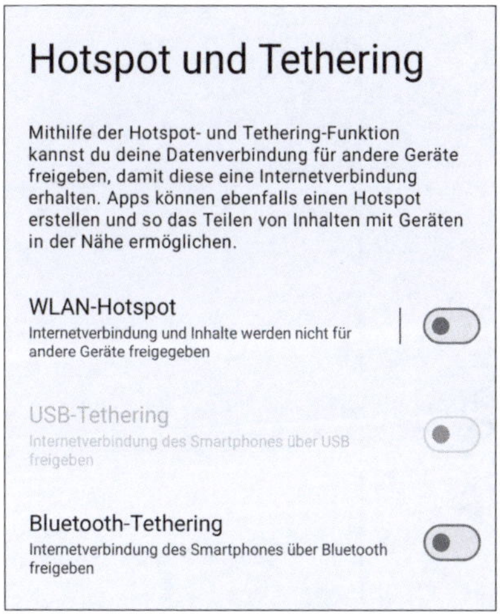

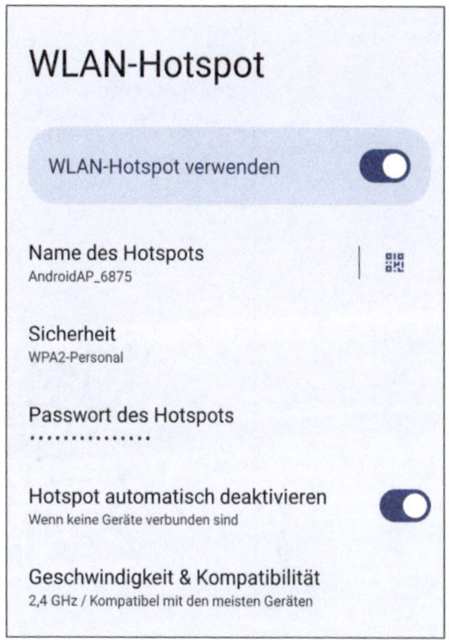

6. Gehen Sie nun am Laptop oder Tablet in die WLAN-Einstellungen.
7. Wählen Sie dort den eben eingerichteten Hotspot aus und geben Sie das festgelegte Passwort ein. Sobald die Verbindung steht, nutzt das Gerät die Mobilfunkverbindung Ihres Smartphones.

Hotspot per QR-Code teilen

Wenn Sie Ihren Hotspot eingerichtet haben, müssen andere Geräte das Passwort nicht zwingend eintippen. Android bietet eine sehr komfortable Möglichkeit, den Zugang per *QR-Code* zu teilen. Das ist besonders praktisch, wenn das Kennwort lang oder schwer zu merken ist, und deutlich bequemer, als Zeichen für Zeichen vorzulesen.

1. Öffnen Sie die **Einstellungen** und wechseln Sie zu **Netzwerk & Internet**.
2. Tippen Sie auf **Hotspot und Tethering** und anschließend auf **WLAN-Hotspot**.
3. Tippen Sie neben **Name des Hotspots** auf das kleine QR-Code-Symbol.
4. Das Gerät zeigt einen QR-Code an.

5. Nehmen Sie nun das andere Gerät zur Hand. Öffnen Sie dort die Kamera-App oder die WLAN-Einstellungen und scannen Sie den QR-Code. Das Gerät erkennt automatisch, dass es sich um WLAN-Zugangsdaten handelt, und bietet die direkte Verbindung an. Ein manuelles Eingeben des Passwortes ist nicht mehr nötig.

Sicherheitstipp: Hotspot automatisch deaktivieren

Viele Android-Geräte bieten die Option, den Hotspot automatisch zu deaktivieren, wenn kein Gerät verbunden ist. Aktivieren Sie diese Funktion, sofern verfügbar. So verhindern Sie, dass der Hotspot versehentlich aktiv bleibt und weiterhin Akku oder Daten verbraucht.

WLAN – die bequemste Verbindung im Alltag

Zu Hause oder in Ferienwohnungen und Hotels ist WLAN in der Regel die wichtigste Internetverbindung. Es ist schnell, schont Ihr Datenvolumen und ermöglicht im Hintergrund Updates, Cloud-Sicherungen und Synchronisationen. Damit es zuverlässig funktioniert, lohnt es sich jedoch, sich die grundlegenden Einstellungen einmal bewusst anzusehen:

1. Öffnen Sie die **Einstellungen** und wechseln Sie zu **Netzwerk & Internet**. Dort finden Sie den Bereich **Internet** bzw. **WLAN**.

2. Sobald **WLAN** aktiviert ist, zeigt Android verfügbare Netzwerke an. Wählen Sie das gewünschte Netzwerk aus, geben Sie das Passwort ein und bestätigen Sie. Ab diesem Moment verbindet sich Ihr Smartphone automatisch mit diesem WLAN-Netzwerk, sobald Sie wieder in Reichweite sind.

WLAN-Zugang bequem per QR-Code teilen

Wenn Besuch ins WLAN möchte, muss niemand das Passwort mühsam abtippen:

1. Öffnen Sie die **Einstellungen**, wechseln Sie zu **Netzwerk & Internet** und tippen Sie auf Ihr verbundenes WLAN.

2. In den **Netzwerkdetails** finden Sie – je nach Android-Version – eine Funktion wie **Teilen** oder ein QR-Code-Symbol. Nach einer Entsperrung per PIN, Muster oder Fingerabdruck erscheint ein QR-Code auf dem Bildschirm.

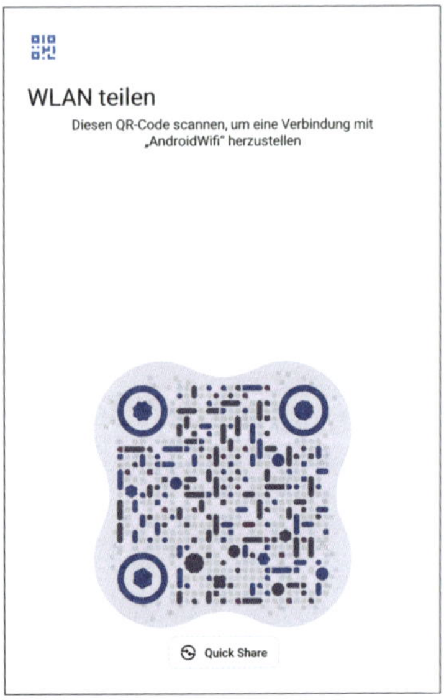

3. Der Gast öffnet auf seinem Smartphone die Kamera oder eine QR-Scan-Funktion, richtet sie auf den Code und bestätigt die Verbindung. Das Passwort muss nicht diktiert oder eingegeben werden.

Wenn WLAN und Mobilfunk sich »einmischen«

Ein Punkt, der viele Nutzer überrascht: Android-Geräte wechseln automatisch auf mobile Daten, wenn das WLAN zwar verbunden ist, aber als langsam oder instabil eingestuft wird. Das ist komfortabel, kann jedoch dazu führen, dass zu Hause plötzlich Datenvolumen verbraucht wird.

1. In den erweiterten WLAN-Optionen – oft unter **Netzwerkeinstellungen** zu finden – finden Sie Einstellungen, die dieses Verhalten steuern.
2. Aktivieren bzw. deaktivieren Sie die Option **WLAN+**.
3. Es ist nicht zwingend nötig, die Funktion zu aktivieren oder zu deaktivieren – wichtiger ist, dass Sie wissen, dass sie existiert. Wer schon einmal unerwarteten Datenverbrauch bemerkt hat, findet hier häufig die Ursache.

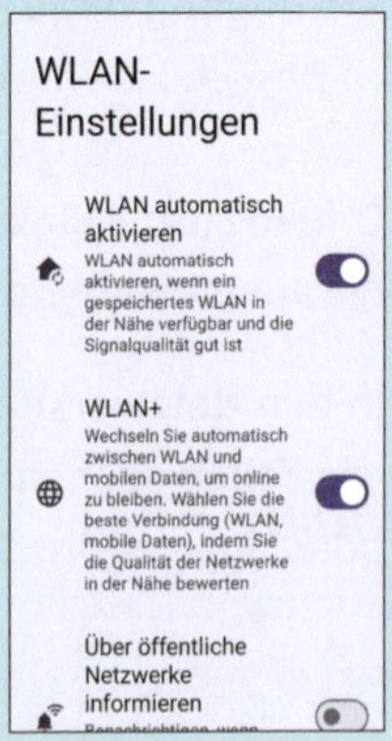

Bluetooth – direkte Verbindungen für Kopfhörer, Auto und Zubehör

Bluetooth ist die Funktechnik, die Sie immer dann nutzen, wenn zwei Geräte direkt miteinander sprechen sollen. Kabellose Kopfhörer, Lautsprecher, die Freisprechanlage im Auto, eine Smartwatch oder ein Fitnesstracker – all diese Geräte verbinden sich über Bluetooth mit Ihrem Smartphone.

1. Sie finden Bluetooth in den **Einstellungen** im Bereich **Verbundene Geräte** oder direkt unter **Bluetooth**.
2. Tippen Sie auf **Neues Gerät koppeln**.
3. Es öffnet sich die Ansicht mit den verfügbaren Geräten. Android sucht automatisch nach Geräten in der Nähe.
   Wählen Sie das Gerät aus, das Sie verbinden möchten.

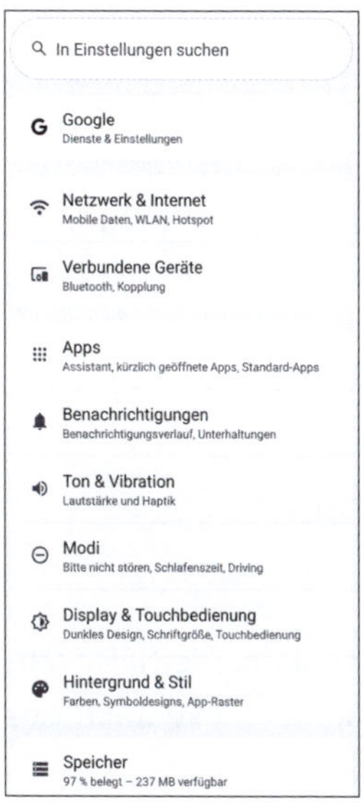

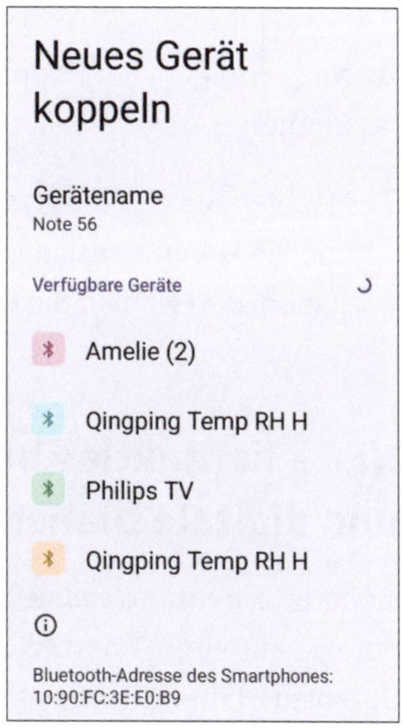

Wichtig: Kopplungsmodus aktivieren

Das gewünschte Zubehör muss jetzt im Kopplungsmodus sein. Bei Kopfhörern bedeutet das häufig, dass Sie die Taste am Ladecase oder am Gerät mehrere Sekunden gedrückt halten, bis eine LED blinkt oder eine Ansage ertönt.

4. Sobald das Gerät in der Liste erscheint, tippen Sie es an. In meinem Beispiel wird ein **Philips TV** ausgewählt.

5. Daraufhin erscheint ein Bestätigungsfenster mit einem **Bluetooth-Kopplungscode**. Dieser Code wird meist gleichzeitig auf beiden Geräten angezeigt. Prüfen Sie, ob die Zahlen übereinstimmen, und tippen Sie auf **Koppeln**.

6. Nach erfolgreicher Kopplung erscheint das Gerät in der Liste der verbundenen Geräte.

7. Möchten Sie ein Gerät wieder entkoppeln, öffnen Sie die Bluetooth-Liste, tippen Sie neben einem nicht mehr benötigten Gerät auf das Zahnrad- oder Infosymbol und wählen Sie **Entfernen**.

NFC – kontaktlos bezahlen, Ausweis nutzen und digitale Dienste aktivieren

Möchten Sie unterwegs kein Bargeld mitnehmen? Kein Problem. Die NFC-Technologie auf Ihrem Android-Smartphone ermöglicht unter anderem kontaktloses Bezahlen. Halten Sie Ihr entsperrtes Smartphone dazu einfach an ein kompatibles Lesegerät – und die Zahlung wird in Sekunden ausgelöst.

NFC steht für *Near Field Communication*, auf Deutsch »Nahfeldkommunikation«. Gemeint ist eine sehr kurze, drahtlose Verbindung zwischen zwei Geräten. Die Reichweite beträgt nur wenige Zentimeter. Genau diese geringe Distanz macht die Technik im Alltag sicher und zuverlässig.

Technisch basiert NFC auf einer RFID-Technologie (*Radio Frequency Identification*). Für Sie bedeutet das vor allem: Sie müssen Geräte oder Karten lediglich dicht aneinanderhalten, um eine Verbindung herzustellen. Es ist kein manuelles Koppeln wie bei Bluetooth notwendig.

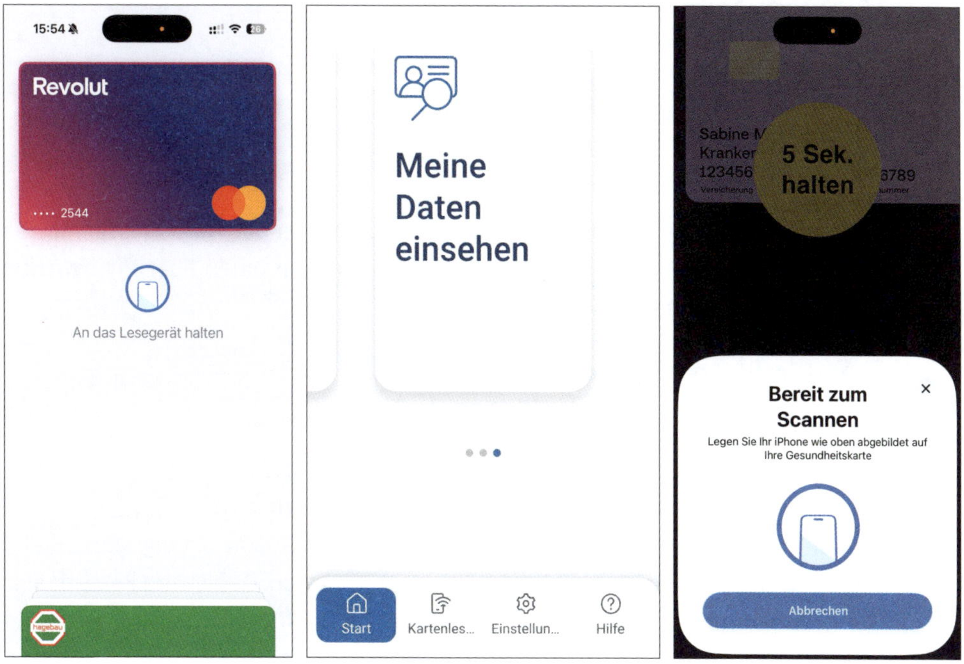

Mit der NFC-Funktion können Sie kontaktlos bezahlen, sich ausweisen oder Ihr E-Rezept auf dem Smartphone einlösen.

NFC aktivieren

Damit Sie NFC für kontaktloses Bezahlen, die *AusweisApp2* oder die E-Rezept-App nutzen können, muss die Funktion aktiviert sein. In der Regel ist NFC bei modernen Geräten bereits eingeschaltet, dennoch lohnt sich ein kurzer Kontrollblick:

1. Öffnen Sie die **Einstellungen** Ihres Smartphones.
2. Tippen Sie auf **Verbundene Geräte** oder – je nach Hersteller – auf **Verbindungen**. Dort finden Sie den Eintrag **NFC**.
   Ist der Schalter deaktiviert, tippen Sie ihn an, um NFC einzuschalten. Der Schalter wechselt nun in die aktive Position.

3. Noch schneller geht es über die Schnelleinstellungen. Wischen Sie vom oberen Bildschirmrand nach unten, um das Schnellmenü zu öffnen. Je nach Gerät müssen Sie eventuell ein zweites Mal nach unten wischen, um alle Kacheln anzuzeigen.
4. Suchen Sie die Kachel **NFC**.
5. Ist sie ausgegraut, tippen Sie darauf – die Kachel wird nun hervorgehoben und NFC ist aktiv.

Kontaktlos bezahlen – einfach und sicher

Im Geschäft halten Sie Ihr entsperrtes Smartphone an das Kartenlesegerät. Die eingerichtete Zahlungs-App überträgt die notwendigen Daten über NFC. Wichtig sind zwei Voraussetzungen:

- Das Smartphone muss entsperrt sein.
- Eine Zahlungs-App muss eingerichtet und aktiviert sein.

Digitale Inhalte austauschen und Geräte verbinden

Neben dem Bezahlen kann NFC auch zum schnellen Austausch digitaler Inhalte oder zum Verbinden kompatibler Geräte genutzt werden. Dabei wird keine dauerhafte Verbindung aufgebaut. Die Geräte erkennen sich durch die kurze Annäherung und starten anschließend den Datenaustausch oder die Kopplung über eine andere Funktechnik.

Das Prinzip ist immer gleich: Geräte oder Karten nahe aneinanderhalten – die Technik erledigt den Rest.

Personalausweis mit dem Smartphone nutzen

Ein besonders wichtiger Anwendungsbereich ist die digitale Identifikation mit dem Personalausweis. In Kombination mit der *AusweisApp2* können Sie sich online legitimieren, beispielsweise bei behördlichen Dienstleistungen.

Dazu gehören unter anderem:

- Fahrzeug-Ummeldungen über *i-Kfz*
- Onlineverwaltungsportale
- digitale Gesundheitsangebote

1. Starten Sie die entsprechende Anwendung, etwa die **AusweisApp2**.
2. Wenn Sie dazu aufgefordert werden, legen Sie Ihren Personalausweis flach auf die Rückseite bzw. Oberseite Ihres Smartphones. Halten Sie ihn ruhig, bis der Lesevorgang abgeschlossen ist.
3. Der Ausweis wird kontaktlos ausgelesen. Anschließend bestätigen Sie Ihre Identität mit Ihrer Ausweis-PIN.

E-Rezept-App mit NFC registrieren
NFC kann auch für die Einlösung von E-Rezepten in Onlineapotheken auf dem Smartphone verwendet werden. Dabei werden die Daten Ihrer elektronischen Gesundheitskarte ausgelesen.

1. Starten Sie die E-Rezept-App und wählen Sie die Registrierung mit Gesundheitskarte.
2. Wenn die App Sie dazu auffordert, legen Sie Ihre Karte an die Rückseite des Smartphones und halten Sie sie ruhig.
3. Nach wenigen Sekunden ist der Lesevorgang abgeschlossen und die Registrierung eingerichtet.

Quick Share – Dateien direkt von Gerät zu Gerät senden

Viele kennen die Situation: Sie haben auf Ihrem Smartphone ein Foto, das schnell auf Ihr Tablet soll. Oder Sie möchten jemandem neben sich mehrere Bilder schicken – ohne WhatsApp, ohne E-Mail, ohne Umweg über eine Cloud. Genau dafür ist *Quick Share* gedacht.

Quick Share ist eine Funktion von Android, mit der Sie Dateien direkt an ein anderes Android-Gerät in der Nähe senden können. Dabei werden WLAN und Bluetooth kombiniert, um eine schnelle und stabile Verbindung aufzubauen. Sie können es sich vorstellen wie ein digitales »Rüberreichen«. Quick Share eignet sich besonders für:

- das Übertragen von Fotos vom Smartphone auf das eigene Tablet

- das Weitergeben von Dokumenten an andere Personen
- das Teilen mehrerer Bilder in Originalqualität
- das Übertragen von Dateien ohne Internetverbindung

Voraussetzungen für die Datenübertragung
Beide Geräte müssen sich in der Nähe befinden und Quick Share aktiviert haben.

Beispiel aus dem Alltag
Sie fotografieren mit Ihrem Smartphone zwei Bilder Ihres Hundes und möchten sie auf Ihr Tablet übertragen, um sie dort weiterzubearbeiten.

Sie könnten nun den umständlicheren Weg wählen, etwa:

- sich selbst eine E-Mail schreiben
- die Bilder erst in die Cloud hochladen
- ein Kabel suchen

Stattdessen nutzen Sie Quick Share. Die Übertragung dauert wenige Sekunden.

Quick Share-Einstellungen anpassen
In der **Einstellungen**-App unter **Verbundene Geräte • Verbindungseinstellungen • Quick Share** können Sie festlegen, wer Ihr Gerät in der Nähe erkennen darf. Tippen Sie dazu auf **Wer Inhalte mit dir teilen kann**.

Diese Einstellung betrifft nicht die Datei selbst, sondern die Sichtbarkeit Ihres Geräts, also Komfort und Datenschutz zugleich.

- **Meine Geräte**: Nur Geräte, die mit Ihrem eigenen Google-Konto angemeldet sind, sehen Ihr Gerät.
  Diese Einstellung ist ideal für Übertragungen zwischen eigenem Smartphone, Tablet oder Laptop und besonders sicher, da Ihr Gerät ausschließlich für Ihre eigenen weiteren Geräte sichtbar ist.
- **Kontakte**: Nur Personen aus Ihren gespeicherten Kontakten mit Google-Konto sehen Ihr Gerät. Diese Einstellung ist praktisch im Alltag mit Kolleginnen,

Freunden oder Mitschülern. Geräte werden automatisch erkannt, wenn beide als Kontakte gespeichert sind.

- **Alle**: Jeder in Ihrer Nähe mit einem Gerät, das Quick Share unterstützt, kann Ihr Gerät sehen. Diese Einstellung eignet sich für Schulungen oder schnelle, spontane Weitergaben, ist aber weniger kontrolliert und sollte bewusst und nur bei Bedarf aktiviert werden.
- **Alle für 10 Minuten**: Ihr Gerät ist 10 Minuten lang für alle Personen in der Nähe sichtbar. Danach wird die Freigabe automatisch wieder deaktiviert. Diese Option eignet sich besonders für spontane Dateiübertragungen, ohne das Gerät dauerhaft sichtbar zu machen.

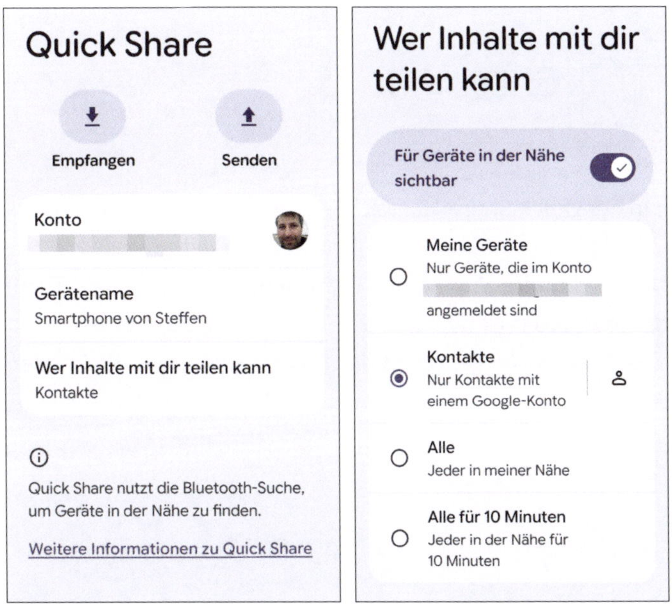

Entscheiden Sie, für welche Personen Ihr Gerät sichtbar sein soll.

So senden Sie Dateien oder Bilder

1. Datei auswählen:
   - Öffnen Sie z. B. die **Galerie**.
   - Markieren Sie ein oder mehrere Bilder.
   - Tippen Sie auf **Teilen** <.
   - Wählen Sie **Quick Share**.

2. Gerät auswählen: In der Quick-Share-Übersicht sehen Sie Ihren Gerätenamen, verfügbare Geräte in der Nähe und den aktuellen Sichtbarkeitsstatus.
   - Tippen Sie auf ein Gerät unter **An meine Geräte senden**, um die Dateien an eines Ihrer anderen Android-Geräte, z. B. Ihr Tablet, weiterzugeben.
   - Wählen Sie ein Gerät unter **An Geräte in der Nähe senden**, um die Dateien an ein Android-Gerät einer anderen Person in der Nähe zu senden.

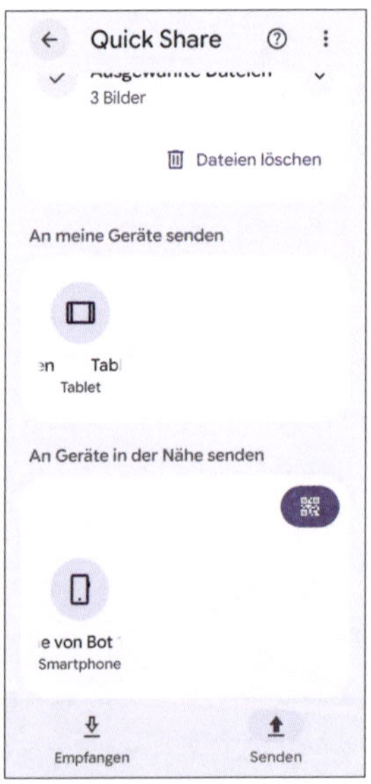

3. Empfang bestätigen: Auf dem anderen Gerät erscheint eine Anfrage.
- Nach Bestätigung beginnt die Übertragung.
- Ein Fortschrittsbalken zeigt den Status an.
- Nach erfolgreicher Übertragung wird dies sowohl auf dem Empfangs- als auch auf dem Sendegerät mit einem Kreis mit Häkchen signalisiert.

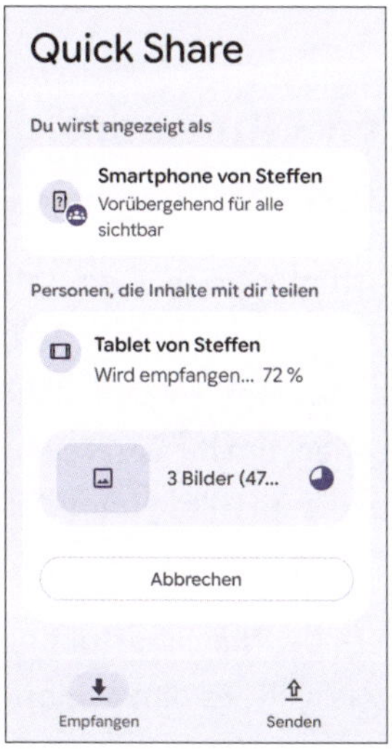

Teilen per QR-Code

Falls ein Gerät nicht automatisch erkannt wird, können Sie einen QR-Code anzeigen lassen. Die andere Person scannt ihn, und schon wird die Verbindung aufgebaut.

Dateien lassen sich wahlweise nur für Kontakte oder kurzzeitig für alle Personen in der Nähe freigeben.

Das ist besonders hilfreich in folgenden Fällen:

- in größeren Gruppen
- wenn Bluetooth-Geräte nicht sofort erscheinen
- bei unbekannten Kontakten

Einstellungen vertiefen – Ihr Android bewusst steuern und komfortabel nutzen

Nachdem Verbindungen eingerichtet, Geräte verknüpft und die Grundfunktionen verstanden sind, beginnt der vielleicht wichtigste Teil der Android-Nutzung: die bewusste Steuerung. Android bietet eine enorme Zahl an Optionen. Sie müssen jedoch nicht jede Einstellung kennen, um Ihr Gerät sicher und souverän zu nutzen. Entscheidend sind die Bereiche, die im Alltag unmittelbar spürbar sind: Benachrichtigungen, Akku, Datenschutz und die individuelle Anpassung der Darstellung.

Viele Nutzerinnen und Nutzer erleben ihr Smartphone nicht als Werkzeug, sondern als etwas, das »ständig etwas will«. Es blinkt, vibriert, meldet sich – oft ungefragt. Gleichzeitig bleibt unklar, warum der Akku plötzlich leer ist oder welche App im Hintergrund auf Daten zugreift. Genau hier schaffen die richtigen Einstellungen Ruhe und Kontrolle.

Benachrichtigungen – so bringen Sie Ordnung in die tägliche Informationsflut

Benachrichtigungen sind einer der wichtigsten, aber auch störanfälligsten Bereiche eines Smartphones. Sie informieren über Termine, Nachrichten, Updates oder Warnmeldungen, können aber ebenso schnell zur Dauerunterbrechung werden. Android bietet deshalb ein fein abgestuftes System, mit dem Sie sehr genau festlegen können, welche App wie und wann auf sich aufmerksam machen darf.

Den Einstieg finden Sie unter **Einstellungen • Benachrichtigungen**. In der Übersicht sehen Sie mehrere Bereiche: die Verwaltung einzelner Apps, den Benachrichtigungsverlauf, Einstellungen zu Unterhaltungen sowie Optionen für den Sperrbildschirm und Notfallmeldungen. Dieser Bereich ist Ihre Kontrollzentrale.

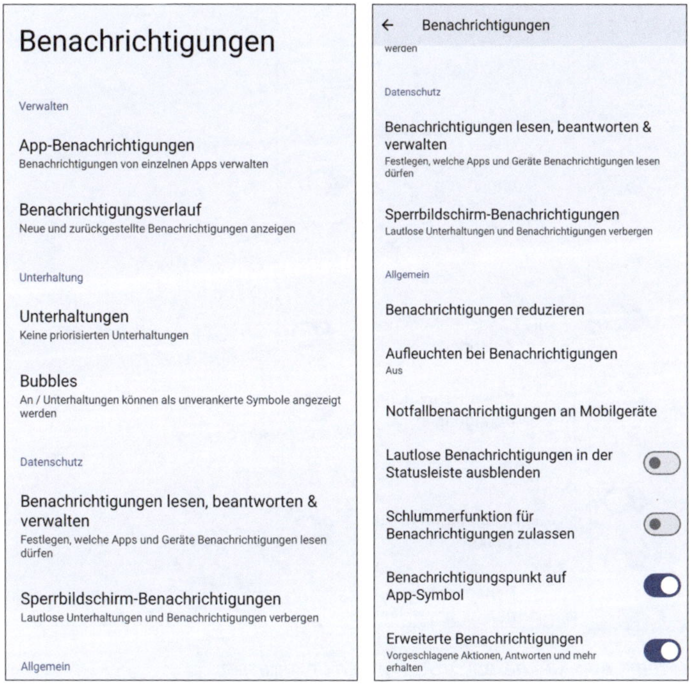

Die Übersichtsseite für Benachrichtigungseinstellungen

App-Benachrichtigungen differenziert anpassen

Tippen Sie auf **App-Benachrichtigungen**, erhalten Sie eine Liste aller Apps, die zuletzt Meldungen gesendet haben. Rechts neben jeder App befindet sich ein Schalter. Dieser erlaubt es, Benachrichtigungen vollständig zu deaktivieren. Doch genau hier lohnt es sich, nicht vorschnell zu handeln.

Wenn Sie stattdessen auf den Namen einer App tippen, etwa auf **Kalender**, öffnen sich die detaillierten Einstellungen dieser Anwendung. Und hier zeigt sich die Stärke von Android: Eine App besitzt meist mehrere sogenannte Benachrichtigungskategorien. Im Beispiel des Kalenders sind das etwa allgemeine **Kalenderbenachrichtigungen** und Aufgaben (**Tasks**). Das bedeutet, Sie können sehr genau steuern, welche Art von Information Sie erreichen darf.

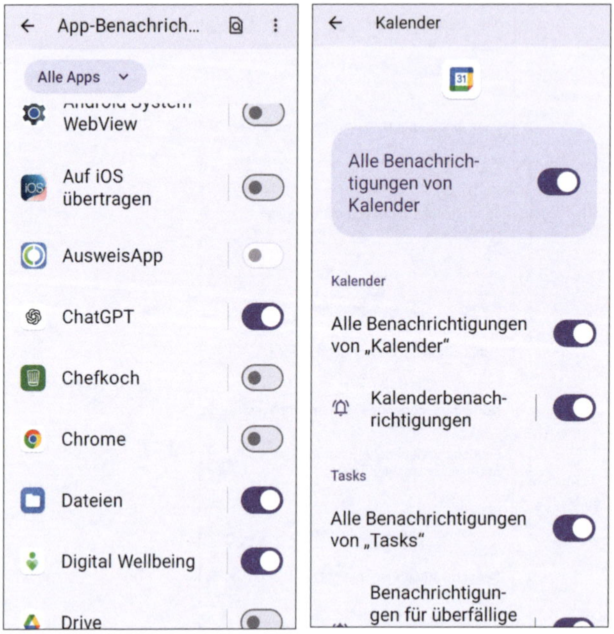

Tippen Sie auf eine einzelne App, um deren Einstellungen anzupassen.

Eine Kategorie im Detail verstehen

1. Öffnen Sie beispielsweise die Kategorie **Tasks-Benachrichtigungen** der Kalender-App, sehen Sie mehrere Einstellmöglichkeiten. Sie entscheiden hier nicht nur, ob eine Benachrichtigung erscheint, sondern auch, wie sie sich bemerkbar macht.

2. Sie können festlegen, ob sie als Standardmeldung mit Ton oder als lautlose Information angezeigt wird. Sie bestimmen, ob oben auf dem Bildschirm ein Popup-Banner erscheint, ob das Gerät vibriert, ob ein individueller Ton verwendet wird oder ob der Inhalt auf dem Sperrbildschirm sichtbar ist.

3. Besonders sensibel ist die Option **Bitte nicht stören ignorieren**. Wird diese aktiviert, darf die jeweilige Benachrichtigung selbst dann erscheinen, wenn Sie den Nicht-stören-Modus eingeschaltet haben. Diese Einstellung sollte ausschließlich für wirklich wichtige Informationen genutzt werden, etwa für kritische Erinnerungen oder medizinische Apps.

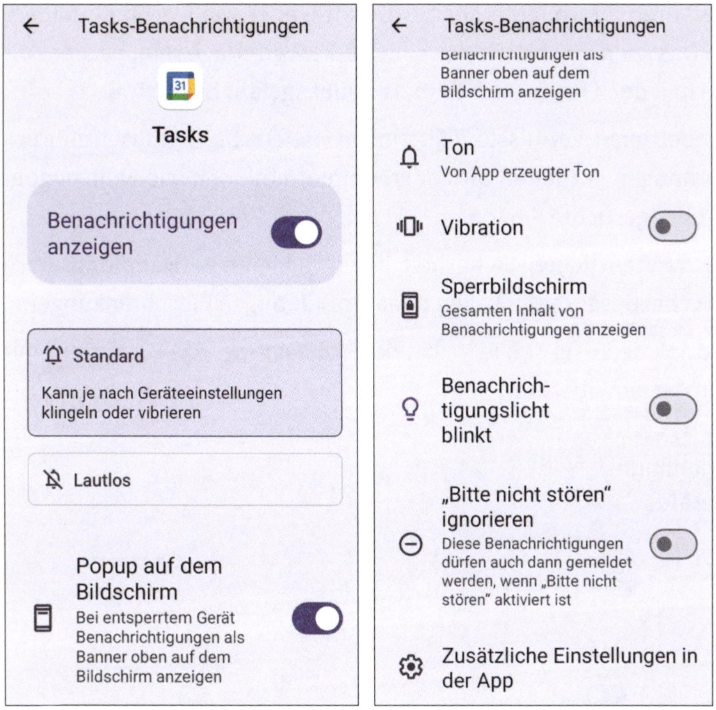

Android erlaubt es, Benachrichtigungen für jede App individuell anzupassen – von Tönen und Vibration bis hin zu Sperrbildschirm- und Pop-up-Anzeigen.

Notfallbenachrichtigungen verstehen

Neben den gewöhnlichen App-Benachrichtigungen gibt es einen besonderen Bereich in den Benachrichtigungseinstellungen: **Notfallbenachrichtigungen an Mobilgeräte**. Diese Meldungen stammen nicht von installierten Apps, sondern werden direkt von Behörden versendet. Sie dienen dem Schutz der Bevölkerung und werden bei akuten Gefahrenlagen automatisch an Geräte in einem bestimmten Gebiet ausgespielt.

Sie finden dort mehrere Kategorien, die unterschiedliche Gefahrenstufen abdecken:

- **Extreme Gefahren** betreffen unmittelbare Bedrohungen für Leben und Eigentum. Dazu gehören etwa schwere Unwetter, Großbrände oder andere akute Krisensituationen. Solche Warnungen werden mit hoher Priorität versendet und sind besonders wichtig.

- **Erhebliche Gefahren** informieren über ernsthafte, aber weniger unmittelbare Bedrohungen. Das kann beispielsweise eine starke Wetterlage sein, bei der Vorsicht geboten ist, jedoch keine unmittelbare Lebensgefahr besteht.
- **AMBER Alerts** betreffen Vermisstenfälle, insbesondere bei Kindesentführungen. Diese Warnungen enthalten oft konkrete Informationen wie Fahrzeugbeschreibungen oder gesuchte Personen.
- **Nachrichten zur öffentlichen Sicherheit** liefern allgemeine Handlungsempfehlungen, etwa bei besonderen Lagen oder großräumigen Einschränkungen.
- **Regionale und lokale Tests** schließlich sind Probealarme von Behörden, mit denen das Warnsystem überprüft wird.

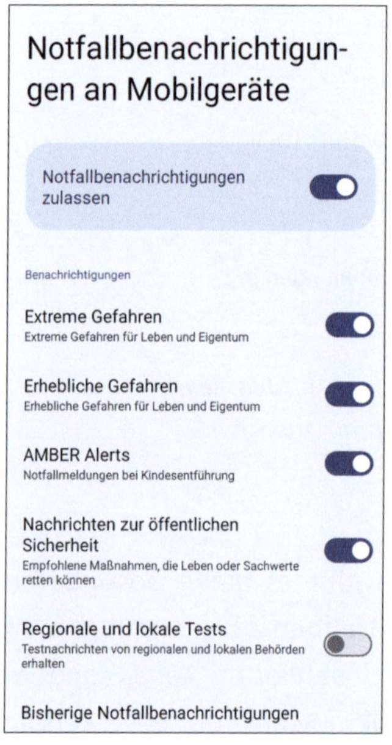

Android kann wichtige Warnmeldungen zu extremen Gefahren, Unwettern oder öffentlichen Sicherheitslagen direkt auf dem Smartphone anzeigen.

Wichtig zu wissen

Diese Meldungen funktionieren unabhängig von normalen App-Einstellungen. Sie werden nicht über WhatsApp, E-Mail oder andere Anwendungen verschickt, sondern direkt über das Mobilfunknetz zugestellt. Dadurch erreichen sie auch dann Ihr Gerät, wenn keine spezielle Warn-App installiert ist.

Modi – digitale Ruhe ist kein Zufall, sondern eine Entscheidung

Smartphones und Tablets sind darauf ausgelegt, Aufmerksamkeit zu erzeugen. Jede Benachrichtigung ist ein kleiner Reiz: ein Ton, eine Vibration, ein Banner. Über den Tag hinweg summieren sich diese Unterbrechungen – oft ohne dass wir es bewusst wahrnehmen. Genau hier setzen die *Modi* an.

Modi sind keine bloße Komfortfunktion. Sie sind ein Werkzeug zur Selbststeuerung. Anstatt Ihr Gerät ständig manuell stumm zu schalten, definieren Sie klare Regeln für bestimmte Situationen. Ihr Gerät folgt dann diesen Regeln – automatisch und zuverlässig. Sie finden die Funktion unter: **Einstellungen • Modi**.

Bereits vorbereitet sind mehrere typische Nutzungsszenarien: **Bitte nicht stören**, **Schlafen** und **Autofahren**. Zusätzlich können Sie **Eigene Modi erstellen**.

Situationsabhängige Filter für Benachrichtigungen – etwa für die Arbeit, das Autofahren oder den Schlaf

Bitte nicht stören

Der Modus **Bitte nicht stören** ist keine einfache Lautlos-Funktion. Er greift tiefer ins System ein und steuert gleichzeitig Ton, Anzeige und Unterbrechungen. Ziel ist nicht, alles stumm zu schalten, sondern Ablenkungen kontrolliert zu reduzieren.

Wenn Sie den Modus aktivieren, kann das Smartphone verhindern, dass sich der Bildschirm einschaltet, Benachrichtigungen erscheinen oder Symbole in der Statusleiste sichtbar bleiben. Gleichzeitig lassen sich gezielt Ausnahmen definieren. Genau darin liegt der Unterschied zum klassischen Stummschalten: Sie blockieren nicht pauschal – Sie filtern.

Im Zentrum stehen drei Bereiche: **Personen**, **Apps** sowie **Wecker & sonstige Unterbrechungen**. Diese Filter bestimmen gemeinsam, wie durchlässig Ihr Gerät bleibt. Unter **Personen** legen Sie fest, wer Sie weiterhin anrufen oder anschreiben darf. Optional können wiederholte Anrufer durchgestellt werden – eine sinnvolle Sicherheitsfunktion für Notfälle.

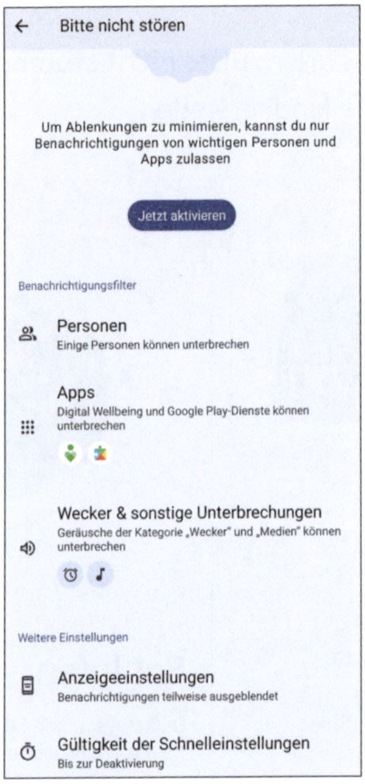

Der Modus »Bitte nicht stören« filtert Benachrichtigungen genau nach Ihren Vorgaben.

Im Bereich **Apps** definieren Sie, welche Anwendungen trotz des aktiven Modus unterbrechen dürfen. Das ist etwa bei Kalender- oder Erinnerungs-Apps sinnvoll. Der Abschnitt **Wecker & sonstige Unterbrechungen** steuert Systemtöne wie Wecker, Medientöne oder Erinnerungen. So bleibt beispielsweise der Wecker aktiv, während alle anderen Geräusche blockiert werden.

Besonders wichtig sind die **Anzeigeeinstellungen**. Hier entscheiden Sie, wie stark gefilterte Benachrichtigungen visuell reduziert werden. Sie können Pop-ups verhindern, Statusleistensymbole ausblenden oder den Bildschirm grundsätzlich dunkel lassen. Damit wirkt der Modus nicht nur akustisch, sondern auch optisch beruhigend.

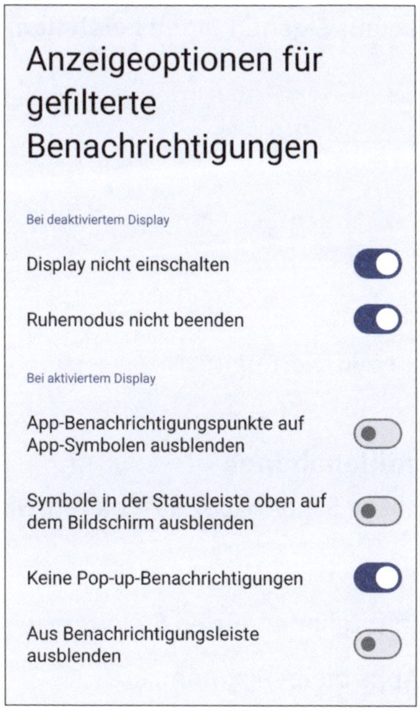

Steuern Sie gezielt, wie stark Benachrichtigungen visuell reduziert werden – vom dunklen Display bis zum vollständigen Ausblenden von Symbolen und Pop-ups.

Auch die **Dauer** lässt sich steuern. Der Modus kann bis zur manuellen Deaktivierung aktiv bleiben, für eine bestimmte Zeit laufen oder automatisch nach einem Zeitplan starten – etwa abends zur Schlafenszeit oder werktags während der Arbeitszeit. Tippen Sie dazu auf **Gültigkeit** der Schnelleinstellungen.

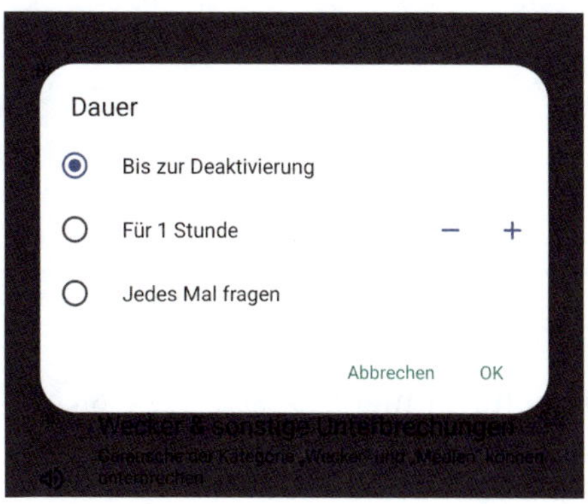

Für den Modus »Bitte nicht stören« lässt sich festlegen, ob er dauerhaft oder nur für einen bestimmten Zeitraum aktiv bleiben soll.

Eigene Modi erstellen

Die vorgefertigten Modi decken viele Standardsituationen ab. Doch Ihr Alltag ist wahrscheinlich komplexer. Deshalb erlaubt Android das Erstellen eigener Modi. Dazu tippen Sie auf **Eigenen Modus erstellen**. Beim Anlegen eines neuen Modus definieren Sie:

- einen Namen
- ein Symbol
- erlaubte Personen
- erlaubte Apps
- automatische Aktivierung

Beispiel: »Familienabend«

Ab 18 Uhr möchten Sie bewusst abschalten. Sie erstellen einen Modus »Familienzeit«:

- Nur Familienmitglieder dürfen Sie erreichen.
- Berufliche Apps bleiben stumm.
- Soziale Netzwerke bleiben es ebenfalls.

Der Effekt ist spürbar: weniger Unterbrechungen, mehr Präsenz im Moment.

- **Personen priorisieren**: Im Abschnitt **Personen** legen Sie getrennt für Nachrichten und Anrufe fest, wer Sie unterbrechen darf. Diese Trennung ist bewusst gewählt: Vielleicht möchten Sie Anrufe Ihrer Familie zulassen, aber keine Chatnachrichten. Sie können entscheiden zwischen:
  - markierten Kontakten
  - Kontakten
  - allen
  - keinen

  Hier entsteht ein feines Gleichgewicht zwischen Abschirmung und Erreichbarkeit.

- **Wiederholte Anrufer**: Die Option **Wiederholte Anrufer zulassen** ist ein Sicherheitsnetz. Ruft dieselbe Person innerhalb kurzer Zeit erneut an, wird der zweite Anruf durchgestellt, selbst wenn der Modus aktiv ist.

Diese Funktion berücksichtigt ein menschliches Verhalten: Wer zweimal hintereinander anruft, hat vermutlich ein dringendes Anliegen.

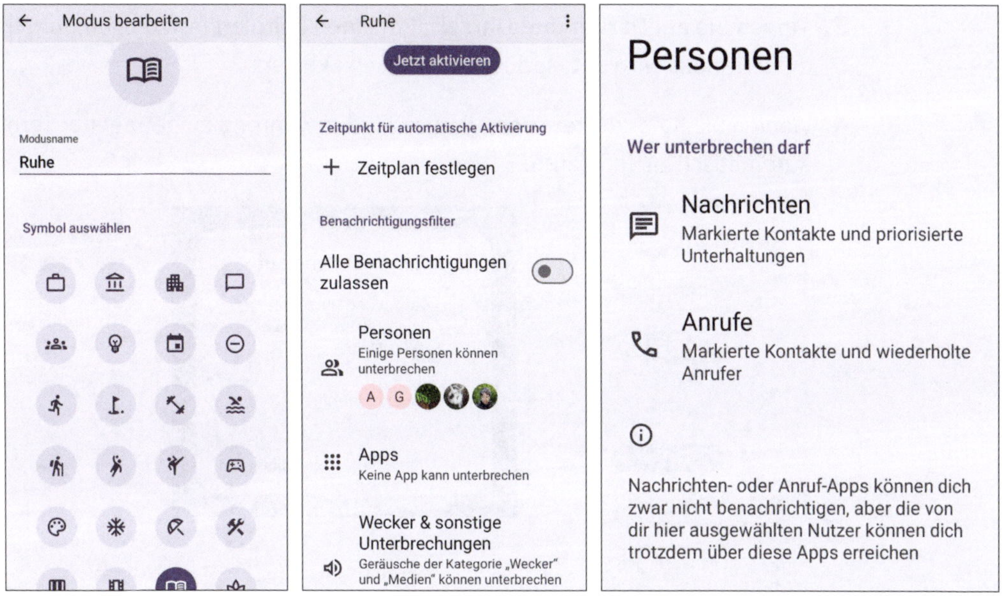

- **Apps gezielt freigeben**: Im Bereich »Apps« definieren Sie, welche Anwendungen den Modus unterbrechen dürfen. Dabei geht es nicht um persönliche Kontakte, sondern um Funktionsprioritäten.
  Indem Sie nur ausgewählte Apps zulassen, verhindern Sie digitale Unruhe, ohne wichtige Informationen zu verlieren.

Automatisierung

Ein besonders leistungsfähiger Bestandteil der Modi ist die Zeitsteuerung. Sie können festlegen, dass ein Modus automatisch aktiviert wird:

- zu festen Zeiten (z. B. werktags 9–17 Uhr)
- basierend auf Kalendereinträgen

Die Kalenderoption ist dabei besonders intelligent. Beginnt ein Termin mit dem Titel »Meeting«, kann automatisch der Arbeitsmodus aktiviert werden. Nach Ende des Termins wird er wieder deaktiviert. Das reduziert den Bedienaufwand und verhindert, dass Sie vergessen, den Modus ein- oder auszuschalten.

1. Tippen Sie in der Modi-Übersicht auf einen Modus.
2. Wählen Sie **Zeitplan festlegen**.
3. Tippen Sie auf **Datum und Uhrzeit**, um einen Zeitplan festzulegen. Innerhalb des Zeitplans wird der Modus automatisch aktiviert.
4. Wählen Sie **Kalendertermine**, um den Modus während eingetragener Termine automatisch zu aktivieren.

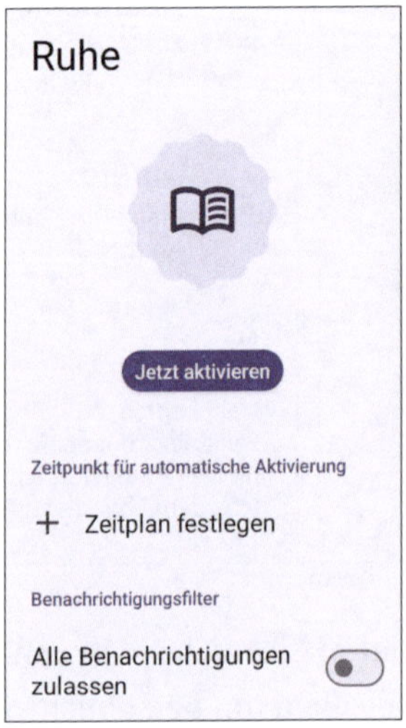

Ton & Vibration – Klangverhalten Ihres Smartphones gezielt steuern

Im Bereich **Ton & Vibration** legen Sie fest, wie Ihr Smartphone klingt, vibriert und auf akustische Signale reagiert. Anders als bei früheren Android-Versionen ist die Steuerung heute klar getrennt nach Funktionsbereichen – Medien, Anrufe, Benachrichtigungen und Wecker lassen sich unabhängig voneinander anpassen. Damit entscheiden Sie nicht nur über die Lautstärke, sondern auch über das gesamte akustische Verhalten des Geräts.

Lautstärken getrennt regeln

Gleich zu Beginn finden Sie mehrere Lautstärkeregler. Diese arbeiten unabhängig voneinander:

- **Medienlautstärke** betrifft Videos, Musik, Spiele und Streaminginhalte.
- **Anruflautstärke** steuert die Hörlautstärke während eines Telefonats.
- **Klingeltonlautstärke** bestimmt, wie laut eingehende Anrufe signalisiert werden.
- **Benachrichtigungslautstärke** regelt Hinweise von Apps.
- **Weckerlautstärke** ist separat einstellbar – besonders wichtig für zuverlässiges Aufwachen.

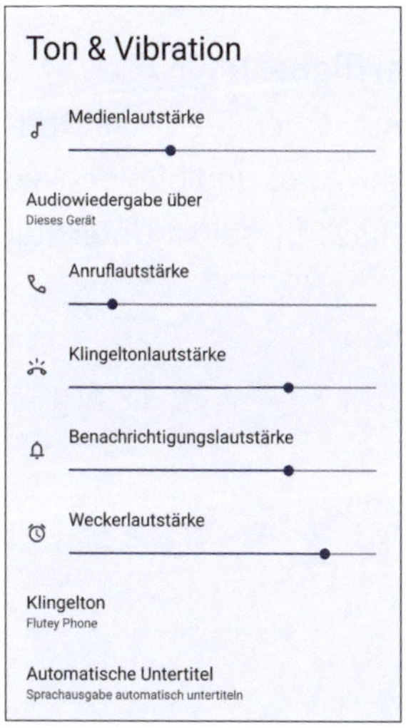

Für Medien, Anrufe, Benachrichtigungen und Wecker lassen sich unter Android getrennte Lautstärken festlegen.

Diese Trennung verhindert typische Fehler: Ein leiser Klingelton bedeutet nicht automatisch einen leisen Wecker.

Klingelton und Benachrichtigungston auswählen

Über **Klingelton** öffnen Sie die Tonbibliothek. Die Vorschau wird sofort abgespielt, sobald Sie auf einen Ton tippen, sodass Sie die Wirkung direkt beurteilen können.

Sie können einen vorhandenen Ton auswählen oder eigene Audiodateien hinzufügen:

1. Zum Hinzufügen eines eigenen Klingeltons tippen Sie auf **Klingelton** und wählen **Klingelton hinzufügen**.
2. Wählen Sie dann eine Datei von einem Speicherort in Google *Drive*.

> **Zwei SIM-Karten, zwei Klingeltöne**
> Haben Sie in Ihrem Gerät zwei SIM-Karten installiert, können Sie für beide Karten einen separaten Klingelton festlegen.

Analog dazu legen Sie unter **Standard-Benachrichtigungston** fest, welcher Ton für App-Hinweise verwendet wird.

Automatische Untertitel (nicht auf allen Geräten verfügbar)

Eine besondere Funktion ist **Automatische Untertitel**. Aktivieren Sie diese Option, erkennt das Gerät gesprochene Sprache in Medien oder Apps und blendet live Untertitel ein, und zwar unabhängig davon, ob die jeweilige App selbst Untertitel anbietet. Sie können:

- Sprachen festlegen
- erkannte Sprachen automatisch vorschlagen lassen
- Untertitelgröße und -stil anpassen
- illustrative Untertitel aktivieren
- Untertitel auch bei Anrufen verwenden

Android kann gesprochene Inhalte automatisch als Untertitel anzeigen – sogar bei Anrufen oder Videos ohne vorhandene Untertitel.

Damit ist diese Funktion nicht nur ein Komfortmerkmal, sondern auch ein wichtiges Werkzeug für die Barrierefreiheit.

Now Playing

Mit **Now Playing** kann Ihr Gerät Musiktitel erkennen, die in der Nähe abgespielt werden. Erkannte Titel werden automatisch auf dem Sperrbildschirm angezeigt. Die Analyse erfolgt lokal auf dem Gerät.

Haptisches Feedback

Im Abschnitt **Vibration und haptisches Feedback** bestimmen Sie, ob Ihr Gerät zusätzlich oder alternativ zu Tönen vibriert.

Weitere Toneinstellungen

Im unteren Abschnitt von **Ton & Vibration** finden Sie zusätzliche Detailoptionen, mit denen Sie das akustische Verhalten Ihres Geräts weiter verfeinern können:

- **Standard-Benachrichtigungston und Standard-Weckton**: Hier legen Sie fest, welcher Ton grundsätzlich für App-Benachrichtigungen und welcher für den Wecker verwendet wird.
  Der **Standard-Benachrichtigungston** gilt für alle Apps, die keinen eigenen Ton definieren. Ändern Sie diesen Wert, wirkt sich das unmittelbar systemweit aus.
  Der **Standard-Weckton** bestimmt das Signal Ihres Weckers. Da die Weckerlautstärke separat geregelt wird, können Sie hier bewusst einen kräftigen oder sanften Klang auswählen, ohne andere Töne zu beeinflussen.

- **Wähltastentöne und Systemklänge**: Mit den Optionen **Wähltastentöne**, **Ton bei Displaysperre**, **Töne und Vibration beim Aufladen** und **Töne bei Berührung** steuern Sie akustische Rückmeldungen bei alltäglichen Interaktionen. Diese Signale haben keinen Benachrichtigungscharakter, sondern dienen als Feedback. Sie bestätigen Eingaben oder Statusänderungen. Manche Nutzer empfinden diese Geräusche als hilfreich, andere als störend, besonders in ruhigen Umgebungen. Hier lohnt sich eine bewusste Entscheidung.

Akku

Ein sinkender Akkustand sorgt schnell für Verunsicherung. Viele Nutzerinnen und Nutzer vermuten ein technisches Problem oder einen »defekten Akku«. In den meisten Fällen liegt die Ursache jedoch im eigenen Nutzungsverhalten oder in einzelnen Apps, die im Hintergrund aktiv bleiben. Android stellt Ihnen deshalb im Bereich **Einstellungen • Akku** ein umfassendes Analysewerkzeug zur Verfügung. Ziel ist nicht nur, den aktuellen Ladestand anzuzeigen, sondern auch Ihr Nutzungsverhalten transparent zu machen.

Die Akku-Übersicht – mehr als nur Prozentzahlen

Auf der Startseite sehen Sie zunächst den aktuellen Akkustand. Während des Ladevorgangs informiert Android zusätzlich über die voraussichtliche Zeit bis zur vollständigen Aufladung.

Darunter beginnt jedoch der entscheidende Bereich: **Akkunutzung**. Hier geht es nicht um abstrakte Technikdaten, sondern um eine verständliche Darstellung Ihres tatsächlichen Energieverbrauchs seit dem letzten vollständigen Laden.

Die Verlaufsgrafik richtig interpretieren

1. Öffnen Sie **Akkunutzung**.
2. Sie sehen nun eine Verlaufsgrafik, die den Akkustand über mehrere Tage darstellt. Diese Grafik beantwortet wichtige Fragen:
   - Wann wurde das Gerät stark genutzt?
   - Gab es ungewöhnlich schnelle Entladungen?
   - Wurde das Gerät regelmäßig geladen?

Ein steiler Abfall deutet meist auf intensive Nutzung hin – etwa Navigation, Gaming oder Streaming. Ein langsamer, gleichmäßiger Abfall spricht für normale Alltagsnutzung. Die Grafik hilft Ihnen, Muster zu erkennen. Und genau darum geht es: verstehen statt raten.

3. **Bildschirmzeit**: Unterhalb der Grafik sehen Sie die Bildschirmzeit seit dem letzten vollständigen Aufladen.
   Dieser Wert ist besonders aussagekräftig, denn er zeigt, wie lange das Display tatsächlich aktiv war – und das Display ist in den meisten Fällen der größte Energieverbraucher.
   Je länger und heller der Bildschirm genutzt wird, desto schneller sinkt der Akkustand. Viele vermeintliche »Akkuprobleme« sind in Wirklichkeit intensive Bildschirmnutzung.

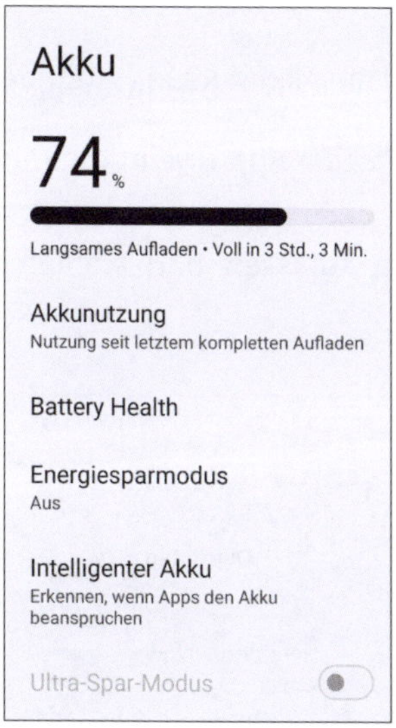

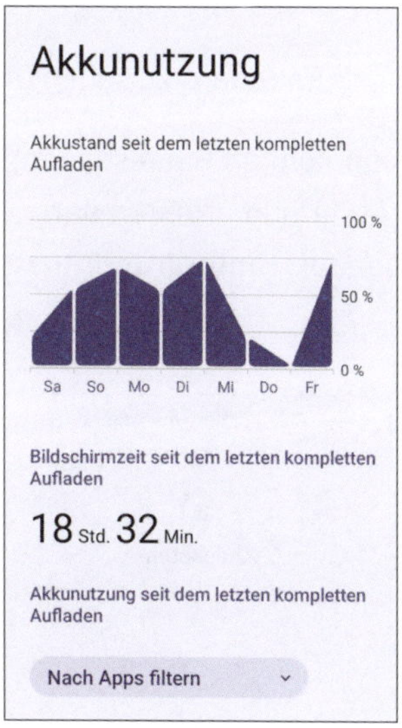

Akkunutzung nach Apps oder Systemen filtern

Scrollen Sie weiter nach unten. Dort können Sie zwischen zwei Perspektiven wechseln:

- **Nach Apps filtern**
- **Nach Systemen filtern**

Beide Ansichten ergänzen sich.

Nach Apps filtern – welche Anwendungen verbrauchen Energie?
In der Ansicht **Nach Apps filtern** sehen Sie, welche Anwendungen seit dem letzten vollständigen Aufladen wie viel Energie verbraucht haben. Jede App wird mit einem prozentualen Anteil aufgeführt. Zusätzlich unterscheidet Android zwischen **Bildschirmzeit** und **Hintergrundzeit**.

Die **Bildschirmzeit** beschreibt, wie lange eine App sichtbar genutzt wurde. Ein hoher Wert ist meist unproblematisch, denn er zeigt, dass Sie die Anwendung bewusst verwendet haben – etwa für Navigation, Streaming oder soziale Medien.

Anders verhält es sich mit der **Hintergrundzeit**. Sie gibt an, wie lange eine App aktiv war, obwohl sie nicht auf dem Bildschirm angezeigt wurde. Das kann sinnvoll sein, beispielsweise bei Messengern oder Cloud-Diensten, die Daten synchronisieren. Wenn jedoch eine selten genutzte App eine ungewöhnlich lange Hintergrundzeit aufweist, sollten Sie genauer hinschauen:

1. Tippen Sie eine App an, um Details zu sehen und die Akkunutzung zu steuern.
2. Je nach Systemversion können Sie festlegen, ob eine App **Uneingeschränkt**, **Optimiert** oder **Eingeschränkt** arbeiten darf.
   Dazu tippen Sie Sie auf **Hintergrundnutzung zulassen** und wählen die gewünschte Option.

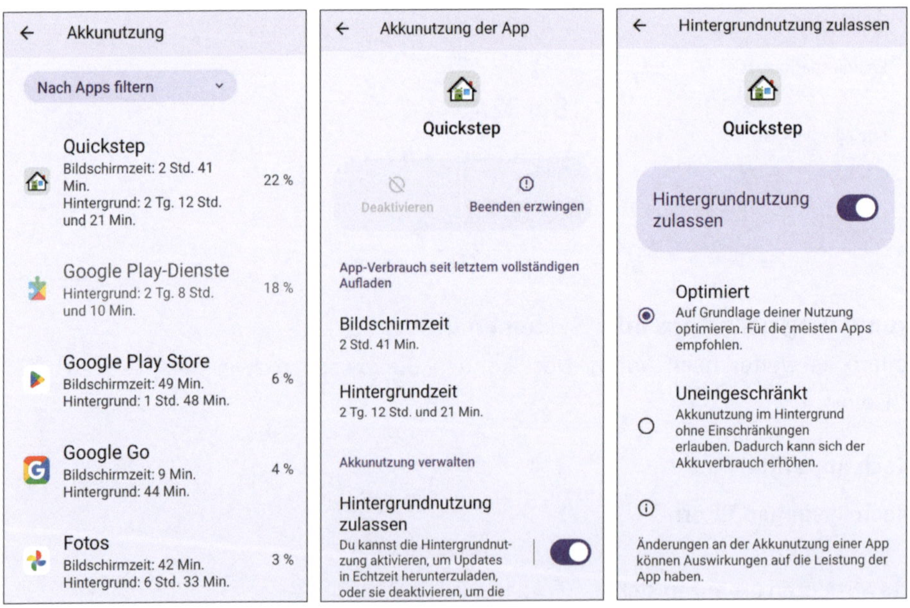

Nach Systemen filtern – welche Komponenten verbrauchen Energie?

Die Ansicht **Nach Systemen filtern** zeigt keine Apps, sondern technische Bereiche des Geräts wie Display, Prozessor oder Funkmodule. Diese Perspektive hilft Ihnen, grundsätzliche Ursachen zu erkennen.

In vielen Fällen steht der Bildschirm (**Display**) an erster Stelle – und das ist völlig normal. Je länger und heller der Bildschirm aktiv ist, desto stärker sinkt der Akkustand. Eine dauerhaft hohe Helligkeit verkürzt die Laufzeit deutlich. Die automatische Helligkeitsregelung kann Sie hier sinnvoll unterstützen.

Auch der Prozessor verbraucht Energie, insbesondere bei rechenintensiven Anwendungen wie Spielen oder Navigation. Ein hoher **CPU**-Anteil bedeutet jedoch nicht automatisch ein Problem, sondern meist aktive Nutzung. **Bluetooth** und **Mobilfunknetz** spielen ebenfalls eine Rolle. Dauerhaft verbundene Geräte oder schlechter Empfang erhöhen den Energiebedarf, da das Smartphone stärker senden muss.

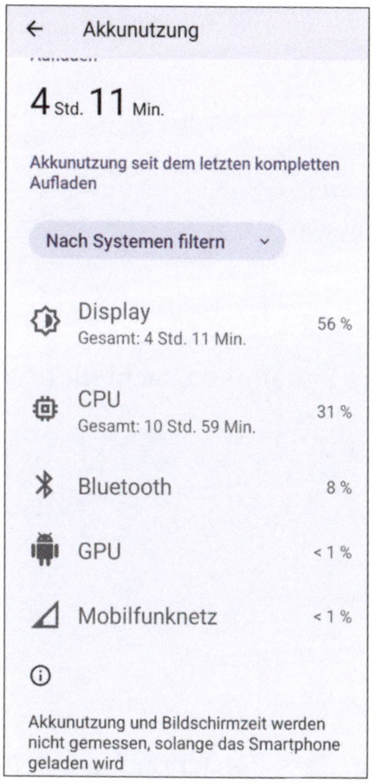

Die Akkunutzung wird genau erfasst.

Intelligenter Akku – automatische Unterstützung

Im Bereich **Intelligenter Akku** übernimmt Android einen Teil der Analyse für Sie. Ist diese Funktion aktiviert, erkennt das System Apps mit ungewöhnlich hohem

Verbrauch und schlägt automatische Einschränkungen vor. Dadurch wird verhindert, dass einzelne Anwendungen dauerhaft im Hintergrund Energie verbrauchen. Diese Funktion können Sie beruhigt aktiviert lassen. Sie greift nur ein, wenn ein auffälliges Verhalten erkannt wird.

Eine außergewöhnliche Beanspruchung des Akkus kann automatisiert erfasst werden.

Energiesparmodus bewusst einsetzen

Der **Energiesparmodus** ist ein Werkzeug für besondere Situationen, nicht für den Dauerbetrieb. Wird er aktiviert, reduziert Android:

- Hintergrundaktivitäten
- Synchronisation
- visuelle Effekte
- teilweise auch die Prozessorleistung

Das verlängert die Laufzeit, kann jedoch dazu führen, dass Benachrichtigungen später eintreffen oder Apps langsamer reagieren.

Wenn also Nachrichten verzögert erscheinen, prüfen Sie zuerst, ob der Energiesparmodus aktiv ist. Oft liegt hier die Ursache, nicht in einem Systemfehler.

Prozentanzeige für mehr Kontrolle
Mit der Option **Ladestandsanzeige in Prozent** können Sie den exakten Akkustand in der Statusleiste anzeigen lassen. Das sorgt für mehr Transparenz als das reine Akkusymbol. Gerade bei längeren Tagen ohne Lademöglichkeit ist diese Anzeige hilfreich.

Display & Touchbedienung

Im Bereich **Display & Touchbedienung** legen Sie fest, wie Ihr Smartphone dargestellt wird und wie es sich im Alltag anfühlt. Helligkeit, Sperrverhalten, Design und Lesbarkeit beeinflussen sowohl den Komfort als auch die Akkulaufzeit. Nehmen Sie sich daher einen Moment Zeit, diese Einstellungen bewusst anzupassen.

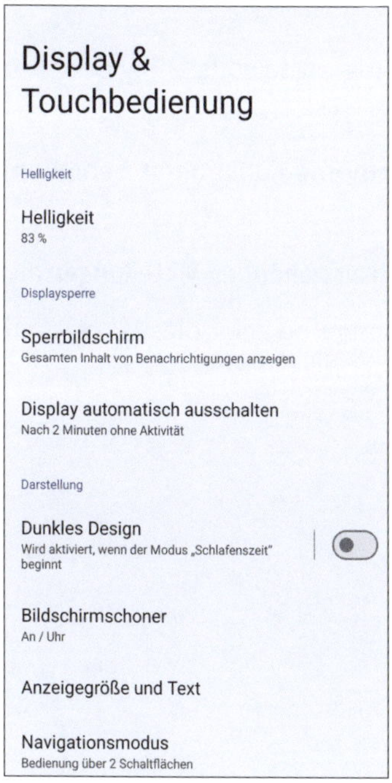

Hier steuern Sie Helligkeit, Sperrbildschirm, Design, Anzeigegröße und die Art der Navigation.

Unterschiedliche Bezeichnungen
Der Bereich **Display & Touchbedienung** kann je nach Hersteller auch **Anzeige** oder **Anzeige & Helligkeit** oder **Display & Helligkeit** heißen.

Helligkeit

Die Helligkeit bestimmt, wie stark das Display leuchtet. Eine hohe Helligkeit verbessert die Lesbarkeit im Freien, erhöht jedoch den Energieverbrauch. Eine niedrige Helligkeit spart Akkuleistung, kann aber bei Tageslicht schwer lesbar sein.

Mit der aktivierten Einstellung **Automatische Helligkeit** passt sich das Gerät selbstständig der Umgebungsbeleuchtung an. In dunklen Räumen wird das Display gedimmt, im Freien heller eingestellt.

Aktivieren Sie die **Automatische Helligkeit**. So bleibt das Display angenehm lesbar und unnötiger Stromverbrauch wird vermieden.

Sperrbildschirm

Der Sperrbildschirm zeigt Uhrzeit und Benachrichtigungen an, bevor Sie das Gerät entsperren. Hier entscheiden Sie, wie viele Informationen sichtbar sein sollen:

- Unter **Datenschutz** legen Sie fest, ob Benachrichtigungen vollständig oder nur als Hinweis erscheinen.
- Mit **Gerätesteuerung nutzen** lassen sich Smarthome-Funktionen bedienen, ohne das Smartphone zu entsperren.
- Die **Dynamische Uhr** passt ihre Größe automatisch eingehenden Mitteilungen an.
- **Now Playing** erkennt Musiktitel in Ihrer Umgebung und zeigt diese direkt auf dem Sperrbildschirm an.

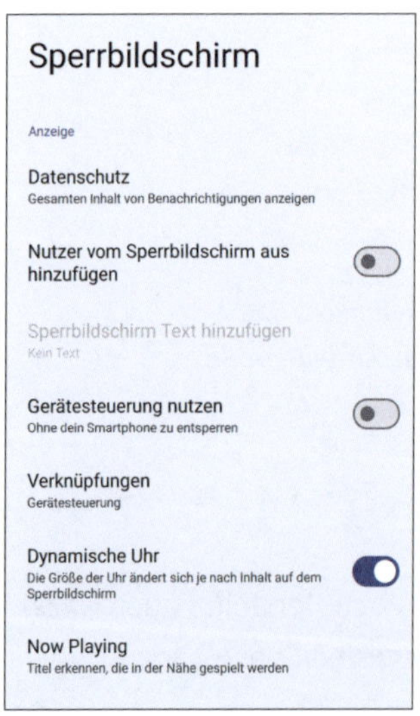

Display automatisch ausschalten

Hier bestimmen Sie, nach welcher Zeit ohne Aktivität sich das Display selbstständig sperrt. Eine kurze Zeit spart Energie, eine längere erhöht den Komfort beim Lesen oder Arbeiten.

Praxisempfehlung: Eine Einstellung von 1 bis 2 Minuten ist für viele Nutzende ein guter Kompromiss zwischen Akkuschonung und Alltagstauglichkeit.

Dunkles Design

Mit dem dunklen Design wird die Oberfläche in dunklen Farbtönen dargestellt. Das wirkt besonders angenehm bei wenig Umgebungslicht. Je nach Displaytyp kann das dunkle Design außerdem den Energieverbrauch leicht reduzieren.

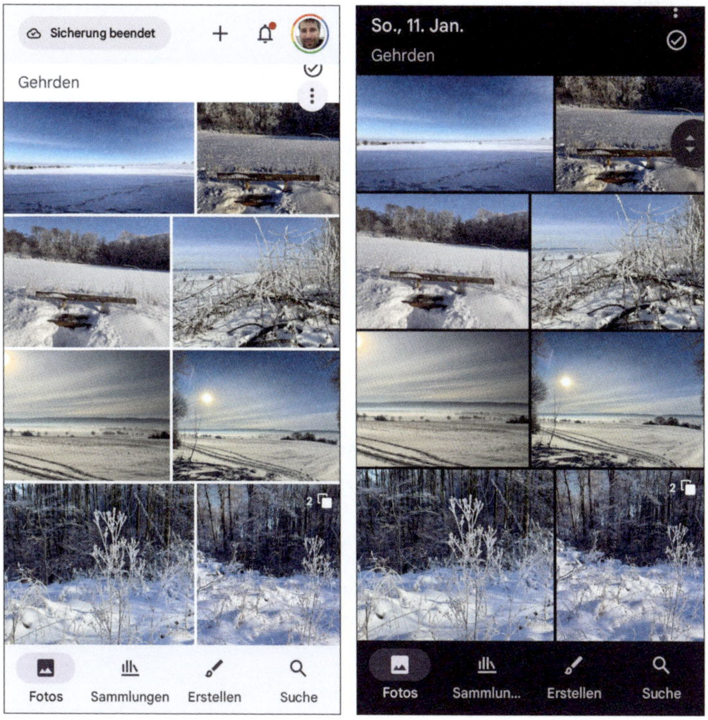

Die Systemdarstellung passt sich je nach gewähltem Design deutlich an – Inhalte bleiben gleich, doch die Farbgebung verändert sich.

Praxisempfehlung: Aktivieren Sie das dunkle Design abends oder lassen Sie es zeitgesteuert einschalten, um Ihre Augen zu entlasten.

Bildschirmschoner

Der Bildschirmschoner wird aktiv, wenn das Gerät geladen oder angedockt ist. Statt des normalen Sperrbildschirms erscheint dann beispielsweise eine große Uhr, ein Farbverlauf oder eine Fotodiashow. Diese Funktion ist vor allem optischer Natur und beeinflusst die normale Nutzung nicht.

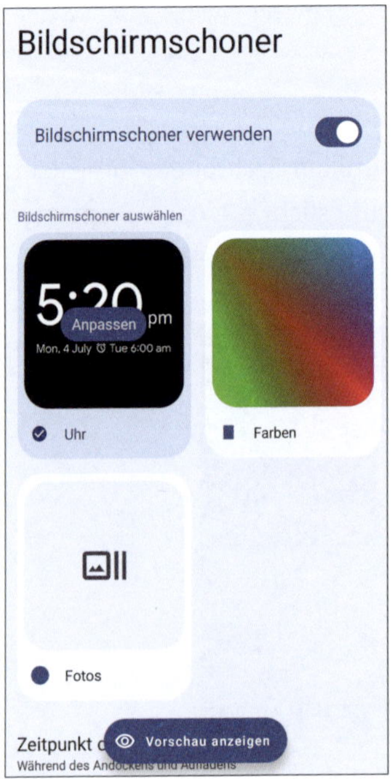

Auch ein Bildschirmschoner darf nicht fehlen.

Praxisempfehlung: Nutzen Sie den Bildschirmschoner, wenn Ihr Smartphone regelmäßig sichtbar auf dem Schreibtisch oder Nachttisch liegt.

Anzeigegröße und Text

Hier passen Sie die Lesbarkeit des Systems an.

- Mit der **Schriftgröße** verändern Sie Texte.
- Die **Anzeigegröße** beeinflusst zusätzlich Symbole und Abstände.
- Optional können Sie **Fettschrift** oder **Text mit Kontur** aktivieren, um den Kontrast zu erhöhen.

Alle Änderungen wirken systemweit.

Allzeit lesbar – ganz individuell

Praxisempfehlung: Erhöhen Sie lieber gleich auch ein wenig die Anzeigegröße statt nur die Schriftgröße, denn das verbessert die Übersichtlichkeit insgesamt.

Navigationsmodus

Im Navigationsmodus wählen Sie, wie Sie sich im System bewegen. Zur Auswahl stehen klassische Navigationsschaltflächen oder die moderne Gestensteuerung. Die Gestensteuerung schafft mehr Platz auf dem Bildschirm, während feste Schaltflächen besonders für Einsteigerinnen und Einsteiger übersichtlich sind.

Kapitel 6
Telefonieren, Nachrichten und Kontakte

Telefonieren, Nachrichten versenden und Kontakte verwalten – diese drei Funktionen gehören zu den grundlegendsten Aufgaben eines Smartphones. Für viele Nutzerinnen und Nutzer sind sie der erste und wichtigste Berührungspunkt mit Android. Ein Anruf bei der Familie, eine kurze Nachricht an Freunde oder das Speichern einer neuen Telefonnummer: Genau hieran zeigt sich, wie alltagstauglich ein Gerät wirklich ist.

Android setzt dabei auf vertraute Bedienmuster und eine klare Struktur. Die Telefon-App ist übersichtlich gestaltet, Nachrichten lassen sich unkompliziert versenden und Kontakte sind schnell angelegt oder bearbeitet. Gleichzeitig erweitert das System diese klassischen Funktionen um praktische Zusatzmöglichkeiten – etwa Schutz vor unerwünschten Anrufen, komfortable Synchronisation über mehrere Geräte hinweg oder moderne Messaging-Standards.

Dieses Kapitel begleitet Sie Schritt für Schritt durch alle wichtigen Bereiche der Kommunikation – von der ersten Wahl einer Rufnummer über den Versand von Fotos und Sprachnachrichten bis hin zur sicheren Verwaltung und Sicherung der eigenen Kontakte.

Die Telefon-App 📞

Telefonieren ist die Kernkompetenz jedes Mobiltelefons. Android setzt in diesem Bereich bewusst auf Vertrautheit. Die Bedienung soll nicht überraschen, sondern selbstverständlich wirken. Gleichzeitig erweitert die Google-App *Telefon* klassische Funktionen um moderne Komfortmerkmale wie Spamwarnungen, Transkripte von Sprachnachrichten oder eine flexible Darstellung auf größeren Bildschirmen. Besonders auf Foldables wird sichtbar, wie Android den zusätzlichen Raum nutzt, ohne die gewohnte Logik zu verändern.

Wichtig ist dabei ein grundlegender Hinweis: Viele Hersteller liefern eigene Telefon-Apps mit. In Aufbau und Bezeichnungen können diese leicht abweichen. In diesem Buch arbeiten wir mit der *Google-Telefon-App*, da sie die Referenzimplementierung von Android darstellt und auf vielen Geräten – insbesondere Pixel-Smartphones – vorinstalliert ist. Die hier beschriebenen Funktionen finden Sie jedoch in ähnlicher Form auch auf anderen Android-Geräten wieder.

Die Startseite – Favoriten und Anrufliste im Mittelpunkt

Nach dem Öffnen der Telefon-App gelangen Sie auf die **Startseite**. Diese Ansicht ist bewusst als Schaltzentrale konzipiert. Im oberen Bereich sehen Sie Ihre Favoriten, also Kontakte, die Sie besonders häufig anrufen. Darunter folgt die chronologisch sortierte Anrufliste mit eingehenden, ausgehenden und verpassten Gesprächen.

Gerade für Einsteigerinnen und Einsteiger ist diese Struktur ideal. Sie müssen nicht in Untermenüs denken oder Funktionen suchen. Ein Blick genügt, um einen verpassten Anruf zurückzurufen oder einen bekannten Kontakt erneut zu wählen.

Auf Foldables zeigt sich ein zusätzlicher Vorteil: Im aufgeklappten Zustand nutzt die App häufig eine Zweispaltenansicht. Links bleibt die Liste sichtbar, während rechts Detailinformationen zum ausgewählten Kontakt erscheinen. Dadurch reduzieren sich Navigationsschritte und die Bedienung wirkt deutlich ruhiger und übersichtlicher.

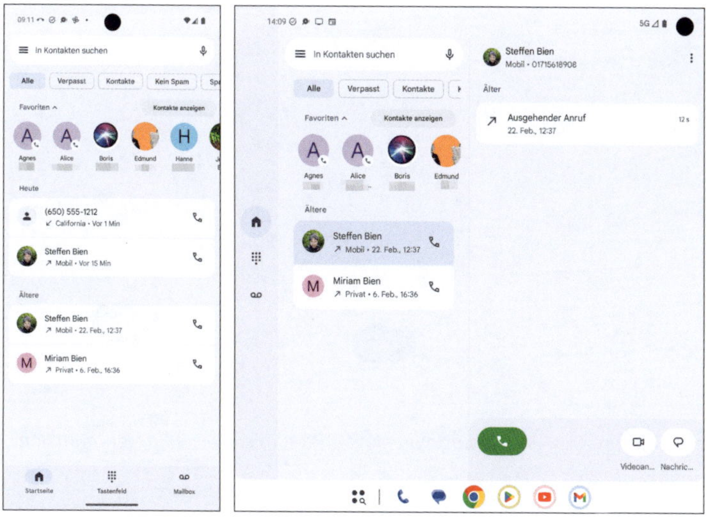

Die Telefon-App auf Smartphone (links) und Foldable

Möchten Sie einen Eintrag direkt zurückrufen, tippen Sie in der Anrufliste rechts auf das Hörersymbol. Der Rückruf startet sofort. Tippen Sie stattdessen auf den Namen, öffnen sich ein Menü, aus dem Sie einen Videoanruf über Googles *Meet*-App tätigen können, eine Nachricht mit Googles *Nachrichten*-App an die Person senden oder den Anrufverlauf mit Datum, Uhrzeit und Dauer der bisherigen Telefonate aufrufen können.

Das Tastenfeld – Nummern manuell wählen

Nicht jeder Anruf beginnt über einen gespeicherten Kontakt. Manchmal liegt Ihnen eine neue Nummer vor oder Sie müssen eine Durchwahl anrufen. Dafür wechseln Sie in der unteren Navigationsleiste zum Bereich **Tastenfeld**.

Geben Sie die gewünschte Telefonnummer ein und starten Sie den Anruf über das grüne Hörersymbol. Während der Eingabe prüft Android automatisch, ob die Nummer bereits einem Kontakt zugeordnet ist. Wird ein Treffer erkannt, erscheint der Name oberhalb des Ziffernblocks. So vermeiden Sie Fehlwahlen.

Zudem sehen Sie oberhalb des Tastenfeldes Anrufvorschläge für Personen, die Sie häufig anrufen.

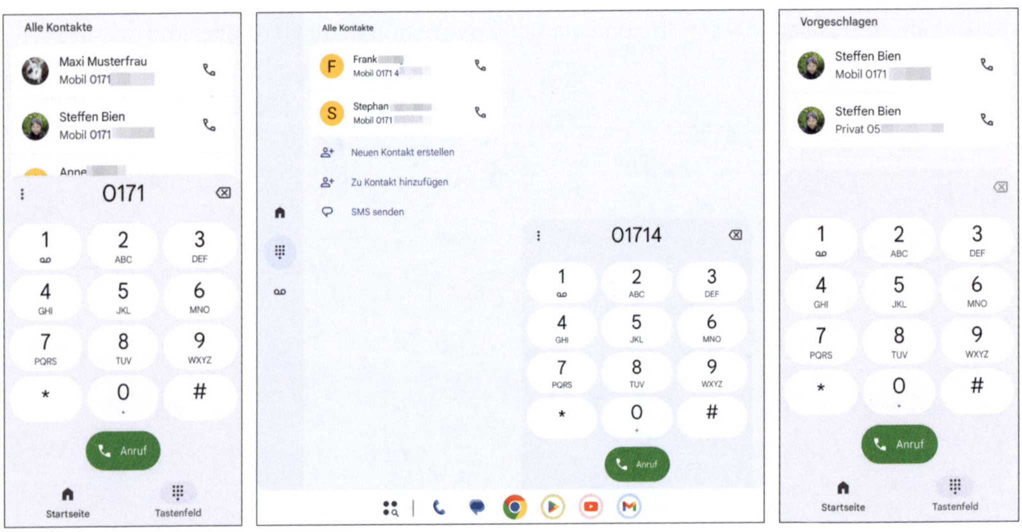

Nummernwahl in der Telefon-App – Vorschläge aus Kontakten und die zweigeteilte Ansicht auf dem aufgeklappten Foldable

Auch während eines laufenden Gesprächs kann das Tastenfeld wichtig sein, etwa bei Hotlinemenüs, in denen Sie bestimmte Ziffern eingeben müssen.

Klar strukturierte Steuerung während eines Gesprächs

Sobald ein Gespräch aktiv ist, zeigt die Google-Telefon-App eine reduzierte, gut lesbare Oberfläche. Name, Nummer und Gesprächsdauer stehen im Mittelpunkt. Darunter befinden sich die wichtigsten Funktionen wie **Stumm**, **Lautsprecher** und **Wähltasten**.

Über das Menü **Mehr** lassen sich zusätzliche Optionen wie **Halten** oder Anruf **Hinzufügen** aufrufen. Zudem können Sie auch aus dem laufenden Gespräch heraus einen **Videoanruf** per Google-App *Meet* mit der Person starten.

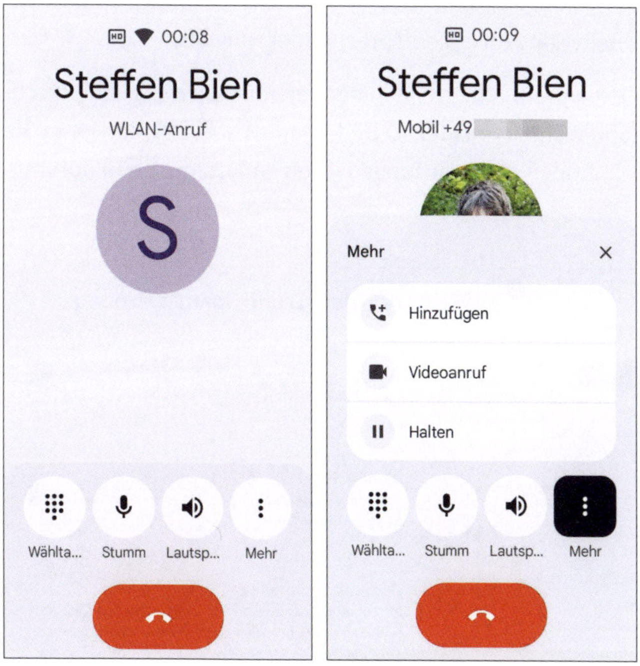

Gesprächsansicht mit Steuerung und geöffnetem Menü »Mehr«

Android erlaubt es nämlich problemlos, während eines Gesprächs zu anderen Apps zu wechseln. Verlassen Sie die Telefon-App, bleibt das Gespräch aktiv. In der Statusleiste erscheint ein entsprechender Hinweis, über den Sie jederzeit zurückkehren können.

Mit einem Tipp auf das Telefonsymbol in der Statusleiste holen Sie die Telefon-App wieder in den Vordergrund.

Spamschutz und Anruferkennung

Telefonie bedeutet heute leider nicht nur Kommunikation, sondern auch Schutz vor unerwünschten Anrufen. Die Google-Telefon-App verfügt über eine integrierte **Anrufer-ID und Spam-Warnung**. Erkennt das System eine bekannte Spamnummer, erscheint bereits beim Klingeln ein entsprechender Hinweis.

Um diese Funktion zu aktivieren, öffnen Sie in der Telefon-App das Menü, wechseln zu **Einstellungen** und wählen **Anrufer-ID und Spam-Warnung**. Aktivieren Sie dort die gewünschten Optionen. Die Warnungen erfolgen anschließend automatisch im Hintergrund.

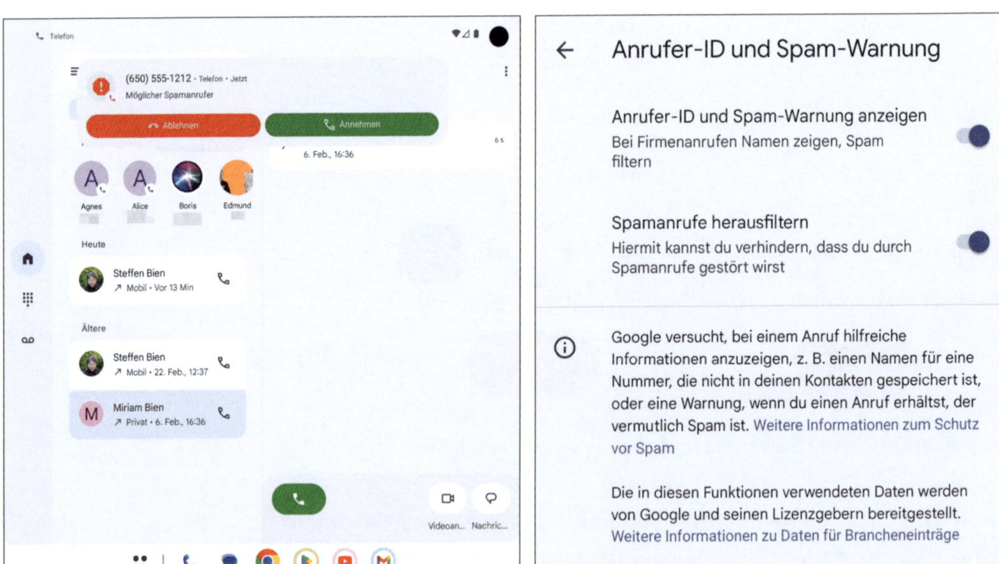

Google meldet »Möglicher Spamanrufer« (links); Spameinstellungen der Telefon-App (rechts)

Die Einstellungen erreichen Sie über einen Tipp auf auf das Telefon-App-Menü ≡ links oben auf der Startseite der Telefon-App.

Eingehende Anrufe – annehmen, ablehnen oder direkt antworten

Ein eingehender Anruf ist einer der zentralen Momente im Alltag mit dem Smartphone. Innerhalb weniger Sekunden entscheiden Sie, ob Sie das Gespräch annehmen, ablehnen oder zunächst reagieren möchten, ohne zu sprechen. Android gestaltet diese Situation bewusst klar und eindeutig – unabhängig davon, ob Sie ein klassisches Smartphone oder ein Foldable verwenden.

Anruf bei gesperrtem Gerät

Ist Ihr Smartphone gesperrt, erscheint der eingehende Anruf im Vollbild. In der Mitte sehen Sie die Rufnummer oder – sofern gespeichert – den Kontaktnamen. Zusätzlich wird häufig der ungefähre Standort angezeigt, etwa die Stadt, aus der der Anruf erfolgt.

Am unteren Bildschirmrand befinden sich zwei Schaltflächen:

- **Ablehnen** (rot)
- **Annehmen** (grün)

1. Tippen Sie auf **Annehmen**, um das Gespräch sofort zu starten.
2. Tippen Sie auf **Ablehnen**, wird der Anruf beendet und – sofern eingerichtet – zur Mailbox weitergeleitet.

Die Gestaltung ist bewusst kontrastreich gehalten, damit auch in hektischen Situationen keine Unsicherheit entsteht.

Schnellantwort per Nachricht

Manchmal können Sie einen Anruf nicht annehmen, möchten aber dennoch reagieren. In diesem Fall bietet Android eine praktische Zwischenlösung: die *Schnellantwort per SMS*.

Tippen Sie auf **Nachricht**, öffnet sich eine Auswahl vorbereiteter Textbausteine. Alternativ können Sie eine eigene Antwort formulieren.

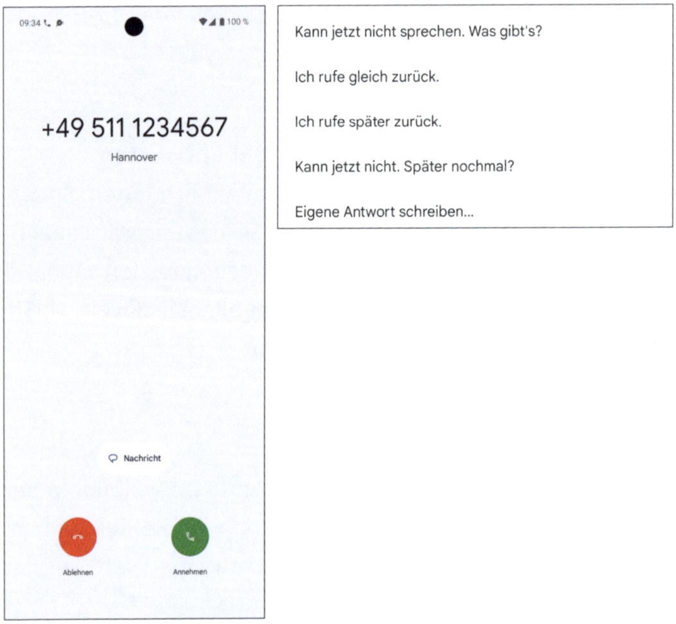

Wählen Sie eine schnelle Antwort aus.

Anruf bei entsperrtem Gerät

Ist das Smartphone bereits entsperrt und Sie arbeiten gerade in einer App, erscheint der Anruf als schwebendes Overlay. Ihre aktuelle App bleibt sichtbar im Hintergrund.

Sie können den Anruf direkt über die eingeblendeten Schaltflächen annehmen oder ablehnen. Die laufende Anwendung wird nicht beendet – Android unterbricht sie nur vorübergehend.

Ein eingehender Anruf bei einem entsperrten Smartphone

Arbeiten mit der Anrufliste

Die Anrufliste ist weit mehr als nur ein Protokoll vergangener Gespräche. Sie ist die eigentliche Schaltzentrale der Telefon-App. Hier sehen Sie auf einen Blick, wer Sie erreicht hat, wen Sie angerufen haben und ob es Auffälligkeiten gab, etwa wiederholte Anrufe oder mögliche Spamkontakte.

Android strukturiert die Anrufliste chronologisch. Neue Einträge erscheinen oben, ältere rutschen nach unten. Wiederholte Anrufe derselben Nummer werden häufig zusammengefasst, sodass die Übersicht gewahrt bleibt. Farbliche Markierungen helfen zusätzlich, so sind verpasste Anrufe rot hervorgehoben.

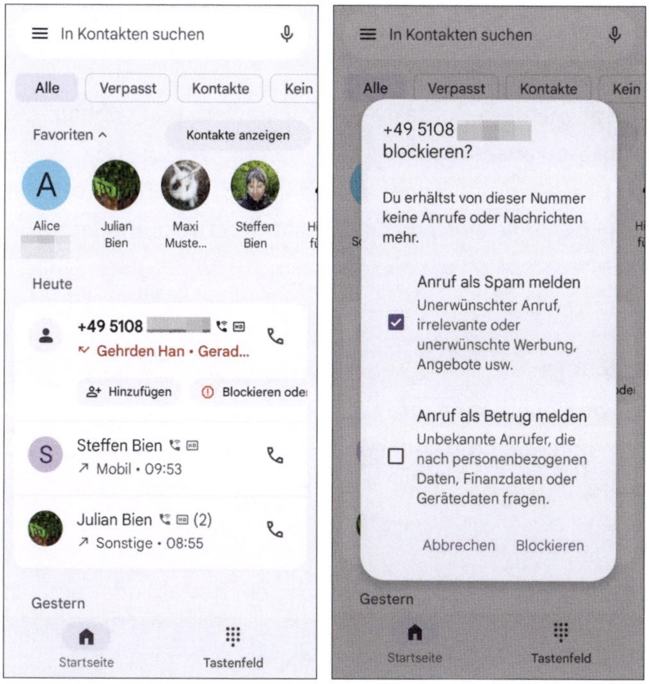

Anrufliste mit unbekannter Nummer sowie Dialog zum Blockieren und Melden als Spam oder Betrug

Die Anrufliste ist jedoch nicht nur informativ, sondern auch interaktiv aufgebaut. Bei unbekannten Nummern erscheinen direkt unter dem Eintrag Optionen wie **Hinzufügen** oder **Blockieren oder melden**. Sie müssen also nicht erst in andere Menüs wechseln, sondern können unmittelbar reagieren.

Tippen Sie auf einen Eintrag und wählen **Verlauf aufrufen**, öffnet sich die Detailansicht. Dort sehen Sie Datum, Uhrzeit, Gesprächsdauer sowie die Art des Anrufs – eingehend, ausgehend oder verpasst. Auf diese Weise entsteht eine klare Gesprächshistorie, die auch bei häufigem Austausch nachvollziehbar bleibt.

Einen Kontakt aus der Anrufliste speichern

Wenn eine Nummer noch nicht in Ihren Kontakten gespeichert ist, können Sie sie direkt übernehmen:

1. Tippen Sie in der Anrufliste auf den entsprechenden Eintrag.
2. Wählen Sie **Hinzufügen**.
3. Sollten auf Ihrem Gerät mehrere Kontakte-Apps installiert sein, wählen Sie einfach die gewünschte App aus.
   Es ist möglich, dass zwei Kontakte-Apps verfügbar sind, da oft sowohl der Gerätehersteller als auch Google eine eigene Kontakte-App auf dem Gerät vorinstalliert haben.

Achtung: Kontakte sichern

Nur die Kontakte-App von Google kann Ihre Kontakte auf Ihrem Google-Konto gegen Verlust sichern und mit Ihren anderen Android-Geräten beliebiger Hersteller synchronisieren.

4. Entscheiden Sie, ob ein neuer Kontakt erstellt oder ein bestehender ergänzt werden soll.
5. Speichern Sie die Eingabe.
6. Android übernimmt die Nummer automatisch in das Kontaktformular.

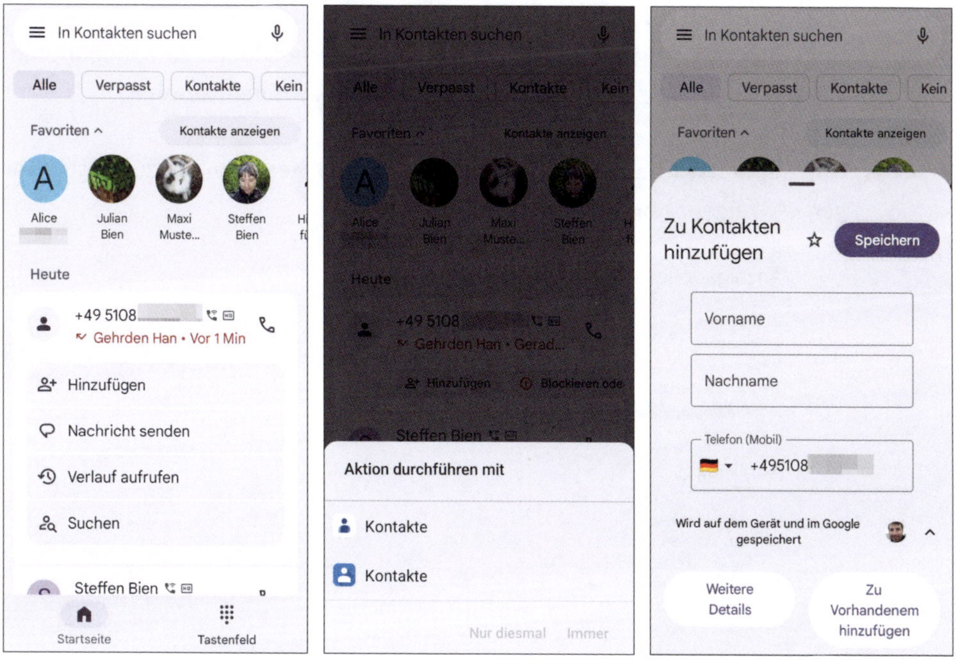

Unbekannte Nummer aus der Anrufliste speichern: Eintrag öffnen, »Hinzufügen« wählen und Kontakt im Gerät oder Google-Konto sichern

Anrufe filtern

Im oberen Bereich der Telefon-App befinden sich Filteroptionen wie **Alle**, **Verpasst**, **Kontakte**, **Kein Spam** oder **Spam**. Diese ermöglichen es, die Anrufliste gezielt einzugrenzen.

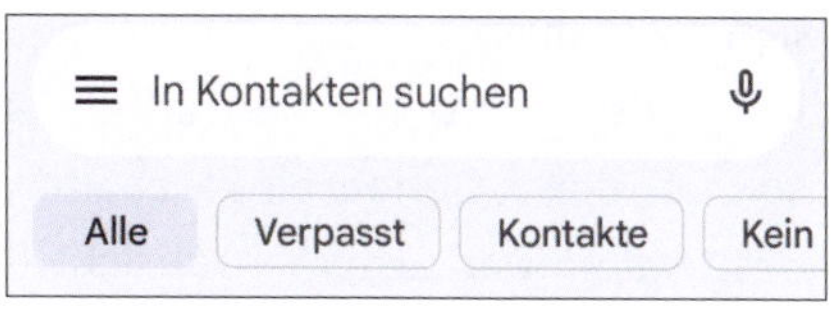

Die Filteroptionen der Telefon-App

Gerade bei vielen eingehenden Gesprächen, etwa im beruflichen Kontext, sorgt diese Filterfunktion für deutlich mehr Übersicht. Mit einem Tipp auf **Verpasst** sehen Sie ausschließlich nicht angenommene Anrufe. Über **Spam** lassen sich erkannte oder gemeldete Werbeanrufe gebündelt anzeigen.

Anzeigeoptionen für Kontakte anpassen

Android erlaubt es, die Darstellung Ihrer Kontakte individuell zu konfigurieren. Das betrifft sowohl die Sortierreihenfolge als auch das Namensformat.

1. Öffnen Sie dazu das Menü der **Telefon**-App und wechseln Sie zu **Einstellungen • Anzeigeoptionen**.

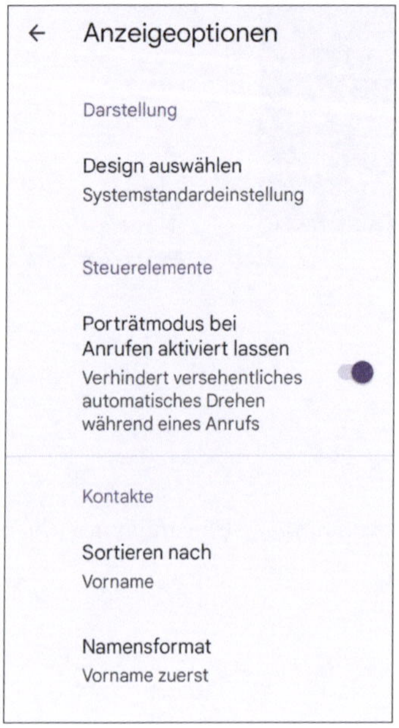

2. In diesem Bereich finden Sie mehrere Anpassungsmöglichkeiten:
   - Unter **Darstellung** können Sie das Design festlegen. Standardmäßig orientiert sich die App an der Systemeinstellung (hell oder dunkel). Bei Bedarf können Sie hier ein eigenes **Design auswählen**.
   - Im Abschnitt **Steuerelemente** lässt sich festlegen, ob der Porträtmodus während eines Anrufs aktiv bleiben soll. Ist diese Option eingeschaltet, verhindert Android ein unbeabsichtigtes Drehen der Gesprächsansicht – besonders praktisch, wenn Sie das Smartphone während eines Telefonats bewegen.
   - Im Bereich **Kontakte** bestimmen Sie schließlich die Struktur Ihrer Kontaktliste. Hier legen Sie fest, ob Kontakte nach dem Vornamen oder dem Nachnamen sortiert werden und in welchem Namensformat sie angezeigt werden (Vorname zuerst oder Nachname zuerst).

Diese Einstellung wirkt sich unmittelbar auf die Darstellung in der Telefon-App aus. Gerade bei vielen geschäftlichen Kontakten kann eine Sortierung nach Nachnamen die Übersicht deutlich verbessern. Mit wenigen Anpassungen sorgen Sie so dafür, dass die Kontaktliste genau Ihrer Arbeitsweise entspricht.

Die Anruferansicht personalisieren

Ein moderner Bereich der Telefon-App ist die individuelle Gestaltung der Anruferansicht. Android ermöglicht es, das Erscheinungsbild eingehender Anrufe visuell anzupassen.

Unter **Einstellungen • Anruferansicht** können Sie entsprechende Anpassungen vornehmen.

Hinterlegen Sie für einen Kontakt ein Bild, erscheint dieses beim nächsten eingehenden Anruf im Hintergrund der Gesprächsansicht.

Kontaktbild hinzufügen oder ändern

1. Öffnen Sie links oben das Telefon-App-Menü ≡.
2. Gehen Sie zu **Einstellungen • Anruferansicht**.
3. Tippen Sie auf **Hinzufügen**.
4. Öffnen Sie den gewünschten Kontakt.
5. Wählen Sie ein Bild aus der **Galerie** oder **Google Fotos** oder nehmen Sie ein neues Foto auf.
6. Passen Sie Schriftart und Schriftfarbe an.
7. Bestätigen Sie mit **Fertig**.

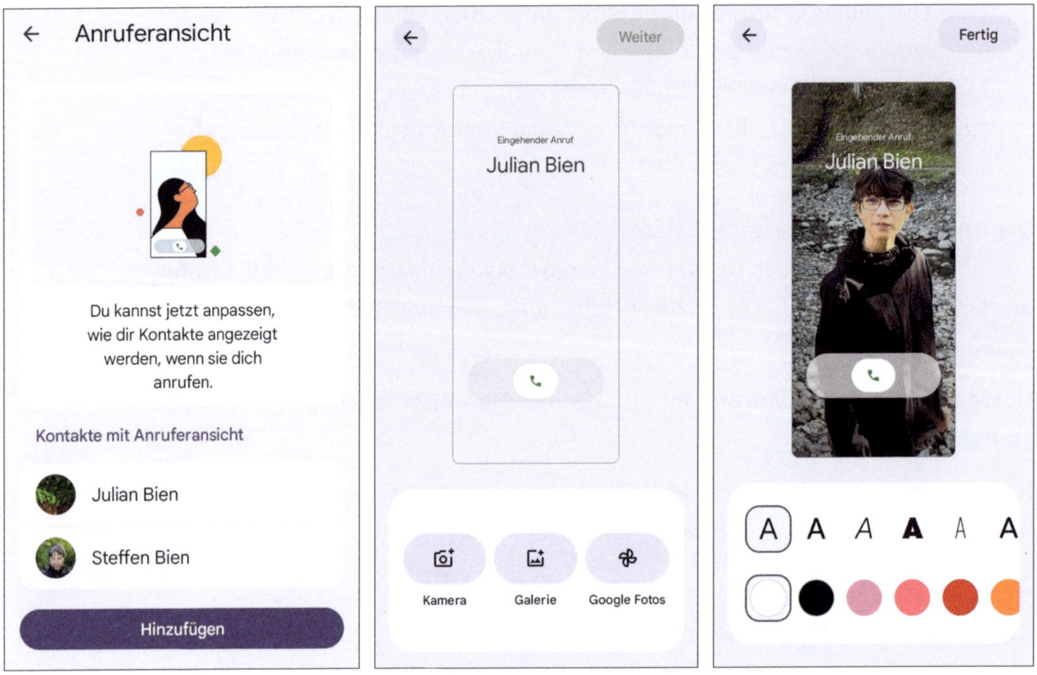

In wenigen Schritten zum schönen Kontaktbild

Blockierte Nummern verwalten

Unter **Einstellungen • Blockierte Nummern** finden Sie eine Übersicht aller gesperrten Kontakte.

Hier können Sie blockierte Nummern jederzeit wieder freigeben. Die Verwaltung erfolgt zentral, sodass Sie nicht einzelne Einträge in der Anrufliste durchsuchen müssen. Gerade bei versehentlichen Sperrungen ist diese Übersicht hilfreich.

Anrufkonten und Dual-SIM konfigurieren

Besitzt Ihr Gerät zwei SIM-Profile – beispielsweise eine physische SIM-Karte und eine eSIM – steuern Sie diese unter **Einstellungen • Anrufkonten**.

Dort legen Sie fest, welche Leitung standardmäßig für ausgehende Anrufe verwendet wird oder ob das System Sie bei jedem Anruf nach der gewünschten SIM fragen soll. Diese Einstellung ist besonders relevant, wenn private und geschäftliche Nummern getrennt genutzt werden.

Töne, Vibration und Verhalten bei eingehenden Anrufen
Die akustische Gestaltung von Anrufen bestimmter Personen passen Sie unter **Einstellungen • Klingeltöne für Kontakte** an:

1. Öffnen Sie links oben das Telefon-App-Menü ≡.
2. Gehen Sie zu **Einstellungen • Klingeltöne für Kontakte**.
3. Tippen Sie auf **Klingelton für Kontakt hinzufügen**.
4. Wählen Sie den gewünschten Kontakt und anschließend einen Klingelton.
5. Bestätigen Sie mit **Fertig**.

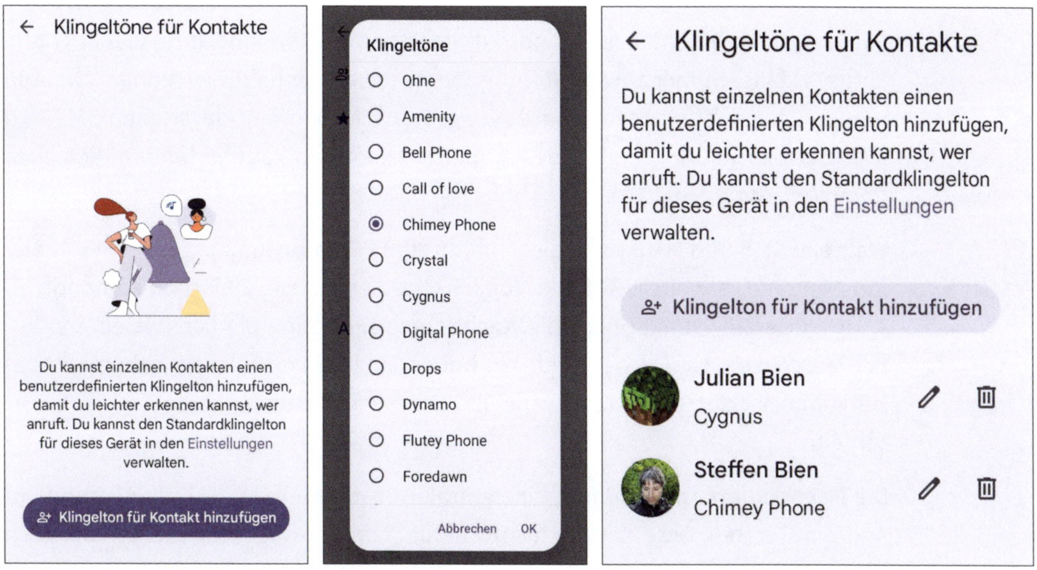

Bei den Klingeltönen gibt es eine große Auswahl.

Die Telefon-App bildet damit das Zentrum klassischer Kommunikation auf dem Smartphone. Sie zeigt, wie Android vertraute Funktionen wie Anrufe, Kontakte und Mailbox mit modernen Möglichkeiten wie Spamschutz, personalisierten Anruferansichten oder geräteübergreifender Synchronisation verbindet.

Doch Kommunikation endet heute selten beim reinen Telefonat. In vielen Situationen ist eine kurze Nachricht praktischer als ein Anruf: eine schnelle Rückmeldung, ein Foto aus dem Alltag oder eine kurze Information, die nicht sofort beantwortet werden muss.

Genau hier kommt die Nachrichten-App ins Spiel. Sie ergänzt die Telefon-App und erweitert die klassische SMS um moderne Messaging-Funktionen wie Gruppenchats, Medienversand und die Kommunikation über den aktuellen RCS-Standard. Dadurch wird aus der einfachen Textnachricht ein vielseitiges Kommunikationswerkzeug, das sich nahtlos in den Android-Alltag einfügt.

Im nächsten Abschnitt lernen Sie die Nachrichten-App genauer kennen – vom Versenden einer ersten Nachricht über den Austausch von Bildern und Sprachnachrichten bis hin zu den erweiterten Funktionen moderner Android-Chats.

Die Nachrichten-App

Mit der App *Nachrichten* Ihres Android-Smartphones können Sie Textnachrichten, Fotos, Videos, Sprachnachrichten und viele weitere Inhalte versenden. Die App unterstützt dabei mehrere Übertragungsarten. Neben der klassischen *SMS* und *MMS* nutzt sie heute vor allem den modernen Kommunikationsstandard *RCS* (*Rich Communication Services*).

Während SMS und MMS seit vielen Jahren zum Funktionsumfang jedes Mobiltelefons gehören, erweitert RCS die Möglichkeiten erheblich. Zwischen kompatiblen Android-Geräten funktioniert die Nachrichten-App dann ähnlich wie ein moderner Messenger: Sie können Bilder in hoher Qualität verschicken, sehen Lesebestätigungen oder erkennen, wenn Ihr Gesprächspartner gerade eine Antwort schreibt.

Die Nachrichten-App ist damit ein zentraler Bestandteil der Kommunikation auf Android-Geräten. Sie eignet sich sowohl für schnelle kurze Nachrichten als auch für umfangreichere Gespräche mit Medien, Sprachnachrichten oder Gruppenchats.

Achtung: Unterschiedliche Namen

Auf manchen Geräten heißt die Nachrichten-App **Messages**. Das Symbol auf dem Bildschirm ist aber dasselbe.

SMS – klassische Textnachrichten

Die SMS (*Short Message Service*) ist die älteste Form der mobilen Nachrichtenübertragung. Sie erlaubt ausschließlich kurze Textnachrichten. Typische Eigenschaften einer SMS:

- Erlaubt maximal etwa 160 Zeichen.
- Ermöglicht keinen Versand von Bildern oder Videos.
- Funktioniert auch ohne Internetverbindung.
- Wird direkt über das Mobilfunknetz übertragen.

SMS werden heute vor allem noch verwendet, wenn ein Gesprächspartner kein RCS nutzt oder keine Internetverbindung vorhanden ist.

MMS – Nachrichten mit Medien

Die MMS (*Multimedia Messaging Service*) erweitert die SMS um Multimedia-Inhalte. Damit lassen sich beispielsweise Fotos oder kurze Videos verschicken. Typische Eigenschaften:

- Ermöglicht den Versand von Bildern, Videos oder Audiodateien.
- Nachrichten können mehrere Empfänger enthalten.
- Die Medien werden meist stark komprimiert.
- Die Übertragung erfolgt weiterhin über das Mobilfunknetz.

MMS wird heute zunehmend durch RCS ersetzt, ist aber weiterhin ein wichtiger Standard, wenn moderne Funktionen nicht verfügbar sind.

RCS – moderne Nachrichten zwischen Smartphones

Der moderne Standard RCS (*Rich Communication Services*) erweitert die klassische SMS um zahlreiche Funktionen moderner Messenger-Dienste.

Wenn beide Gesprächspartner ein kompatibles Gerät verwenden und RCS aktiviert ist – unabhängig davon, ob es sich um ein Android-Smartphone oder ein aktuelles iPhone handelt –, wird die Unterhaltung automatisch als RCS-Chat geführt. In diesem Fall erfolgt die Kommunikation über eine Internetverbindung und nicht über das klassische SMS-Netz.

RCS bietet deutlich mehr Möglichkeiten als SMS oder MMS. Zu den wichtigsten Funktionen gehören:

- Versand von Fotos und Videos in höherer Qualität
- Lesebestätigungen, die anzeigen, ob eine Nachricht geöffnet wurde
- Anzeige, wenn ein Gesprächspartner gerade eine Nachricht schreibt
- Reaktionen auf Nachrichten mit Emojis
- Gruppenunterhaltungen mit mehreren Teilnehmern
- Versand von Sprachnachrichten
- Austausch von Standorten oder Kontakten
- deutlich größere Anhänge als bei MMS

Damit funktioniert die Nachrichten-App in vielen Situationen ähnlich wie bekannte Messenger-Dienste. Der Vorteil von RCS besteht jedoch darin, dass die Kommunikation direkt über die integrierte Nachrichten-App des Smartphones erfolgt und kein zusätzlicher Messenger installiert werden muss.

Die Nachrichtenübersicht

Beim Öffnen der Nachrichten-App sehen Sie zunächst eine Liste aller Gespräche. Jede Unterhaltung wird mit folgenden Informationen angezeigt:

- Name oder Telefonnummer des Kontakts
- Vorschau der letzten Nachricht
- Zeitpunkt der letzten Aktivität
- Kennzeichnung für ungelesene Nachrichten

Über diese Übersicht können Sie schnell zwischen verschiedenen Unterhaltungen wechseln.

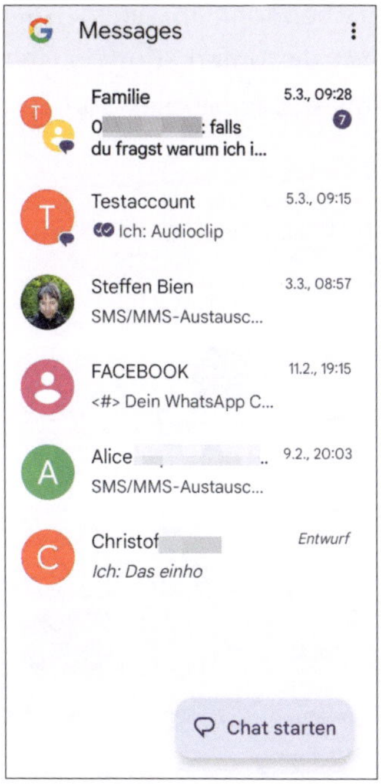

Mehrere Unterhaltungen in der Übersicht

Am unteren Bildschirmrand befindet sich außerdem die Schaltfläche **Chat starten**, über die Sie eine neue Unterhaltung oder einen Gruppenchat starten können.

Neue Nachrichten und Gruppen erstellen

Um eine neue Nachricht zu senden oder eine Gruppenunterhaltung zu starten, gehen Sie immer über die gleiche Schaltfläche vor:

1. Öffnen Sie die **Nachrichten**-App.
2. Tippen Sie auf **Chat starten**.
3. Wählen Sie einen Kontakt aus oder geben Sie eine Telefonnummer ein.
4. Nun haben Sie zwei Möglichkeiten:
   - **Einzelne Nachricht senden**: Geben Sie Ihre Nachricht in das Texteingabefeld ein und tippen Sie auf **Senden**. Die Nachricht erscheint anschließend im Chatverlauf.
   - **Gruppe erstellen**: Tippen Sie auf **Gruppe erstellen** und fügen Sie weitere Kontakte hinzu. Die Nachrichten-App legt nun einen Gruppenchat an, in dem

alle ausgewählten Teilnehmer miteinander schreiben können. Vergeben Sie anschließend einen Gruppennamen, damit sich die Unterhaltung später leichter wiederfinden lässt, beispielsweise »Familie« oder »Projektgruppe«. Tippen Sie auf **Fertig**.

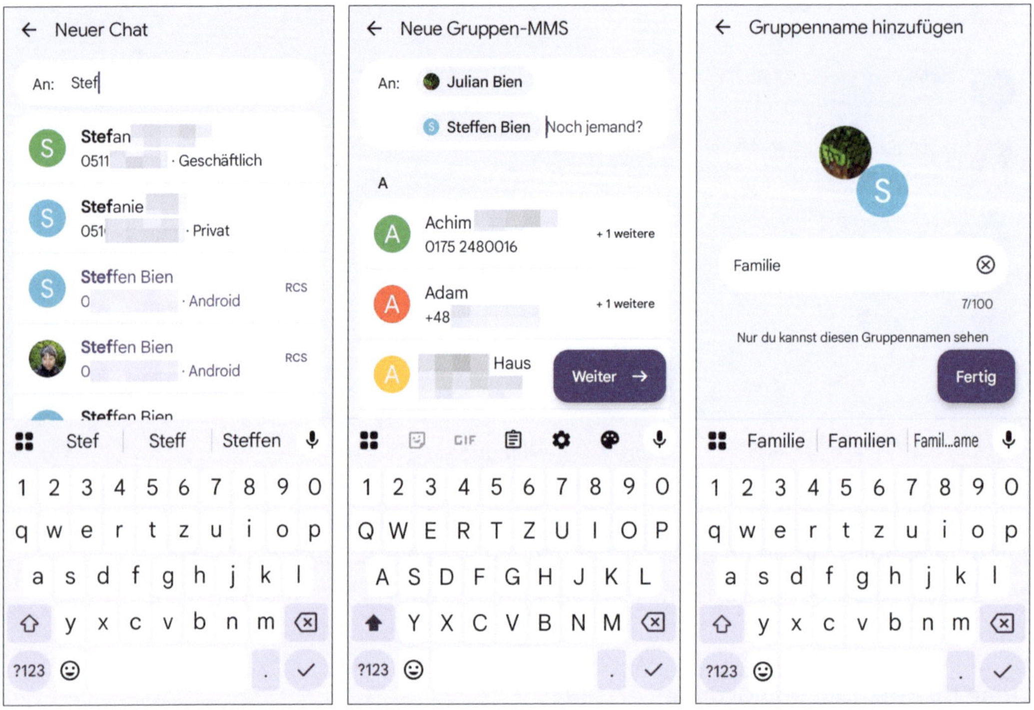

Neue Unterhaltung starten oder mehrere Kontakte auswählen, um eine Gruppe zu erstellen

Bilder und Dateien senden

Neben reinen Textnachrichten können Sie in der Nachrichten-App auch verschiedene Medien und Inhalte versenden. Dazu gehören beispielsweise Fotos, Videos, Sprachnachrichten, Kontakte oder Ihr aktueller Standort. Typische Möglichkeiten sind:

- Kamera – ein Foto aufnehmen
- Dateien – Bilder oder Dokumente auswählen
- Standort – Ihren aktuellen Standort teilen
- Kontakte – Kontaktdaten senden

1. Tippen Sie im Chat auf das Plussymbol ⊕ neben dem Texteingabefeld.
2. Wählen Sie die gewünschte Funktion aus.

3. Die ausgewählten Inhalte erscheinen anschließend als Vorschau im Nachrichtenfeld und können zusammen mit einem Text direkt an den Empfänger gesendet werden.

Videos versenden

Auch Videos lassen sich direkt über die Nachrichten-App versenden. Das ist besonders praktisch, wenn Sie kurze Eindrücke aus dem Alltag teilen oder eine Situation schnell zeigen möchten, ohne eine zusätzliche App zu verwenden.

1. Öffnen Sie eine Unterhaltung und tippen Sie neben dem Texteingabefeld auf das Plussymbol ⊕.

2. Wählen Sie **Kamera**, um ein neues Video aufzunehmen, oder **Dateien** bzw. die **Galerie** oder **Google Fotos**, um ein bereits vorhandenes Video auszuwählen.

3. Nach der Auswahl erscheint eine Vorschau im Nachrichtenfeld. Sie können optional noch einen Text hinzufügen und das Video anschließend senden.

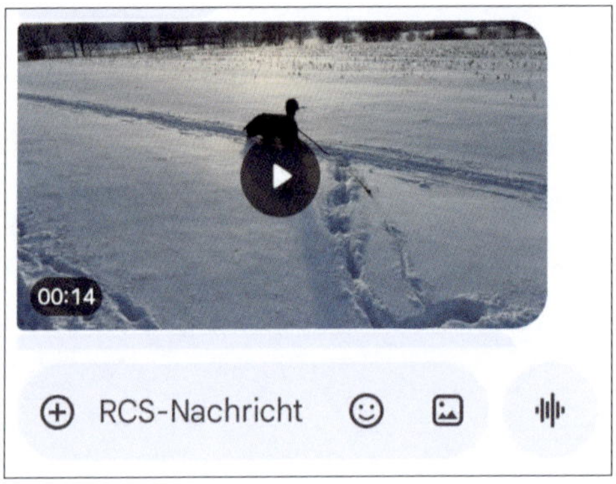

Je nachdem, welche Übertragungsart verwendet wird, gelten unterschiedliche Möglichkeiten. Wird die Nachricht als MMS verschickt, wird das Video automatisch verkleinert und stärker komprimiert. In einem RCS-Chat hingegen können Videos meist in deutlich besserer Qualität und mit größerer Dateigröße übertragen werden. Dadurch wirken die Aufnahmen beim Empfänger wesentlich klarer und detailreicher.

Sprachnachrichten aufnehmen

Die Nachrichten-App ermöglicht außerdem den Versand von Sprachnachrichten. Diese Funktion ist besonders praktisch, wenn Sie unterwegs sind oder eine Information schneller mündlich erklären möchten, anstatt sie als Text zu schreiben.

1. Öffnen Sie dazu eine Unterhaltung und tippen Sie auf das Wellensymbol neben dem Texteingabefeld.

2. Halten Sie die Schaltfläche gedrückt und sprechen Sie Ihre Nachricht. Während der Aufnahme zeigt die App die aktuelle Dauer der Nachricht an.

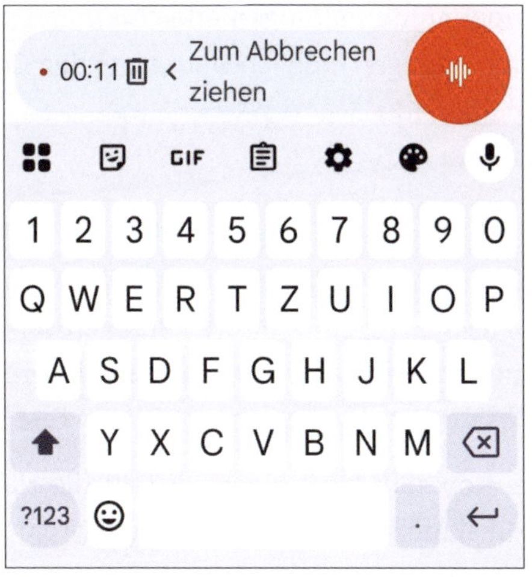

3. Sobald Sie die Taste loslassen, wird die Aufnahme automatisch als Sprachnachricht versendet.

Reaktionen nutzen

Neben klassischen Antworten können Sie auf einzelne Nachrichten auch direkt mit *Reaktionen* antworten. Halten Sie dazu eine empfangene Nachricht kurz gedrückt. Anschließend erscheint eine Auswahl typischer Emojis, mit denen Sie schnell reagieren können – etwa mit einem Daumen hoch, einem Herz oder einem lachenden Emoji.

Sie können aus einer Vielzahl an Emojis auswählen.

Diese Reaktionen werden direkt an der jeweiligen Nachricht angezeigt und sind für alle Teilnehmer der Unterhaltung sichtbar. So können Sie Zustimmung, Überraschung oder Humor ausdrücken, ohne eine eigene Textnachricht schreiben zu müssen.

Besonders in lebhaften Chats oder Gruppenunterhaltungen erleichtern Reaktionen die Kommunikation, da kurze Rückmeldungen möglich sind, ohne den Chatverlauf mit zusätzlichen Nachrichten zu überladen.

Gruppennachrichten

Neben Einzelunterhaltungen unterstützt die Nachrichten-App auch Gruppenchats. Damit können Sie Nachrichten gleichzeitig an mehrere Personen senden und Gespräche mit mehreren Teilnehmern führen – etwa mit der Familie, Freunden oder Kolleginnen und Kollegen.

Wenn Sie einer Unterhaltung mehrere Kontakte hinzufügen, erstellt die Nachrichten-App automatisch eine Gruppe. In aktuellen Android-Versionen wird dabei häufig ein RCS-Gruppenchat verwendet, sofern die Geräte aller Teilnehmer RCS unterstützen. In diesem Fall können alle Mitglieder der Gruppe direkt miteinander kommunizieren, auf Nachrichten reagieren oder Medien austauschen.

Ist RCS für einzelne Teilnehmer nicht verfügbar, verwendet Android stattdessen eine Gruppen-MMS. Auch hier erreichen Nachrichten alle Mitglieder der Gruppe, allerdings sind die Funktionen eingeschränkter und Medien werden meist stärker komprimiert.

Eine Gruppe erstellen Sie folgendermaßen:

1. Öffnen Sie die **Nachrichten**-App.
2. Tippen Sie auf **Chat starten**.
3. Tippen Sie auf **Gruppe erstellen**.
4. Wählen Sie mehrere Kontakte aus.
5. Vergeben Sie anschließend einen Gruppennamen, damit sich die Unterhaltung später leichter wiederfinden lässt, beispielsweise »Familie« oder »Projektgruppe«.
6. Tippen Sie auf **Fertig**.
7. Der Gruppenchat wird geöffnet.

Innerhalb einer Gruppenunterhaltung sehen alle Teilnehmer die gesendeten Nachrichten und können direkt darauf antworten. Je nach unterstütztem Standard lassen sich außerdem Bilder, Videos, Emojis oder Sprachnachrichten austauschen.

Auch Fotos und Sprachnachrichten lassen sich in einer Gruppe teilen.

Einstellungen für Chats und Gruppenchats verwalten

Für jede Unterhaltung stellt die Nachrichten-App eigene Chateinstellungen bereit. Dadurch können Sie einzelne Gespräche individuell anpassen – etwa Benachrichtigungen steuern, das Erscheinungsbild verändern oder Teilnehmer verwalten.

Öffnen Sie dazu zunächst eine Unterhaltung. Tippen Sie direkt auf den Namen des Kontakts bzw. der Gruppe. Daraufhin erscheint eine Detailansicht mit verschiedenen Optionen.

Allgemeine Einstellungen

Sowohl in Chats mit einer einzelnen Person als auch in Gruppenchats stehen Ihnen mehrere praktische Einstellungen zur Verfügung:

- **Farben ändern**: Sie können die Farbgestaltung des Chats anpassen. Dadurch lassen sich wichtige Gespräche optisch leichter unterscheiden.

- **Chat stummschalten**: Wenn Sie vorübergehend keine Benachrichtigungen erhalten möchten, können Sie den Chat stumm schalten. Die Nachrichten gehen weiterhin ein, lösen aber keinen Ton oder Hinweis aus.
- **Benachrichtigungen**: Hier legen Sie fest, wie Sie über neue Nachrichten informiert werden, etwa über Ton, Vibration oder Pop-up-Hinweise.

Einstellungen für Einzelchats

Für Chats mit einer einzelnen Person stehen folgende weitere Optionen zur Verfügung:

- **Nur SMS und MMS senden**: Falls RCS nicht genutzt werden soll, können Sie den Chat auf klassische SMS/MMS beschränken.
- **Blockieren und als Spam melden**: Unerwünschte Absender lassen sich direkt aus dem Chat heraus blockieren und melden.
- **Gruppe erstellen**: Sie können aus einer bestehenden Unterhaltung heraus schnell eine Gruppenunterhaltung starten. Tippen Sie dazu auf **Gruppe erstellen** und fügen Sie weitere Kontakte hinzu.
- Zusätzlich können Sie über die oberen Symbole einen Anruf starten, einen Videoanruf beginnen oder direkt die Kontaktdaten anzeigen.

Gruppenunterhaltungen verwalten

Bei Gruppenchats erweitert sich die Detailansicht um zusätzliche Funktionen. Sie öffnen diese ebenfalls über den Gruppennamen am oberen Bildschirmrand. Hier können Sie:

- **Personen hinzufügen**: Neue Kontakte können jederzeit zur bestehenden Gruppe eingeladen werden.
- **Spam**: Melden Sie die Gruppe als Spam, wenn Sie unerwünschte Nachrichten erhalten. Android kennzeichnet den Chat anschließend entsprechend und hilft dabei, ähnliche Spamnachrichten künftig automatisch zu erkennen.
- **Gruppe verlassen**: Wenn Sie nicht mehr an der Unterhaltung teilnehmen möchten, können Sie die Gruppe jederzeit verlassen.

Die Teilnehmerliste zeigt außerdem alle Personen, die Teil der Unterhaltung sind. So behalten Sie jederzeit den Überblick darüber, wer an einem Gespräch beteiligt ist.

Sicherheit und Verschlüsselung

Bei vielen RCS-Chats zeigt die Detailansicht zusätzlich Informationen zur Ende-zu-Ende-Verschlüsselung. Ist diese aktiv, können nur die beteiligten Geräte die Nachrichten lesen. In manchen Gruppen kann diese Funktion jedoch eingeschränkt sein, etwa wenn einzelne Teilnehmer RCS nicht vollständig unterstützen.

Chats auswählen und verwalten

In der Nachrichten-App können Sie einzelne Unterhaltungen nicht nur öffnen, sondern auch mehrere Chats gleichzeitig auswählen und verwalten. Diese Funktion ist besonders hilfreich, wenn Sie Gespräche archivieren, löschen oder als Spam melden möchten.

Halten Sie dazu eine Unterhaltung in der Chatliste kurz gedrückt. Der Eintrag wird daraufhin markiert. Anschließend können Sie weitere Unterhaltungen antippen, um sie ebenfalls auszuwählen. Am oberen Bildschirmrand erscheinen nun mehrere Symbole für typische Aktionen:

- **Archivieren**: Die ausgewählten Chats werden aus der Hauptliste entfernt und in das Archiv verschoben. Die Unterhaltung bleibt erhalten und kann später wieder aufgerufen werden.
- **Löschen**: Entfernt den Chatverlauf vollständig aus der Nachrichten-App.
- **Spam melden**: Meldet den ausgewählten Chat als Spam und blockiert die betreffende Nummer.
- Auswahl aufheben: Über das X links oben verlassen Sie den Auswahlmodus. Bei manchen Geräten erscheinen zusätzlich folgende Optionen:
- **Anpinnen**: Fixiert eine Unterhaltung am oberen Rand der Chatliste. Angepinnte Chats bleiben dort dauerhaft sichtbar, unabhängig davon, wann zuletzt eine Nachricht eingegangen ist. Das ist besonders praktisch für wichtige Kontakte oder Gruppen.
- **Stummschalten**: Schaltet Benachrichtigungen für die ausgewählte Unterhaltung für einen bestimmten Zeitraum aus. Neue Nachrichten werden weiterhin empfangen und im Chat angezeigt, lösen jedoch keinen Ton oder Hinweis mehr aus.

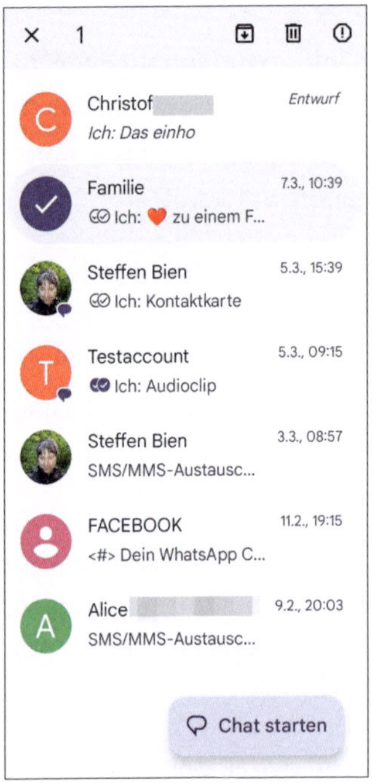

Das Chatfenster im Überblick

Diese Mehrfachauswahl erleichtert die Organisation der Nachrichten erheblich. Besonders bei vielen Unterhaltungen können Sie auf diese Weise schnell mehrere Chats auf einmal verwalten oder bereinigen.

Die Kontakte-App

Während Telefon- und Nachrichten-App die eigentliche Kommunikation ermöglichen, bildet die App *Kontakte* die zentrale Grundlage dafür. Hier verwalten Sie alle Personen, mit denen Sie über Ihr Smartphone in Verbindung stehen – von Familienmitgliedern und Freunden bis hin zu beruflichen Kontakten.

Ein sauber gepflegtes Adressbuch erleichtert den Alltag erheblich. Telefonnummern, E-Mail-Adressen, Postanschriften oder Geburtstage lassen sich an einem zentralen Ort speichern und jederzeit abrufen. Gleichzeitig sorgt Android dafür, dass diese Informationen auch in anderen Apps verfügbar sind. Wenn Sie beispielsweise einen Kontakt speichern, erscheint er automatisch in der Telefon-App, in der Nachrichten-App oder bei der Auswahl eines Empfängers in E-Mails.

Besonders wichtig ist dabei die Synchronisation über Ihr Google-Konto. Dadurch werden Ihre Kontakte nicht nur auf dem Smartphone gespeichert, sondern auch sicher in Ihrem Konto hinterlegt. Melden Sie sich später auf einem neuen Android-Gerät an, stehen Ihnen alle Kontakte sofort wieder zur Verfügung. Auch Änderungen werden automatisch zwischen Ihren Geräten abgeglichen.

Die Kontakte-App ist damit weit mehr als nur ein digitales Telefonbuch. Sie dient als zentrale Verwaltung Ihrer persönlichen und beruflichen Netzwerke und verknüpft verschiedene Kommunikationswege miteinander.

Im folgenden Abschnitt lernen Sie Schritt für Schritt, wie Sie Kontakte anlegen, bearbeiten, organisieren und sichern.

Die Oberfläche der Kontakte-App

Beim Öffnen der **Kontakte**-App sehen Sie eine alphabetisch sortierte Liste Ihrer gespeicherten Kontakte. Über die Suchleiste am oberen Bildschirmrand können Sie schnell nach einer bestimmten Person suchen. Schon während der Eingabe werden passende Kontakte angezeigt.

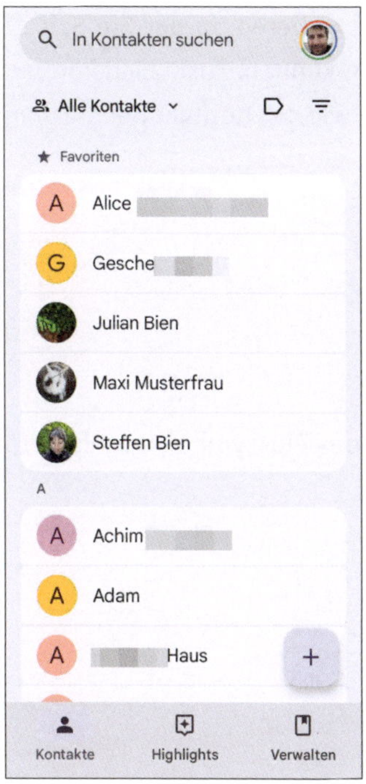

Die Kontakte-App zeigt alle gespeicherten Kontakte übersichtlich in einer Liste an.

Darunter können Sie festlegen, welche Kontakte angezeigt werden sollen, z.B. alle Kontakte oder nur Kontakte aus bestimmten Konten.

Am unteren Bildschirmrand finden Sie drei wichtige Bereiche:

- **Kontakte** – zeigt die vollständige Kontaktliste.
- **Highlights** – zeigt häufig genutzte Kontakte, Favoriten und Vorschläge.
- **Verwalten** – enthält Funktionen zur Organisation und Pflege Ihrer Kontakte.

Über die Plusschaltfläche können Sie jederzeit einen neuen Kontakt hinzufügen.

Einen neuen Kontakt erstellen

Wenn Sie eine neue Telefonnummer oder andere Kontaktdaten speichern möchten, legen Sie in der Kontakte-App einen neuen Kontakt an. Dabei können Sie nicht nur den Namen und eine Telefonnummer eingeben, sondern auch viele weitere Informationen hinterlegen, etwa eine E-Mail-Adresse, eine Postanschrift oder den Geburtstag einer Person. Dadurch entsteht eine vollständige digitale Visitenkarte.

Android stellt dafür eine übersichtliche Eingabemaske bereit, in der Sie Schritt für Schritt alle gewünschten Informationen eintragen können. Zusätzlich können Sie direkt ein Kontaktfoto hinzufügen und festlegen, wie der Kontakt bei Anrufen angezeigt wird.

So legen Sie einen neuen Kontakt an:

1. Öffnen Sie die **Kontakte**-App.
2. Tippen Sie auf das Plussymbol unten rechts.
3. Tippen Sie im Bereich **Bild & Anruferansicht** auf das Plussymbol, um ein Foto hinzuzufügen.
4. Geben Sie **Vorname** und **Nachname** ein.
5. Optional können Sie ein **Unternehmen** eintragen.
6. Geben Sie eine **Telefonnummer** ein.
7. Tippen Sie auf **Speichern**.

Der Kontakt wird anschließend auf Ihrem Gerät und in Ihrem Google-Konto gespeichert.

Weitere Informationen hinzufügen

Wenn Sie zusätzliche Angaben speichern möchten, können Sie weitere Felder ergänzen. Dazu gehören beispielsweise:

- **E-Mail** – für E-Mail-Adressen
- **Geburtstag** – für automatische Erinnerungen
- **Adresse** – für Postanschriften
- **Label** – um den Kontakt einer Gruppe zuzuordnen
- **Sonstiges** – für zusätzliche Informationen

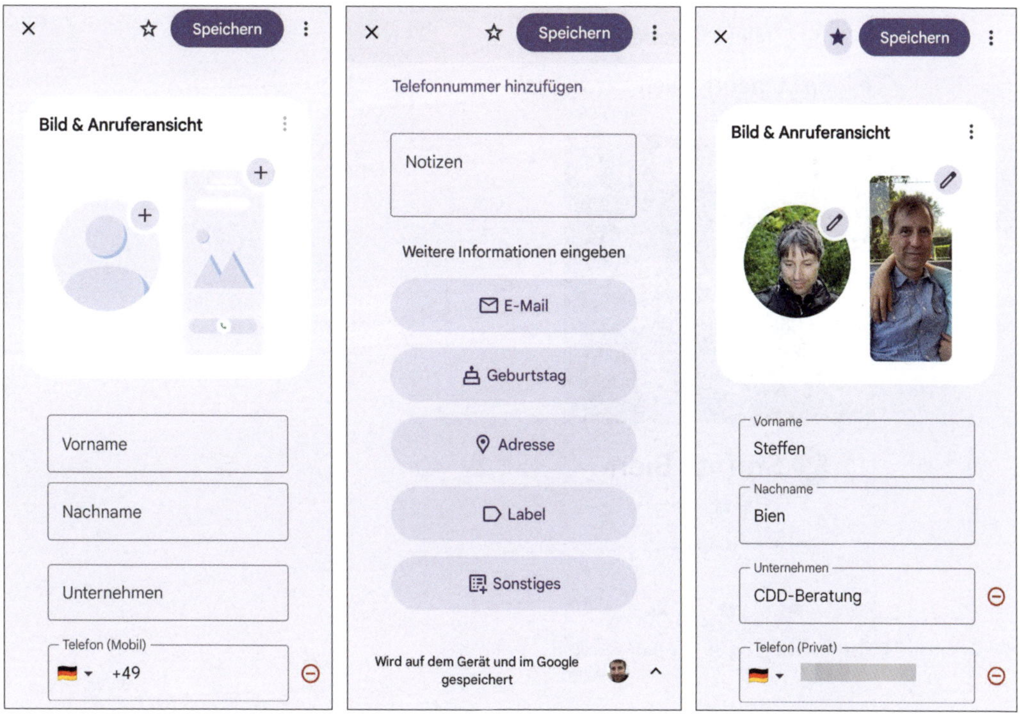

Beim Anlegen eines Kontakts können Sie Foto, Telefonnummer und weitere Informationen hinzufügen.

Einen Kontakt öffnen und verwenden

Wenn Sie einen Kontakt in der Liste antippen, öffnet sich eine ausführliche Detailansicht. Diese zeigt nicht nur die gespeicherten Informationen, sondern bietet auch verschiedene Schnellaktionen, mit denen Sie direkt mit der Person kommunizieren können.

Dadurch müssen Sie nicht erst eine andere App öffnen. Viele typische Aktionen – etwa ein Anruf oder das Versenden einer Nachricht – können direkt aus der Kontaktansicht gestartet werden.

Über die Symbole können Sie beispielsweise:

- anrufen
- eine Nachricht senden
- einen Videoanruf starten
- eine E-Mail schreiben
- den Standort teilen

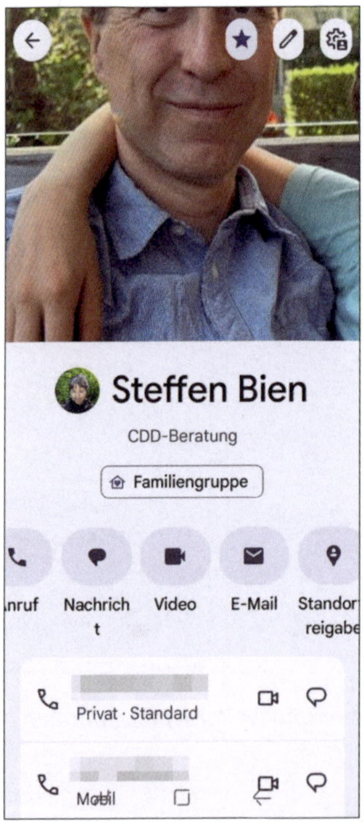

Die Kontaktmöglichkeiten in der Kontakt-App

Dabei werden nur die Symbole angezeigt, für die bei dem Kontakt Informationen hinterlegt sind. Darunter werden die gespeicherten Telefonnummern und weitere Kontaktinformationen angezeigt.

Kontakte bearbeiten

Kontaktdaten ändern sich im Laufe der Zeit. Vielleicht erhält eine Person eine neue Telefonnummer, eine neue E-Mail-Adresse oder zieht um. In solchen Fällen können Sie die bestehenden Kontaktinformationen jederzeit aktualisieren.

Die Kontakte-App ermöglicht es Ihnen, gespeicherte Einträge nachträglich zu bearbeiten, zu ergänzen oder zu korrigieren. Dabei können Sie nicht nur vorhandene Daten ändern, sondern auch zusätzliche Informationen hinzufügen.

So bearbeiten Sie einen Kontakt:

1. Öffnen Sie den gewünschten Kontakt.
2. Tippen Sie auf das Stiftsymbol ✎.
3. Ändern oder ergänzen Sie die gewünschten Informationen.
4. Tippen Sie auf **Speichern**.

Der Bereich »Highlights«

Der Bereich **Highlights** bietet Ihnen einen schnellen Zugriff auf wichtige Kontakte und hilfreiche Zusatzinformationen rund um Ihre Kontakte. Anstatt immer durch die gesamte Kontaktliste zu scrollen, finden Sie hier besonders relevante Kontakte und nützliche Hinweise übersichtlich an einer Stelle. Dadurch können Sie Personen, mit denen Sie häufig kommunizieren, deutlich schneller erreichen.

Die Inhalte in diesem Bereich werden teilweise automatisch von Android zusammengestellt und teilweise von Ihnen selbst festgelegt.

Im Bereich »Highlights« finden Sie Favoriten, Kontaktvorschläge und persönliche Hinweise übersichtlich an einem Ort.

Favoriten

Ganz oben im Bereich **Highlights** befinden sich Ihre **Favoriten**. Dabei handelt es sich um Kontakte, mit denen Sie besonders häufig kommunizieren oder die für Sie besonders wichtig sind – etwa Familienmitglieder, enge Freunde oder wichtige Ansprechpartner.

Favoriten werden im Bereich **Highlights** als große Symbole dargestellt, sodass Sie diese Kontakte besonders schnell öffnen und direkt anrufen oder anschreiben können. Darüber hinaus finden Sie diese im Bereich **Kontakte** oberhalb Ihrer alphabetischen Kontaktliste.

Favoriten können Sie direkt in diesem Bereich hinzufügen oder entfernen:

1. Öffnen Sie den Bereich **Highlights**.
2. Tippen Sie neben **Favoriten** auf **Hinzufügen**.
3. Wählen Sie den gewünschten Kontakt aus.

4. Zum Entfernen eines Favoriten tippen und halten Sie das Kontaktsymbol der Person im Bereich **Favoriten** und wählen dann **Entfernen**.

Vorschläge

Unterhalb der Favoriten zeigt Android häufig Kontaktvorschläge an. Diese entstehen automatisch auf Grundlage Ihrer Nutzung des Smartphones. Dazu gehören beispielsweise Kontakte, mit denen Sie häufig telefonieren oder Nachrichten austauschen.

Die Vorschläge helfen Ihnen dabei, wichtige Kontakte schneller griffbereit zu haben. Wenn Sie möchten, können Sie einen vorgeschlagenen Kontakt direkt den Favoriten hinzufügen ☆ oder den Vorschlag entfernen ⊗.

Für mich

Der Abschnitt **Für mich** enthält zusätzliche Funktionen, die Ihnen helfen, wichtige Informationen zu Ihren Kontakten im Blick zu behalten. Hier können Sie beispielsweise Geburtstage hinzufügen, damit Android Sie rechtzeitig an wichtige Termine erinnert. Diese Funktionen unterstützen Sie dabei, Kontakte nicht nur zu verwalten, sondern auch persönliche Ereignisse und wichtige Daten besser zu organisieren.

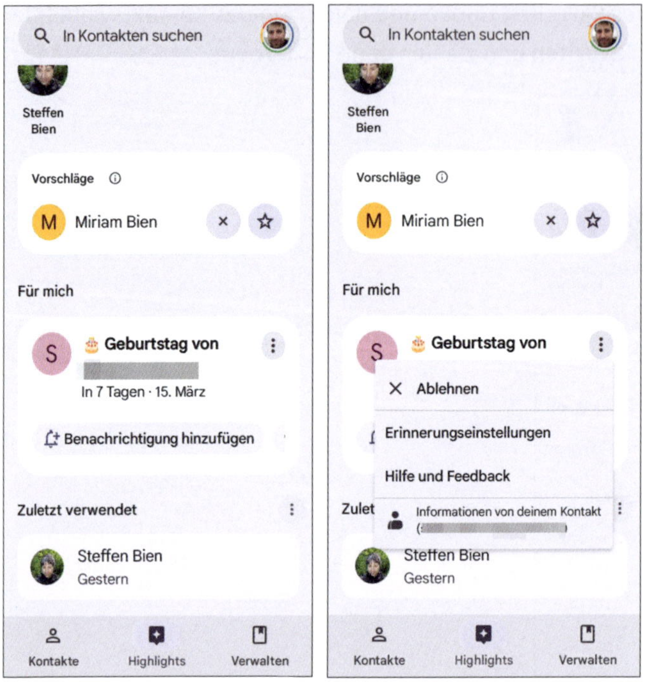

Wichtige Informationen können Sie unter »Für mich« festhalten.

Zuletzt verwendet

Weiter unten im Bereich **Highlights** finden Sie den Abschnitt **Zuletzt verwendet**. Hier zeigt Android Kontakte an, mit denen Sie kürzlich interagiert haben.

Dieser Bereich ist in zwei Kategorien unterteilt:

- **Zuletzt angesehen** – Kontakte, deren Detailseite Sie kürzlich geöffnet haben
- **Kürzlich hinzugefügt** – Kontakte, die Sie vor Kurzem neu gespeichert haben

Der Tab »Verwalten«

Neben der Kontaktliste und den Highlights gibt es in der Kontakte-App den Bereich **Verwalten**. Dieser Tab bündelt verschiedene Werkzeuge, mit denen Sie Ihre Kontakte organisieren, synchronisieren und pflegen können. Während Sie im Tab **Kontakte** hauptsächlich einzelne Personen ansehen oder bearbeiten und im Bereich **Highlights** schnellen Zugriff auf wichtige Kontakte erhalten, dient **Verwalten** der grundlegenden Verwaltung Ihrer gesamten Kontaktliste.

Hier finden Sie Funktionen zum Synchronisieren, Bereinigen, Sichern und Wiederherstellen Ihrer Kontakte. Besonders bei einer großen Kontaktliste hilft dieser Bereich dabei, Ordnung zu halten und doppelte oder veraltete Einträge zu vermeiden.

Google-Kontakte synchronisieren

Im oberen Bereich sehen Sie eine Übersicht Ihres Google-Kontos. Dort wird angezeigt, wie viele Kontakte aktuell mit Ihrem Konto synchronisiert sind und wann die letzte Synchronisierung stattgefunden hat.

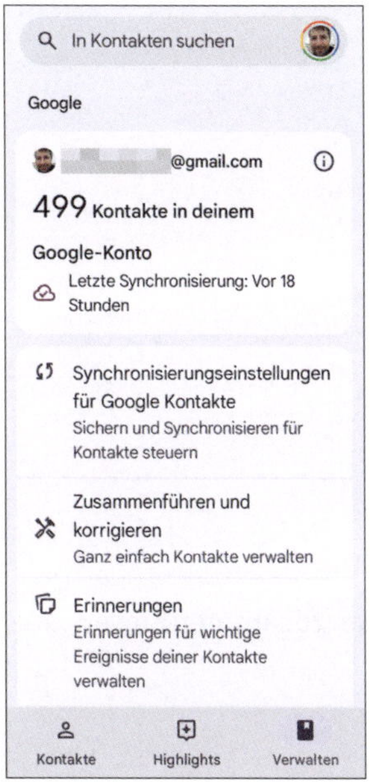

Sie können auf bereits gesicherte Google-Kontakte zugreifen.

Die Synchronisierung sorgt dafür, dass Ihre Kontakte nicht nur auf dem Smartphone gespeichert sind, sondern auch in Ihrem Google-Konto. Dadurch bleiben Ihre Daten erhalten, selbst wenn Sie das Gerät wechseln oder zurücksetzen.

Über **Synchronisierungseinstellungen für Google Kontakte** können Sie festlegen,

- ob Kontakte automatisch synchronisiert werden,
- ob auch Kontakte vom Gerät oder von der SIM-Karte übernommen werden sollen,
- wann die letzte Synchronisierung stattgefunden hat.

Ihre Kontakte können Sie außerdem jederzeit über *contacts.google.com* im Web aufrufen und bearbeiten.

Zusammenführen und korrigieren

Mit der Zeit kann es vorkommen, dass Kontakte mehrfach gespeichert werden, etwa wenn ein Kontakt einmal über eine E-Mail-Adresse und einmal über eine Telefonnummer angelegt wurde. Die Funktion **Zusammenführen und korrigieren** hilft Ihnen dabei, solche doppelten Einträge zu finden und zu bereinigen.

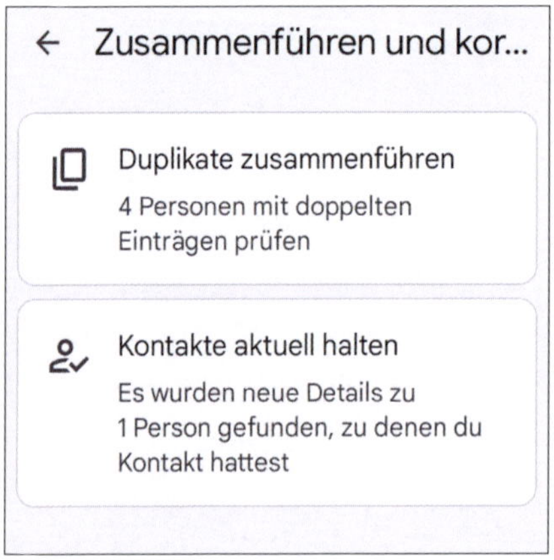

Kontakte zusammenführen und doppelte Einträge finden

Dort stehen zwei Werkzeuge zur Verfügung: **Duplikate zusammenführen** und **Kontakte aktuell halten**.

Duplikate zusammenführen

Die Kontakte-App erkennt automatisch doppelte oder sehr ähnliche Kontakte. So führen Sie diese zusammen:

1. Öffnen Sie **Zusammenführen und korrigieren**.
2. Tippen Sie auf **Duplikate zusammenführen**.
3. Prüfen Sie die vorgeschlagenen Kontakte.
4. Tippen Sie auf **Zusammenführen**, um einen Kontakt zusammenzuführen oder unten auf **Alle zusammenführen**, um alle Kontakte auf einmal zu bereinigen.

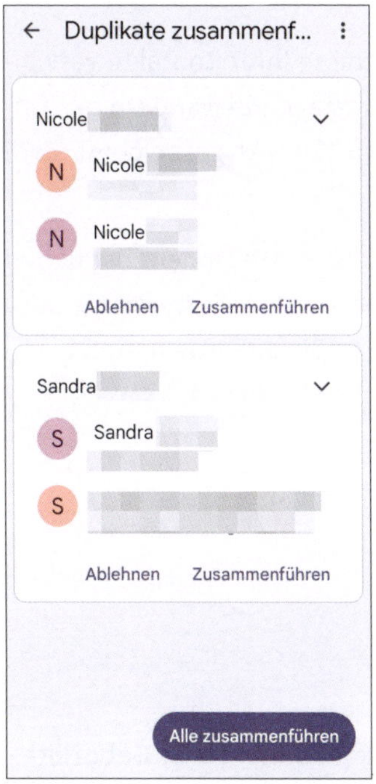

Die Informationen der beiden Kontakte werden dann zu einem Eintrag kombiniert.

Kontakte aktuell halten

Die App kann außerdem Hinweise auf neue oder geänderte Kontaktinformationen anzeigen. Diese Vorschläge können Sie prüfen und anschließend **Akzeptieren** oder **Ablehnen**.

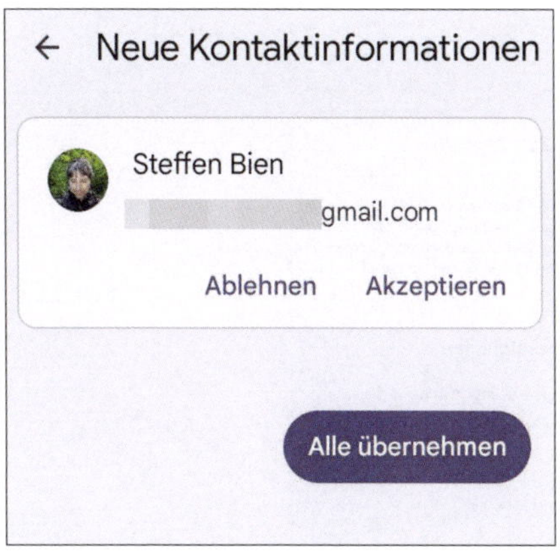

Hilfreiche Hinweise auf Aktualisierungen

Erinnerungen

Im Bereich **Erinnerungen** können Sie wichtige Ereignisse Ihrer Kontakte verwalten. Dazu gehören beispielsweise Geburtstage, Jahrestage oder andere persönliche Termine. Wenn solche Informationen in einem Kontakt gespeichert sind, kann Android Sie automatisch daran erinnern.

Die Kontakte-App zeigt Ihnen zunächst eine Übersicht von Personen, bei denen wichtige Daten hinterlegt sind. So erkennen Sie schnell, welche Geburtstage oder Jubiläen bald anstehen. Neben jedem Kontakt können Sie außerdem direkt festlegen, ob Sie eine Erinnerung erhalten möchten. Tippen Sie dazu auf .

Sie können auch selbst neue Ereignisse hinzufügen:

1. Öffnen Sie den Bereich **Erinnerungen**.
2. Tippen Sie auf **Neues wichtiges Datum**.
3. Wählen Sie den gewünschten Kontakt aus.
4. Legen Sie fest, um welche Art von Ereignis es sich handelt, z. B. **Geburtstag** oder **Jahrestag**.
5. Geben Sie das Datum ein und tippen Sie auf **Speichern**.

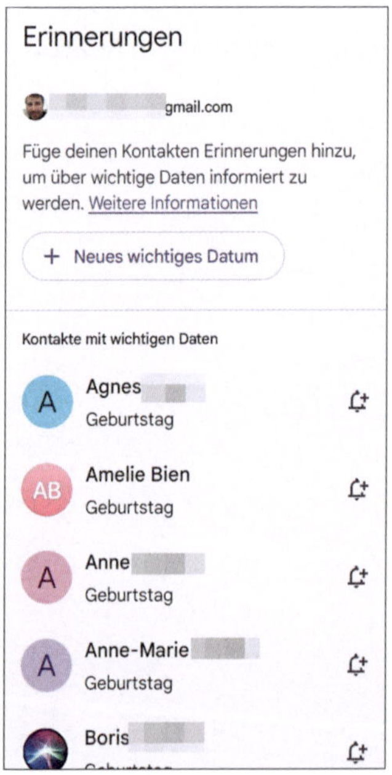

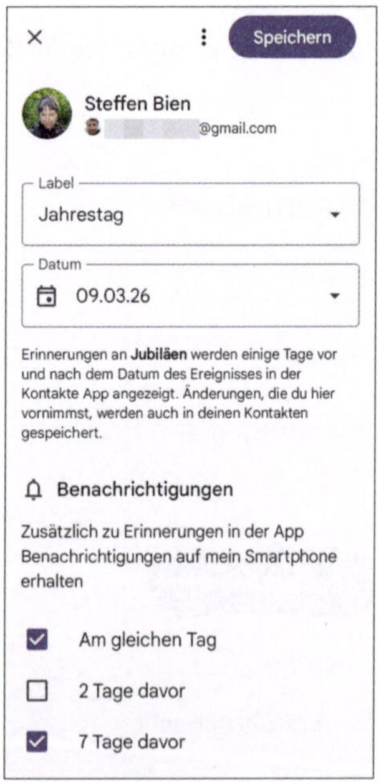

Anschließend können Sie einstellen, wann Sie benachrichtigt werden möchten. Möglich sind folgende Erinnerungen:

- **Am gleichen Tag**
- **X Tage davor**
- oder sogar **X Wochen davor**

Die Erinnerungen erscheinen sowohl in der Kontakte-App als auch in der Kalender-App und – wenn aktiviert – als Benachrichtigung auf Ihrem Smartphone. So behalten Sie persönliche Termine Ihrer Kontakte jederzeit im Blick.

Notfallkontakte

Eine besonders hilfreiche Funktion sind die **Notfallkontakte**. Diese können im Ernstfall auch dann aufgerufen werden, wenn das Smartphone gesperrt ist. So fügen Sie einen Notfallkontakt hinzu:

1. Öffnen Sie **Notfallkontakte**.
2. Tippen Sie auf **Kontakt hinzufügen**.
3. Wählen Sie eine Person aus Ihrer Kontaktliste aus.

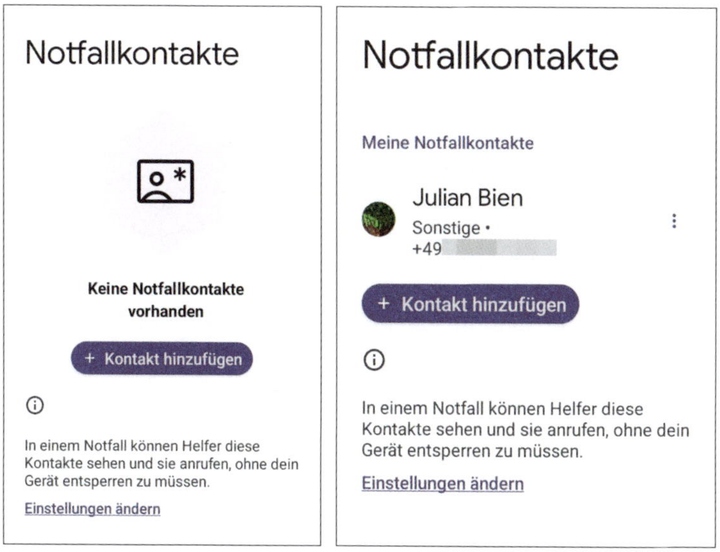

Notfallkontakte können im Notfall direkt informiert werden.

Familiengruppe

Über die **Familiengruppe** können Sie Ihr Google-Konto mit Familienmitgliedern verbinden. Dadurch lassen sich verschiedene Dienste gemeinsam nutzen, etwa beim Teilen von Käufen oder bei Jugendschutzeinstellungen.

Kontakte wiederherstellen

Wenn Kontakte versehentlich gelöscht wurden, können Sie diese über **Kontakte wiederherstellen** aus einer Sicherung zurückholen. Dadurch lässt sich der frühere Zustand Ihrer Kontaktliste wiederherstellen. Wählen Sie dazu die entsprechende Sicherung auf dem gewünschten Gerät aus.

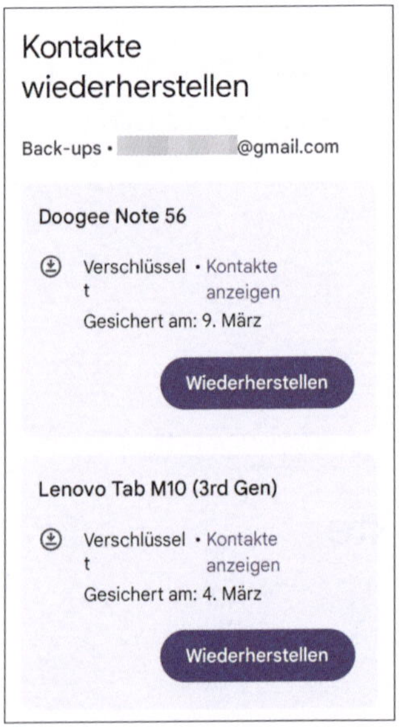

So wird kein Kontakt zufällig gelöscht.

Papierkorb

Gelöschte Kontakte werden zunächst im **Papierkorb** gespeichert. Dort können Sie sie bei Bedarf wiederherstellen oder endgültig löschen.

Weitere Funktionen im Tab »Verwalten«

Im unteren Bereich des Tabs **Verwalten** finden Sie zusätzliche Funktionen, die sich direkt auf Ihr Gerät beziehen. Diese helfen Ihnen dabei, Kontakte zu importieren, zu exportieren oder das Verhalten bei Anrufen und Nachrichten anzupassen.

Anruferansichten

Über **Anruferansichten** können Sie festlegen, wie Kontakte bei eingehenden oder ausgehenden Anrufen angezeigt werden. Hier lässt sich beispielsweise bestimmen, welche Informationen während eines Anrufs sichtbar sind oder wie die Darstellung eines Kontakts beim Klingeln aussieht.

Dadurch können Sie Anrufe besser erkennen, etwa durch größere Kontaktbilder oder eine angepasste Anzeige.

Klingeltöne für Kontakte

Mit der Funktion **Klingeltöne für Kontakte** können Sie bestimmten Personen einen eigenen Klingelton zuweisen. So erkennen Sie bereits am Klingelton, wer Sie gerade anruft, ohne auf das Display schauen zu müssen.

Das ist besonders praktisch für wichtige Kontakte wie Familienmitglieder oder Kolleginnen und Kollegen.

SIM-Karte verwalten

Im Bereich **SIM-Karte verwalten** können Sie Kontakte importieren, die auf Ihrer SIM-Karte gespeichert sind. Das ist vor allem dann hilfreich, wenn Sie von einem älteren Telefon auf ein Smartphone wechseln. Hier können Sie:

- Kontakte von der SIM-Karte auf das Gerät oder in Ihr Google-Konto übertragen
- vorhandene SIM-Kontakte löschen

Da SIM-Karten nur wenige Informationen speichern können, empfiehlt es sich in der Regel, Kontakte im Google-Konto zu speichern.

Kontakte aus Datei importieren

Mit **Aus Datei importieren** können Sie Kontakte aus einer gespeicherten Kontaktdatei übernehmen. Dabei handelt es sich meist um eine sogenannte VCF-Datei (vCard).

Solche Dateien entstehen beispielsweise beim Export von Kontakten aus einem anderen Smartphone oder aus einem E-Mail-Programm.

Kontakte in Datei exportieren

Über **In Datei exportieren** können Sie Ihre Kontakte als Datei sichern. Diese Datei lässt sich später wieder importieren oder auf ein anderes Gerät übertragen.

Das ist besonders hilfreich, wenn Sie eine zusätzliche Sicherung Ihrer Kontakte erstellen möchten.

Blockierte Nummern

Im Bereich Blockierte Nummern können Sie Telefonnummern verwalten, von denen Sie keine Anrufe oder Nachrichten mehr erhalten möchten.

Wenn Sie eine Nummer blockieren, passiert Folgendes:

- Anrufe werden automatisch abgewiesen.
- SMS oder Nachrichten von dieser Nummer werden ebenfalls blockiert.

Diese Funktion eignet sich beispielsweise zum Schutz vor Spamanrufen oder unerwünschten Kontakten.

Info: Schaffen Sie Ordnung bei vielen Kontakten

Der Tab **Verwalten** bietet eine zentrale Sammlung von Werkzeugen, mit denen Sie Ihre Kontakte organisieren, sichern und individuell anpassen können. Gerade bei vielen gespeicherten Kontakten lohnt es sich, diesen Bereich regelmäßig zu nutzen.

Die allgemeinen Einstellungen der Kontakte-App

Neben den Verwaltungsfunktionen bietet die Kontakte-App auch einen eigenen Bereich für allgemeine Einstellungen. Hier können Sie festlegen, wie Kontakte angezeigt, sortiert und gespeichert werden. Diese Optionen helfen Ihnen dabei, die App Ihren persönlichen Vorlieben anzupassen und die Verwaltung Ihrer Kontakte übersichtlicher zu gestalten. Sie öffnen die Einstellungen über den Tab **Verwalten**. Dort finden Sie den Eintrag **Einstellungen** ganz unten.

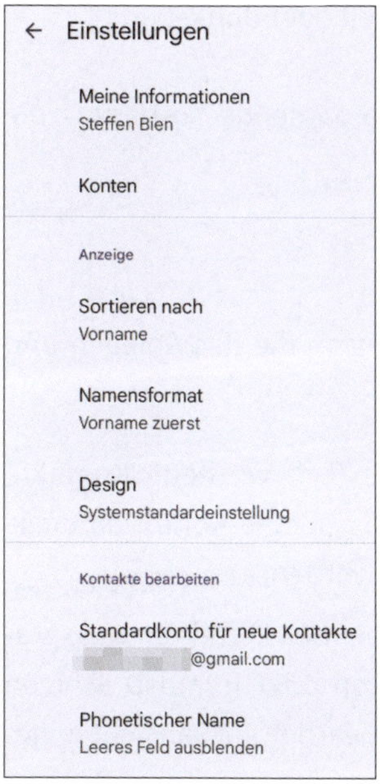

Die »Einstellungen« in der Kontakte-App

Meine Informationen

Im Bereich **Meine Informationen** können Sie Ihren eigenen Kontakt festlegen. Dieser Kontakt dient als Ihre persönliche Visitenkarte auf dem Smartphone. Android nutzt diese Informationen beispielsweise, wenn Sie Ihre Kontaktdaten teilen oder wenn Apps automatisch Ihre eigenen Daten eintragen möchten.

Konten

Unter **Konten** sehen Sie, mit welchen Konten Ihre Kontakte verbunden sind. In der Regel handelt es sich dabei um Ihr Google-Konto, über das Ihre Kontakte synchronisiert werden. Hier können Sie überprüfen, welche Konten Kontakte speichern oder synchronisieren.

Anzeige

Der Abschnitt **Anzeige** bestimmt, wie Ihre Kontakte in der Liste dargestellt werden.

Hier können Sie unter anderem festlegen:

- **Sortieren nach** – ob Kontakte nach Vor- oder Nachnamen sortiert werden
- **Namensformat** – ob der Vorname oder der Nachname zuerst angezeigt wird

- **Design** – ob die Kontakte-App dem Systemdesign (hell oder dunkel) folgt

Gerade bei vielen gespeicherten Kontakten kann eine passende Sortierung die Orientierung deutlich erleichtern.

Kontakte bearbeiten

Im Bereich **Kontakte bearbeiten** finden Sie Einstellungen, die das Anlegen und Bearbeiten von Kontakten betreffen. Dazu gehören:

- **Standardkonto für neue Kontakte**: Hier legen Sie fest, wo neue Kontakte gespeichert werden. In der Regel empfiehlt sich das Google-Konto, da diese Kontakte automatisch synchronisiert und gesichert werden.
- **Phonetischer Name**: Der phonetische Name hilft bei der korrekten Aussprache eines Kontaktnamens, etwa bei ungewöhnlichen oder fremdsprachigen Namen. Sie können festlegen, ob dieses Feld in der Bearbeitungsansicht angezeigt oder ausgeblendet wird.
- **Änderungen rückgängig machen**: Wenn Sie einen Kontakt versehentlich verändert haben, können Sie über diese Funktion Änderungen rückgängig machen und den vorherigen Zustand wiederherstellen.

Damit ist das Kapitel zu Telefonieren, Nachrichten und Kontakten abgeschlossen. Sie haben gesehen, wie Android die grundlegenden Funktionen der mobilen Kommunikation in einem durchdachten Zusammenspiel bündelt: von klassischen Telefonaten über moderne RCS-Nachrichten bis hin zur strukturierten Verwaltung Ihrer Kontakte. Gerade diese drei Bereiche greifen im Alltag eng ineinander. Ein gespeicherter Kontakt ist schnell angerufen, eine Nachricht ebenso rasch geschrieben und durch Synchronisierung, Favoriten, Erinnerungen oder Spamschutz bleibt die Kommunikation nicht nur komfortabel, sondern auch übersichtlich und sicher.

Gleichzeitig zeigt sich hier bereits ein zentrales Merkmal von Android: Viele Funktionen wirken auf den ersten Blick vertraut, bieten bei genauerem Hinsehen aber deutlich mehr Möglichkeiten zur Anpassung, Organisation und Vernetzung. Aus einzelnen Apps wird so ein zusammenhängendes System, das Sie im Alltag unterstützt, ohne unnötig kompliziert zu wirken.

Kapitel 7
Kalender, Aufgaben, Notizen und E-Mail

Smartphones sind längst mehr als Kommunikationsgeräte. Für viele Menschen sind sie der zentrale Ort, an dem Termine geplant, Aufgaben organisiert, Notizen festgehalten und E-Mails verwaltet werden. Android bündelt diese Funktionen in mehreren eng miteinander verzahnten Anwendungen – insbesondere *Google Kalender*, *Google Tasks*, *Google Notizen* (vormals *Google Keep*) und *Gmail*.

Der Vorteil dieser Integration liegt darin, dass Informationen nicht isoliert bleiben. Ein Termin kann automatisch eine Erinnerung auslösen, eine Aufgabe kann aus einer E-Mail entstehen und mehrere Personen können denselben Kalender gemeinsam nutzen. Notizen lassen sich schnell festhalten und später weiterverwenden, etwa als Grundlage für Aufgaben oder Termine. Android übernimmt dabei einen großen Teil der Organisation im Hintergrund: Daten werden automatisch synchronisiert, Änderungen erscheinen sofort auf allen Geräten und wichtige Informationen lassen sich schnell wiederfinden.

Dieses Kapitel zeigt Schritt für Schritt, wie Sie Termine planen, Aufgaben verwalten, Notizen erstellen und E-Mails organisieren. Gleichzeitig erfahren Sie, wie sich diese Funktionen besonders auf Tablets und Foldables sinnvoll nutzen lassen, wo größere Bildschirme zusätzliche Möglichkeiten eröffnen.

Google Kalender – Termine und Ereignisse

Der *Google Kalender* gehört zu den wichtigsten Organisationswerkzeugen auf Android. Viele Geräte enthalten die App bereits vorinstalliert. Sie dient dazu, Termine zu planen, Ereignisse festzuhalten und mehrere Kalender gleichzeitig zu verwalten.

Ein zentraler Vorteil des Google Kalenders ist die automatische Synchronisation. Alle Termine werden in Ihrem Google-Konto gespeichert. Dadurch erscheinen sie nicht nur auf Ihrem Smartphone, sondern auch auf anderen Geräten, auf denen

Sie mit demselben Konto angemeldet sind. Änderungen werden innerhalb weniger Sekunden übernommen.

Gerade im Alltag ist diese Synchronisation besonders hilfreich. Wenn Sie beispielsweise einen Termin auf Ihrem Smartphone erstellen, können Sie ihn später auf dem Tablet oder am Computer weiterbearbeiten. Ebenso lassen sich Termine gemeinsam mit anderen Personen nutzen, etwa im Familien- oder Arbeitskontext.

Die Kalenderoberfläche verstehen

Beim Öffnen des Kalenders sehen Sie zunächst eine Übersicht Ihrer Termine. Welche Ansicht angezeigt wird, hängt von den gewählten Einstellungen ab. Häufig startet die App mit einer Monatsübersicht, die einen schnellen Überblick über die kommenden Wochen ermöglicht.

Die Darstellung des Kalenders passt sich automatisch an die Größe des Displays an. Auf Smartphones ist die Monatsansicht bewusst kompakt gestaltet: Termine erscheinen meist nur als farbige Balken oder kurze Einträge, damit die Übersicht auch auf kleineren Bildschirmen erhalten bleibt. Tablets bieten deutlich mehr Platz, wodurch Termine häufiger vollständig lesbar sind und Bedienelemente – etwa für Tag-, Wochen- oder Monatsansicht – dauerhaft sichtbar bleiben. Foldables verbinden beide Welten: Im geschlossenen Zustand arbeitet der Kalender wie auf einem Smartphone, beim Aufklappen erweitert Android die Ansicht automatisch und zeigt mehr Termine und Informationen gleichzeitig. Die Bedienung bleibt dabei identisch, nur der verfügbare Arbeitsraum verändert sich.

In dieser Ansicht sehen Sie:

- den aktuellen Monat
- einzelne Kalendertage
- farbige Markierungen für vorhandene Termine
- Hinweise auf Aufgaben oder Erinnerungen

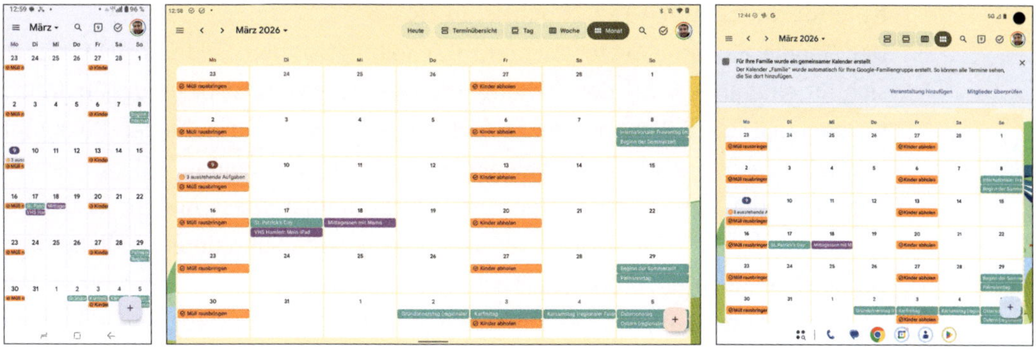

Google Kalender in der Monatsansicht auf Smartphone, Tablet und Foldable (von links nach rechts)

Tippen Sie auf einen Tag, zeigt der Kalender die Termine dieses Tages an. Wählen Sie anschließend einen einzelnen Termin aus, öffnet sich dessen Detailansicht mit weiteren Informationen wie Uhrzeit, Ort oder Erinnerung. Auf Smartphones ersetzt diese Ansicht meist die Kalenderübersicht.

Auf Tablets und Foldables bleibt die Monats- oder Wochenübersicht dagegen sichtbar, während die Termindetails zusätzlich neben der Kalenderansicht eingeblendet werden. Dadurch können Sie Termine ansehen oder bearbeiten, ohne die Übersicht zu verlassen.

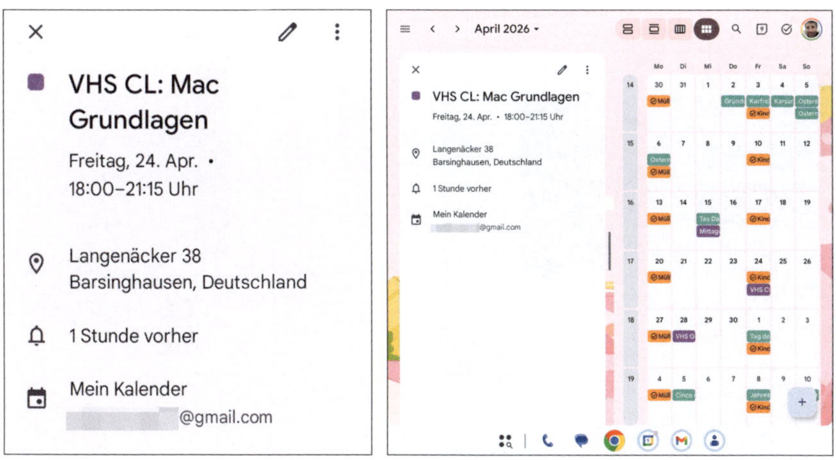

Detailansicht eines Termins auf Smartphone (links) und Foldable (rechts)

Kalenderansichten – Tag, Woche und Monat

Der Google Kalender bietet mehrere Darstellungsformen. Jede Ansicht eignet sich für eine andere Art der Planung. Die Monatsansicht ist besonders hilfreich für die langfristige Planung. Sie zeigt den gesamten Monat auf einen Blick und ermöglicht es, freie oder stark belegte Tage schnell zu erkennen. Die Wochenansicht stellt die Termine einer Woche mit Uhrzeiten dar. Diese Ansicht ist besonders nützlich, wenn Sie mehrere Termine pro Tag haben und deren zeitliche Lage vergleichen möchten. Die Tagesansicht konzentriert sich auf einen einzelnen Tag und zeigt Termine mit exakten Uhrzeiten. Auf Smartphones steht zusätzlich eine 3-Tage-Ansicht zur Verfügung. Sie zeigt drei aufeinanderfolgende Tage nebeneinander und eignet sich gut, um kurzfristige Termine besser zu vergleichen.

Zusätzlich gibt es die Terminübersicht. Diese Ansicht zeigt kommende Termine in einer fortlaufenden Liste. Sie ist besonders praktisch, wenn Sie schnell sehen möchten, welche Ereignisse als Nächstes anstehen.

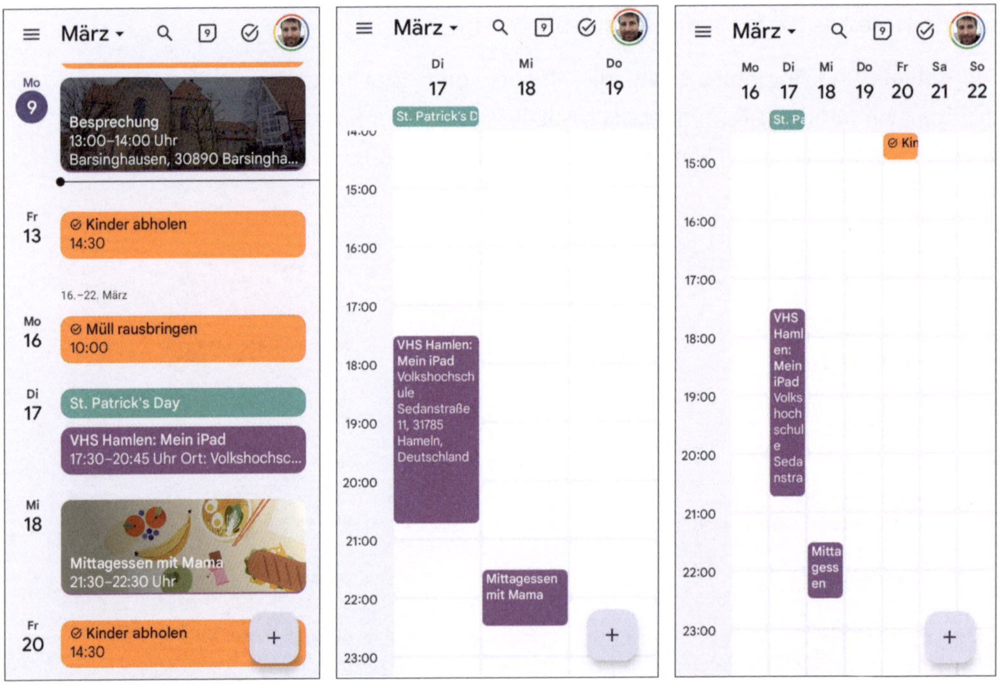

Terminübersicht, 3-Tage-Ansicht und Wochenansicht auf einem Smartphone (von links nach rechts)

Wie Sie zwischen den Ansichten wechseln, hängt vom Gerät ab:

Auf Smartphones

1. Öffnen Sie den Google **Kalender**.
2. Tippen Sie links oben auf das Menüsymbol ≡.
3. Wählen Sie **Terminübersicht**, **Tag**, **3 Tage**, **Woche** oder **Monat**.

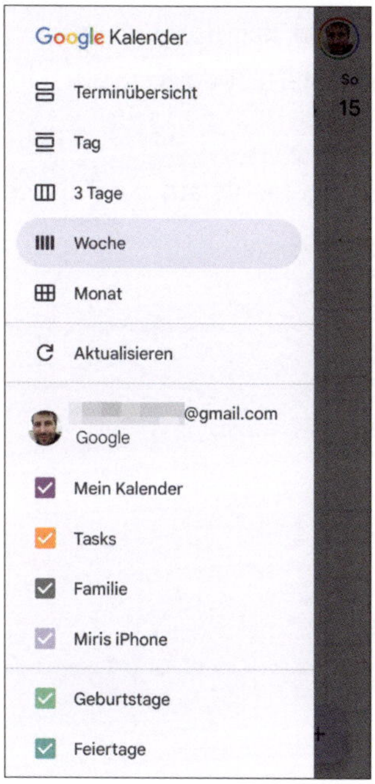

Auf Tablets und Foldables

Hier sind die Ansichten meist direkt in der Symbolleiste oben sichtbar.

1. Öffnen Sie den Google Kalender.
2. Tippen Sie oben auf **Terminübersicht**, **Tag**, **Woche** oder **Monat**, um die Darstellung zu wechseln.

Durch den größeren Bildschirm können diese Schaltflächen dauerhaft angezeigt werden, sodass Sie schneller zwischen den Ansichten wechseln können.

Neue Einträge erstellen

Im Google Kalender können Sie Termine, Aufgaben und Geburtstage erstellen, bearbeiten und löschen. Termine sind klassische Kalenderereignisse mit Datum und Uhrzeit. Aufgaben entsprechen Erinnerungen, die Sie bis zu einem bestimmten Zeitpunkt erledigen möchten. Geburtstage werden als ganztägige Einträge angelegt.

Alle Einträge erscheinen direkt im Kalender und lassen sich dort verwalten. Aufgaben werden zusätzlich mit *Google Tasks* synchronisiert, sodass sie auch in der Aufgaben-App angezeigt werden.

Um einen neuen Eintrag zu erstellen, tippen Sie unten rechts auf die Plusschaltfläche.

Wählen Sie anschließend:

- **Termin**
- **Aufgabe**
- **Geburtstag**

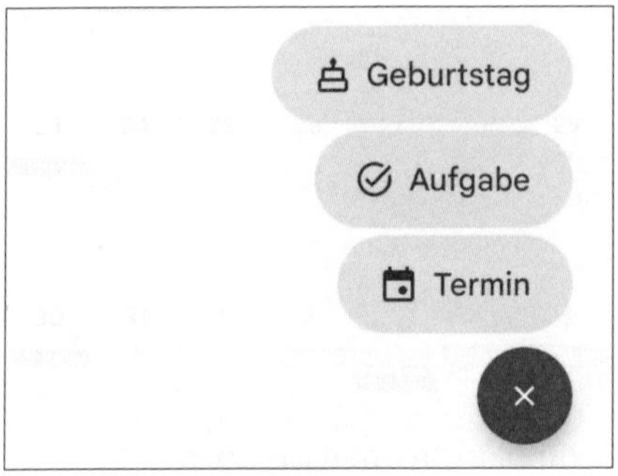

Danach öffnet sich die Eingabemaske für den jeweiligen Eintrag.

Termin erstellen

Nachdem Sie **Termin** gewählt haben, sollten Sie zunächst einen **Titel** eingeben. Der Titel hilft Ihnen, Termine später schneller zu erkennen oder über die Suchfunktion wiederzufinden.

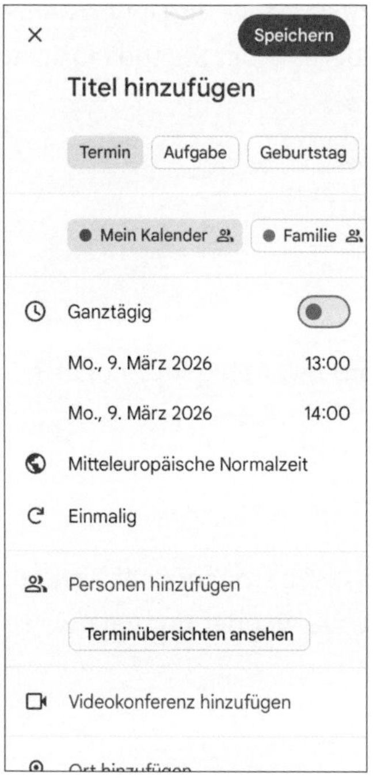

Fügen Sie Ihrem Termin einen passenden Titel hinzu.

Kalender auswählen

Direkt unter dem Titel legen Sie fest, zu welchem Kalender der Termin gehört. Viele Nutzerinnen und Nutzer verwenden mehrere Kalender, z. B. für Arbeit, Familie oder persönliche Termine.

Tippen Sie auf den gewünschten Kalender, etwa **Mein Kalender** oder **Familie**. Jeder Kalender besitzt eine eigene Farbe, sodass Sie Termine später leichter unterscheiden können. Wählen Sie nichts anderes aus, wird der Termin automatisch im Standardkalender gespeichert.

Datum und Uhrzeit

Unterhalb des Titels legen Sie Datum und Uhrzeit fest. Tippen Sie dazu auf das Datums- oder Uhrzeitfeld und wählen Sie die gewünschte Zeit aus. Standardmäßig erstellt der Kalender einen Termin mit einer Dauer von 1 Stunde. Wenn Sie nichts ändern, wird der aktuelle Tag verwendet.

Handelt es sich um ein Ereignis ohne feste Uhrzeit, aktivieren Sie die Option **Ganztägig**. Ganztägige Einträge erscheinen im Kalender oberhalb der Stundenansicht. Typische Beispiele sind:

- Feiertage
- Geburtstage
- Urlaubstage

Auch mehrtägige Ereignisse lassen sich so eintragen, etwa eine Reise oder ein Urlaub.

Zeitzone

Bei Bedarf können Sie eine **Zeitzone** auswählen. Das ist besonders hilfreich bei internationalen Terminen oder Reisen. Der Kalender verwendet normalerweise automatisch Ihre aktuelle Zeitzone.

Wiederholung

Wenn ein Termin regelmäßig stattfindet, können Sie eine Wiederholung festlegen. Tippen Sie dazu auf **Einmalig**.

Typische Optionen sind:

- **Täglich**
- **Wöchentlich**
- **Monatlich**
- **Jährlich**

Unter **Eigene** können Sie eine ganze Menge unterschiedlicher Kombinationen einstellen. Der Kalender erstellt anschließend automatisch alle entsprechenden Termine.

Personen hinzufügen

Treffen Sie sich mit mehreren Personen, können Sie diese direkt zum Termin einladen. Tippen Sie auf **Personen hinzufügen** und geben Sie eine E-Mail-Adresse ein. Die eingeladenen Personen erhalten eine Einladung und können den Termin bestätigen oder ablehnen.

Unterhalb der Teilnehmerliste finden Sie zusätzliche Einstellungen für eingeladene Gäste. Hier legen Sie fest, welche Rechte die Teilnehmer haben:

- **Termin bearbeiten** – Gäste dürfen den Termin ändern.
- **Gäste einladen** – Teilnehmer können weitere Personen hinzufügen.
- **Gästeliste anzeigen** – Gäste sehen, wer sonst noch eingeladen ist.

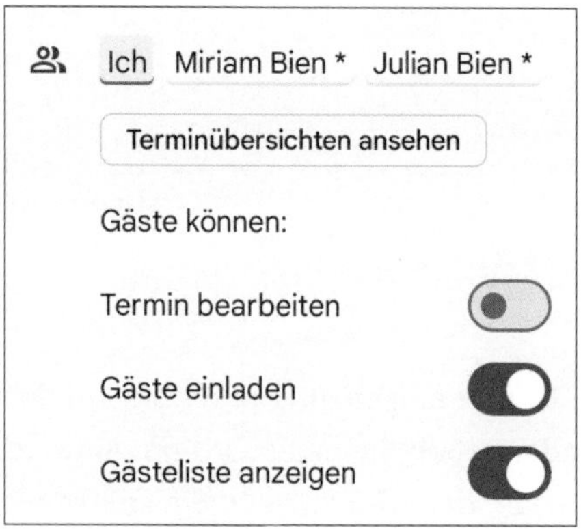

Die Einstellungsmöglichkeiten für eingeladene Gäste

Diese Optionen sind besonders praktisch bei gemeinsamen Terminen, etwa Meetings, Familienfeiern oder Projektbesprechungen. So können Sie genau steuern, wie stark andere Teilnehmer den Termin beeinflussen dürfen.

Videokonferenz hinzufügen

Für Onlinebesprechungen können Sie eine **Videokonferenz hinzufügen**. Der Kalender erstellt dabei automatisch einen Google-Meet-Link, über den alle Teilnehmer direkt am Meeting teilnehmen können. Sie können Personen jederzeit über die Detailansicht des Termins per Link zur Videokonferenz einladen.

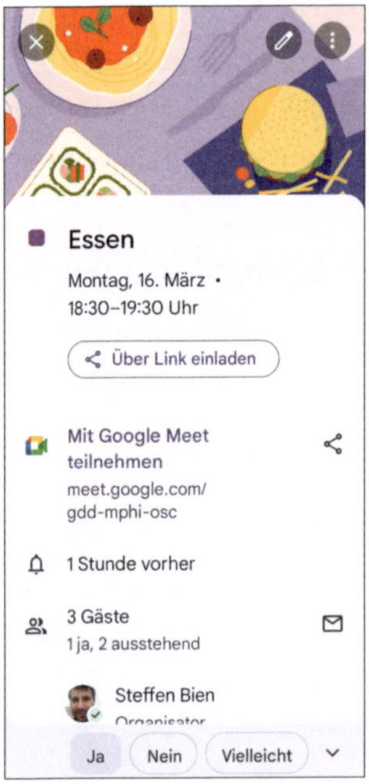

Erstellen Sie eine Videokonferenz.

Ort hinzufügen

Sie können außerdem einen Ort für Ihren Termin eingeben. Tippen Sie auf **Ort hinzufügen** und wählen Sie eine Adresse oder geben Sie einen Ort ein. Android schlägt während der Eingabe passende Orte vor. Der Vorteil: Wenn Sie später auf den Termin tippen, können Sie direkt die Navigation in *Google Maps* starten.

Benachrichtigungen

Damit Sie einen Termin nicht verpassen, können Sie eine Erinnerung festlegen. Standardmäßig wird eine Erinnerung **1 Stunde vorher** angezeigt. Sie können jedoch zusätzliche Benachrichtigungen hinzufügen oder den Zeitpunkt ändern.

Farbe

Jeder Termin erhält eine **Farbe**. Dadurch lassen sich verschiedene Kalender oder Terminarten leichter unterscheiden.

Beschreibung

Im Feld **Beschreibung** können Sie zusätzliche Informationen eintragen, etwa:

- Agenda einer Besprechung
- Telefonnummern
- Notizen zum Termin

Anhänge hinzufügen

Über **Google Drive-Anhang hinzufügen** können Sie Dokumente oder Dateien mit einem Termin verknüpfen. Das ist besonders praktisch bei Meetings oder Projekten.

Termin speichern

Sind alle Informationen eingetragen, tippen Sie oben rechts auf **Speichern**. Der Termin erscheint sofort im Kalender.

Aufgabe erstellen

Eine **Aufgabe** dient dazu, sich an eine bestimmte Tätigkeit zu erinnern. Sie können beispielsweise Aufgaben anlegen wie:

- Rechnung bezahlen
- Präsentation vorbereiten
- Einkauf erledigen

Aufgaben können mit einem Fälligkeitsdatum versehen werden. Sie erscheinen dann ebenfalls im Kalender.

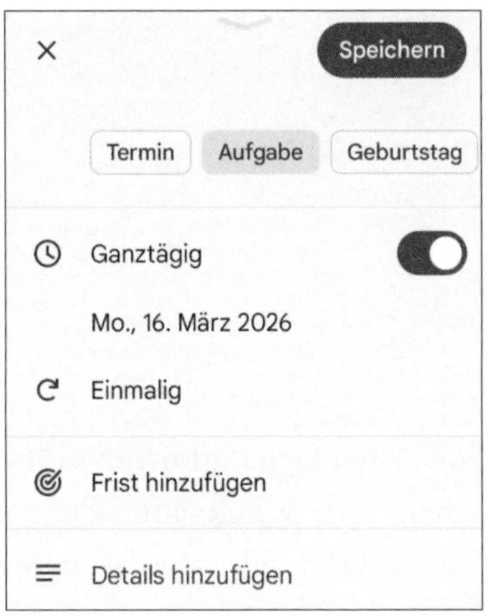

Die Einstellungsmöglichkeiten für eine Aufgabe

Aufgaben werden über *Google Tasks* verwaltet und mit dieser App synchronisiert. Wie Sie Aufgaben detailliert erstellen, organisieren und verwalten, erfahren Sie im Abschnitt »Google Tasks – Aufgaben verwalten« später in diesem Kapitel.

Geburtstag erstellen

Mit **Geburtstag** legen Sie einen speziellen Kalendereintrag an, der jährlich wiederholt wird und als ganztägiges Ereignis erscheint. Auf Wunsch werden Sie rechtzeitig per Erinnerung informiert.

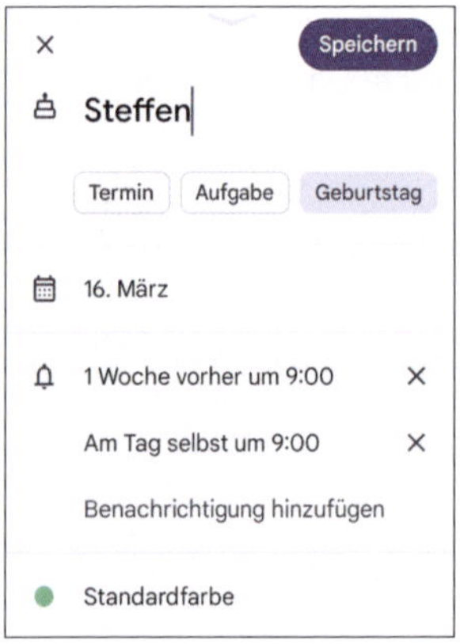

Vergessen Sie nie mehr einen Geburtstag.

Termine bearbeiten oder verschieben

Kalendertermine lassen sich jederzeit ändern. Dies ist einer der größten Vorteile eines digitalen Kalenders gegenüber einem klassischen Papierkalender. So bearbeiten Sie einen Termin:

1. Tippen Sie auf den Termin im Kalender.
2. Wählen Sie ✎.
3. Passen Sie die gewünschten Informationen an.
4. Tippen Sie auf **Speichern**.

Termine lassen sich problemlos verschieben: Ändern Sie einfach Datum oder Uhrzeit oder ziehen Sie den Termin in der Tages-, Wochen- oder Monatsübersicht an die gewünschte Stelle. Alle Änderungen werden automatisch mit Ihrem Google-Konto synchronisiert.

Mehrere Kalender gleichzeitig verwenden

Viele Nutzer verwenden nicht nur einen einzigen Kalender. Android erlaubt es, mehrere Kalender parallel zu nutzen.

Typische Beispiele sind:

- persönlicher Kalender
- Arbeitskalender
- Familienkalender
- Vereins- oder Projektkalender

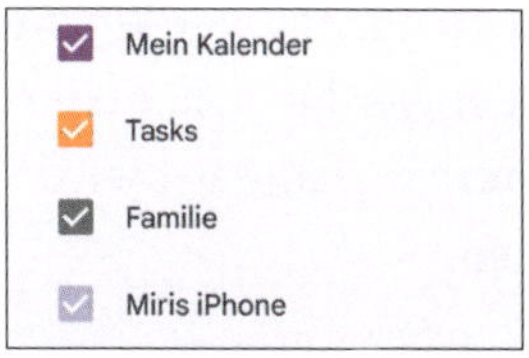

Jeder Kalender erhält eine eigene Farbe. Dadurch lassen sich Termine in der Übersicht schnell unterscheiden.

Ein Familienkalender kann beispielsweise Termine enthalten wie:

- Schulveranstaltungen
- Arzttermine
- gemeinsame Freizeitaktivitäten

Alle Familienmitglieder sehen diese Termine gleichzeitig auf ihren Geräten.

Neuen Kalender einrichten

Wenn Sie zusätzliche Kalender anlegen möchten – etwa für Arbeit, Familie oder ein Projekt –, müssen Sie dies im Webbrowser erledigen. Öffnen Sie dazu *calendar.google.com* auf einem Computer:

1. Links neben **Weitere Kalender** klicken Sie auf das Plussymbol.
2. Wählen Sie **Neuen Kalender erstellen**. Anschließend geben Sie einen Namen und optional eine Beschreibung ein und bestätigen mit **Kalender erstellen**.

Neu erstellte Kalender erscheinen automatisch auch in der Google-Kalender-App auf Ihrem Smartphone, Tablet oder Foldable. Dort können Sie sie anschließend ein- oder ausblenden und für Termine verwenden.

Kalendereinstellungen anpassen

Der Google Kalender lässt sich in vielen Bereichen den eigenen Bedürfnissen anpassen. Dazu gehören beispielsweise die Darstellung der Kalenderwoche, die Standarddauer neuer Termine oder die Art der Benachrichtigungen. Alle wichtigen Optionen finden Sie in den **Einstellungen** der Kalender-App.

Öffnen Sie zunächst das Menü ≡ der App und tippen Sie auf **Einstellungen**. Hier können Sie allgemeine Einstellungen für den Kalender vornehmen oder einzelne Kalender separat konfigurieren:

- Im Abschnitt **Allgemein** legen Sie grundlegende Darstellungsoptionen fest. Sie können beispielsweise bestimmen, welcher Wochentag als **1. Tag der Woche** angezeigt wird oder ob die Kalenderwoche eingeblendet werden soll. Außerdem lässt sich festlegen, ob abgelehnte Termine weiterhin sichtbar bleiben und ob erledigte Aufgaben im Kalender angezeigt werden.

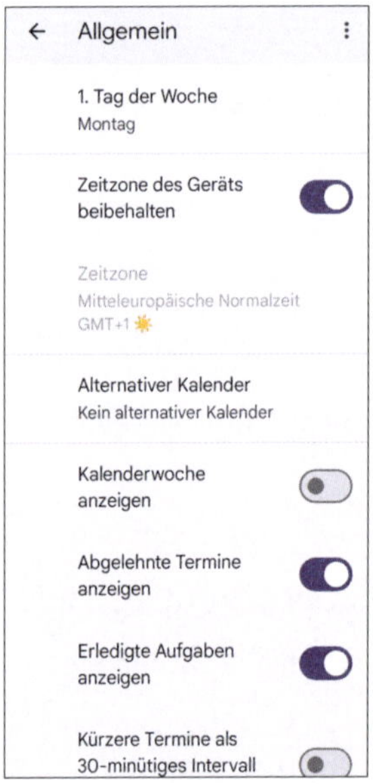

Eine weitere wichtige Option betrifft die **Zeitzone**. Standardmäßig verwendet der Kalender die Zeitzone Ihres Geräts. Das ist sinnvoll, wenn Sie reisen oder Ihr Smartphone automatisch zwischen verschiedenen Zeitzonen wechselt.

Auch die Darstellung von Terminen können Sie beeinflussen. Sie können beispielsweise einstellen, ob Termine in kürzeren Zeitintervallen als 30 Minuten dargestellt werden oder ob **Terminillustrationen** angezeigt werden sollen. Diese kleinen Grafiken helfen dabei, bestimmte Arten von Terminen schneller zu erkennen.

Darüber hinaus lässt sich festlegen, welche **Standarddauer neue Termine** haben sollen. Wenn Sie häufig Termine mit einer bestimmten Länge erstellen, kann diese Einstellung den Alltag deutlich erleichtern.

- Im Bereich **Benachrichtigungen** bestimmen Sie, wie und wann Sie an Termine erinnert werden. Sie können separate Einstellungen für Kalenderbenachrichtigungen, Aufgaben und überfällige Aufgaben festlegen.
  Zusätzlich lassen sich **Kurzantworten** definieren, mit denen Sie schnell auf Termineinladungen reagieren können, etwa mit Nachrichten wie »Bin einige Minuten verspätet« oder »Fangt ohne mich an«.

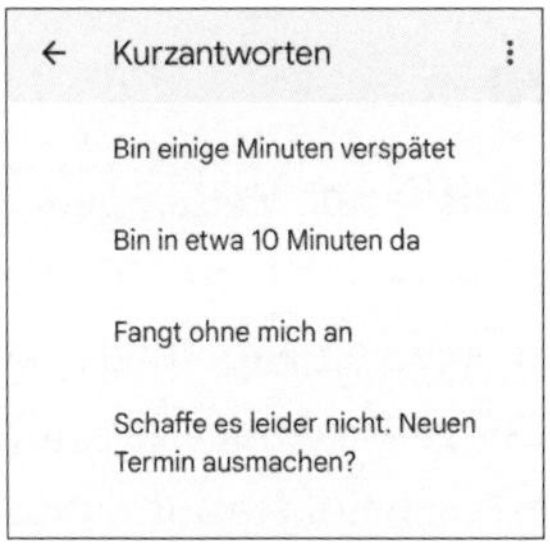

- Eine weitere praktische Funktion ist **Termine aus Gmail**. Wenn diese Option aktiviert ist, erstellt Google automatisch Kalendereinträge aus bestimmten E-Mails, beispielsweise bei Flugbuchungen, Hotelreservierungen oder Arztterminen. Voraussetzung dafür ist, dass in den Gmail-Einstellungen die Funktion **Smarte Funktionen und Personalisierung** in Googles E-Mail-App *Gmail* aktiviert ist.

- Schließlich können Sie festlegen, ob **Google-Kalender-Daten mit anderen Apps** auf Ihrem Gerät geteilt werden dürfen. Dadurch können auch andere Anwendungen auf Termine zugreifen und diese beispielsweise in eigenen Übersichten anzeigen.

Neben klassischen Terminen spielen im Alltag jedoch auch Aufgaben eine wichtige Rolle. Nicht jede Tätigkeit ist an eine feste Uhrzeit gebunden – viele Dinge müssen einfach irgendwann erledigt werden. Genau dafür gibt es *Google Tasks*. Diese App ist eng mit dem Kalender verbunden: Aufgaben können ein Fälligkeitsdatum erhalten und erscheinen dann ebenfalls im Kalender. Im nächsten Abschnitt lernen Sie daher die Aufgabenverwaltung mit Google Tasks genauer kennen.

Google Tasks – Aufgaben verwalten

Während der Google Kalender vor allem für Termine mit festen Zeiten gedacht ist, eignet sich *Google Tasks* für Tätigkeiten, die Sie im Laufe des Tages erledigen möchten. Typische Beispiele sind Einkäufe, organisatorische Aufgaben oder kleinere To-dos im Alltag. Google Tasks ist eng mit dem Google Kalender verknüpft. Wenn Sie einer Aufgabe ein Fälligkeitsdatum zuweisen, erscheint sie automatisch auch im Kalender. Dadurch behalten Sie sowohl Termine als auch Aufgaben an einer zentralen Stelle im Blick.

Die Aufgaben werden mit Ihrem Google-Konto synchronisiert. Das bedeutet, dass sie auf allen Geräten verfügbar sind, auf denen Sie mit diesem Konto angemeldet sind – etwa auf dem Smartphone, Tablet oder Computer.

Die Aufgabenoberfläche verstehen

Die Oberfläche von Google Tasks ist bewusst übersichtlich und minimalistisch gestaltet. Dadurch können Sie Aufgaben schnell erfassen und verwalten, ohne von vielen Funktionen abgelenkt zu werden.

Im oberen Bereich sehen Sie den Namen der aktuellen Aufgabenliste. Viele Nutzerinnen und Nutzer verwenden mehrere Listen, z. B. für persönliche Aufgaben, Einkäufe oder Projekte. Zwischen diesen Listen können Sie jederzeit wechseln. Darunter erscheint die eigentliche Aufgabenliste. Jede Aufgabe wird mit einem

Kreis O links daneben angezeigt. Wenn Sie diesen Kreis antippen, markieren Sie die Aufgabe als erledigt.

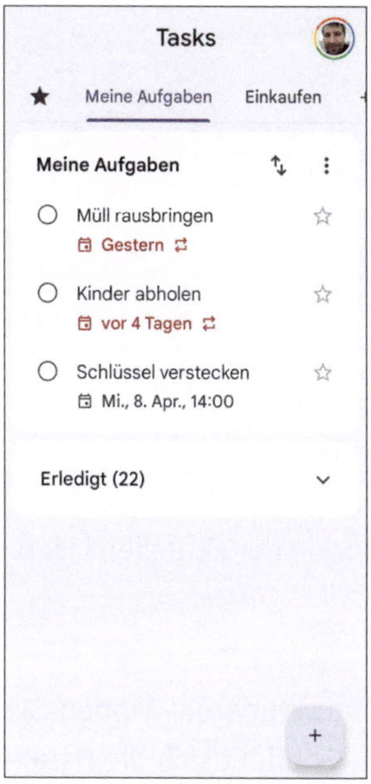

Die Aufgabenoberfläche von Google Tasks

Unterhalb des Titels einer Aufgabe können zusätzliche Informationen erscheinen, z. B.:

- ein Fälligkeitsdatum
- Hinweise auf überfällige Aufgaben
- Symbole für Wiederholungen

Auf der rechten Seite einer Aufgabe befindet sich ein Sternsymbol ☆. Damit können Sie besonders wichtige Aufgaben markieren. Erledigte Aufgaben verschwinden nicht vollständig. Sie werden im Abschnitt **Erledigt** gesammelt und können dort weiterhin eingesehen werden. Neue Aufgaben erstellen Sie jederzeit über die Plusschaltfläche unten rechts.

Neue Aufgabe erstellen

Eine neue Aufgabe erstellen Sie über die Plusschaltfläche am unteren Bildschirmrand:

1. Öffnen Sie **Google Tasks**.
2. Tippen Sie auf +.
3. Geben Sie einen **Titel** für die Aufgabe ein.

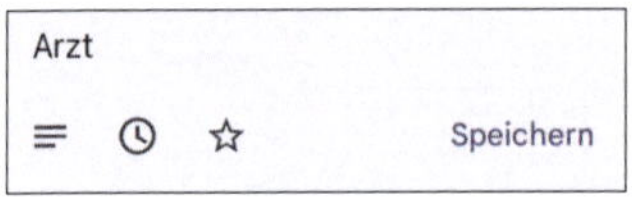

4. Tippen Sie auf …
   - ≡, um der Aufgabe Details hinzuzufügen,
   - 🕓, um ein Fälligkeitsdatum und eine Uhrzeit festzulegen und zu entscheiden, ob sich die Aufgabe wiederholt, oder
   - ☆, um die Aufgabe der Favoritenliste zuzuordnen.
5. Tippen Sie auf **Speichern**. Die Aufgabe erscheint sofort in der aktuellen Liste.

Aufgabe nachträglich erweitern

Aufgaben lassen sich jederzeit ergänzen oder weiter strukturieren. Tippen Sie dazu einfach auf eine vorhandene Aufgabe in der Liste. Es öffnet sich die Detailansicht der Aufgabe.

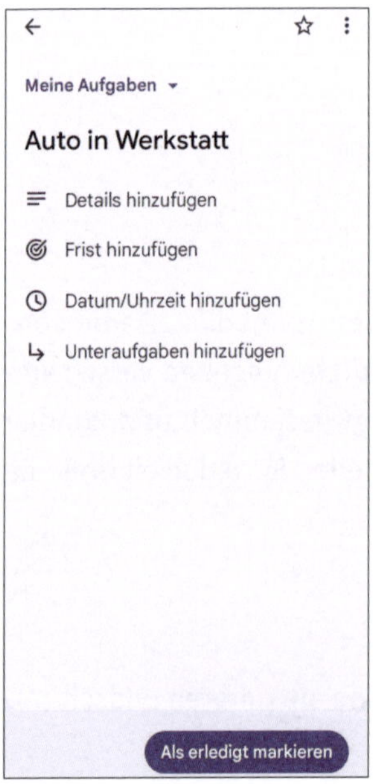

Die Detailansicht einer Aufgabe

Hier können Sie zusätzliche Informationen hinzufügen oder die Aufgabe weiter ausbauen:

- **Details hinzufügen**: In diesem Feld können Sie zusätzliche Informationen eintragen, z. B. Notizen, Telefonnummern, Adressen oder kurze Hinweise zur Aufgabe.
- **Frist hinzufügen**: Damit legen Sie ein Fälligkeitsdatum fest. Die Aufgabe erscheint anschließend automatisch im Google Kalender.
- **Datum/Uhrzeit hinzufügen**: Zusätzlich zum Fälligkeitsdatum können Sie auch eine konkrete Uhrzeit festlegen, etwa für einen bestimmten Termin oder eine Erinnerung.
- **Unteraufgaben hinzufügen**: Größere Aufgaben lassen sich in mehrere Schritte unterteilen. Jede Unteraufgabe erhält ein eigenes Kontrollkästchen und kann einzeln als erledigt markiert werden. Unteraufgaben eignen sich besonders für Tätigkeiten, die aus mehreren Schritten bestehen. Eine Aufgabe wie »Auto in Werkstatt« kann beispielsweise Unterpunkte enthalten wie »TÜV« oder »ASU«. Dadurch behalten Sie auch bei komplexeren Aufgaben den Überblick.

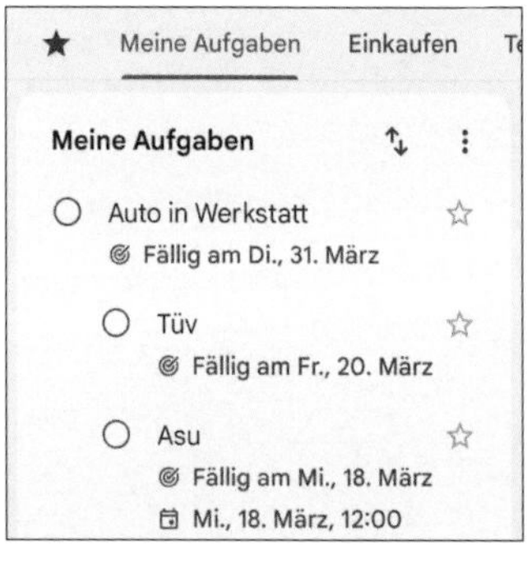

Alle Änderungen werden automatisch gespeichert und mit Ihrem Google-Konto synchronisiert, sodass sie auf allen Ihren Geräten verfügbar sind.

Aufgabenlisten verwenden

Google Tasks unterstützt mehrere Aufgabenlisten. Dadurch können Sie unterschiedliche Bereiche getrennt organisieren. Typische Beispiele sind:

- private Aufgaben
- Arbeitsaufgaben

- Einkäufe
- Projekte

Um eine neue Liste zu erstellen, gehen Sie wie folgt vor:

1. Öffnen Sie Google **Tasks**.

2. Wischen Sie in der Listenzeile oben nach links.
3. Wählen Sie **Neue Liste erstellen**.
4. Geben Sie einen Namen ein.
5. Sie können Ihrer neuen Liste nun bereits Aufgaben hinzufügen, indem Sie unten rechts auf + tippen.
6. Um einer Liste eine Aufgabe hinzuzufügen, öffnen Sie diese und tippen auf den Listennamen oben links. Wählen Sie dann die gewünschte Liste aus.

Aufgaben im Kalender anzeigen

Ein großer Vorteil von Google Tasks ist die Integration in den Google Kalender. Wenn Sie einer Aufgabe ein Fälligkeitsdatum zuweisen, erscheint sie automatisch im Kalender an diesem Tag. Aufgaben werden dort meist mit einem kleinen Häkchensymbol ⊘ dargestellt.

Dadurch sehen Sie im Kalender nicht nur feste Termine, sondern auch wichtige Aufgaben, die an diesem Tag erledigt werden sollen. Diese Kombination aus Terminplanung und Aufgabenverwaltung macht Android zu einem besonders praktischen Werkzeug für die tägliche Organisation.

Im nächsten Abschnitt lernen Sie eine weitere App kennen, die im Alltag häufig genutzt wird: *Google Notizen*. Damit können Sie Ideen, Listen und Gedanken schnell festhalten und später weiterverwenden.

Google Notizen – Ideen schnell festhalten

Neben Terminen und Aufgaben spielt im Alltag auch das schnelle Festhalten von Gedanken, Ideen oder Informationen eine wichtige Rolle. Dafür stellt Google die App *Google Notizen* bereit. Auf manchen Geräten wird die App auch als *Google Keep* angezeigt.

Mit Google Notizen können Sie kurze Texte, Checklisten, Fotos, Zeichnungen oder Sprachaufnahmen speichern. Alle Notizen werden automatisch mit Ihrem Google-Konto synchronisiert und stehen dadurch auf allen Geräten zur Verfügung – etwa auf Smartphone, Tablet, Computer oder Foldable.

Die App eignet sich besonders für Dinge wie:

- schnelle Gedanken oder Ideen
- Einkaufslisten
- Fotos oder Dokumente als Erinnerung
- kurze Sprachnotizen
- einfache Aufgabenlisten

Die Oberfläche von Google Notizen

Beim Öffnen der App sehen Sie eine Übersicht aller Notizen. Diese erscheinen als farbige Karten, die nebeneinander angeordnet sind. Jede Karte zeigt den Titel oder den Inhalt der Notiz.

Im oberen Bereich befinden sich wichtige Bedienelemente:

- Menüsymbol ≡ – öffnet zusätzliche Bereiche wie Erinnerungen oder Archive.
- Suchfeld – durchsucht alle Notizen.
- Darstellungsoption ⊟ – wechselt zwischen Listen- und Rasteransicht.

Tippen Sie auf eine Notiz, öffnet sich die Detailansicht, in der Sie den Inhalt bearbeiten können. Neue Notizen erstellen Sie über die Plusschaltfläche unten rechts. Auf Tablets und Foldables kann die App mehr Notizen gleichzeitig anzeigen, da der größere Bildschirm mehr Platz bietet. Zudem wird der Inhalt der ausgewählten Notiz neben der Notizübersicht angezeigt.

Google Notizen auf Tablet (links) und Smartphone (Mitte und rechts)

Neue Notiz erstellen

Um eine neue Notiz anzulegen, tippen Sie auf die Plusschaltfläche. Anschließend können Sie auswählen, welche Art von Notiz Sie erstellen möchten:

- **Text** – klassische Textnotiz
- **Liste** – Checkliste mit abhakbaren Punkten
- **Bild** – Foto oder Bild hinzufügen
- **Zeichnung** – handschriftliche Skizzen erstellen
- **Audio** – Sprachaufnahme erstellen

Ihnen stehen unterschiedliche Arten von Notizen zur Verfügung.

Nachdem Sie eine Notiz erstellt haben, können Sie jederzeit weitere Inhalte ergänzen, z. B. Fotos, Zeichnungen oder zusätzliche Texte.

Notizen bearbeiten

Tippen Sie auf eine vorhandene Notiz, um sie zu bearbeiten:

1. Innerhalb der Notiz können Sie:
   - Text eingeben oder ändern
   - Text markieren und formatieren (z. B. fett oder Überschriften)
   - Bilder oder Zeichnungen hinzufügen
   - Checklisten erstellen
2. Tippen Sie dazu am unteren linken Rand auf ⊞.
   Wählen Sie das Element, das Sie hinzufügen möchten.

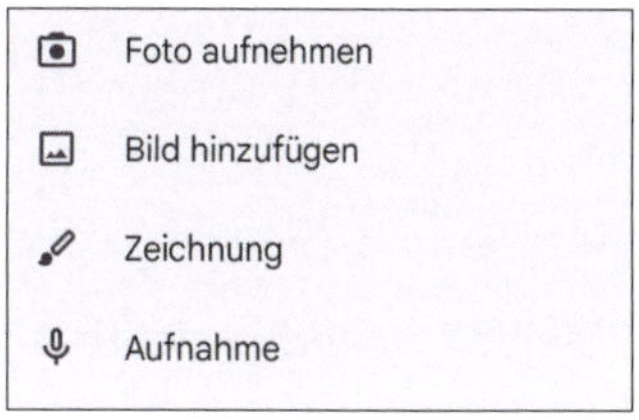

3. Wenn Sie Text markieren, erscheint ein kleines Menü mit Optionen wie **Ausschneiden** oder **Kopieren**.

Alle Änderungen werden automatisch gespeichert.

Listen und Checklisten verwenden

Eine häufig genutzte Funktion von Google Notizen sind Checklisten. Dabei erhält jeder Eintrag ein Kontrollkästchen ☐, das Sie später abhaken können. Diese Funktion eignet sich besonders für:

- Einkaufslisten
- Packlisten
- einfache Aufgabenlisten

1. Neue Punkte können Sie jederzeit hinzufügen. Tippen Sie am Ende der Liste auf + **Listeneintrag**.

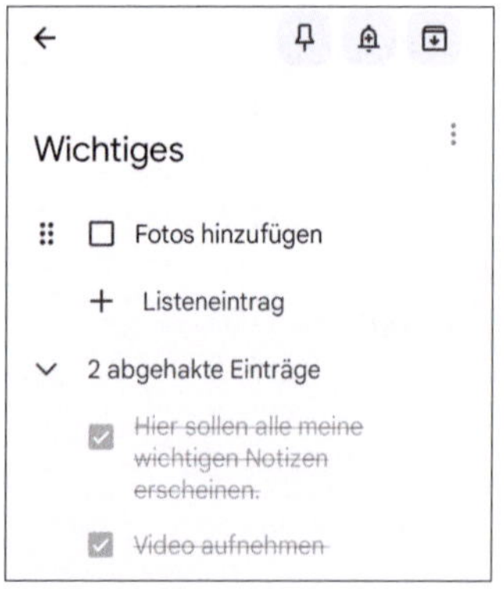

2. Erledigte Einträge lassen sich abhaken ☑ und bleiben weiterhin sichtbar. Der Clou: Erledigte Einträge wandern an das Ende der Liste und lassen sich einklappen.

Fotos, Zeichnungen und Audio hinzufügen

Google Notizen unterstützt mehrere Medienformen. Sie können beispielsweise:

- Fotos aufnehmen oder Bilder hinzufügen
- Skizzen und Zeichnungen erstellen
- Sprachaufnahmen aufnehmen

Fotos verwenden

Wenn Sie einer Notiz ein Foto hinzugefügt haben, können Sie dieses Bild später weiterverwenden und bearbeiten:

1. Tippen Sie dazu einfach auf das Foto innerhalb der Notiz.
2. Das Bild wird anschließend vergrößert angezeigt. Von hier aus können Sie verschiedene Aktionen durchführen:
   - Bild betrachten: Das Foto wird in voller Größe angezeigt, sodass Sie Details besser erkennen können.
   - Zeichnen oder markieren: Über das Stiftsymbol ✎ können Sie das Bild bearbeiten. Dabei lassen sich Markierungen, Linien oder kurze Notizen direkt auf dem Foto einzeichnen. Das ist besonders praktisch, wenn Sie etwas im Bild hervorheben oder kommentieren möchten.

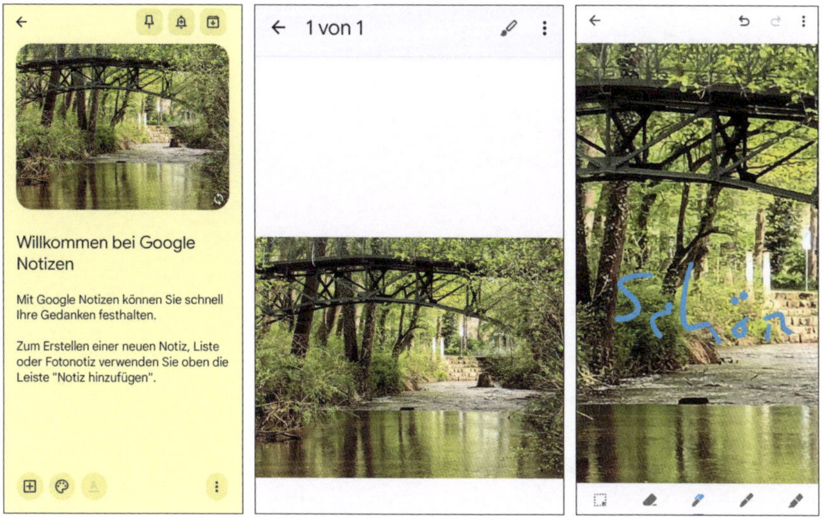

Auch Fotos lassen sich in Notizen anzeigen und direkt mit Zeichnungen oder Markierungen versehen.

Solche Bildnotizen eignen sich beispielsweise, um Ideen festzuhalten, Orte zu dokumentieren oder wichtige Details auf einem Foto zu markieren. Die bearbeitete Version wird automatisch in der Notiz gespeichert.

Zeichnungen erstellen

Neben Texten, Fotos und Listen können Sie in Google Notizen auch Zeichnungen oder handschriftliche Skizzen erstellen. Diese Funktion eignet sich beispielsweise, um schnelle Ideen zu skizzieren, Markierungen vorzunehmen oder kleine Diagramme festzuhalten.

1. Um eine Zeichnung zu erstellen, öffnen Sie eine Notiz und tippen unten auf ⊞.
2. Wählen Sie **Zeichnung**.
   Alternativ können Sie beim Erstellen einer neuen Notiz direkt **Zeichnung** auswählen.
3. Es öffnet sich anschließend ein Zeichenbereich.

4. Am unteren Rand des Bildschirms stehen mehrere Werkzeuge zur Verfügung, mit denen Sie Ihre Zeichnung bearbeiten können:

- Auswahlwerkzeug ⬚: Mit diesem Werkzeug können Sie bereits gezeichnete Elemente auswählen, verschieben oder in der Größe verändern.
- Radiergummi ◇: Entfernt einzelne Striche oder Bereiche Ihrer Zeichnung.

Zum Zeichnen stehen drei Stiftarten zur Verfügung. Diese unterscheiden sich in Strichstärke und Darstellung:

- Stift ✎: Ein klassischer Zeichenstift mit klarer Linie. Er eignet sich gut für Skizzen oder handschriftliche Notizen.
- Marker ✎: Der Marker erzeugt breitere, weichere Linien und eignet sich besonders für farbige Hervorhebungen.
- Textmarker ✎: Dieser Stift arbeitet halbtransparent und wird häufig genutzt, um Bereiche zu markieren oder farblich zu hinterlegen.

Jeder Stift kann zusätzlich angepasst werden. Über die Farbpalette wählen Sie verschiedene Farben und darunter können Sie die Strichstärke einstellen.

5. Wenn Sie das Auswahlwerkzeug ⬚ verwenden, können Sie gezeichnete Elemente markieren. Anschließend lassen sich diese verschieben, drehen oder vergrößern. Dadurch können Sie Ihre Skizze nachträglich korrigieren oder neu anordnen.

Notizenlayout anpassen

Google Notizen erlaubt es, das Erscheinungsbild einzelner Notizen individuell anzupassen. Dadurch lassen sich wichtige Inhalte leichter hervorheben oder verschiedene Themen visuell unterscheiden.

Öffnen Sie dazu eine Notiz und tippen Sie unten auf das Farbpalettensymbol 🎨. Anschließend können Sie das Layout der Notiz ändern. Sie können zwei Dinge anpassen:

- Hintergrundfarbe: Wählen Sie eine Hintergrundfarbe für die gesamte Notiz. Unterschiedliche Farben helfen dabei, Notizen schneller zu unterscheiden oder thematisch zu gruppieren.
- Hintergrundbild: Alternativ können Sie eine grafische Hintergrundillustration auswählen. Diese Bilder füllen den Hintergrund der Notiz und geben ihr ein auffälligeres Erscheinungsbild.

Die gewählte Farbe oder Illustration wird sofort übernommen. So lassen sich wichtige Notizen schnell erkennen oder optisch voneinander trennen.

Farben und Hintergrundbilder helfen dabei, Notizen visuell zu unterscheiden und hervorzuheben.

Audioaufnahmen erstellen

Mit Google Notizen können Sie auch Sprachaufnahmen direkt in einer Notiz erstellen. Diese Funktion ist besonders praktisch, wenn Sie eine Idee schnell festhalten möchten, ohne zu tippen.

1. Um eine Aufnahme zu starten, öffnen Sie eine Notiz und tippen unten auf das Plussymbol.

2. Wählen Sie anschließend **Aufnahme**.

3. Die Sprachaufnahmefunktion von Google öffnet sich.

4. Sprechen Sie in das Mikrofon Ihres Geräts. Während der Aufnahme zeigt der Bildschirm als Text an, was Sie bereits gesprochen haben.

5. Nach dem Beenden der Aufnahme wird die Audiodatei automatisch in die Notiz eingefügt. Dort erscheint sie als kleines Wiedergabefeld.

In der Notiz können Sie anschließend:

- die Aufnahme abspielen
- die Länge der Aufnahme sehen
- die Aufnahme bei Bedarf löschen

Sprachaufnahmen eignen sich besonders für spontane Gedanken, kurze Erinnerungen oder Notizen unterwegs, wenn das Tippen zu umständlich wäre.

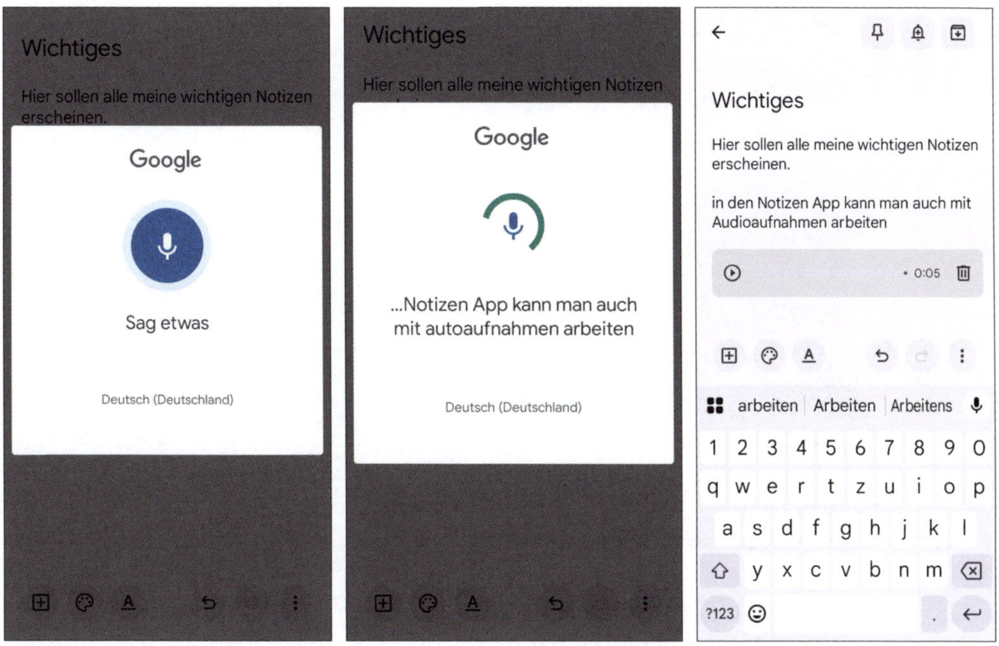

Sprachaufnahmen lassen sich direkt in Notizen erstellen und anschließend als Audiodatei wiedergeben.

Notizen organisieren

Wenn Sie viele Notizen erstellen, wird eine gute Organisation schnell wichtig. Google Notizen bietet dafür mehrere Funktionen, mit denen Sie Inhalte strukturieren, sortieren und leichter wiederfinden können. Dazu gehören unter anderem das Anpinnen wichtiger Notizen, Erinnerungen, Labels, Farben und Hintergründe sowie das Archivieren von Notizen. Mit diesen Werkzeugen behalten Sie auch bei einer großen Anzahl von Notizen den Überblick.

Wichtige Notizen anpinnen

Besonders wichtige Notizen können Sie anpinnen. Angepinnte Notizen werden immer am oberen Rand der Übersicht angezeigt, unabhängig davon, wann sie zuletzt geändert wurden.

1. Öffnen Sie eine Notiz.
2. Tippen Sie oben auf das Stecknadelsymbol 📌.
3. Die Notiz wird sofort angepinnt und erscheint künftig im Bereich **Angepinnt** am Anfang der Notizliste.

Auf die gleiche Weise können Sie die Notiz später wieder entpinnen, indem Sie erneut auf die Stecknadel tippen.

Erinnerungen für Notizen festlegen

Sie können für Notizen auch Erinnerungen mit Datum und Uhrzeit einstellen. Dadurch erinnert Sie Ihr Smartphone automatisch an die Notiz – ähnlich wie bei einer Aufgabe.

1. Öffnen Sie eine Notiz.
2. Tippen Sie oben auf das Glockensymbol 🔔.
3. Wählen Sie **Datum**, **Uhrzeit** und gegebenenfalls eine Wiederholung aus.

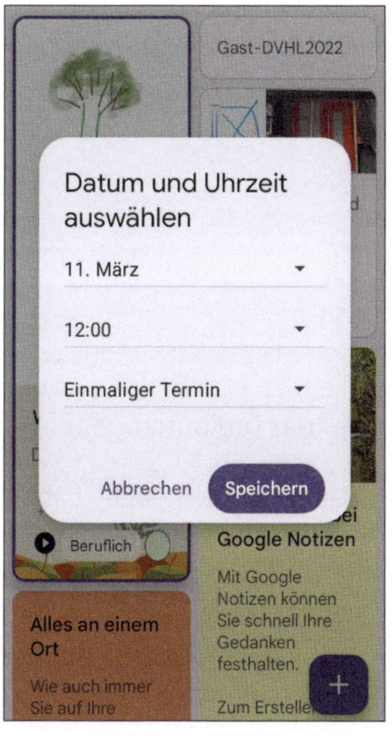

4. Tippen Sie auf **Speichern**.

Die Notiz erscheint nun zusätzlich im Bereich **Erinnerungen** und Sie erhalten zum gewählten Zeitpunkt eine Benachrichtigung.

Farben und Hintergründe verwenden

Mit Farben oder Hintergrundbildern können Sie Notizen visuell unterscheiden. Das ist besonders praktisch, wenn Sie verschiedene Themenbereiche haben, z. B. Arbeit, Privat oder Ideen.

1. Öffnen Sie eine Notiz.
2. Tippen Sie unten auf das Farbpalettensymbol .
3. Wählen Sie eine Farbe oder ein Hintergrundmotiv aus.

Die gewählte Gestaltung wird sofort auf die Notiz angewendet.

Notizen mit Labels organisieren

Labels funktionieren ähnlich wie Kategorien oder Schlagwörter. Damit können Sie Notizen thematisch sortieren, z. B.:

- **Beruflich**
- **Privat**
- **Inspiration**

So vergeben Sie ein Label:

1. Öffnen Sie eine Notiz.
2. Tippen Sie oben auf das Label-Symbol oder auf das Dreipunktmenü.
3. Wählen Sie ein vorhandenes Label aus oder erstellen Sie ein neues Label mit Tipp auf **Neues Label erstellen**.

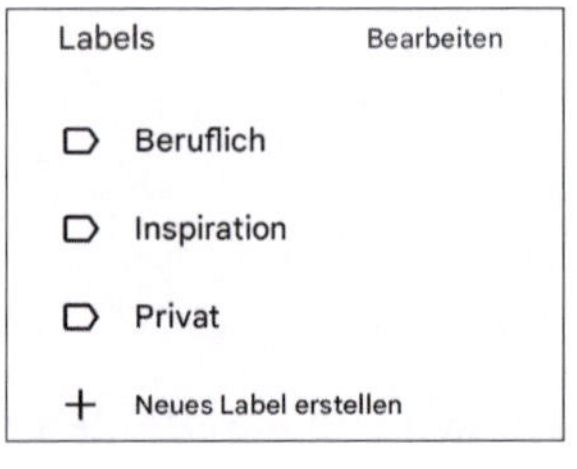

In der Seitenleiste der App können Sie anschließend gezielt alle Notizen eines Labels anzeigen lassen.

Notizen archivieren

Nicht mehr benötigte, aber dennoch wichtige Notizen können Sie archivieren. Archivierte Notizen bleiben gespeichert, werden jedoch aus der Hauptübersicht entfernt und stören dadurch nicht mehr die aktuelle Notizliste.

1. Öffnen Sie eine Notiz.
2. Tippen Sie oben auf das Archivierensymbol oder auf das Dreipunktmenü.
3. Wählen Sie **Archivieren**.

Die Notiz wird in den Bereich **Archiv** verschoben und kann dort jederzeit wieder geöffnet oder zurück in die normale Übersicht verschoben werden.

Mit Google Notizen lassen sich Ideen, Informationen und Aufgaben schnell festhalten und übersichtlich organisieren. Viele dieser Inhalte entstehen jedoch im Zusammenhang mit der täglichen Kommunikation – etwa wenn Informationen aus einer E-Mail notiert oder Aufgaben aus einer Nachricht übernommen werden.

Eine zentrale Rolle für die digitale Kommunikation spielt deshalb *Gmail*, der E-Mail-Dienst von Google. Über Gmail können Sie Nachrichten empfangen und versenden, Anhänge austauschen und Ihre Kommunikation strukturiert verwalten.

Im nächsten Abschnitt lernen Sie deshalb Gmail und seine wichtigsten Funktionen näher kennen.

Gmail – E-Mails lesen, schreiben und verwalten

Neben Terminen, Aufgaben und Notizen gehört auch die klassische E-Mail weiterhin zu den wichtigsten Kommunikationsmitteln im Alltag. Viele Dienste im Internet setzen eine E-Mail-Adresse voraus, etwa bei der Registrierung auf Webseiten, beim Zurücksetzen von Passwörtern oder beim Austausch von Dokumenten und Dateien.

Auf Android-Geräten übernimmt diese Aufgabe in der Regel die Google-App *Gmail*. Sie ist auf den meisten Smartphones und Tablets bereits vorinstalliert und ermöglicht es, E-Mails zu lesen, zu schreiben, zu organisieren und zu archivieren. Gmail ist dabei nicht auf Google-Konten beschränkt. Neben Gmail-Adressen können Sie auch E-Mail-Konten anderer Anbieter einbinden, beispielsweise Outlook-, Yahoo- oder IMAP-Konten. Auf diese Weise lassen sich mehrere Postfächer komfortabel innerhalb einer einzigen App verwalten.

Alle Nachrichten werden automatisch mit Ihrem E-Mail-Konto synchronisiert. Dadurch stehen Ihre E-Mails jederzeit auf allen Geräten zur Verfügung – etwa auf Ihrem Smartphone, einem Tablet oder einem Computer. Änderungen werden sofort übernommen, sodass Sie beispielsweise eine Nachricht auf dem Smartphone lesen können und sie auf dem Tablet bereits als gelesen markiert erscheint.

E-Mail-Konten und das IMAP-Protokoll

Wenn Sie ein E-Mail-Konto in Gmail oder einer anderen Mail-App einrichten, wird meist das *IMAP-Protokoll* verwendet. IMAP (*Internet Message Access Protocol*) sorgt dafür, dass Ihre E-Mails auf dem Mailserver gespeichert bleiben und automatisch mit allen Geräten synchronisiert werden.

Das bedeutet: Wenn Sie eine Nachricht auf Ihrem Smartphone lesen, löschen oder verschieben, erscheint diese Änderung auch auf Ihrem Tablet oder Computer.

Ein älteres Verfahren heißt *POP3*. Dabei werden E-Mails meist nur auf ein einzelnes Gerät heruntergeladen. Moderne E-Mail-Dienste setzen deshalb fast immer auf IMAP.

E-Mail-Konten in Gmail einrichten

Wenn Sie Gmail zum ersten Mal öffnen, verwendet die App automatisch das Google-Konto, das bereits auf Ihrem Gerät eingerichtet ist. In vielen Fällen ist Gmail daher sofort einsatzbereit und Ihr Posteingang wird direkt angezeigt.

Sie können Gmail jedoch auch nutzen, um weitere E-Mail-Konten anderer Anbieter zu verwalten. Das ist besonders praktisch, wenn Sie neben Ihrer Gmail-Adresse beispielsweise noch ein Konto bei Outlook, GMX oder WEB.DE besitzen. Alle Nachrichten lassen sich dann bequem in einer einzigen App abrufen.

1. Um ein weiteres Konto hinzuzufügen, öffnen Sie in Gmail zunächst die Kontoübersicht. Dort sehen Sie das aktuell verwendete Google-Konto sowie die Option **Weitere E-Mail-Adresse hinzufügen**. Tippen Sie auf diesen Eintrag, um den Einrichtungsassistenten zu starten.

2. Im nächsten Schritt wählen Sie den Anbieter Ihres E-Mail-Kontos aus. Gmail unterstützt zahlreiche Dienste, darunter Google, Outlook, Yahoo, GMX, WEB.DE oder Exchange-Konten von Unternehmen.

Wenn Ihr Anbieter nicht direkt aufgeführt ist, können Sie die Option **Sonstige** wählen und das Konto manuell einrichten.

3. Anschließend geben Sie Ihre E-Mail-Adresse und das zugehörige Passwort ein. Gmail überprüft die Zugangsdaten und richtet das Konto automatisch ein. In vielen Fällen erkennt die App die notwendigen Servereinstellungen selbst.
4. Im weiteren Verlauf können Sie zusätzliche Kontoeinstellungen festlegen. Dazu gehört beispielsweise, wie häufig neue E-Mails synchronisiert werden sollen oder ob Sie bei neuen Nachrichten eine Benachrichtigung erhalten möchten. Außerdem lässt sich einstellen, ob Anhänge bei einer WLAN-Verbindung automatisch heruntergeladen werden sollen.
5. Nachdem die Einrichtung abgeschlossen ist, können Sie optional einen Kontonamen festlegen und den Namen eingeben, der später in Ihren gesendeten Nachrichten angezeigt wird. Danach steht Ihnen das neue Konto sofort in Gmail zur Verfügung.

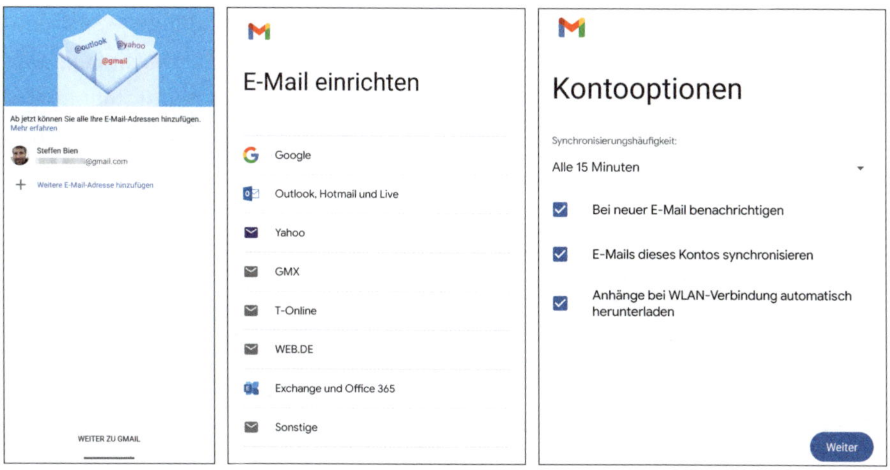

In Gmail lassen sich mehrere E-Mail-Konten gleichzeitig verwalten.

Die Oberfläche von Gmail

- Nach dem Öffnen der App sehen Sie den **Posteingang**. Hier erscheinen alle eingegangenen E-Mails in einer Liste. Jede Nachricht wird als einzelne Zeile dargestellt und zeigt wichtige Informationen wie Absender, Betreff, einen kurzen Vorschautext sowie Datum oder Uhrzeit des Eingangs.

- Im oberen Bereich befindet sich das **Suchfeld**, mit dem Sie gezielt nach Nachrichten suchen können. Sie können beispielsweise nach einem bestimmten Absender, einem Stichwort im Betreff oder nach einem Zeitraum suchen.
- Links daneben befindet sich das Menüsymbol, über das Sie die **Navigationsleiste** öffnen. Dort finden Sie weitere Bereiche wie gesendete Nachrichten, Entwürfe oder den Spamordner.
- Über das **Profilbild** rechts oben wechseln Sie zwischen verschiedenen E-Mail-Konten oder fügen neue Konten hinzu.
- Am unteren Bildschirmrand finden Sie außerdem die Schaltfläche Schreiben, mit der Sie eine **neue E-Mail** verfassen können.

Die Gmail-App passt ihre Oberfläche automatisch der Bildschirmgröße des Geräts an. Dadurch lässt sich die App auf größeren Displays deutlich komfortabler nutzen. Auf Smartphones wird normalerweise zunächst nur die Liste der E-Mails angezeigt. Wenn Sie eine Nachricht öffnen, wechselt die App in die Detailansicht der E-Mail. Über den Zurückpfeil gelangen Sie anschließend wieder zum Posteingang.

Auf Tablets und Foldables nutzt Gmail den größeren Bildschirm hingegen effizienter. In vielen Fällen wird eine zweigeteilte Ansicht angezeigt: Auf der linken Seite befindet sich die Liste der E-Mails, während rechts der Inhalt der aktuell ausgewählten Nachricht dargestellt wird. Dadurch können Sie schnell zwischen verschiedenen E-Mails wechseln, ohne jedes Mal zur Übersicht zurückkehren zu müssen.

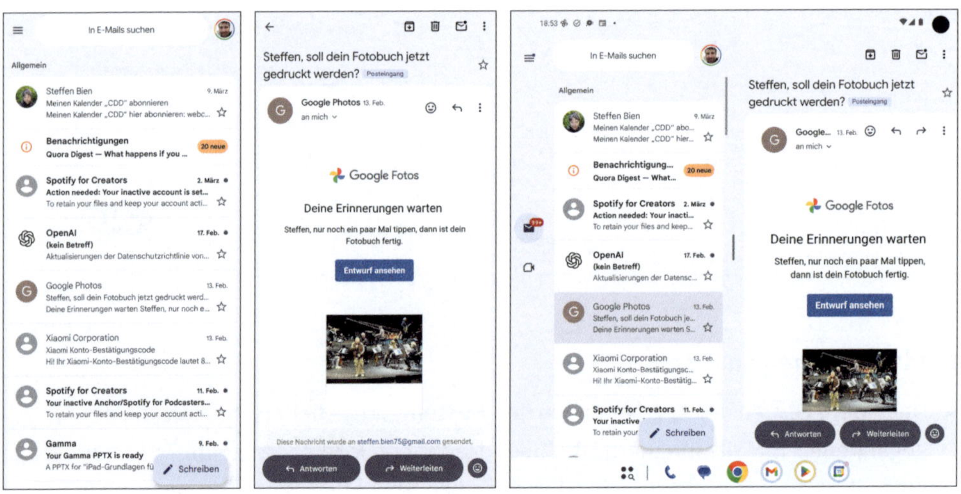

Gmail auf Smartphone und Foldable mit angepasster Darstellung

Diese Darstellung erleichtert besonders das Durchsehen vieler Nachrichten, da der Inhalt einer E-Mail sofort sichtbar ist, während die Liste der Nachrichten weiterhin eingeblendet bleibt.

Wichtige Gmail-Begriffe

- **Label**: Labels sind eine Art Kategorie für E-Mails. Damit können Sie Nachrichten thematisch ordnen, z. B. nach »Arbeit«, »Rechnungen« oder »Reisen«. Eine E-Mail kann auch mehrere Labels gleichzeitig erhalten. So lassen sich Nachrichten später schneller wiederfinden.
- **Spam**: Spam sind unerwünschte oder verdächtige E-Mails, etwa Werbung oder Betrugsversuche. Gmail erkennt viele dieser Nachrichten automatisch und verschiebt sie in den Spamordner. Dort werden sie nach etwa 30 Tagen automatisch gelöscht. Sie können E-Mails auch selbst als Spam melden, damit Gmail ähnliche Nachrichten künftig besser erkennt.
- **Zurückstellen**: Mit der Funktion **Zurückstellen** verschwindet eine E-Mail vorübergehend aus dem Posteingang und erscheint automatisch zu einem späteren Zeitpunkt wieder. Das ist praktisch, wenn Sie sich erst später um eine Nachricht kümmern möchten.

E-Mails lesen und bearbeiten

E-Mails lassen sich in Gmail nicht nur lesen, sondern auch direkt bearbeiten und verwalten. Wenn Sie eine Nachricht öffnen, stehen Ihnen verschiedene Funktionen zur Verfügung, mit denen Sie auf die E-Mail reagieren oder sie organisieren können.

Um eine Nachricht vollständig zu lesen, tippen Sie einfach auf die entsprechende E-Mail in der Liste. Die Nachricht wird anschließend in einer Detailansicht geöffnet.

- Im oberen Bereich sehen Sie Informationen über den Absender, den Empfänger sowie den Zeitpunkt, zu dem die Nachricht verschickt wurde.
- Darunter folgt der eigentliche Inhalt der E-Mail. Falls der Absender Dateien angehängt hat, erscheinen diese meist unterhalb des Textes.
- Über die Symbole im oberen Bereich können Sie verschiedene Aktionen ausführen. Sie können eine Nachricht beispielsweise archivieren, löschen oder als ungelesen markieren. Dadurch lässt sich der Posteingang schnell aufräumen, ohne dass wichtige Nachrichten verloren gehen.

- Am unteren Rand finden Sie die Antwortfunktionen. Hier können Sie direkt auf eine Nachricht antworten, allen Empfängern antworten, die E-Mail an eine andere Person weiterleiten oder mit einer *Reaktion* schnell antworten.

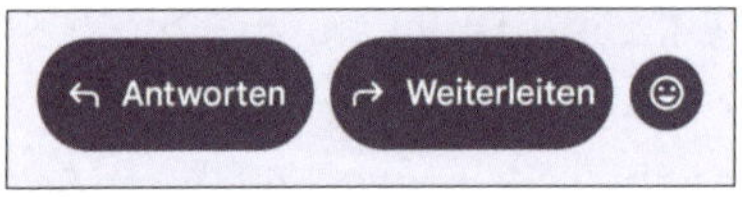

Weitere Funktionen über das Menü

Neben den sichtbaren Symbolen bietet Gmail zusätzliche Funktionen, die über Menüs mit drei Punkten erreichbar sind. Dabei gibt es in der Detailansicht einer E-Mail zwei unterschiedliche Menüs, die jeweils verschiedene Aufgaben erfüllen:

- Das erste Dreipunktmenü befindet sich oben rechts in der Symbolleiste der App. Dieses Menü enthält vor allem Funktionen zur Verwaltung der E-Mail innerhalb des Postfachs. Hier können Sie eine Nachricht beispielsweise in einen anderen Ordner verschieben, ein Label ändern, eine E-Mail zurückstellen, sodass sie später erneut im Posteingang erscheint, oder die Nachricht drucken. Außerdem können Sie von hier aus Spam melden oder unangemessene Inhalte an Google melden.

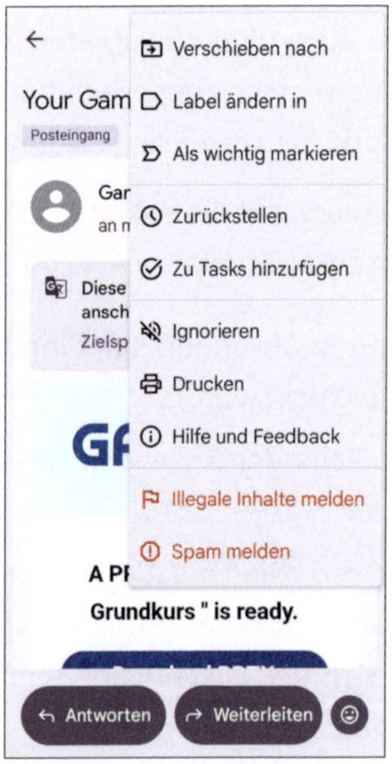

- Zusätzlich gibt es ein zweites Dreipunktmenü innerhalb der E-Mail, direkt neben den Antwortsymbolen im Nachrichtenkopf. Dieses Menü bezieht sich stärker auf den Inhalt der geöffneten Nachricht. Hier können Sie die E-Mail beispielsweise weiterleiten, mit einem Stern markieren, ab einer bestimmten Stelle als ungelesen markieren oder den Text automatisch übersetzen lassen, wenn die Nachricht in einer anderen Sprache verfasst wurde.
  Außerdem können Sie über dieses Menü den Absender blockieren oder eine Nachricht als Spam melden, wenn es sich um unerwünschte E-Mails handelt. Gmail erkennt solche Nachrichten häufig automatisch und verschiebt ähnliche E-Mails künftig direkt in den Spamordner.

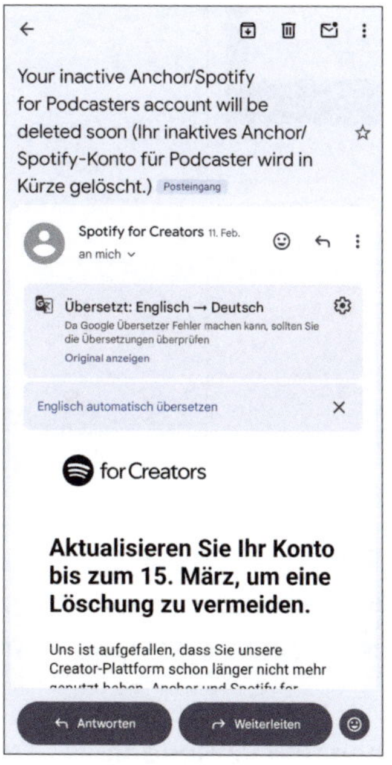

Erinnerungen und Aufgaben aus E-Mails erstellen

Gmail ist eng mit anderen Google-Diensten verbunden. Dadurch können Sie aus einer E-Mail sehr schnell eine Aufgabe oder Erinnerung erstellen:

1. Öffnen Sie das obere Dreipunktmenü.
2. Wenn Sie eine Nachricht später bearbeiten möchten, können Sie sie **Zurückstellen**. Dabei legen Sie fest, wann Gmail Sie erneut an diese E-Mail erinnern soll. Häufig verwendete Optionen sind etwa **Morgen**, **Dieses Wochenende** oder

Nächste Woche. Alternativ können Sie auch ein eigenes Datum und eine Uhrzeit festlegen. Zurückgestellte E-Mails finden Sie unter dem Label **Zurückgestellt**.

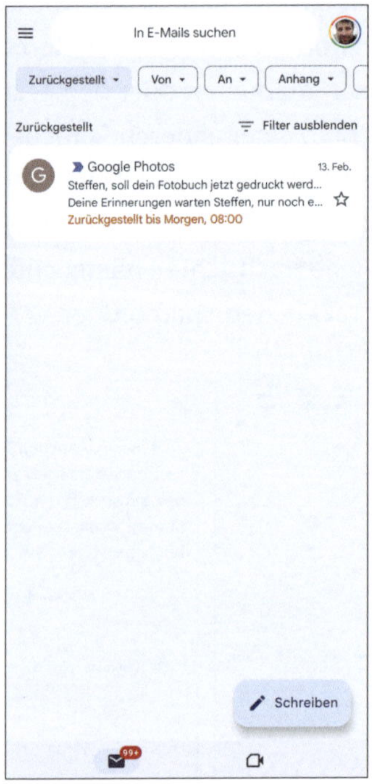

3. Darüber hinaus lassen sich E-Mails direkt **Zu Tasks hinzufügen**. In diesem Fall wird aus der Nachricht eine Aufgabe, die später in der Tasks-App erscheint. Diese Funktion ist besonders hilfreich, wenn eine E-Mail mit einer konkreten Aufgabe verbunden ist, etwa einer Terminplanung oder einer offenen Anfrage.

Eine E-Mail schreiben und versenden

Um eine neue E-Mail zu verfassen, tippen Sie in Gmail auf die Schaltfläche **Schreiben**. Anschließend öffnet sich der Editor für eine neue Nachricht:

1. Im oberen Bereich geben Sie zunächst die Empfängeradresse ein. Tippen Sie dazu in das Feld **An** und geben Sie eine E-Mail-Adresse ein. Wenn sich die Person bereits in Ihren Kontakten befindet, schlägt Gmail passende Adressen automatisch vor.
2. Darunter tragen Sie im Feld **Betreff** eine kurze Zusammenfassung des Inhalts ein.

3. Im großen Textfeld darunter schreiben Sie Ihre eigentliche Nachricht. Hier können Sie ganz normal Text eingeben. Wenn Sie möchten, lassen sich auch Anhänge hinzufügen, z.B. Fotos oder Dokumente. Tippen Sie dafür auf das Büroklammersymbol oben rechts.

4. Über die Senden-Schaltfläche (Papierfliegersymbol) wird die Nachricht schließlich verschickt.

5. Wenn Sie zusätzliche Optionen benötigen, öffnen Sie das Dreipunktmenü oben rechts. Dort können Sie beispielsweise festlegen, dass eine E-Mail zu einem späteren Zeitpunkt automatisch gesendet wird. Außerdem können Sie Kontakte schneller hinzufügen oder den vertraulichen Modus aktivieren, der zusätzliche Schutzfunktionen für sensible Nachrichten bietet.

6. Während Sie eine E-Mail schreiben, speichert Gmail Ihren Text automatisch als Entwurf. Falls Sie den Editor verlassen, können Sie die Nachricht später jederzeit weiterbearbeiten und anschließend versenden. Ihre Entwürfe finden Sie unter dem Label **Entwürfe**.

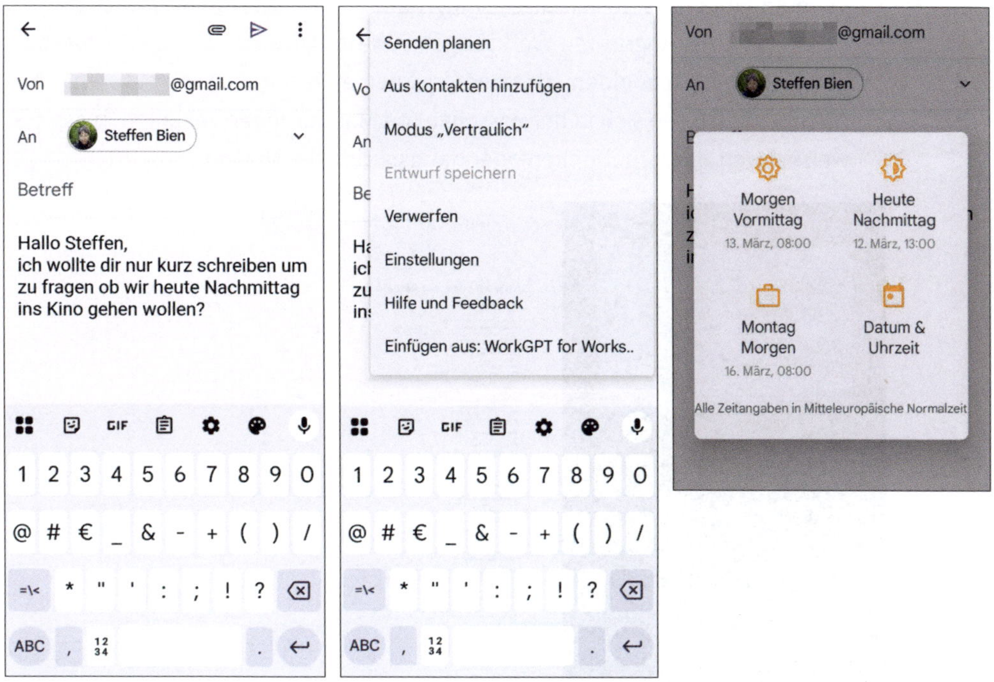

In Gmail können Sie Nachrichten schreiben, Anhänge hinzufügen und E-Mails sofort oder zu einem späteren Zeitpunkt versenden.

Anhänge versenden

Neben Text können Sie in Gmail einer E-Mail auch Dateien anhängen. Dazu gehören beispielsweise Fotos, Dokumente, Audioaufnahmen oder Videos. Anhänge sind besonders praktisch, wenn Sie Bilder teilen, Unterlagen verschicken oder eine Datei gemeinsam bearbeiten möchten.

1. Um eine Datei anzuhängen, tippen Sie beim Schreiben einer E-Mail auf das Büroklammersymbol 📎 oben rechts.
2. Es öffnet sich ein Menü, über das Sie auswählen können, woher die Datei stammen soll. Sie können z. B. Fotos aus Ihrer *Galerie*, eine neue Aufnahme mit der Kamera, Dateien aus dem Gerätespeicher oder Dokumente aus *Google Drive* auswählen.
3. Die ausgewählten Dateien erscheinen anschließend direkt in der E-Mail als Anhang. Sie sehen dort den Dateinamen oder eine Vorschau des Inhalts. Bei Bedarf können Sie den Anhang vor dem Versenden auch wieder entfernen.
4. Viele Anhänge lassen sich direkt innerhalb von Gmail öffnen. Bilder können dabei mit den integrierten Werkzeugen von Google Fotos bearbeitet werden, etwa durch Zuschneiden, Optimieren oder einfache Farbkorrekturen. PDF-Dokumente lassen sich in der Vorschau mit Markierungen versehen, beispielsweise durch Hervorhebungen oder handschriftliche Notizen.

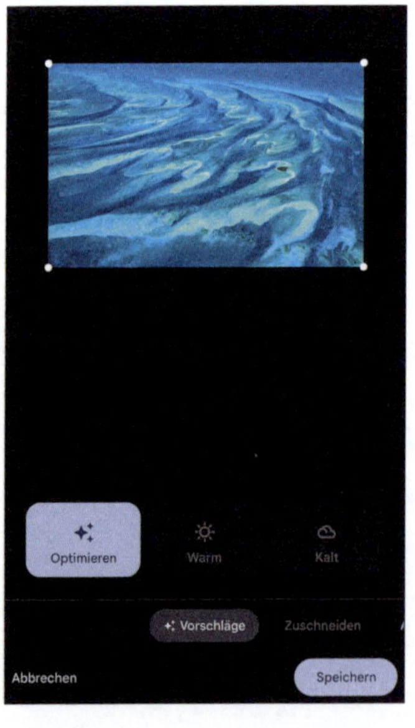

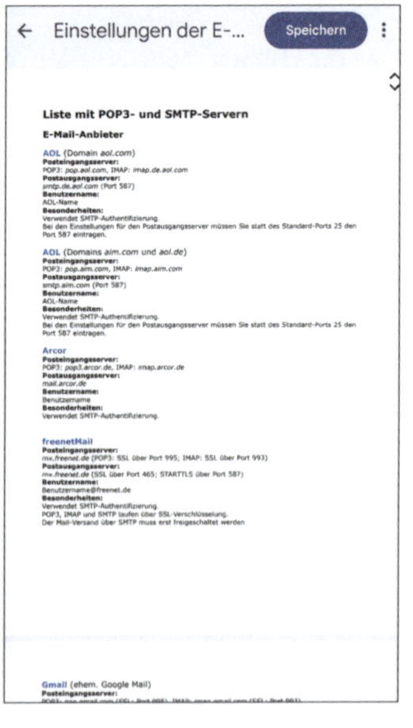

5. Auch Audio- und Videodateien können häufig direkt in der E-Mail abgespielt werden, ohne dass Sie eine zusätzliche App öffnen müssen. Eine Bearbeitung von Videos innerhalb von Gmail ist jedoch nicht möglich. Wenn Sie ein Video verändern möchten, müssen Sie es zuvor in einer entsprechenden Video- oder Foto-App bearbeiten.

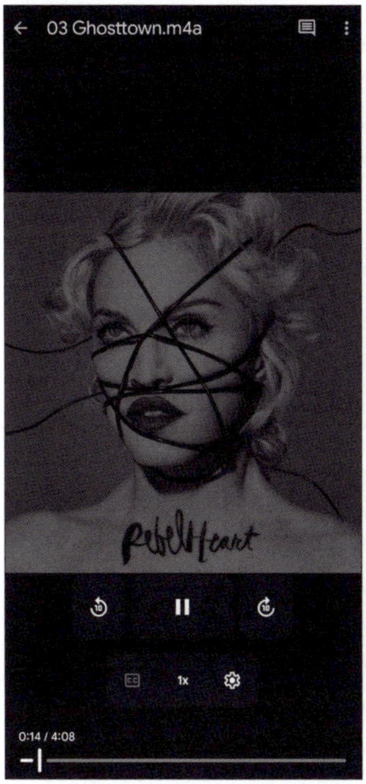

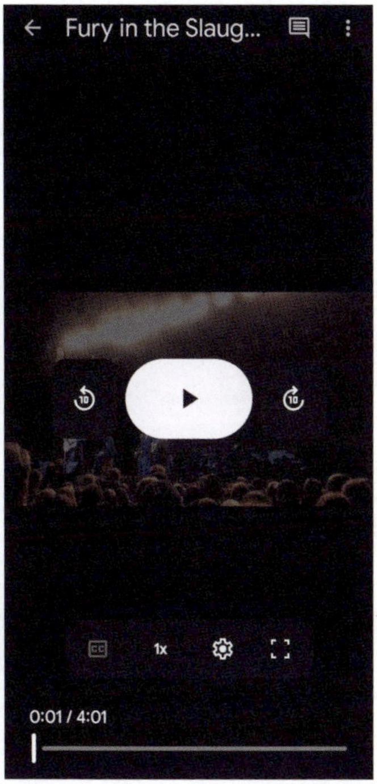

Erhaltene Anhänge ansehen und speichern

Wenn Sie eine E-Mail mit Anhang erhalten, zeigt Gmail die Dateien meist unterhalb des Nachrichtentextes an. Dabei sehen Sie häufig bereits eine Vorschau, etwa bei Bildern oder PDF-Dokumenten. Andere Dateitypen werden mit einem Symbol und dem Dateinamen dargestellt.

Um einen Anhang zu öffnen, tippen Sie einfach auf die entsprechende Datei. Viele Inhalte lassen sich direkt innerhalb von Gmail anzeigen. PDF-Dokumente werden beispielsweise sofort geöffnet, sodass Sie den Inhalt lesen können, ohne eine zusätzliche App starten zu müssen. Auch Bilder werden in der Regel direkt angezeigt. Bei Bedarf können Sie einen Anhang auch auf dem Gerät speichern:

1. Tippen Sie dazu auf das Downloadsymbol ⤓ neben der Datei. Die Datei wird anschließend im Speicher Ihres Smartphones oder Tablets abgelegt und kann später erneut geöffnet werden.

2. Je nach Dateityp stehen zusätzliche Möglichkeiten zur Verfügung, so können PDF-Dateien häufig kommentiert oder markiert werden, während Bilder und Videos nur angezeigt und gespeichert werden können.

E-Mails organisieren

Wenn täglich viele Nachrichten eingehen, wird es schnell unübersichtlich. Gmail bietet deshalb mehrere Funktionen, mit denen Sie Ihren Posteingang strukturieren können. Dazu gehören Labels zum Sortieren von Nachrichten, Funktionen zum Verwalten von Newslettern sowie der automatische Spamfilter.

E-Mails mit Labels organisieren

Damit Sie auch bei vielen Nachrichten den Überblick behalten, bietet Gmail ein flexibles Ordnungssystem mit *Labels*. Labels funktionieren ähnlich wie Ordner, sind aber deutlich vielseitiger. Während eine E-Mail in klassischen Programmen meist nur in einem Ordner liegen kann, kann eine Nachricht in Gmail mehrere Labels gleichzeitig erhalten. Sie können Labels beispielsweise verwenden, um E-Mails nach Themen zu sortieren, etwa Arbeit, Rechnungen, Reisen oder Familie.

1. Tippen Sie dazu in einer geöffneten E-Mail auf das Dreipunktmenü und wählen Sie **Label ändern in**.
2. Anschließend können Sie ein vorhandenes Label auswählen oder ein neues anlegen.
3. Neue Labels lassen sich über das Menü ≡ erstellen. Öffnen Sie dazu das Seitenmenü von Gmail und wählen Sie **Neues Label**.
   Geben Sie anschließend einen Namen ein und speichern Sie die neue Kategorie. Die Labels erscheinen danach in der Seitenleiste und können jederzeit verwendet werden.

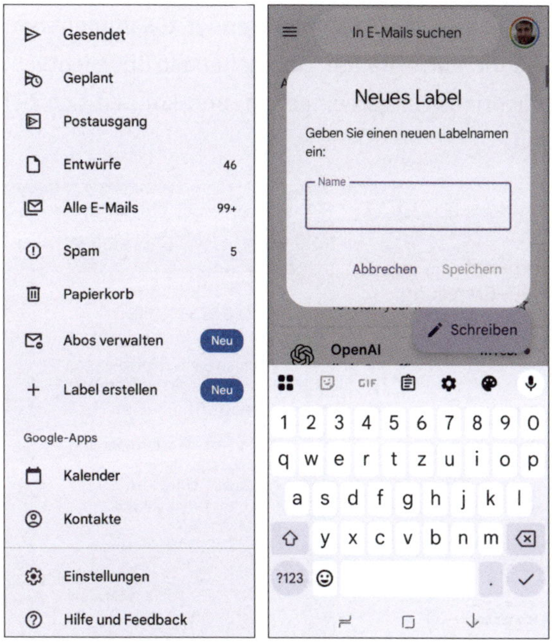

Labels helfen beim Sortieren von Nachrichten.

Gmail weist Kategorien zu

Neben selbst erstellten Labels nutzt Gmail auch automatische Kategorien. Dazu gehören beispielsweise Werbung, soziale Netzwerke oder Benachrichtigungen. Gmail erkennt solche Nachrichten meist automatisch und sortiert sie entsprechend ein.

Newsletter und Abos verwalten

Viele E-Mails stammen von Newslettern oder automatischen Benachrichtigungen, etwa von Onlineshops, sozialen Netzwerken oder Diensten, bei denen Sie sich registriert haben. Damit solche Nachrichten nicht den Posteingang überfüllen, bietet Gmail eine einfache Möglichkeit, Abonnements zu verwalten:

1. Wenn eine E-Mail Teil eines Newsletters ist, zeigt Gmail häufig direkt im Kopf der Nachricht den Hinweis **Abo abbestellen** an.
2. Tippen Sie darauf, können Sie sich mit wenigen Schritten von der entsprechenden Mailingliste abmelden.
3. Zusätzlich gibt es den Bereich **Abos**, in dem Gmail Absender zusammenfasst, von denen Sie regelmäßig Nachrichten erhalten. Dort sehen Sie übersichtlich, welche Newsletter oder Benachrichtigungen eingehen, und können sich bei Bedarf direkt davon abmelden.

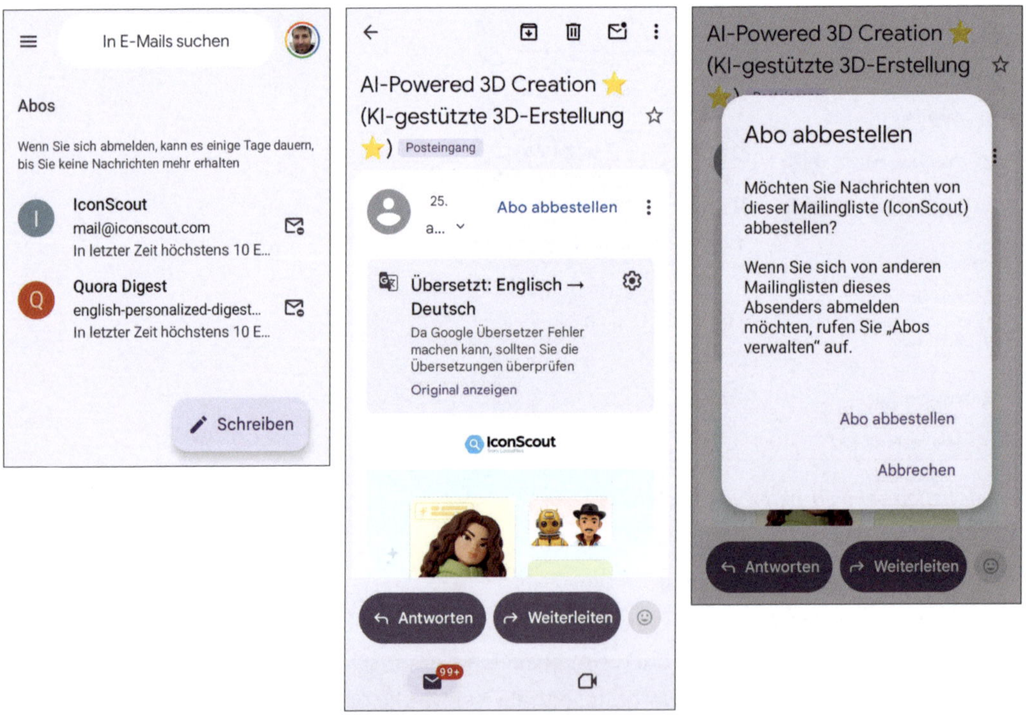

Newsletter lassen sich direkt in Gmail anzeigen und bei Bedarf mit wenigen Schritten abbestellen.

Einstellungen von Gmail anpassen

Die Gmail-App bietet eine Vielzahl von Einstellungen, mit denen Sie die Nutzung der App Ihren eigenen Bedürfnissen anpassen können. Dazu gehören unter anderem Anzeigeoptionen, Benachrichtigungen, Organisationsfunktionen sowie Einstellungen für Ihr Google-Konto. Die meisten Optionen sind in zwei Bereiche unterteilt: **Allgemeine Einstellungen**, die für die gesamte App gelten, und kontospezifische Einstellungen, die nur für ein bestimmtes E-Mail-Konto gelten.

Die Gmail-Einstellungen

Viele dieser Optionen betreffen eher technische Details. Einige Einstellungen sind jedoch besonders hilfreich, um Gmail übersichtlicher, schneller oder komfortabler zu nutzen.

Allgemeine Einstellungen

In den allgemeinen Einstellungen legen Sie grundlegende Optionen fest, die für die gesamte Gmail-App gelten. Dazu gehören beispielsweise Anzeigeeinstellungen, Wischgesten oder die Darstellung von E-Mail-Konversationen:

- **Design**: Sie können festlegen, ob Gmail im hellen oder dunklen Design angezeigt wird oder automatisch dem Systemdesign des Smartphones folgt. Wenn Sie beispielsweise den systemweiten Dunkelmodus aktiviert haben, übernimmt Gmail diese Darstellung automatisch.
  Der Dunkelmodus kann vor allem bei längerer Nutzung angenehmer für die Augen sein und auf Geräten mit OLED-Displays zusätzlich etwas Energie sparen.
- **Aktionen beim Wischen**: Eine sehr praktische Funktion sind die Wischgesten in der E-Mail-Liste. In den Einstellungen können Sie festlegen, welche Aktion ausgeführt wird, wenn Sie eine Nachricht nach links oder rechts wischen. Dadurch können Sie Ihren Posteingang besonders schnell aufräumen, ohne jede Nachricht einzeln öffnen zu müssen.

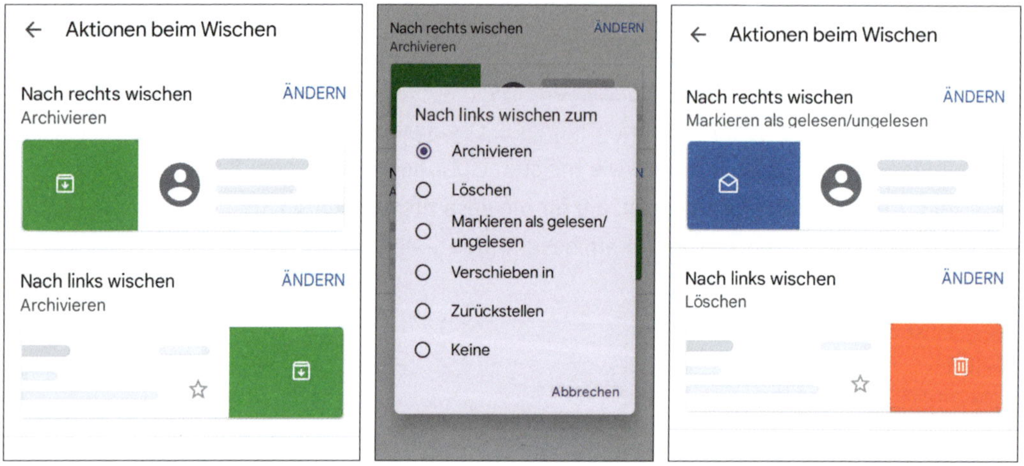

Wischgesten lassen sich individuell festlegen, um E-Mails schnell zu archivieren, zu löschen oder zu markieren.

- **Konversationsansicht**: Hiermit fasst Gmail mehrere E-Mails mit demselben Betreff zu einer gemeinsamen Unterhaltung zusammen. Antworten auf eine Nachricht erscheinen dann untereinander in einer Art Nachrichtenverlauf.
  Das hat zwei Vorteile: Zum einen behalten Sie leichter den Überblick über längere E-Mail-Unterhaltungen, zum anderen bleibt der Posteingang übersichtlicher, weil mehrere Antworten nicht als einzelne Nachrichten angezeigt werden.

Kontospezifische Einstellungen

Die kontospezifischen Einstellungen gelten jeweils nur für ein bestimmtes E-Mail-Konto. Hier können Sie unter anderem den Posteingang, Benachrichtigungen, Signaturen oder Synchronisationseinstellungen individuell anpassen:

- **Posteingangskategorien**: Hier können Sie festlegen, wie Gmail eingehende Nachrichten sortiert. Standardmäßig unterscheidet Gmail mehrere Kategorien, etwa:
  - **Allgemein** – persönliche Nachrichten
  - **Werbung** – Newsletter und Marketing-E-Mails
  - **Soziale Netzwerke** – Benachrichtigungen von sozialen Diensten
  - **Benachrichtigungen** – automatische Systemmeldungen

Diese automatische Sortierung sorgt dafür, dass wichtige Nachrichten leichter zu finden sind, während weniger wichtige E-Mails getrennt angezeigt werden.

- **Benachrichtigungen**: Sie können bestimmen, wann und wie Gmail Sie über neue E-Mails informiert. Sie können beispielsweise festlegen, ob Sie:
  - alle neuen E-Mails gemeldet bekommen
  - nur wichtige Nachrichten angezeigt bekommen
  - keine Benachrichtigungen erhalten

Smarte Funktionen

Gmail bietet mehrere intelligente Funktionen, die Ihnen den Umgang mit E-Mails erleichtern und viele Abläufe automatisieren. Diese Funktionen nutzen maschinelles Lernen, um Inhalte zu analysieren und passende Vorschläge zu machen.

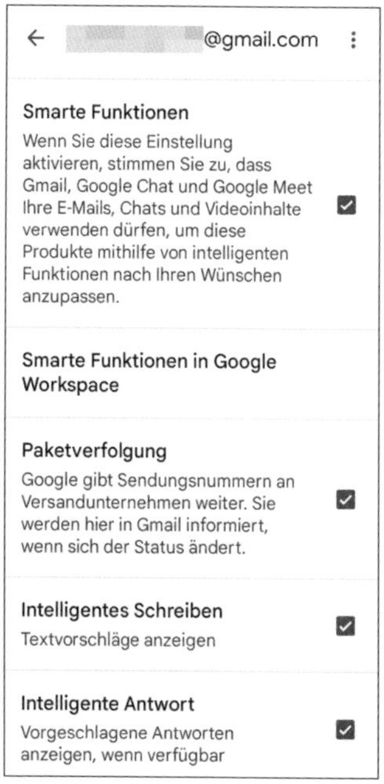

Gmail bietet smarte Funktionen.

- Eine wichtige Funktion ist **Intelligentes Schreiben**. Während Sie eine E-Mail verfassen, schlägt Gmail automatisch passende Wörter oder ganze Satzteile vor. Mit einem Tipp können Sie diese Vorschläge übernehmen und dadurch schneller schreiben.

- Ergänzend dazu gibt es die **Intelligente Antwort**. Unter eingehenden Nachrichten zeigt Gmail kurze Antwortvorschläge an, die Sie direkt auswählen können. Diese Funktion eignet sich besonders für kurze Rückmeldungen wie Bestätigungen oder Terminabsprachen.
- Darüber hinaus können **Smarte Funktionen in Google Workspace** aktiviert werden. Dabei darf Gmail Ihre E-Mails analysieren, um hilfreiche Funktionen bereitzustellen, etwa automatische Vorschläge oder eine bessere Organisation von Nachrichten.
- Eine weitere praktische Option ist die **Paketverfolgung**. Wenn eine E-Mail eine Sendungsnummer enthält, kann Gmail den Versandstatus automatisch erkennen und Sie über Änderungen informieren.

Synchronisation und Datenverbrauch

Unter **Datenverbrauch** legen Sie fest, wie viele Tage an E-Mails Gmail auf Ihrem Gerät synchronisiert. Standardmäßig sind dies 7 Tage. Außerdem können Sie einstellen, ob Anhänge automatisch über WLAN heruntergeladen werden sollen. Diese Option hilft dabei, mobiles Datenvolumen zu sparen.

Abwesenheitsnotiz

Über die **Abwesenheitsnotiz** können Sie eine automatische Antwort aktivieren, falls Sie längere Zeit keine E-Mails beantworten können, etwa im Urlaub. Alle Personen, die Ihnen während dieser Zeit schreiben, erhalten automatisch eine kurze Rückmeldung mit Ihrer Abwesenheitsnachricht.

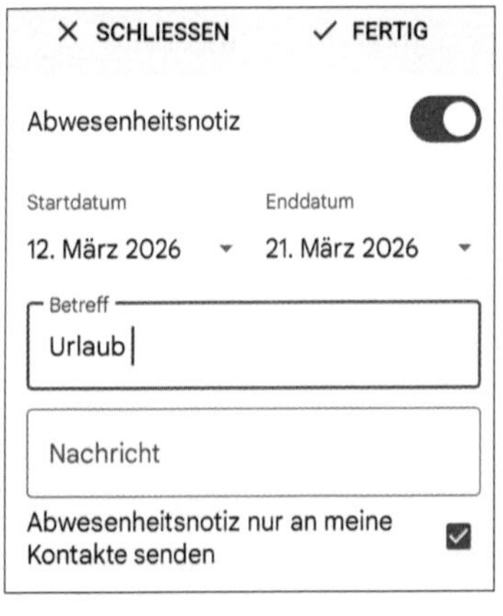

Sie geben die Infos für Ihre Abwesenheitsnotiz ein.

Kapitel 8
Google Chrome – Internet und Recherche

Das Internet gehört zu den wichtigsten Einsatzbereichen eines Android-Geräts. Für viele Menschen ist das Smartphone heute der schnellste und selbstverständlichste Weg geworden, um Informationen zu finden, Nachrichten zu lesen, Produkte zu vergleichen oder neue Ideen zu entdecken. Während früher häufig ein Computer benötigt wurde, um im Web zu recherchieren, erledigen heute viele Nutzerinnen und Nutzer einen Großteil ihrer Internetaktivitäten direkt auf dem Smartphone oder Tablet.

Android stellt dafür mit dem Browser *Chrome* ein leistungsfähiges Werkzeug bereit. Chrome ist auf vielen Geräten bereits vorinstalliert und eng mit den Google-Diensten verbunden. Dadurch lassen sich Suchanfragen, Lesezeichen oder offene Tabs zwischen verschiedenen Geräten synchronisieren. Wer beispielsweise am Smartphone eine Recherche beginnt, kann später auf dem Tablet oder Computer weiterarbeiten und dort die bereits geöffneten Seiten wiederfinden.

Das Surfen im Internet besteht heute allerdings nicht mehr nur darin, eine einzelne Webseite aufzurufen. Häufig bewegen wir uns zwischen verschiedenen Seiten, vergleichen mehrere Quellen oder speichern interessante Inhalte für später. Moderne Browser unterstützen genau diese Arbeitsweise. Sie ermöglichen es, mehrere Webseiten gleichzeitig geöffnet zu halten, Inhalte übersichtlich zu organisieren und Informationen aus dem Web schnell weiterzugeben.

Gerade auf Android-Tablets oder Foldables wird der Browser dadurch zu einem wichtigen Werkzeug für das produktive Arbeiten. Webseiten dienen nicht nur der schnellen Information, sondern werden auch Teil eines Arbeitsprozesses: Informationen werden recherchiert, bewertet, gespeichert und später in anderen Apps weiterverarbeitet. In diesem Kapitel lernen Sie deshalb nicht nur, wie Sie Webseiten öffnen. Sie erfahren auch, wie Sie mehrere Seiten gleichzeitig organisieren, Inhalte leichter lesen und verstehen können und wie sich Informationen aus dem Internet speichern oder weitergeben lassen.

Chrome – Aufbau und grundlegende Bedienung

Wenn Sie Chrome starten, erscheint zunächst eine übersichtliche Startseite. Im oberen Bereich befindet sich die kombinierte Adress- und Suchleiste. Sie ist das zentrale Bedienelement des Browsers und erfüllt zwei Aufgaben gleichzeitig: Sie können dort eine Internetadresse eingeben oder direkt nach einem Begriff suchen.

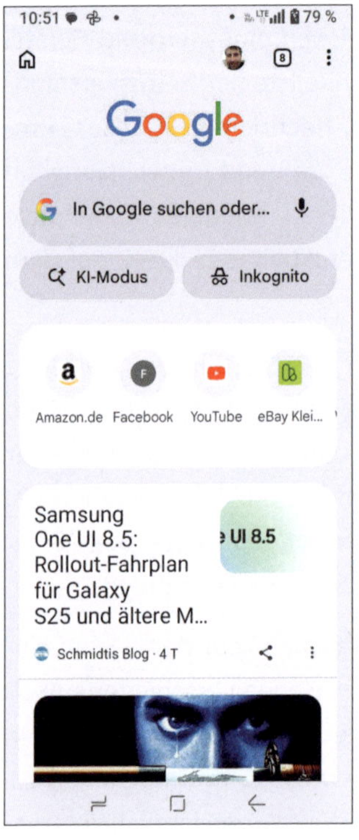

Die Startseite des Browsers Chrome

Diese Kombination ist bewusst so gestaltet, dass Sie sich nicht merken müssen, ob Sie eine vollständige Webadresse kennen. Tippen Sie einfach einen Begriff ein, schlägt Chrome automatisch passende Webseiten oder Suchergebnisse vor. Rechts in der Adressleiste befindet sich das Mikrofon 🎙 für die Sprachsuche. Wenn Sie dieses Symbol antippen, können Sie eine Suchanfrage direkt sprechen. Gerade unterwegs oder bei längeren Suchbegriffen kann das deutlich komfortabler sein als das Tippen.

Unterhalb der Suchleiste zeigt Chrome häufig besuchte Webseiten als Schnellzugriff an. Auf vielen Geräten erscheint darunter zusätzlich der *Discover-Feed* mit Artikeln, Nachrichten und anderen Inhalten, die zu Ihren Interessen passen könnten.

Die obere Symbolleiste

Am oberen Rand des Chrome-Fensters befindet sich eine kompakte Symbolleiste, über die Sie zentrale Funktionen des Browsers schnell erreichen:

- Ganz links in dieser Leiste sehen Sie ein Haussymbol ⌂. Dieses Symbol steht für die Startseite des Browsers. Wenn Sie darauf tippen, öffnet Chrome sofort die definierte Startseite. In den meisten Fällen ist dies die Google-Suchseite mit der bekannten Suchleiste.
- Rechts neben dem Haussymbol sehen Sie ein kleines Profilbild ☺. Dieses Symbol zeigt an, dass Chrome mit einem Google-Konto verbunden ist. Durch Antippen des Profilbildes können Sie auf Kontoinformationen zugreifen oder zwischen verschiedenen Konten wechseln.
- Daneben befindet sich das Tabsymbol [6]. Es zeigt an, wie viele Webseiten aktuell geöffnet sind. In der Abbildung sehen Sie beispielsweise die Zahl 6, was bedeutet, dass sechs Tabs geöffnet sind. Wenn Sie auf dieses Symbol tippen, öffnet Chrome die Tabübersicht, in der alle geöffneten Webseiten als Vorschau angezeigt werden.
- Ganz rechts in der Symbolleiste befindet sich schließlich das Dreipunktmenü ⋮. Hinter diesem Symbol verbergen sich viele zusätzliche Funktionen des Browsers. Hier können Sie beispielsweise einen neuen Tab öffnen, in den Inkognitomodus wechseln, den Browserverlauf anzeigen oder Einstellungen des Browsers aufrufen.

Eine Webseite öffnen

Um eine Webseite aufzurufen, gehen Sie folgendermaßen vor:

1. Tippen Sie oben in die Adress- und Suchleiste.
2. Geben Sie eine Internetadresse oder einen Suchbegriff ein.
3. Tippen Sie auf einen vorgeschlagenen Eintrag oder bestätigen Sie mit der [↵]-Taste.
4. Chrome lädt anschließend die entsprechende Webseite oder zeigt passende Suchergebnisse an.

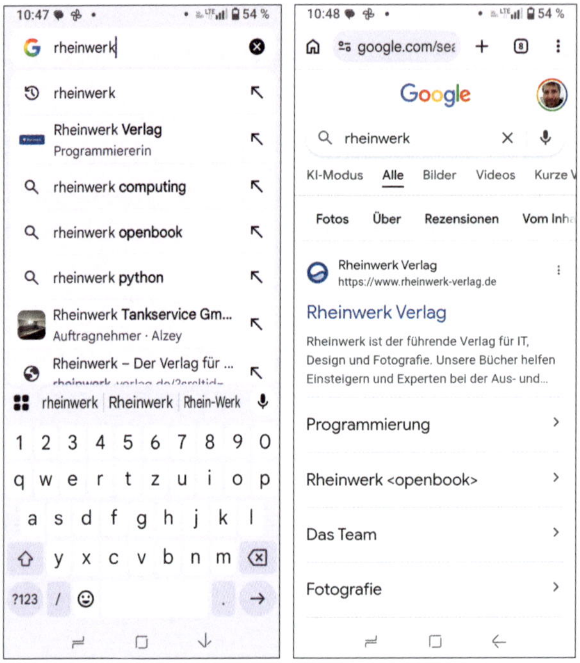

Suche mit Vorschlägen (links) und die Ergebnisse (rechts)

Während Sie eine Seite lesen, können Sie jederzeit erneut in die Adressleiste tippen, um eine neue Suche zu starten oder eine andere Adresse aufzurufen.

Tabs – mehrere Webseiten gleichzeitig nutzen

Beim Surfen im Internet bleibt selten nur eine einzige Seite geöffnet. Häufig lesen wir einen Artikel und stoßen darin auf weitere interessante Links. In anderen Fällen vergleichen wir mehrere Angebote oder sammeln Informationen zu einem bestimmten Thema. Damit Sie dabei nicht ständig Seiten schließen und neu öffnen müssen, arbeitet Chrome mit sogenannten Tabs.

Ein Tab entspricht dabei einer geöffneten Webseite innerhalb des Browsers. Jeder Tab funktioniert wie ein eigenes kleines Fenster. Sie können jederzeit zwischen verschiedenen Tabs wechseln und so mehrere Seiten parallel geöffnet halten. Diese Arbeitsweise ist besonders hilfreich bei Recherchen, wenn Informationen aus verschiedenen Quellen miteinander verglichen werden sollen. Auf Smartphones werden Tabs meist über eine separate Übersicht verwaltet. Auf Tablets und Foldables nutzt Chrome dagegen eine andere Darstellung mit einer sichtbaren Tableiste.

Tabs auf dem Smartphone

Auf Smartphones sind Tabs bewusst platzsparend organisiert. Statt einer dauerhaft sichtbaren Tableiste zeigt Chrome eine eigene Übersicht, in der alle geöffneten Seiten als Vorschau erscheinen. Wenn Sie während des Surfens mehrere Webseiten öffnen, können Sie jederzeit zur Tabübersicht wechseln. Dort sehen Sie alle geöffneten Seiten als kleine Karten, ähnlich wie in einer Galerie.

Die Tabübersicht öffnen

1. Tippen Sie oben rechts auf das Tabsymbol.
2. Chrome zeigt nun alle geöffneten Webseiten als Vorschau an.
3. Jede Vorschau stellt eine einzelne Seite dar. Durch Antippen wechseln Sie direkt zu dieser Seite.

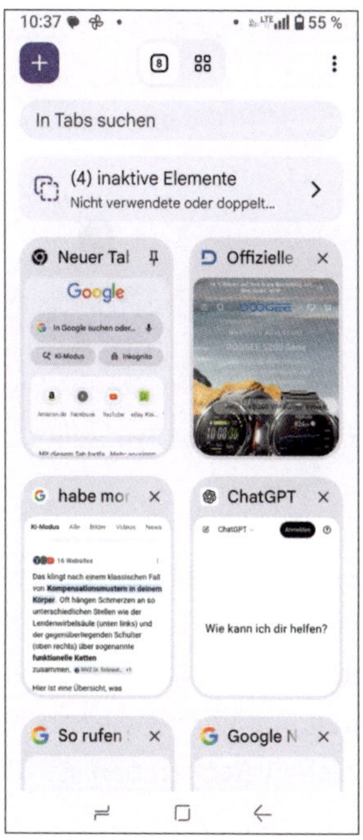

Einen neuen Tab öffnen

1. Öffnen Sie die Tabübersicht.
2. Tippen Sie auf das Plussymbol ⊞.
3. Oft erscheint das Plussymbol ⊞ auch direkt in der oberen Symbolleiste.
4. Alternativ können Sie einen Link länger gedrückt halten und anschließend **In neuem Tab öffnen** wählen.

Einen Tab schließen

1. Öffnen Sie die Tabübersicht.
2. Tippen Sie auf das × neben dem entsprechenden Tab.
3. Der Tab wird sofort geschlossen.

Tabs auf Tablets und Foldables

Auf größeren Displays verändert sich die Darstellung von Chrome deutlich. Tablets und viele Foldables zeigen oberhalb der Webseite eine sichtbare *Tableiste*, ähnlich wie bei Desktop-Browsern. Die Tableiste befindet sich direkt über der Adress- und Suchleiste.

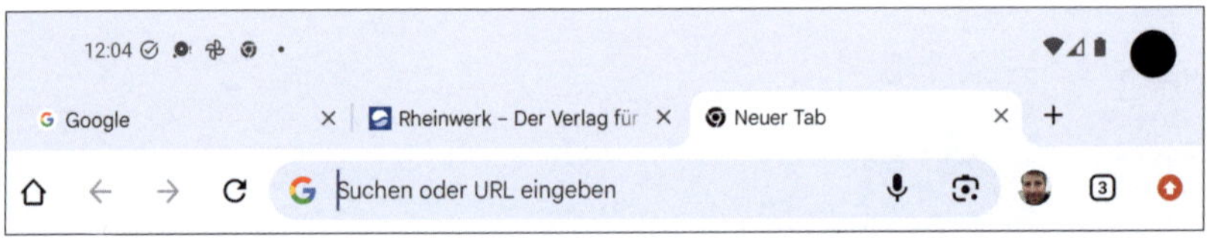

Die Tableiste zeigt alle geöffneten Webseiten und ermöglicht ein schnelles Wechseln zwischen Tabs.

In dieser Leiste erscheinen alle geöffneten Webseiten nebeneinander als Reiter. Jeder Tab zeigt einen Teil des Seitentitels an, sodass Sie erkennen können, welche Seite sich dahinter verbirgt. Diese Darstellung hat mehrere Vorteile. Sie behalten jederzeit den Überblick über alle geöffneten Seiten und können sehr schnell zwischen ihnen wechseln. Besonders bei umfangreichen Recherchen ist diese Arbeitsweise sehr angenehm.

Einen neuen Tab öffnen

1. Tippen Sie in der Tableiste auf das Plussymbol +.
2. Chrome öffnet sofort einen neuen Tab.
3. Anschließend können Sie eine Webadresse eingeben oder eine Suche starten.

Zwischen Tabs wechseln

1. Tippen Sie innerhalb der Tableiste auf die gewünschte Seite.
2. Chrome öffnet den entsprechenden Tab sofort.

Tabs in der Tableiste anordnen

Auf Tablets und Foldables können Sie die Reihenfolge der geöffneten Tabs direkt in der Tableiste verändern. Dadurch lassen sich zusammengehörige Webseiten übersichtlich nebeneinander anordnen. Dazu halten Sie einen Tab kurz gedrückt und ziehen ihn anschließend nach links oder rechts an die gewünschte Position. Während Sie den Tab verschieben, bewegen sich die anderen Tabs automatisch zur Seite. Sobald Sie den Finger loslassen, wird der Tab an der neuen Stelle eingefügt.

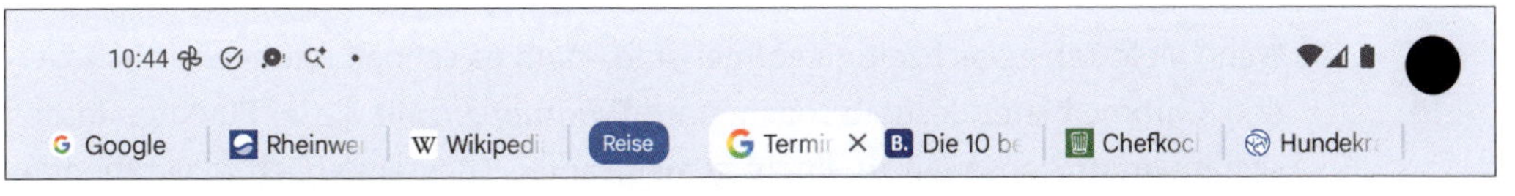

Tabs lassen sich durch Ziehen nach links oder rechts direkt in der Tableiste neu anordnen.

Die Tabübersicht

Neben der Tableiste bietet Chrome auf Tablets und Foldables ebenfalls eine Tabübersicht. Diese Ansicht zeigt alle geöffneten Tabs als größere Karten an.

1. Tippen Sie rechts oben auf das Tabsymbol mit der Zahl der geöffneten Tabs.
2. Chrome zeigt nun alle geöffneten Seiten als Karten an.

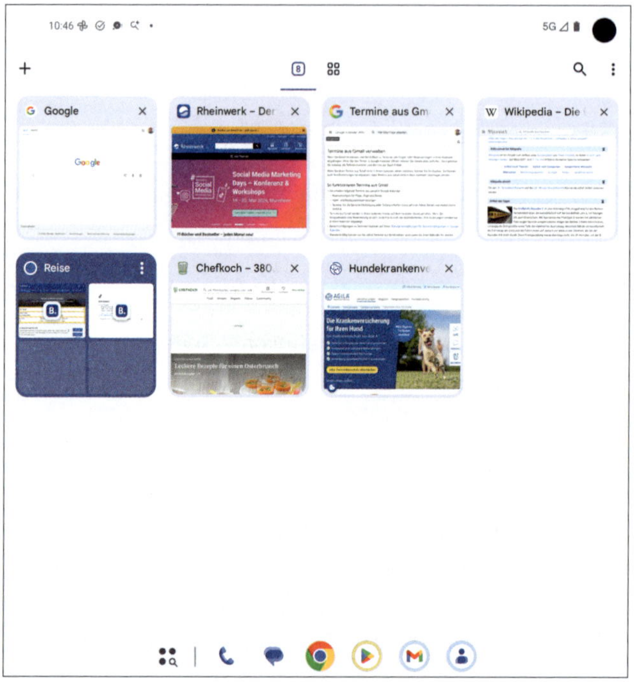

Tabgruppen – Webseiten thematisch zusammenfassen

Wenn viele Tabs gleichzeitig geöffnet sind, kann es schnell unübersichtlich werden. Chrome bietet deshalb sogenannte *Tabgruppen*. Mit dieser Funktion lassen sich mehrere Webseiten zu einem gemeinsamen Themenbereich zusammenfassen. So behalten Sie leichter den Überblick, wenn Sie gleichzeitig an verschiedenen Themen arbeiten. Eine Tabgruppe funktioniert ähnlich wie ein kleiner Ordner für Webseiten. Mehrere Tabs werden zusammengefasst und erhalten einen gemeinsamen Namen sowie eine Farbe. Dadurch erkennen Sie sofort, welche Webseiten zu welchem Thema gehören.

Ein typisches Beispiel ist die Reiseplanung. Sie öffnen vielleicht mehrere Webseiten mit Hotels, Fahrplänen und Sehenswürdigkeiten. Anstatt diese Tabs einzeln offen zu lassen, können Sie sie in einer Gruppe mit dem Namen »Reise« zusammenfassen. Chrome zeigt diese Gruppe anschließend farbig markiert an. Ein weiterer Vorteil: Tabgruppen werden mit Ihrem Google-Konto synchronisiert. Dadurch stehen sie auch auf anderen Geräten zur Verfügung, auf denen Sie mit demselben Konto angemeldet sind.

Eine Tabgruppe erstellen

Eine neue Tabgruppe lässt sich direkt aus einem geöffneten Tab heraus erstellen:

1. Tippen Sie auf das Dreipunktmenü eines Tabs oder halten Sie einen Tab kurz gedrückt.
2. Wählen Sie **Tab zu Gruppe hinzufügen**. Haben Sie noch keine Tabgruppe erstellt, erscheint das Menü **Neue Tabgruppe**.
3. Geben Sie einen Namen für die Gruppe ein.
4. Wählen Sie optional eine Farbe für die Gruppe.

5. Tippen Sie auf **Fertig**.

Weitere Tabs einer Gruppe hinzufügen

Wenn bereits eine Tabgruppe existiert, können weitere Webseiten einfach hinzugefügt werden:

1. Öffnen Sie die Tabübersicht mit Tipp auf ⧉.
2. Halten Sie einen Tab kurz gedrückt.

3. Wählen Sie **Tab zu Gruppe hinzufügen**.
4. Tippen Sie auf die gewünschte Tabgruppe oder erstellen Sie eine neue Gruppe.
5. Der Tab wird sofort Teil dieser Gruppe.

Tabgruppen öffnen

Tabgruppen können über die Tabübersicht geöffnet werden:

1. Öffnen Sie die Tabübersicht mit Tipp auf [6].
2. Wählen Sie in der Symbolleiste ⊞.
3. Tippen Sie auf die gewünschte Tabgruppe.
4. Chrome zeigt nun alle Webseiten dieser Gruppe gemeinsam an.

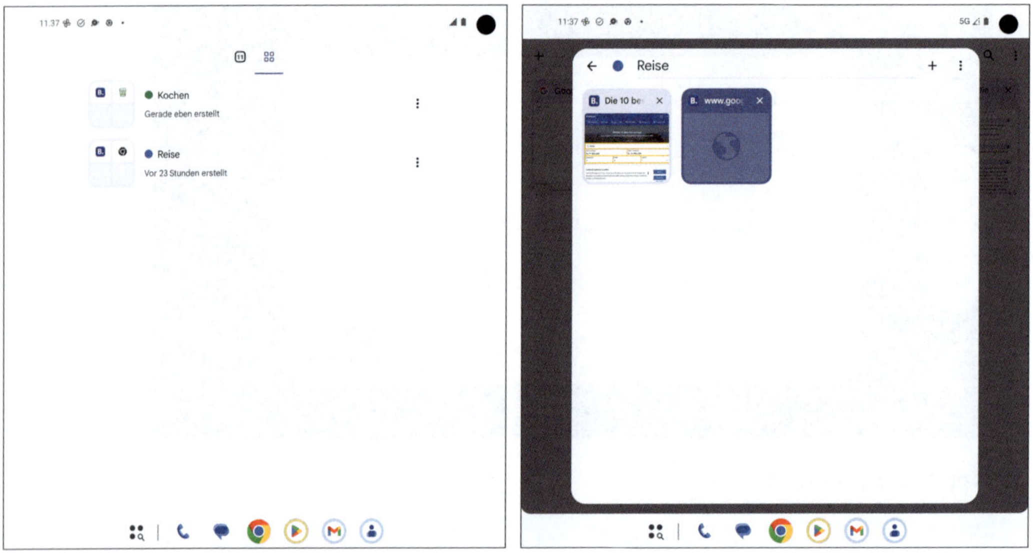

Tabgruppen fassen mehrere Webseiten zu einem Thema zusammen und lassen sich gemeinsam öffnen und verwalten.

Auf Tablets und Foldables wird die Gruppe häufig auch direkt in der Tableiste dargestellt. Die Tabs der Gruppe erscheinen dann nebeneinander innerhalb des farbigen Bereichs. Die nachfolgende Abbildung zeigt Ihnen neben den einzelnen Tabs die blau hinterlegte Tabgruppe **Reise**.

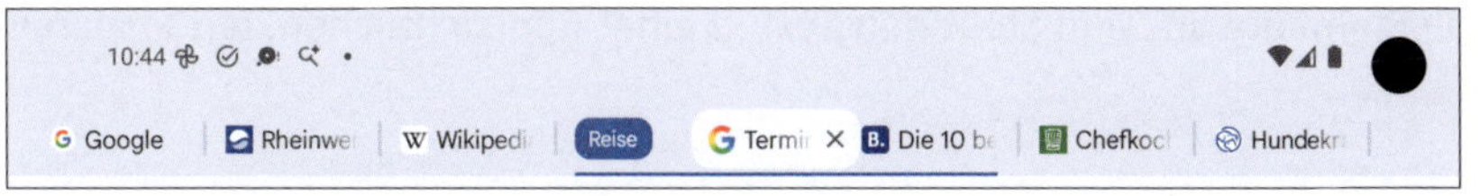

Horizontale Anordnung der gespeicherten Tabs

Tabgruppen verwalten

Tabgruppen lassen sich jederzeit anpassen. Sie können den Namen einer Gruppe ändern, eine andere Farbe auswählen oder einzelne Tabs innerhalb der Gruppe verwalten. Dadurch bleibt Ihre Tabstruktur auch dann übersichtlich, wenn sich Inhalte oder Themen im Laufe der Zeit ändern.

Um die Einstellungen einer Tabgruppe zu öffnen, tippen Sie innerhalb der Gruppe auf das Dreipunktmenü. Daraufhin erscheint ein Menü mit verschiedenen Verwaltungsoptionen.

- **Gruppenname ändern**: Der Name einer Tabgruppe lässt sich jederzeit anpassen. Das ist besonders hilfreich, wenn sich das Thema einer Gruppe verändert oder Sie eine genauere Bezeichnung verwenden möchten.
- **Gruppenfarbe ändern**: Jede Tabgruppe besitzt eine farbliche Markierung. Diese Farbe erscheint in der Tabübersicht und hilft dabei, verschiedene Gruppen schneller zu unterscheiden.
- **Tabs auswählen**: Wenn Sie mehrere Tabs gleichzeitig verwalten möchten, können Sie sie zunächst auswählen. Anschließend lassen sich mehrere Tabs gemeinsam schließen oder einer anderen Gruppe hinzufügen.
- **Tabgruppe schließen:** Wenn Sie eine Tabgruppe nur vorübergehend ausblenden möchten, können Sie sie schließen. Die Tabs bleiben dabei erhalten und können später wieder geöffnet werden.
- **Tabgruppe löschen**: Wenn Sie eine Tabgruppe nicht mehr benötigen, können Sie sie vollständig entfernen. Dabei werden auch alle enthaltenen Tabs geschlossen.

Lesemodus verwenden

Viele Webseiten enthalten neben dem eigentlichen Artikel zahlreiche zusätzliche Elemente wie Werbung, Navigation, Videos oder Kommentarbereiche. Diese Inhalte können das Lesen erschweren. Der *Lesemodus* von Chrome blendet störende Elemente aus und stellt den Text in einer übersichtlichen, gut lesbaren Form dar.

Der Artikel wird dabei automatisch neu formatiert: Bilder, Überschriften und Absätze bleiben erhalten, während Menüs und andere Seitenelemente ausgeblendet werden. Dadurch können Sie sich vollständig auf den Inhalt konzentrieren.

Lesemodus aktivieren

Der Lesemodus lässt sich bei vielen Artikeln direkt über das Menü von Chrome aufrufen:

1. Öffnen Sie die gewünschte Webseite.
2. Tippen Sie rechts oben auf das Dreipunktmenü.
3. Wählen Sie **Lesemodus anzeigen**.
4. Chrome öffnet den Artikel anschließend in einer vereinfachten Ansicht.

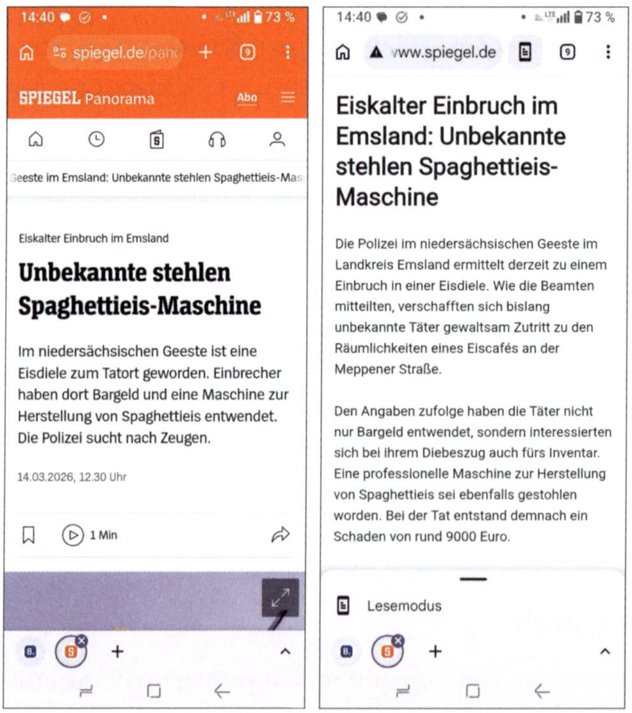

Ein Artikel in normaler Ansicht (links) und im Lesemodus (rechts)

Darstellung im Lesemodus anpassen

Im Lesemodus können Sie die Darstellung des Textes individuell einstellen. So lässt sich der Artikel besser Ihren persönlichen Lesegewohnheiten anpassen. Ziehen Sie dazu den kleinen Bereich **Lesemodus** am unteren Bildschirmrand nach oben.

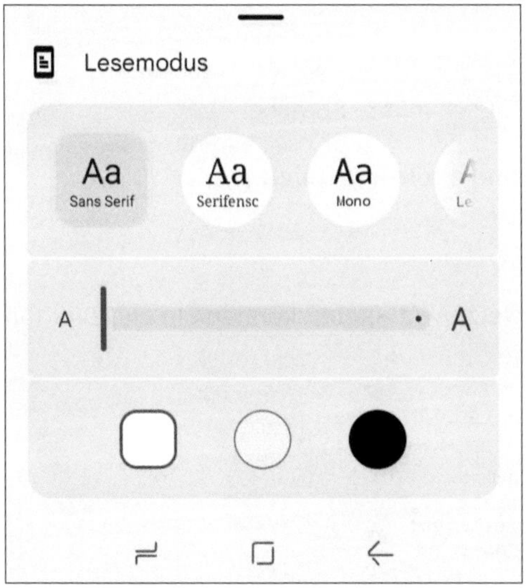

Die Einstellungsmöglichkeiten des Lesemodus

Sie können nun Folgendes tun:

- Schriftart auswählen (z. B. Sans Serif, Serifenschrift oder Monospace)
- Schriftgröße anpassen
- Hintergrundfarbe ändern (hell, beige oder dunkel)

Webseiten automatisch übersetzen

Beim Surfen stoßen Sie häufig auf Inhalte in anderen Sprachen. Chrome kann viele Webseiten automatisch erkennen und direkt übersetzen. Dadurch lassen sich auch fremdsprachige Artikel problemlos lesen.

Automatische Übersetzung verwenden

Wenn Sie eine Seite öffnen, deren Sprache sich von der eingestellten Systemsprache unterscheidet, bietet Chrome automatisch eine Übersetzung an:

1. Öffnen Sie eine fremdsprachige Webseite.
2. Am oberen Bildschirmrand erscheint ein Hinweis wie **Seite wird übersetzt**.

3. Chrome übersetzt den Inhalt automatisch in Ihre Sprache.
4. Die übersetzte Seite wird anschließend direkt angezeigt.

Übersetzung manuell starten

Falls Chrome keine automatische Übersetzung anbietet, können Sie die Funktion auch selbst aktivieren:

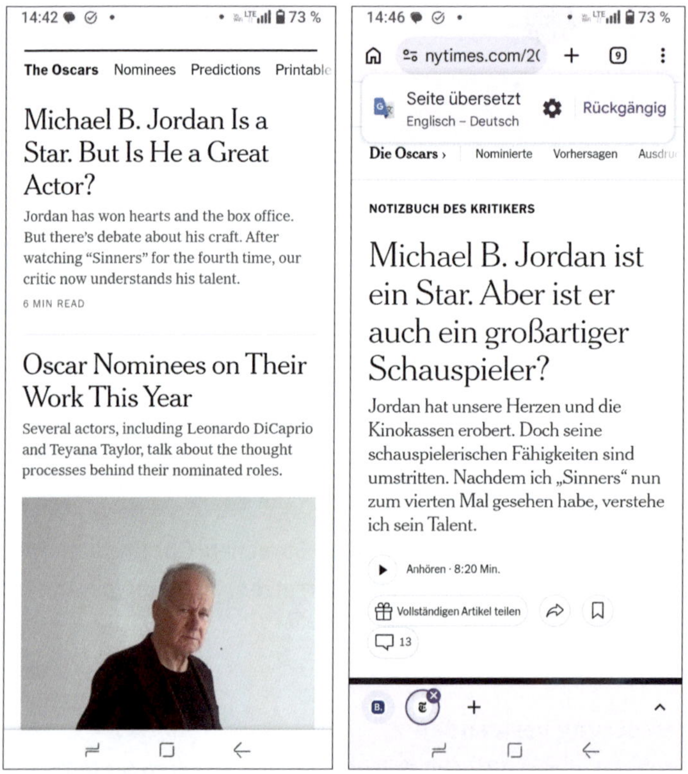

Lassen Sie sich eine Webseite übersetzen.

1. Öffnen Sie die gewünschte Webseite.
2. Tippen Sie rechts oben auf das Dreipunktmenü.
3. Wählen Sie **Übersetzen**.
4. Chrome übersetzt die Seite in die eingestellte Sprache.
5. Über das **Zahnradsymbol** ⚙ können Sie die Sprache auswählen, in die übersetzt werden soll.

Übersetzung rückgängig machen

Möchten Sie den ursprünglichen Text wieder sehen, tippen Sie im Übersetzungsbanner auf **Rückgängig**. Die Seite wird dann wieder in der Originalsprache angezeigt.

Downloads verwalten

Beim Surfen im Internet können Sie Dateien wie Dokumente, Bilder oder PDF-Dateien direkt auf Ihr Android-Gerät herunterladen. Chrome speichert diese Dateien automatisch im Downloadbereich Ihres Smartphones oder Tablets.

Datei herunterladen

Viele Webseiten bieten Inhalte zum Herunterladen an, etwa PDF-Dokumente oder Bilder. Wollen Sie eine Datei herunterladen, gehen Sie wie folgt vor:

1. Tippen Sie auf einen Downloadlink auf der Webseite.
2. Chrome startet den Download automatisch.
3. Die Datei wird im Downloadordner Ihres Geräts gespeichert.
4. Je nach Dateityp kann Chrome die Datei sofort öffnen oder in einer passenden App anzeigen.

Downloads aufrufen

Alle heruntergeladenen Dateien lassen sich jederzeit über das Menü von Chrome öffnen:

1. Tippen Sie rechts oben auf das Dreipunktmenü.
2. Wählen Sie **Downloads**.
3. Hier sehen Sie eine Liste aller heruntergeladenen Dateien. Tippen Sie auf einen Eintrag, um die Datei zu öffnen.

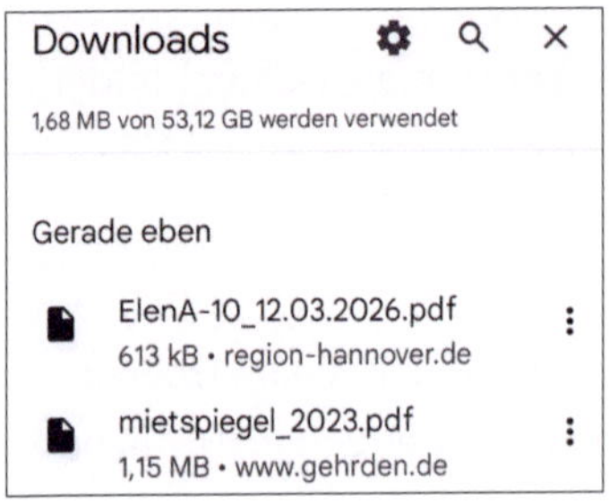

4. Viele Downloads finden Sie außerdem auch in der App *Dateien* Ihres Geräts unter **Downloads**.

Lesezeichen verwalten

Beim Surfen im Internet stoßen Sie häufig auf Webseiten, die Sie später noch einmal besuchen möchten. Statt sich die Adresse zu merken oder erneut danach zu suchen, können Sie diese Seiten als *Lesezeichen* speichern. Chrome legt dabei eine dauerhafte Verknüpfung zur jeweiligen Webseite an. Mit einem Fingertipp lässt sich die Seite später wieder öffnen.

Lesezeichen sind besonders hilfreich für regelmäßig besuchte Inhalte, etwa Nachrichtenportale, Onlinedienste, Lernplattformen oder häufig benötigte Informationsseiten. Wenn Sie mit einem Google-Konto in Chrome angemeldet sind, werden Ihre Lesezeichen zudem automatisch mit anderen Geräten synchronisiert. Eine auf dem Smartphone gespeicherte Seite kann dann beispielsweise auch auf einem Tablet oder Computer wieder aufgerufen werden.

Webseite als Lesezeichen speichern

Wenn Sie eine Seite als Lesezeichen speichern, merkt sich Chrome die Adresse der aktuell geöffneten Webseite:

1. Öffnen Sie die gewünschte Webseite.
2. Tippen Sie rechts oben auf das Dreipunktmenü.
3. Tippen Sie auf ☆.
4. Die Seite wird anschließend in der Lesezeichenliste gespeichert.

Lesezeichen öffnen

Alle gespeicherten Webseiten können Sie jederzeit wieder aufrufen:

1. Tippen Sie auf das Dreipunktmenü.
2. Wählen Sie **Lesezeichen**.
3. Es erscheint eine Übersicht Ihrer gespeicherten Seiten.

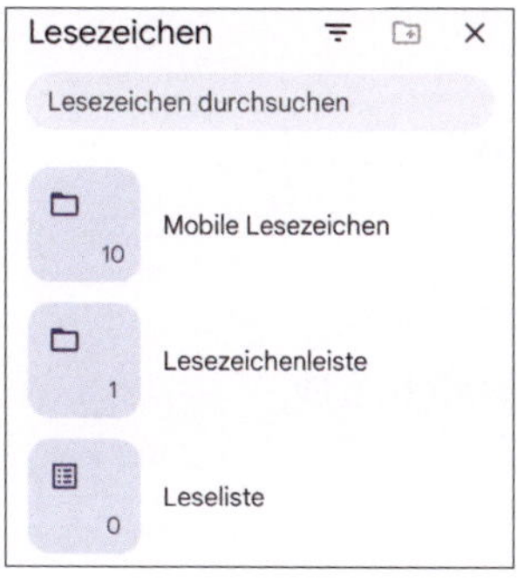

- **Mobile Lesezeichen**: In diesem Ordner speichert Chrome standardmäßig Webseiten, die Sie direkt auf Ihrem Smartphone oder Tablet als Lesezeichen hinzufügen. Tippen Sie auf den Ordner, um alle gespeicherten Seiten zu sehen. Die Zahl unter dem Symbol zeigt an, wie viele Lesezeichen sich darin befinden.
- **Lesezeichenleiste**: Dieser Ordner wird hauptsächlich für Lesezeichen verwendet, die auf Computern in der Lesezeichenleiste angezeigt werden. Wenn Sie Chrome auf mehreren Geräten verwenden und Ihre Daten synchronisieren, können Lesezeichen aus der Lesezeichenleiste Ihres Computers auch hier erscheinen.
- **Leseliste**: Die Leseliste dient dem Speichern von Artikeln oder Webseiten, die Sie später lesen möchten. Im Unterschied zu normalen Lesezeichen sind diese Einträge eher als temporäre Sammlung gedacht – etwa für längere Texte oder Nachrichtenartikel, die Sie zu einem späteren Zeitpunkt lesen wollen.

Lesezeichen strukturieren

Mit zunehmender Nutzung können sich schnell viele gespeicherte Seiten ansammeln. Um die Übersicht zu behalten, lassen sich Lesezeichen in Ordnern organisieren. So können Sie beispielsweise separate Ordner für Nachrichten, Einkäufe, Arbeit oder Freizeit anlegen. Innerhalb der Lesezeichenliste können Sie einzelne Einträge außerdem verschieben oder neu sortieren:

1. Tippen Sie dazu neben einem Lesezeichen auf das Dreipunktmenü. Dort finden Sie Optionen wie:
   - **Bearbeiten** – Titel oder Internetadresse ändern
   - **Link kopieren** – Internetadresse der Seite kopieren
   - **Verschieben nach** – Lesezeichen in einen anderen Ordner verschieben
   - **Löschen** – gespeichertes Lesezeichen entfernen

Ordner für Lesezeichen erstellen

Ordner helfen dabei, viele gespeicherte Seiten thematisch zu ordnen:

1. Öffnen Sie die Lesezeichenübersicht.
2. Tippen Sie oben auf das Symbol **Neuen Ordner erstellen** .
3. Geben Sie einen Namen für den Ordner ein.

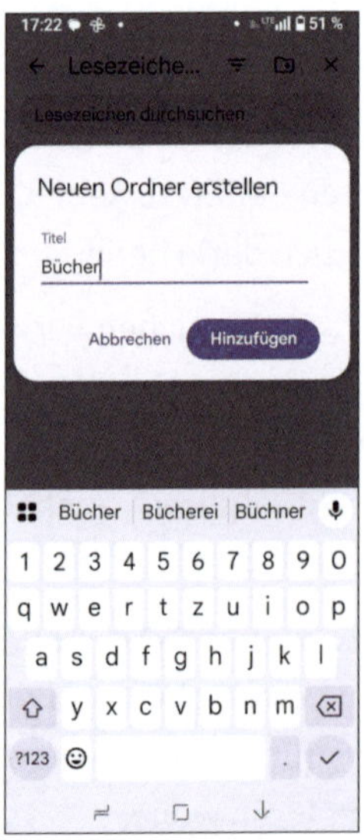

4. Tippen Sie auf **Hinzufügen**.
5. Anschließend können Sie einzelne Lesezeichen in diesen Ordner verschieben.

Verlauf anzeigen und verwalten

Während Sie mit Chrome im Internet unterwegs sind, merkt sich der Browser automatisch die Webseiten, die Sie besucht haben. Diese Liste wird *Browserverlauf* genannt. Der Verlauf ist hilfreich, wenn Sie eine Seite erneut öffnen möchten, deren Adresse Sie nicht mehr genau kennen. Chrome ordnet die besuchten Seiten nach Datum und Uhrzeit. Dadurch können Sie schnell erkennen, welche Inhalte Sie zuletzt aufgerufen haben.

Verlauf öffnen

1. Tippen Sie auf das Dreipunktmenü.
2. Wählen Sie **Verlauf**.
3. Es erscheint eine Liste aller zuletzt geöffneten Webseiten.
4. Wenn Sie mit Ihrem Google-Konto angemeldet sind, kann der Verlauf auch Aktivitäten von anderen Geräten enthalten, auf denen Sie Chrome verwenden.

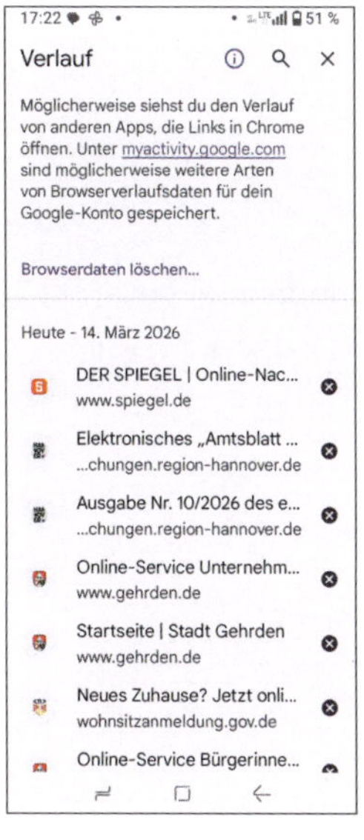

Einzelne Seiten erneut öffnen

Tippen Sie einfach auf einen Eintrag im Verlauf. Chrome öffnet die entsprechende Webseite sofort erneut.

Einzelne Einträge löschen

Wenn Sie bestimmte Seiten aus der Liste entfernen möchten, können Sie einzelne Einträge löschen:

1. Öffnen Sie den **Verlauf**.
2. Tippen Sie neben einem Eintrag auf das ⊗-Symbol.
3. Der entsprechende Eintrag wird sofort aus dem Verlauf entfernt.

Mehrere Daten gleichzeitig löschen

Neben einzelnen Seiten können Sie auch größere Mengen gespeicherter Daten löschen. Dazu gehören beispielsweise:

- der Browserverlauf
- Cookies und Website-Daten
- zwischengespeicherte Dateien (Cache)

Diese Daten können mit der Zeit viel Speicherplatz belegen oder persönliche Spuren Ihrer Internetnutzung enthalten. Zum Aufräumen tun Sie Folgendes:

1. Öffnen Sie den **Verlauf**.
2. Tippen Sie auf **Browserdaten löschen**.
3. Wählen Sie den gewünschten **Zeitraum** (z. B. letzte Stunde oder gesamte Zeit).
4. Aktivieren Sie die Datenarten, die gelöscht werden sollen.
5. Tippen Sie auf **Daten löschen**.

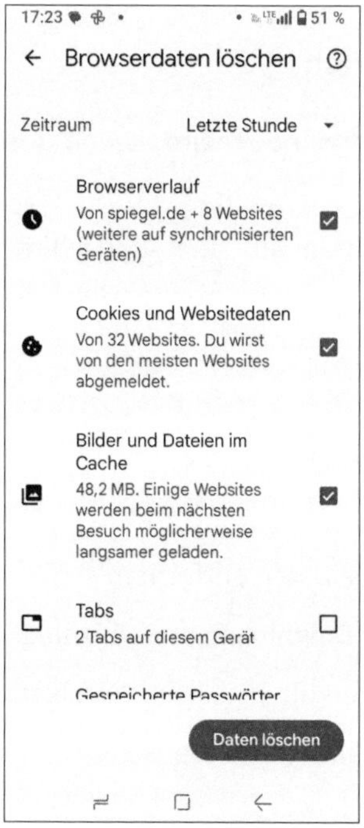

Achtung

Nach dem Löschen sind diese Informationen nicht mehr im Browser gespeichert. Webseiten können beim nächsten Besuch allerdings etwas langsamer laden, da bestimmte Inhalte neu heruntergeladen werden müssen.

Chrome-Einstellungen auf dem Smartphone

Über das Dreipunktmenü öffnen Sie verschiedene Funktionen von Chrome. Dort finden Sie unter anderem den **Verlauf**, **Downloads**, **Lesezeichen** und den Bereich **Einstellungen**, in dem Sie den Browser anpassen können.

In den **Einstellungen** finden Sie zahlreiche Optionen, die in mehrere Bereiche gegliedert sind.

Grundeinstellungen

Hier legen Sie grundlegende Funktionen des Browsers fest:

- **Suchmaschine**: Bestimmt, welcher Suchdienst verwendet wird, wenn Sie Begriffe in die Adressleiste eingeben.
- **Adressleiste**: Die Adressleiste kann oben oder unten auf dem Bildschirm angezeigt werden. Auf großen Smartphones ist die Position unten oft leichter erreichbar.

Datenschutz und Sicherheit

In diesem Bereich steuern Sie den Schutz Ihrer Daten:

- **Browserdaten löschen**: Hier können Sie gespeicherte Daten entfernen.
- **Safe Browsing**: Schützt vor gefährlichen Webseiten, Downloads und Phishing.
- **Do-Not-Track**: Sendet Websites eine Anfrage, Ihr Surfverhalten nicht zu verfolgen.
- **Sicheres DNS**: Verbessert die Sicherheit bei der Verbindung zu Webseiten.

Passwörter und Autofill

Dieser Bereich erleichtert das automatische Ausfüllen von Formularen.

Google Passwortmanager

Speichert Ihre Zugangsdaten für Webseiten.

Zahlungsmethoden

Hier können Kreditkarten oder andere Zahlungsmethoden gespeichert werden, damit sie beim Onlineeinkauf automatisch eingefügt werden.

Adressen und andere Daten

Speichert persönliche Daten wie Name, E-Mail-Adresse oder Lieferadresse. Diese werden automatisch in Formulare eingetragen.

Website-Einstellungen

Hier legen Sie fest, welche Berechtigungen Websites erhalten. Beispiele:

- **Standort** – Darf eine Website Ihren Standort nutzen?
- **Kamera** – Zugriff auf die Kamera erlauben oder blockieren
- **Mikrofon** – Zugriff auf das Mikrofon steuern
- **Benachrichtigungen** – Webseiten dürfen Nachrichten anzeigen.
- **Zwischenablage** – Zugriff auf kopierte Inhalte
- **USB oder NFC** – Verbindung mit Geräten

Sie können festlegen, ob Websites diese Funktionen erlaubt sind, ob Sie vorher gefragt werden sollen, oder die Funktionen blockieren.

Inhalte von Webseiten steuern

Zusätzlich können bestimmte Webfunktionen ein- oder ausgeschaltet werden. Beispiele:

- Drittanbieter-Cookies
- JavaScript
- Pop-ups und Weiterleitungen
- Ton auf Webseiten
- aufdringliche Werbung

Diese Optionen helfen dabei, Webseiten sicherer oder störungsärmer zu nutzen.

Downloads

Hier legen Sie fest, wo heruntergeladene Dateien gespeichert werden. Sie können zwischen dem internen Speicher des Geräts und einer zusätzlich von Ihnen eingebauten SD-Karte wählen oder Sie können auch einstellen, dass Chrome vor jedem Download nach dem Speicherort fragt.

Startseite

Hier bestimmen Sie, welche Seite beim Tippen auf das Startseitensymbol ⌂ geöffnet wird.

Kapitel 9
Dateien verwalten, speichern und gemeinsam nutzen

Dateien gehören zu den unscheinbaren, aber wichtigsten Inhalten eines mobilen Android-Geräts. Fotos, PDFs, heruntergeladene Dokumente, Präsentationen oder gescannte Unterlagen begleiten den Alltag – oft, ohne dass man sich bewusst macht, wo sie eigentlich gespeichert sind und wie sie sich sinnvoll verwalten lassen. Genau an dieser Stelle entsteht bei vielen Nutzerinnen und Nutzern Unsicherheit. Was liegt direkt auf dem Gerät? Was befindet sich in der Cloud? Und welche Rolle spielen dabei eigentlich die Apps *Dateien* und *Google Drive*, die auf den ersten Blick etwas Ähnliches zu tun scheinen, in Wirklichkeit aber unterschiedliche Aufgaben erfüllen?

Android bietet für den Umgang mit Dateien ein flexibles, aber zunächst nicht immer sofort durchschaubares System. Einerseits gibt es mit der App Dateien einen klassischen Zugriff auf lokal gespeicherte Inhalte. Andererseits erweitert Google Drive das Smartphone um einen Cloud-Speicher, der weit über die bloße Ablage von Dateien hinausgeht. Denn Google Drive ist nicht nur ein Ort zum Speichern, sondern zugleich auch eine Plattform zum Erstellen, Teilen und gemeinsamen Bearbeiten von Dokumenten.

In diesem Kapitel lernen Sie die Grundprinzipien der Dateiverwaltung auf Android kennen. Sie erfahren, wie Dateien auf dem Gerät organisiert sind, wie Sie lokale Inhalte verwalten und Speicherplatz im Blick behalten, wann Google Drive die bessere Wahl ist und wie beide Systeme sinnvoll zusammenspielen. Darüber hinaus sehen Sie, wie sich Dateien zwischen Apps austauschen lassen und wie typische Arbeitsabläufe im Alltag funktionieren – vom Herunterladen eines PDFs bis hin zur gemeinsamen Bearbeitung eines Dokuments in der Cloud.

Lokaler Speicher und Cloud im Zusammenspiel

Digitale Inhalte bestehen fast immer aus Dateien. Fotos, Dokumente, Präsentationen, Videos oder heruntergeladene Inhalte liegen auf einem Smartphone oder Tablet stets in Form solcher Dateien vor. Dennoch wird diese Struktur im Alltag oft kaum wahrgenommen. Moderne Smartphones versuchen bewusst, den Umgang mit Dateien möglichst unauffällig zu gestalten. Viele Aufgaben erledigen Apps automatisch im Hintergrund – sie speichern Inhalte, öffnen passende Programme und sorgen dafür, dass Dateien ohne großen Aufwand genutzt werden können.

Nehmen Sie beispielsweise ein Foto auf, erscheint es unmittelbar in der Foto-App. Öffnen Sie einen Anhang aus einer E-Mail, startet automatisch eine geeignete Anwendung. Und wenn Sie eine Präsentation über einen Messenger erhalten, lässt sie sich meist sofort anzeigen. Das Betriebssystem entscheidet dabei im Hintergrund, wo eine Datei gespeichert wird und welche App sie öffnen kann. Für viele alltägliche Aufgaben funktioniert dieses Prinzip sehr komfortabel.

Trotzdem existiert auf Android eine vollständige Dateistruktur. Dateien werden in Ordnern abgelegt, können verschoben, gelöscht oder geteilt werden und lassen sich zwischen verschiedenen Apps austauschen. Wer diese Struktur versteht, gewinnt deutlich mehr Kontrolle über seine Inhalte und kann das Smartphone auch für produktivere Aufgaben nutzen – etwa zum Organisieren von Dokumenten, zum Bearbeiten von Dateien oder zum gemeinsamen Arbeiten mit anderen.

Android stellt dafür mehrere Werkzeuge bereit. Besonders wichtig sind zwei Anwendungen, die im Alltag häufig nebeneinander verwendet werden: *Dateien* und Google *Drive*. Beide Apps beschäftigen sich mit Dateien, verfolgen dabei jedoch unterschiedliche Ziele.

Die App Dateien dient vor allem als Dateimanager für Inhalte, die direkt auf dem Gerät gespeichert sind. Hier finden Sie beispielsweise heruntergeladene Dokumente, lokale Bilder oder andere Dateien, die auf dem Smartphone abgelegt wurden. Die App hilft dabei, solche Inhalte zu finden, zu sortieren oder bei Bedarf zu löschen.

Google Drive geht einen Schritt weiter. Der Dienst erweitert das Smartphone um einen Cloud-Speicher, in dem Dateien nicht nur abgelegt, sondern auch zwischen verschiedenen Geräten synchronisiert werden können. Darüber hinaus lassen sich in Google Drive neue Dokumente erstellen, Inhalte mit anderen Personen teilen und gemeinsam bearbeiten. Dadurch wird Google Drive nicht nur zu einem Speicherort, sondern auch zu einer Plattform für Zusammenarbeit.

In diesem Kapitel lernen Sie die grundlegenden Prinzipien der Dateiverwaltung auf Android kennen. Sie erfahren, wie Dateien auf dem Gerät organisiert sind, wie Sie lokale Inhalte verwalten und wann die Nutzung eines Cloud-Dienstes sinnvoll ist. Außerdem sehen Sie, wie Dateien zwischen Apps ausgetauscht werden können und wie typische Arbeitsabläufe im Alltag aussehen – vom Herunterladen eines PDFs über das Scannen eines Dokuments bis hin zur gemeinsamen Bearbeitung eines Textes in Google Drive. Am Ende dieses Kapitels verstehen Sie, wie lokale Dateien und Cloud-Speicher zusammenarbeiten und wie Sie beide Möglichkeiten sinnvoll nutzen können, um Ihre Inhalte übersichtlich zu organisieren und jederzeit griffbereit zu haben.

Dateien auf Android – Grundlagen

Bevor wir uns mit konkreten Apps beschäftigen, lohnt sich ein Blick auf die grundlegende Idee hinter Dateien auf Android. Auch wenn viele Apps den Umgang mit Dateien vereinfachen oder im Hintergrund erledigen, bleibt die Datei die zentrale Einheit digitaler Inhalte.

Was ist eine Datei?

Eine Datei ist eine gespeicherte Information. Sie kann beispielsweise ein Foto, ein Textdokument, eine Tabelle, ein Video oder ein Musikstück enthalten. Jede Datei besitzt mehrere Eigenschaften, die dem System helfen, sie richtig zu verwalten. Zu den wichtigsten Eigenschaften gehören:

- der Dateiname
- der Dateityp
- der Speicherort

Der Dateityp bestimmt, mit welcher App eine Datei geöffnet werden kann. Ein Foto im JPG-Format wird beispielsweise mit einer Foto-App angezeigt, während ein PDF-Dokument mit einem Dokumenten-Viewer geöffnet wird. Android erkennt diese Dateitypen automatisch. Dadurch müssen Sie sich im Alltag nur selten Gedanken darüber machen, welche Anwendung eine bestimmte Datei benötigt.

Speicherorte auf Android

Dateien können auf Android an verschiedenen Orten gespeichert sein. Die wichtigsten Speicherorte sind der interne Gerätespeicher und Cloud-Speicher:

- Der interne Speicher befindet sich direkt im Smartphone oder Tablet. Hier werden Fotos der Kamera, heruntergeladene Dateien, Dokumente oder Musik gespeichert. Dieser Speicher ist immer verfügbar und funktioniert auch ohne Internetverbindung. Viele Geräte bieten zusätzlich einen externen Speicher in Form einer microSD-Karte. Diese kann vor allem für große Datenmengen wie Fotos oder Videos genutzt werden.
- Neben diesen lokalen Speicherorten spielt heute vor allem der Cloud-Speicher eine wichtige Rolle. Cloud-Dienste wie Google Drive speichern Dateien auf Servern im Internet. Dadurch können dieselben Dateien von mehreren Geräten aus geöffnet werden. Wer beispielsweise ein Dokument auf dem Smartphone erstellt, kann später auf dem Tablet oder Computer daran weiterarbeiten.
- In der Praxis arbeiten lokaler Speicher und Cloud-Speicher häufig zusammen. Eine Datei kann zunächst lokal entstehen und anschließend automatisch in die Cloud hochgeladen werden.

Warum Android Dateien stärker über Apps organisiert

Auf einem klassischen Computer greifen Programme häufig direkt auf Dateien im gesamten System zu. Android verfolgt bewusst ein etwas anderes Konzept. Apps erhalten meist nur Zugriff auf ihre eigenen Dateien oder auf Inhalte, die Nutzerinnen und Nutzer ausdrücklich freigeben.

Dieses Prinzip erhöht die Sicherheit des Systems. Apps können nicht ohne Weiteres auf beliebige Daten zugreifen oder diese verändern. Gleichzeitig führt es dazu, dass Dateien oft über spezielle Apps verwaltet werden. Eine der wichtigsten Anwendungen für diesen Zweck ist die Dateien-App, die als zentraler Dateimanager für lokal gespeicherte Inhalte dient.

Die Dateien-App – der zentrale Dateimanager

Die App *Dateien* ist der zentrale Dateimanager auf Android. Sie bietet einen Überblick über Inhalte, die direkt auf dem Gerät gespeichert sind, und ermöglicht grundlegende Verwaltungsaufgaben wie das Suchen, Sortieren, Verschieben oder

Löschen von Dateien. Während viele Apps ihre eigenen Inhalte verwalten, sorgt die Dateien-App dafür, dass Sie auch systemweit auf gespeicherte Dateien zugreifen können.

Android verfolgt dabei einen Ansatz, der bewusst einfacher gestaltet ist als klassische Dateimanager auf Computern. Statt den Nutzer sofort mit einer komplexen Ordnerstruktur zu konfrontieren, zeigt die Dateien-App zunächst eine übersichtliche Startseite. Dort werden Dateien nach Kategorien sortiert dargestellt. Diese automatische Einordnung erleichtert besonders Einsteigerinnen und Einsteigern den Umgang mit gespeicherten Inhalten, weil Dateien schneller gefunden werden können, ohne dass der genaue Speicherort bekannt sein muss.

Die Startseite

Wenn Sie die App Dateien öffnen, erscheint zunächst eine übersichtliche Startseite. Sie dient als zentraler Einstiegspunkt zur Verwaltung Ihrer Dateien und zeigt verschiedene Bereiche, die den schnellen Zugriff auf häufig genutzte Inhalte ermöglichen.

Ganz oben befindet sich eine Suchleiste. Über diese können Sie nach Dateinamen oder bestimmten Begriffen suchen. Die App durchsucht dabei automatisch alle verfügbaren Speicherorte auf dem Gerät.

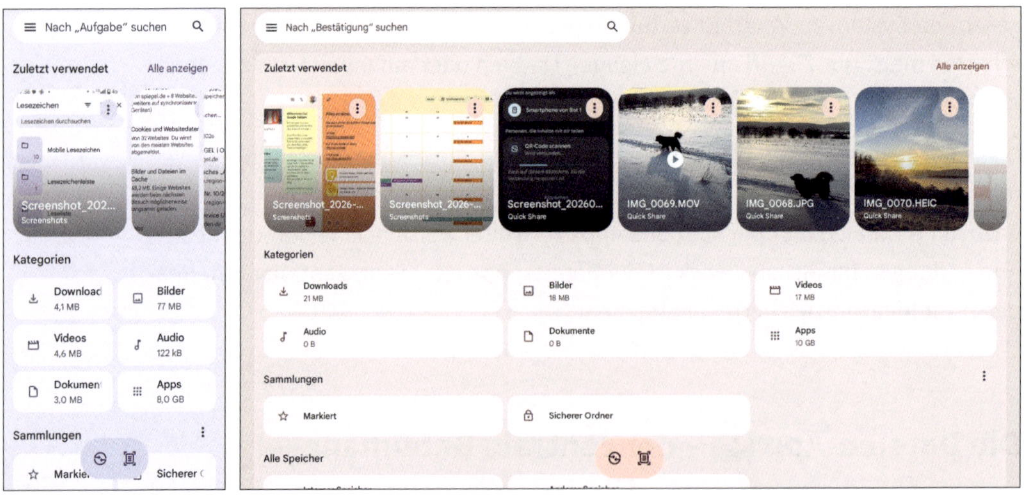

Die Startseite der Dateien-App (links: Smartphone, rechts: Tablet) zeigt zuletzt verwendete Dateien sowie Kategorien zum schnellen Zugriff auf gespeicherte Inhalte.

- **Zuletzt verwendet**: Direkt darunter sehen Sie den Bereich **Zuletzt verwendet**. Hier zeigt Android Dateien an, die Sie kürzlich geöffnet, bearbeitet oder neu hinzugefügt haben. Dabei spielt es keine Rolle, in welcher App die Datei verwendet wurde. Ein Bild aus der Galerie, ein Dokument aus Google Drive oder ein heruntergeladenes PDF können hier gleichermaßen erscheinen. Dieser Bereich erleichtert den schnellen Zugriff auf Inhalte, die Sie aktuell nutzen.
- **Kategorien**: Darunter folgt der Bereich **Kategorien**, in dem Android Dateien automatisch nach Typ sortiert. Typische Kategorien sind beispielsweise: **Downloads**, **Bilder**, **Videos**, **Audio**, **Dokumente**, **Apps**. Sie helfen dabei, Dateien schneller wiederzufinden. Ein heruntergeladenes PDF erscheint beispielsweise automatisch in der Kategorie **Dokumente**, während ein aufgenommenes Foto unter **Bilder** einsortiert wird. Sie müssen also nicht wissen, in welchem Ordner eine Datei abgelegt wurde.
- **Sammlungen**: Darunter befindet sich der Bereich **Sammlungen**. Hier stellt Android besondere Funktionen zur Verfügung, mit denen sich Dateien gezielter organisieren lassen. Zu den wichtigsten Einträgen gehören:
  - **Markiert**: In dieser Sammlung können Sie Dateien speichern, die Sie besonders schnell wiederfinden möchten. Wenn Sie eine Datei als markiert kennzeichnen, erscheint sie automatisch in diesem Bereich. Das funktioniert ähnlich wie mit Favoriten oder Lesezeichen.
  - **Sicherer Ordner**: Der sichere Ordner dient dem Schutz sensibler Inhalte. Dateien, die dort gespeichert werden, sind nur nach einer zusätzlichen Authentifizierung sichtbar - etwa über PIN, Passwort oder biometrische Anmeldung. Auf diese Weise lassen sich private Dokumente oder persönliche Bilder besonders geschützt aufbewahren.
- **Alle Speicher**: Im unteren Bereich der Startseite finden Sie den Abschnitt **Alle Speicher**. Hier zeigt die Dateien-App an, welche Speicherorte auf dem Gerät verfügbar sind. Typische Einträge sind:
  - **Interner Speicher**: Dies ist der Hauptspeicher Ihres Smartphones oder Tablets. Hier werden Fotos, Downloads, App-Daten und viele andere Inhalte abgelegt. Wenn Sie diesen Eintrag öffnen, sehen Sie die klassische Ordnerstruktur des Geräts.
  - **Anderer Speicher**: Dieser Bereich ermöglicht den Zugriff auf weitere Speicherorte, etwa Cloud-Dienste oder Inhalte aus anderen Apps. Je nach Gerät können hier beispielsweise Google Drive, Netzwerkspeicher oder andere verbundene Dienste erscheinen.

- Schnellfunktionen am unteren Rand: Am unteren Rand der Startseite befinden sich zwei Schnellfunktionen, die häufige Aufgaben besonders einfach zugänglich machen.
  - **Quick Share** : Mit Quick Share können Sie Dateien schnell mit anderen Geräten in der Nähe austauschen. Voraussetzung ist, dass auf beiden Geräten Quick Share aktiviert ist.
  - **Scannen** : Mit dieser Funktion können Sie Papierdokumente direkt mit der Kamera Ihres Geräts digitalisieren. Die Dateien-App erkennt automatisch die Ränder eines Dokuments und speichert den Scan anschließend als Datei.

Mit Dateien und Ordnern arbeiten

Nachdem Sie die grundlegenden Bereiche der Dateien-App kennengelernt haben, geht es im nächsten Schritt um die praktische Arbeit mit Dateien und Ordnern. In vielen Situationen reicht es nicht aus, Inhalte nur zu öffnen oder anzusehen. Häufig möchten Sie Dateien sortieren, Dokumente verschieben, Ordner erstellen oder bestimmte Inhalte schneller wiederfinden.

Die Dateien-App stellt dafür eine Reihe von Werkzeugen bereit. Über ein Kontextmenü lassen sich sowohl einzelne Dateien als auch komplette Ordner verwalten. Viele Funktionen sind dabei identisch – unabhängig davon, ob Sie mit einer Datei oder einem Ordner arbeiten. Der Zugriff auf diese Funktionen erfolgt meist über eine einfache Geste: Halten Sie eine Datei oder einen Ordner kurz gedrückt. Dadurch wird der sogenannte Auswahlmodus aktiviert.

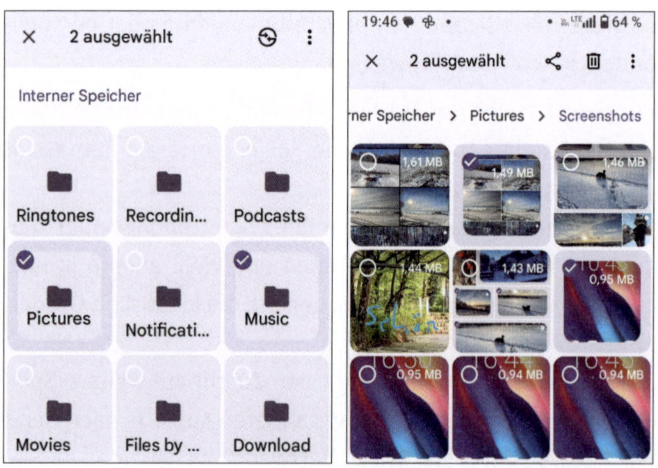

Durch längeres Drücken wird eine Datei markiert und der Auswahlmodus aktiviert.

Mehrere Dateien auswählen

Sobald Sie eine Datei markiert haben, können Sie weitere Dateien auswählen. Tippen Sie dazu einfach auf zusätzliche Elemente in der Übersicht. Oben am Bildschirm erscheint nun eine Leiste, die anzeigt, wie viele Elemente aktuell ausgewählt sind. Gleichzeitig werden mehrere Aktionen eingeblendet:

- **Teilen** <
- **Löschen**
- weitere Optionen über das Dreipunktmenü ⋮

Dateien und Ordner verschieben

Eine der häufigsten Aufgaben beim Organisieren von Dateien ist das Verschieben von Inhalten in einen anderen Ordner. So gehen Sie vor:

1. Öffnen Sie den gewünschten Ordner oder Speicherbereich.
2. Halten Sie eine Datei oder einen Ordner gedrückt, bis er markiert wird.
3. Wählen Sie bei Bedarf weitere Dateien aus.
4. Tippen Sie auf das Dreipunktmenü.
5. Wählen Sie **Verschieben nach**.
6. Anschließend wählen Sie den Zielordner aus.

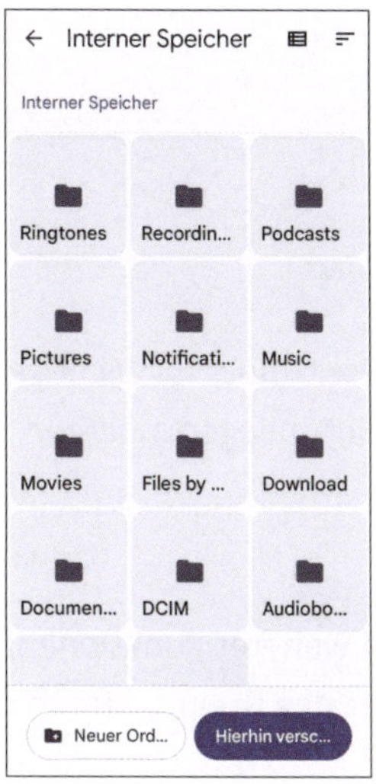

Zielordner für das Verschieben auswählen

7. Im unteren Bereich erscheint ein Feld mit möglichen Speicherorten, z. B.:
   - **Interner Speicher**
   - **SD-Karte**

8. Sie können auch direkt einen neuen Ordner erstellen, um die ausgewählten Dateien dort abzulegen. Dazu tippen Sie auf **Neuer Ordner**.

Neue Ordner erstellen

Um Dateien übersichtlich zu organisieren, können Sie jederzeit eigene Ordner anlegen. So funktioniert es:

1. Öffnen Sie den gewünschten Speicherort.

2. Tippen Sie unten rechts auf .

3. Geben Sie einen Namen für den Ordner ein.

4. Bestätigen Sie mit **Ordner erstellen**.

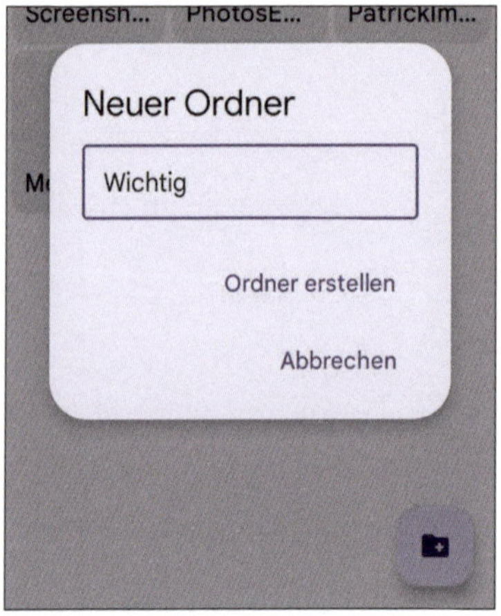

Erstellen eines neuen Ordners

Diese Funktion ist besonders hilfreich, wenn Sie beispielsweise Ordner für wichtige Dokumente, Unterrichtsmaterialien, Fotos oder Projektdateien anlegen möchten.

Weitere Datei- und Ordneraktionen

Neben dem Verschieben bietet die Dateien-App eine Reihe weiterer Funktionen, mit denen Sie Inhalte verwalten können. Diese stehen über das Dreipunktmenü zur Verfügung.

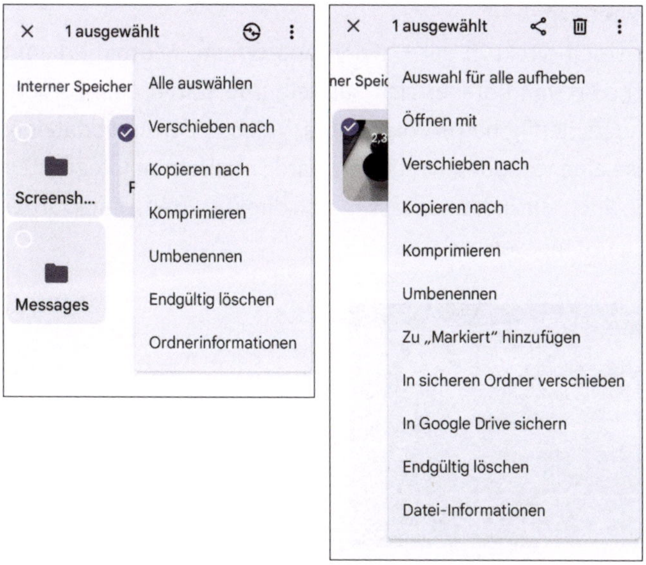

Das Dreipunktmenü mit verschiedenen Dateiaktionen

Zu den wichtigsten Aktionen gehören:

- **Kopieren nach**: Erstellt eine Kopie der Datei oder des Ordners an einem anderen Speicherort.
- **Komprimieren**: Mehrere Dateien oder Ordner können zu einem ZIP-Archiv zusammengefasst werden. Das spart Speicherplatz und erleichtert das Versenden größerer Dateimengen.
- **Umbenennen**: Hier können Sie den Namen einer Datei oder eines Ordners ändern.
- **Zu „Markiert" hinzufügen**: Die Datei wird Ihren Favoriten hinzugefügt und erscheint anschließend im Bereich **Sammlungen • Markiert**.
- **In sicheren Ordner verschieben**: Die Datei wird in einen geschützten Bereich verschoben, der nur nach Authentifizierung zugänglich ist.
- **In Google Drive sichern**: Mit dieser Funktion lässt sich eine Datei direkt in den Cloud-Speicher von Google Drive hochladen.
- **Datei- oder Ordner-Informationen**: Zeigt Details zur Datei an, etwa Größe, Speicherort oder Änderungsdatum.

Dateien öffnen und wiedergeben

Viele Dateitypen lassen sich direkt in der Dateien-App öffnen. Android erkennt automatisch, um welche Art von Datei es sich handelt, und startet eine passende Anwendung. Besonders häufig betrifft dies Fotos, Videos oder Audiodateien. Wenn Sie beispielsweise eine Videodatei antippen, wird sie sofort im integrierten Videoplayer abgespielt. Auch Musikdateien lassen sich direkt starten, ohne vorher eine separate App öffnen zu müssen.

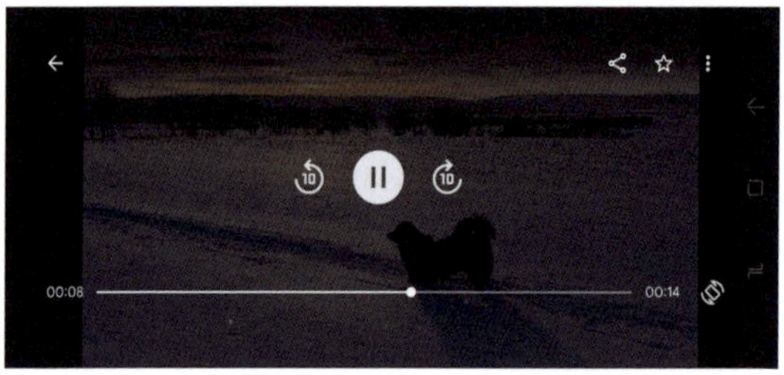

Audio- oder Videodateien können direkt in der Dateien-App abgespielt werden.

Andere Dateien werden automatisch mit geeigneten Apps geöffnet. Ein PDF-Dokument startet beispielsweise einen Dokumenten-Viewer, während eine Präsentation mit einer Office-App geöffnet wird. Dieses Zusammenspiel verschiedener Anwendungen gehört zu den grundlegenden Prinzipien von Android: Die Dateien-App dient als zentrale Übersicht, während spezialisierte Apps den eigentlichen Inhalt anzeigen oder bearbeiten.

Tipp: Dateien schneller wiederfinden

Gerade wenn sich viele Dateien auf dem Gerät befinden, lohnt es sich, einige Organisationsfunktionen bewusst zu nutzen. Hilfreich sind z. B.:

- Ordnerstruktur aufbauen
- wichtige Dateien markieren
- Downloads regelmäßig aufräumen
- größere Dateien in die Cloud verschieben

Mit einer klaren Struktur behalten Sie auch bei vielen Dokumenten den Überblick.

Dokumente mit der Dateien-App scannen

Neben der klassischen Dateiverwaltung bietet die Dateien-App noch eine weitere praktische Funktion: Sie können damit Papierdokumente direkt mit der Kamera Ihres Geräts digitalisieren. Diese Funktion eignet sich beispielsweise für:

- Rechnungen
- Notizen
- Verträge
- Arbeitsblätter
- handschriftliche Aufzeichnungen

Die App erkennt automatisch den Rand eines Dokuments, richtet die Aufnahme aus und verbessert anschließend Kontrast und Lesbarkeit. Das Ergebnis wird danach als Datei gespeichert und kann wie jedes andere Dokument weiterverwendet werden. Die Scanfunktion erreichen Sie über die Schaltfläche **Scannen** auf der Startseite der Dateien-App.

Dokument aufnehmen

Nach dem Start der Scanfunktion öffnet sich die Kameraansicht:

1. Die Dateien-App versucht automatisch ein Dokument im Bild zu erkennen.
2. Sobald ein Blatt Papier erkannt wird, erscheint eine Markierung um das Dokument. Die App richtet das Bild anschließend automatisch aus.
3. Sie können zwischen zwei Aufnahmemodi wählen:
   - **Automatische Aufnahme**: Das Dokument wird automatisch fotografiert, sobald die App eine stabile Position erkennt.
   - **Manuell**: Sie lösen das Foto selbst über den Auslöser aus.

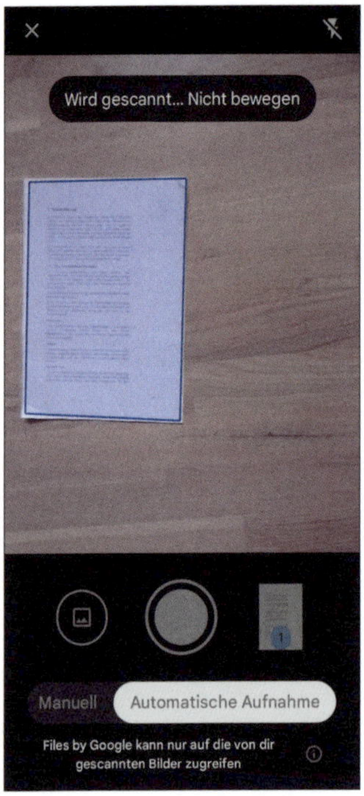

Dokumente werden automatisch erkannt und eingerahmt.

Scan bearbeiten

Nach der Aufnahme können Sie den Scan noch anpassen. Die Dateien-App bietet dafür mehrere einfache Bearbeitungswerkzeuge. Zu den wichtigsten Funktionen gehören:

- **Optimieren** – verbessert Kontrast und Lesbarkeit des Dokuments.
- **Filter** – verändert die Darstellung, etwa für eine bessere Lesbarkeit.
- **Zuschneiden** – korrigiert den Bildausschnitt.

Diese Werkzeuge sorgen dafür, dass der Scan möglichst klar und gut lesbar gespeichert wird.

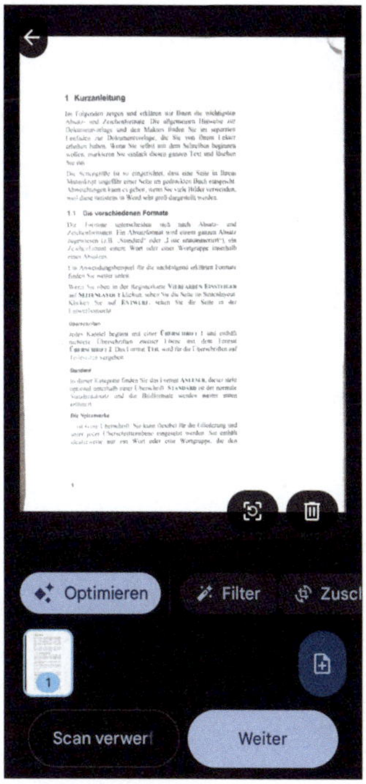

Bearbeitungswerkzeuge für den Scan

Scan speichern

Wenn Sie mit dem Ergebnis zufrieden sind, tippen Sie auf **Weiter**. Die Dateien-App speichert das Dokument anschließend als Datei auf Ihrem Gerät. Der Scan kann wie jede andere Datei verwendet werden. Sie können ihn beispielsweise:

- per E-Mail versenden
- in einen Cloud-Speicher hochladen
- mit anderen Apps weiterbearbeiten
- archivieren oder ausdrucken

Auf diese Weise lassen sich Papierdokumente schnell in digitale Unterlagen umwandeln.

Praxistipp: So gelingen bessere Dokumentenscans

Für besonders gute Ergebnisse beim Scannen sollten Sie einige einfache Regeln beachten:

- Legen Sie das Dokument möglichst flach auf eine helle Oberfläche.
- Sorgen Sie für eine gleichmäßige Beleuchtung, um Schatten zu vermeiden.
- Halten Sie das Smartphone ruhig über dem Dokument.
- Fotografieren Sie das Blatt möglichst gerade von oben.

Die automatische Optimierung der Dateien-App verbessert anschließend Kontrast und Lesbarkeit, sodass der Scan wie ein klassisches PDF-Dokument wirkt.

Dateien teilen und weitergeben

Sie können Dateien aus der Dateien-App schnell mit anderen Personen oder Geräten zu teilen. Fotos, Dokumente, Videos oder Präsentationen lassen sich direkt aus der Dateien-App heraus versenden, ohne dass Sie vorher eine andere Anwendung öffnen müssen. Android nutzt dafür ein zentrales System, das sogenannte Teilen-Menü.

Teilen-Menü von Android mit verschiedenen Apps und Übertragungsmöglichkeiten

Dieses Menü zeigt alle Apps und Dienste an, über die eine Datei weitergegeben werden kann. Dazu gehören beispielsweise Messenger-Apps, E-Mail-Programme, Cloud-Speicher oder drahtlose Übertragungsmethoden.

Dateien über Apps versenden

Im Teilen-Menü erscheinen zahlreiche Apps, über die sich Dateien weitergeben lassen. Dazu gehören beispielsweise:

- **Gmail** zum Versenden per E-Mail
- **WhatsApp** oder andere Messenger
- Google **Fotos** zum Hochladen von Bildern und Videos
- Google **Drive** oder **OneDrive** zum Speichern in der Cloud

Tippen Sie einfach auf die gewünschte App. Android öffnet anschließend automatisch die entsprechende Anwendung und übergibt die Datei. Wenn Sie beispielsweise **Gmail** auswählen, wird automatisch eine neue E-Mail erstellt, in der die Datei bereits als Anhang eingefügt ist.

Dateien zwischen Geräten übertragen

Neben Apps unterstützt Android auch direkte Übertragungsmethoden zwischen Geräten. Eine besonders komfortable Möglichkeit ist **Quick Share**. Diese Funktion ermöglicht es, Dateien drahtlos zwischen kompatiblen Geräten in der Nähe zu übertragen.

Dateien in der Cloud speichern

Eine weitere häufig genutzte Möglichkeit besteht darin, Dateien direkt in einen Cloud-Speicher hochzuladen. Dadurch stehen sie anschließend auf mehreren Geräten zur Verfügung. Im Teilen-Menü finden Sie dazu beispielsweise Optionen wie:

- **Drive**
- **OneDrive**
- andere installierte Cloud-Apps

Wenn Sie eine dieser Optionen auswählen, wird die Datei automatisch in den entsprechenden Cloud-Speicher hochgeladen. Anschließend können Sie sie von anderen Geräten aus öffnen oder mit anderen Personen teilen.

Google Drive – Dateien in der Cloud speichern

Mit *Google Drive* stellt Google einen Cloud-Speicher zur Verfügung, mit dem Sie Dateien nicht nur auf Ihrem Gerät, sondern auch im Internet speichern können. Dadurch stehen Ihre Dokumente, Fotos oder Präsentationen auf verschiedenen Geräten zur Verfügung, beispielsweise auf dem Smartphone, Tablet oder Computer.

Ein großer Vorteil von Google Drive besteht darin, dass Ihre Dateien automatisch synchronisiert werden. Wenn Sie ein Dokument bearbeiten, wird die aktualisierte Version direkt in der Cloud gespeichert und steht anschließend überall bereit, wo Sie sich mit Ihrem Google-Konto anmelden. Google Drive ist auf vielen Android-Geräten bereits vorinstalliert und eng mit anderen Google-Diensten verbunden.

Die Oberfläche von Google Drive

Wenn Sie Google Drive öffnen, gelangen Sie zunächst zur Startseite der App. Hier zeigt Google Drive häufig verwendete oder zuletzt bearbeitete Dateien an. Dadurch können Sie schnell auf wichtige Dokumente zugreifen. Im oberen Bereich befindet sich eine Suchleiste, mit der Sie Dateien in Ihrem Drive-Speicher durchsuchen können. Besonders bei vielen Dokumenten erleichtert diese Funktion das schnelle Auffinden bestimmter Inhalte. Darunter sehen Sie zwei Bereiche: **Vorschläge** und **Aktivität**.

Vorschläge

Der Bereich **Vorschläge** zeigt Dateien an, die für Sie aktuell besonders relevant sein könnten. Google Drive berücksichtigt dabei unter anderem:

- kürzlich geöffnete Dateien
- häufig verwendete Dokumente
- zuletzt bearbeitete Inhalte
- Dateien, an denen mehrere Personen arbeiten

Diese Vorschläge helfen Ihnen dabei, schnell zu den Dokumenten zurückzukehren, die Sie zuletzt verwendet haben. Besonders bei gemeinsamen Projekten oder regelmäßig genutzten Dateien ist dies sehr praktisch.

Aktivität

Im Bereich **Aktivität** erhalten Sie einen Überblick über Änderungen in Ihrer Cloud-Ablage. Hier sehen Sie beispielsweise:

- welche Dateien zuletzt bearbeitet wurden
- welche Dokumente mit Ihnen geteilt wurden
- Änderungen, die andere Personen an freigegebenen Dateien vorgenommen haben

Dieser Bereich ist besonders hilfreich, wenn Sie gemeinsam mit anderen Personen an Dokumenten arbeiten. Sie können schnell nachvollziehen, welche Änderungen vorgenommen wurden und wann diese erfolgt sind.

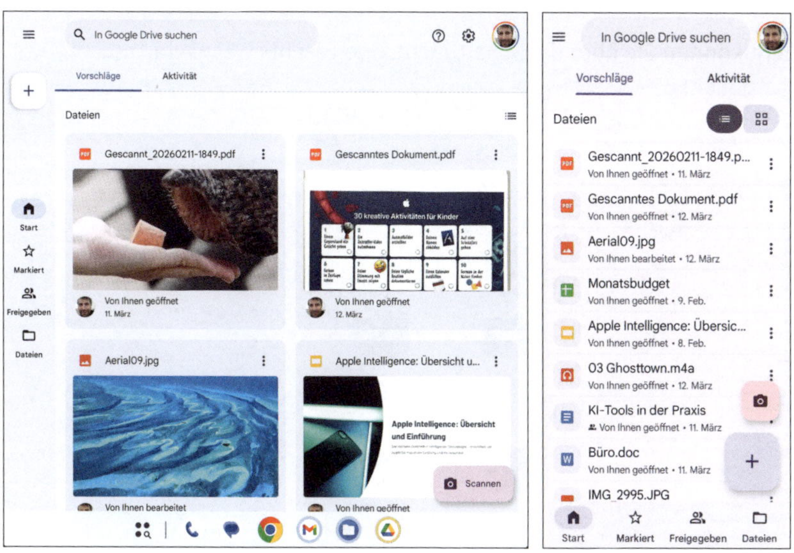

Startseite der Google-Drive-App mit aktuellen Dateien und Vorschlägen

Am linken Bildschirmrand (Tablet und Foldable) bzw. unten (Smartphone) befindet sich die Navigationsleiste der App. Über diese können Sie verschiedene Bereiche von Google Drive öffnen. Zu den wichtigsten Bereichen gehören:

- **Start** – zeigt häufig verwendete oder zuletzt bearbeitete Dateien.
- **Markiert** – enthält Dateien und Ordner, die Sie als Favoriten markiert haben.
- **Freigegeben** – zeigt Inhalte, die andere Personen mit Ihnen geteilt haben.
- **Dateien** – zeigt Ihre gesamte Ablage in Google Drive.

Dateien und Ordner anzeigen

Der Bereich **Dateien** enthält Ihre komplette Ablage in Google Drive. Hier können Sie Ordner öffnen, Dateien anzeigen und neue Inhalte hinzufügen.

Ihre Dokumente werden in der Regel in der sogenannten **Meine Ablage** gespeichert. Diese funktioniert ähnlich wie ein klassischer Ordner auf einem Computer. Sie können darin beliebige Ordner erstellen und Ihre Dateien übersichtlich organisieren. Je nach Einstellung lassen sich Ordner in zwei unterschiedlichen Darstellungsarten anzeigen:

- Listenansicht – Dateien werden untereinander aufgelistet.
- Rasteransicht – Dateien werden als Kacheln dargestellt.

Die Ansicht können Sie über die Schaltfläche oben rechts wechseln.

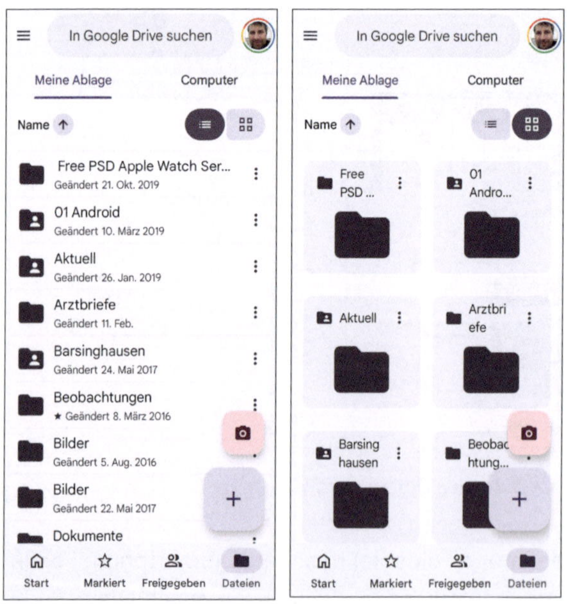

Ordnerübersicht in Google Drive

Neue Dateien und Ordner in Google Drive erstellen

Google Drive bietet eine Besonderheit: Sie können nicht nur Dateien hochladen, sondern auch direkt neue Dokumente erstellen:

1. Tippen Sie auf das Plussymbol in der App.
2. Anschließend erscheint ein Menü mit verschiedenen Optionen.

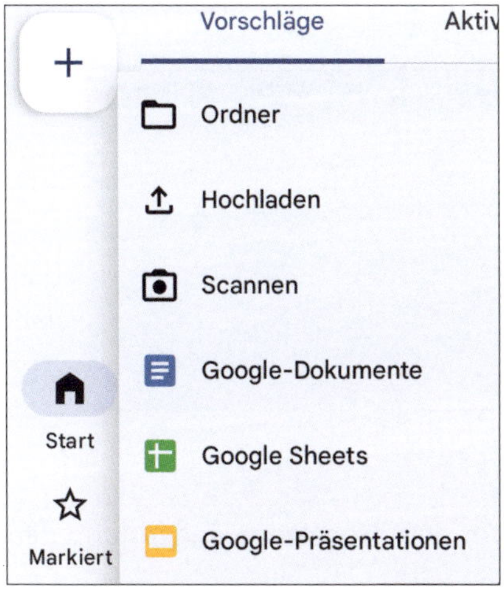

Menü zum Erstellen neuer Inhalte in Google Drive

Diese Möglichkeiten bietet Google Drive:

- **Ordner** – erstellt einen neuen Ordner.
- **Hochladen** – lädt eine Datei vom Gerät in Google Drive hoch.
- **Scannen** – erstellt einen Dokumentenscan mit der Kamera.
- **Google-Dokumente** – erstellt ein neues Textdokument.
- **Google Sheets** – erstellt eine Tabellenkalkulation.
- **Google-Präsentationen** – erstellt eine Präsentation.

Ein großer Vorteil dieser Funktionen besteht darin, dass die erstellten Dokumente automatisch in der Cloud gespeichert werden.

Dateien in Google Drive hochladen

Wenn Sie Dateien von Ihrem Gerät in Google Drive speichern möchten, können Sie diese einfach hochladen. Gehen Sie dazu folgendermaßen vor:

1. Öffnen Sie Google Drive.
2. Tippen Sie auf das Plussymbol.
3. Wählen Sie **Hochladen**.
4. Wählen Sie eine Datei aus dem Gerätespeicher, aus Google **Fotos**, der **Gallery** oder aus Cloud-Speicherdiensten wie Microsoft **OneDrive** aus.

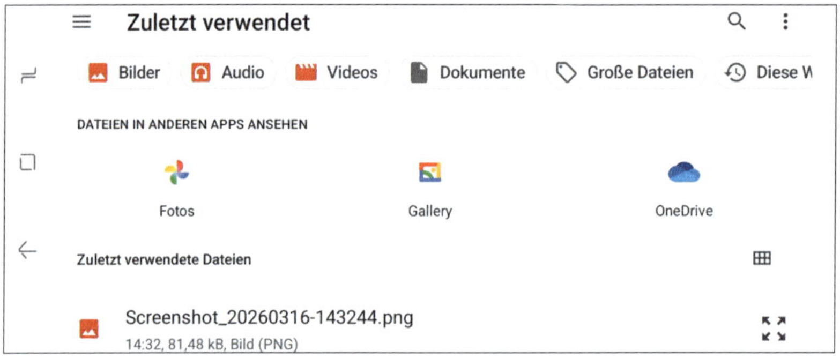

5. Tippen Sie auf **Hochladen**.
6. Zusätzlich können Sie den Dateinamen vor dem Hochladen ändern und den Speicherort bestimmen.

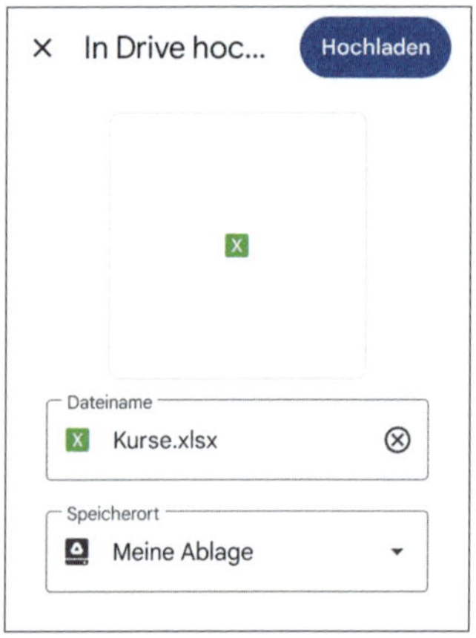

7. Die Datei wird anschließend in Ihren Drive-Speicher übertragen.
8. Nach dem Upload können Sie die Datei von anderen Geräten aus öffnen oder mit anderen Personen teilen.

Dokumente direkt scannen

Google Drive bietet ebenfalls eine integrierte Scanfunktion, mit der Sie Papierdokumente direkt mit der Kamera Ihres Geräts digitalisieren können. Die Funktionsweise entspricht der Scanfunktion der Dateien-App, die bereits im letzten Abschnitt »Die Dateien-App – der zentrale Dateimanager« erläutert wurde. Der Ablauf ist also sehr ähnlich – lediglich der Einstieg in die Funktion erfolgt in Google Drive über das Plusmenü. Gehen Sie dazu folgendermaßen vor:

1. Öffnen Sie Google Drive.
2. Tippen Sie auf das Plussymbol.
3. Wählen Sie **Scannen**.

Anschließend öffnet sich die Kamera Ihres Geräts. Google Drive versucht nun automatisch, das Dokument im Bild zu erkennen, richtet die Aufnahme aus und optimiert den Kontrast. Der fertige Scan wird anschließend als PDF-Datei in Ihrem Google-Drive-Speicher abgelegt und kann dort wie jede andere Datei geöffnet, organisiert oder mit anderen Personen geteilt werden.

Dateien organisieren

Auch in Google Drive können Sie Ihre Dateien in Ordnern organisieren oder diese löschen:

1. Wählen Sie eine oder mehrere Dateien oder Ordner aus:
   - Tippen und halten Sie eine Datei oder einen Ordner.
   - Die Datei bzw. der Ordner wird markiert.
   - Tippen Sie auf weitere Dateien oder Ordner.
   - Tippen Sie in der Symbolleiste auf ⬚, um alle Dateien und Ordner in dieser Ansicht auszuwählen.

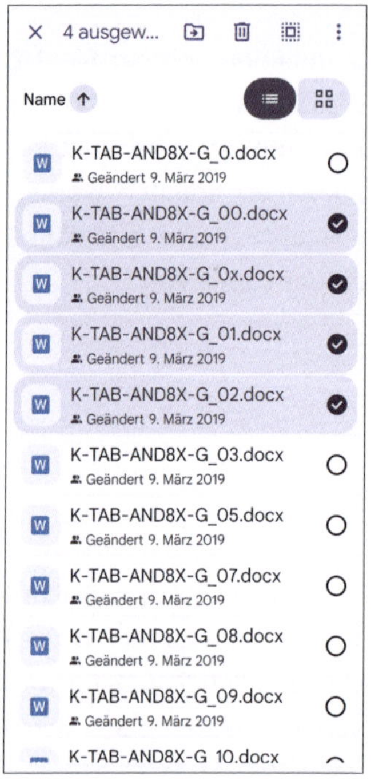

2. Wählen Sie in der Symbolleiste:
   - **Verschieben** – verschiebt die ausgewählte Datei oder den Ordner in einen anderen Ordner innerhalb Ihrer Google-Drive-Ablage.
   - **Löschen** – verschiebt die ausgewählte Datei oder den Ordner in den Papierkorb. Dort bleibt sie zunächst erhalten und kann bei Bedarf wiederhergestellt werden.

Tipp: Verschieben per Drag and Drop

Sie können Dateien und Ordner auch per Drag and Drop verschieben. Diese Methode ist besonders schnell und bequem, wenn Sie mehrere Elemente neu organisieren möchten. Dazu halten Sie eine Datei oder einen Ordner einfach gedrückt und ziehen das Element anschließend an die gewünschte Position. Während des Ziehens zeigt Google Drive an, wohin das Element verschoben werden kann.

Dateien freigeben und gemeinsam bearbeiten

Sie können Dateien oder Ordner mit anderen Personen teilen, sodass diese darauf zugreifen oder sie gemeinsam bearbeiten können. Gehen Sie dazu folgendermaßen vor:

1. Tippen Sie auf das Dreipunktsymbol neben einer Datei oder einem Ordner.
2. Wählen Sie **Freigeben**.
3. Geben Sie die E-Mail-Adresse der gewünschten Person ein.

4. Anschließend können Sie festlegen, welche Rechte die Person erhält:
   - **Betrachter** – kann die Datei nur ansehen.
   - **Kommentator** – kann Kommentare hinzufügen.
   - **Mitbearbeiter** – kann die Datei bearbeiten.
5. Zum Senden der Freigabeeinladung tippen Sie auf den Sendenpfeil ➢.

Freigegebene Dateien und Ordner verwalten

Sobald Sie eine Datei oder einen Ordner mit anderen Personen teilen oder jemand Inhalte mit Ihnen teilt, erscheinen diese im Bereich **Freigegeben** der Google-Drive-App.

Standardmäßig sortiert Google Drive die dort angezeigten Elemente nach dem Datum der Freigabe. So sehen Sie schnell, welche Inhalte zuletzt mit Ihnen geteilt wurden. Bei Bedarf können Sie die Sortierung ändern, indem Sie auf das Sortiersymbol ⊙ tippen und eine andere Sortierreihenfolge auswählen.

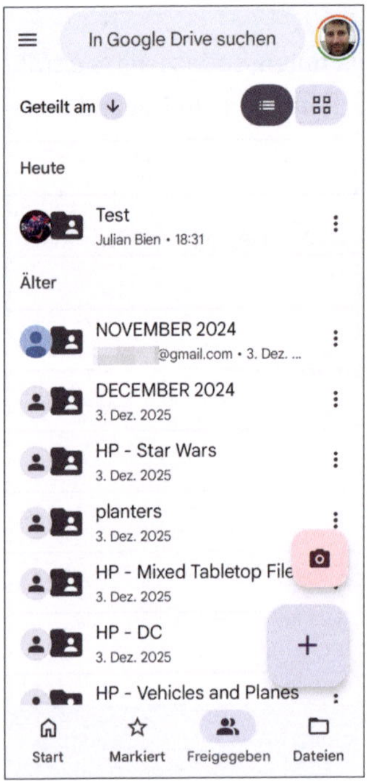

Der Bereich »Freigegeben« listet alle geteilten Dateien auf.

Um eine freigegebene Datei oder einen Ordner zu verwalten, tippen Sie auf das Dreipunktmenü neben dem entsprechenden Eintrag. Dort stehen Ihnen unter anderem folgende Optionen zur Verfügung:

- **Freigeben** – ermöglicht es Ihnen, weitere Personen zur Datei oder zum Ordner einzuladen.
- **Zugriff verwalten** – hier können Sie festlegen, wer Zugriff auf den Inhalt hat und welche Rechte (ansehen, kommentieren oder bearbeiten) die jeweiligen Personen besitzen.

Kapitel 10
Fotos und Videos

Fotos und Videos zählen zu den meistgenutzten Funktionen eines Android-Geräts. Ob spontane Schnappschüsse, geplante Aufnahmen oder kurze Videos für den Alltag – die Kamera ist immer griffbereit und leistungsfähiger als je zuvor.

Dieses Kapitel zeigt Ihnen Schritt für Schritt, wie Sie die Kamera gezielt einsetzen, unterschiedliche Aufnahmemodi sinnvoll nutzen und Ihre Aufnahmen anschließend organisieren und bearbeiten. Dabei stehen nicht technische Details im Vordergrund, sondern konkrete Ergebnisse: Wie gelingt ein gutes Foto? Wie behalten Sie den Überblick über Ihre Mediathek? Und wie holen Sie mit wenigen Handgriffen mehr aus Ihren Bildern heraus?

Sie lernen außerdem, wie *Google Fotos* Ihre Inhalte automatisch sichert, strukturiert und mit intelligenten Funktionen unterstützt – bis hin zur Bearbeitung mit KI. Am Ende des Kapitels sind Sie in der Lage, Ihre Fotos und Videos nicht nur aufzunehmen, sondern auch gezielt zu verbessern, sicher zu speichern und effizient zu verwalten.

Die Kamera-App

Die App *Kamera* gehört zu den zentralen Anwendungen jedes Smartphones. Sie ist in der Regel bereits vorinstalliert und lässt sich direkt über den Home-Bildschirm oder häufig auch per Doppeldruck auf die Ein-/Aus-Taste starten. Moderne Kamera-Apps leisten dabei deutlich mehr als nur das Auslösen eines Fotos. Sie kombinieren Automatik, intelligente Analyse und – je nach Gerät – sogar manuelle Steuerungsmöglichkeiten auf einer einzigen Oberfläche.

> **Verschiedene Hersteller – unterschiedliche Kamera-Apps**
> Ein wichtiger Punkt vorweg: Die Kamera-App sieht auf Android-Geräten je nach Hersteller unterschiedlich aus. Samsung, Google, Xiaomi oder andere Anbieter verwenden jeweils eigene Designs und Bezeichnungen. Auch die erweiterten Funktionen und Einstellungen unterscheiden sich oft stark voneinander.
>
> Die grundlegenden Funktionen sind jedoch nahezu identisch aufgebaut. Wenn Sie das Prinzip einmal verstanden haben, finden Sie sich auf jedem Gerät schnell zurecht.

Die Bedienoberfläche der Kamera-App

Nach dem Öffnen sehen Sie den sogenannten Sucher, also das Livebild der Kamera. Bereits hier greift die Software aktiv ein: Gesichter werden erkannt, Motive analysiert und Fokusbereiche automatisch gesetzt. Solche Funktionen laufen im Hintergrund und helfen dabei, schnell scharfe und korrekt belichtete Bilder zu erzeugen. Wenn Sie jedoch ein bestimmtes Motiv hervorheben möchten, tippen Sie einfach auf die entsprechende Stelle im Bild. Die Kamera stellt dann genau dort scharf und passt gleichzeitig die Belichtung an.

Die hauseigene Kamera-App bei Samsung, Xiaomi und Doogee

Im unteren Bereich der Kamera-App befindet sich die zentrale Steuerung. Unabhängig vom Hersteller finden Sie hier immer die wichtigsten Bedienelemente an nahezu identischer Position. In der Mitte befindet sich die große Auslösetaste. Sie ist meist als runder, heller Kreis dargestellt ○ und dient dem Aufnehmen von Fotos oder dem Starten von Videoaufnahmen. Befinden Sie sich im Videomodus, ist diese Taste rot ●.

Links neben dieser Taste sehen Sie in der Regel eine kleine Vorschau Ihrer letzten Aufnahme. Über dieses Symbol gelangen Sie in die *Galerie* bzw. in Google *Fotos*, um Ihre Bilder anzusehen oder weiterzubearbeiten. Rechts neben der Auslösetaste befindet sich fast immer das Symbol zum Wechseln zwischen Vorder- und Rückkamera. Dieses ist häufig durch ein Kamerasymbol mit Pfeilen dargestellt.

Samsung (links) und Xiaomi (rechts): ähnliche Kamerasteuerung trotz unterschiedlichen Designs

Direkt oberhalb bzw. unterhalb der Auslösetaste liegt die Modusleiste. Hier wechseln Sie zwischen verschiedenen Aufnahmearten wie **Foto**, **Video** oder **Porträt**. Je nach Gerät können Sie diese Leiste seitlich verschieben oder durch Wischen bedienen. Der aktuell ausgewählte Modus ist dabei hervorgehoben. Diese Leiste gehört zu den wichtigsten Elementen der Kamera-App, da sie die gesamte Funktionsweise der Kamera bestimmt.

Modusleiste in der Kamera-App bei Xiaomi

Ebenfalls im unteren Bereich – häufig direkt im Sucher eingeblendet – finden Sie die Steuerung für die verschiedenen Objektive. Diese wird meist als Auswahl wie **0.5x**, **1x** oder **2x** dargestellt. Darüber wechseln Sie zwischen Weitwinkel-, Standard- und Telekamera. Diese Funktion wird oft unterschätzt, ist aber entscheidend für den Bildausschnitt und die Qualität Ihrer Aufnahme.

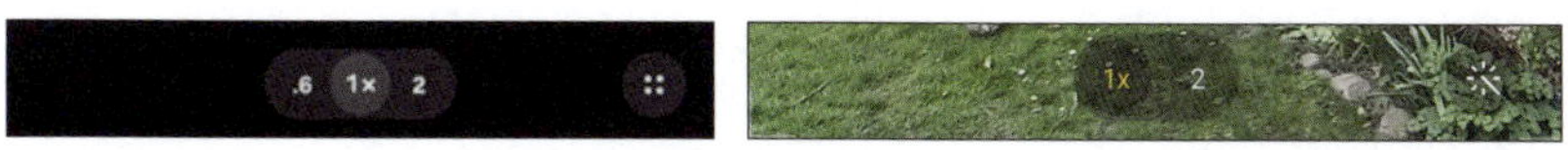

Objektivwahl: Wechsel zwischen Weitwinkel, Standard und Tele (z. B. 0,6x, 1x, 2x), links Samsung, rechts Xiaomi

Am oberen Bildschirmrand befindet sich ein Zusatzmenü. Dort finden Sie – je nach Gerät sichtbar oder über ein weiteres Menü erreichbar – Einstellungen wie Blitz, HDR, Selbstauslöser oder das Seitenverhältnis. Diese Optionen sind besonders hilfreich, wenn Sie gezielt Einfluss auf Ihre Aufnahme nehmen möchten, etwa bei Gruppenfotos mit Timer oder bei schwierigen Lichtverhältnissen.

Obere Steuerleiste: Zugriff auf Einstellungen wie Blitz, Timer oder Format (links Samsung, rechts Xiaomi); bei Xiaomi öffnen sich weitere Optionen über die Pfeilspitze.

Tipp: Digitaler Zoom

Verzichten Sie möglichst auf den digitalen Zoom. Dieser vergrößert das Bild lediglich rechnerisch und führt häufig zu sichtbarem Qualitätsverlust. Besser ist es, das Motiv näher heranzuholen oder den Bildausschnitt später zuzuschneiden.

Der Fotomodus im Detail

Nachdem Sie den grundlegenden Aufbau der Kamera-App kennengelernt haben, wenden Sie sich nun dem wichtigsten Bereich zu: dem Fotomodus ○. Dieser ist auf allen Android-Geräten standardmäßig aktiviert und bildet die Grundlage für den Großteil Ihrer Aufnahmen im Alltag.

Der Fotomodus ist darauf ausgelegt, Ihnen möglichst schnell und unkompliziert gute Ergebnisse zu liefern. Die Kamera analysiert dabei kontinuierlich das Motiv, passt Farben, Kontrast und Belichtung automatisch an und sorgt dafür, dass Sie sich auf das Wesentliche konzentrieren können: den richtigen Moment.

Wie arbeitet der Fotomodus?

Sobald Sie den Fotomodus aktivieren, beginnt die Kamera im Hintergrund mit einer Vielzahl von Berechnungen. Sie erkennt beispielsweise:

- Gesichter und Personen
- Lichtverhältnisse

- Bewegung im Bild
- typische Motive wie Landschaften, Pflanzen oder Gebäude

Auf Basis dieser Informationen werden automatisch Anpassungen vorgenommen. Dazu gehören unter anderem die Schärfe, die Helligkeit und die Farbdarstellung. Diese Prozesse laufen in Sekundenbruchteilen ab und sind für Sie kaum sichtbar – sie bilden jedoch die Grundlage für die Qualität moderner Smartphone-Fotos.

Autofokus verstehen

Der Autofokus sorgt dafür, dass Ihre Bilder und Videos automatisch scharf gestellt werden. Die Kamera analysiert dabei kontinuierlich das Motiv im Sucher und passt die Schärfe laufend an. In den meisten Alltagssituationen funktioniert das zuverlässig – besonders bei gutem Licht und klar erkennbaren Motiven.

Problematisch wird es jedoch, wenn sich mehrere Objekte im Bild befinden oder sich das Motiv bewegt. In solchen Fällen kann die Kamera den Fokus ständig neu setzen, was bei Fotos zu unscharfen Ergebnissen und bei Videos zu sichtbaren »Fokussprüngen« führen kann.

Um dies zu vermeiden, können Sie den Fokus gezielt selbst festlegen. Ein einfaches Antippen bestimmt den Schärfepunkt. Wenn Sie den Finger länger auf dem Bildschirm halten, wird der Fokus zusätzlich fixiert (*Autofokussperre*). Dadurch bleibt das gewählte Motiv dauerhaft scharf – unabhängig davon, ob es sich bewegt oder seine Position im Bild verändert.

Diese einfache Technik ist eine der wichtigsten Grundlagen für kontrollierte und ruhige Aufnahmen – sowohl bei Fotos als auch bei Videos.

Fokus und Belichtung gezielt einsetzen

Auch wenn die Automatik in den meisten Fällen zuverlässig arbeitet, gibt es Situationen, in denen Sie selbst eingreifen sollten. Ein klassisches Beispiel sind Motive mit mehreren Ebenen oder schwierigen Lichtverhältnissen. Wenn Sie ein bestimmtes Objekt hervorheben möchten, tippen Sie direkt im Sucher auf die entsprechende Stelle. Die Kamera richtet daraufhin den Fokus exakt auf diesen Bereich aus. Gleichzeitig wird die Belichtung angepasst, sodass das gewählte Motiv optimal dargestellt wird.

In vielen Kamera-Apps erscheint zusätzlich ein kleiner Regler neben dem Fokuspunkt. Über diesen können Sie die Helligkeit manuell verändern. Das ist besonders hilfreich, wenn das Bild zu dunkel oder zu hell wirkt.

Praxisbeispiel: Blühender Baum im Garten

Stellen Sie sich vor, Sie fotografieren einen blühenden Baum in Ihrem Garten – ähnlich wie auf der Abbildung zuvor. Im Hintergrund befinden sich dunklere Bereiche, während die Blüten selbst sehr hell sind.

Wenn Sie die Kamera einfach automatisch auslösen lassen, kann es passieren, dass entweder die Blüten zu hell erscheinen oder der Hintergrund zu dunkel wirkt. In diesem Fall tippen Sie gezielt auf die Blüten. Die Kamera erkennt diesen Bereich als Hauptmotiv und passt die Belichtung entsprechend an. Falls nötig, reduzieren Sie die Helligkeit leicht über den Regler. Das Ergebnis ist ein deutlich ausgewogeneres Bild mit klar erkennbaren Details.

HDR – mehr Dynamik im Bild

Ein zentraler Bestandteil moderner Kamera-Apps ist die HDR-Funktion (*High Dynamic Range*). Diese sorgt dafür, dass sowohl helle als auch dunkle Bereiche eines Bildes gut sichtbar bleiben. Technisch gesehen nimmt die Kamera dabei mehrere Bilder mit unterschiedlicher Belichtung auf und kombiniert sie zu einem Ergebnis. Für Sie geschieht das automatisch im Hintergrund.

HDR ist besonders sinnvoll bei:

- Gegenlichtsituationen
- Landschaftsaufnahmen
- Motiven mit starken Kontrasten

Auf vielen Geräten wird HDR automatisch aktiviert. In einigen Kamera-Apps erkennen Sie dies an einem kleinen **HDR**-Symbol im oberen Bereich des Bildschirms.

Objektive gezielt einsetzen

Moderne Smartphones verfügen häufig über mehrere Kameras. Diese lassen sich direkt im Fotomodus auswählen. Typische Bezeichnungen sind:

- **0.5x** für Weitwinkel
- **1x** für Standard
- **2x** oder mehr für Tele

Zoomstufen einer Kamera-App

Diese Auswahl befindet sich meist im unteren Bereich des Suchers oder direkt oberhalb der Auslösetaste. Durch Antippen wechseln Sie zwischen den Objektiven.

Für die Praxis gilt:

- Nutzen Sie Weitwinkel (**0.5x**) für Landschaften oder große Szenen.
- Verwenden Sie **1x** für Alltagsaufnahmen.
- Setzen Sie Tele (**2x**+) für entfernte Motive ein.

So vermeiden Sie Qualitätsverluste durch den digitalen Zoom.

Bildkomposition verbessern

Neben der Technik spielt auch der Bildaufbau eine wichtige Rolle für gelungene Fotos. Selbst mit perfekter Belichtung wirkt ein Foto oft unspektakulär, wenn das Motiv ungünstig platziert ist.

Viele Kamera-Apps bieten daher sogenannte Rasterlinien an, die Sie in den Einstellungen aktivieren können. Diese helfen Ihnen, das Motiv besser auszurichten. Ein bewährtes Prinzip ist die Drittelregel: Platzieren Sie Ihr Hauptmotiv nicht genau in der Mitte, sondern leicht versetzt. Dadurch wirkt das Bild lebendiger und ausgewogener.

Weitere Modi der Kamera-App

Neben dem Fotomodus bieten moderne Android-Kamera-Apps eine Vielzahl weiterer Aufnahmemodi. Diese sind darauf ausgelegt, bestimmte Situationen gezielt zu unterstützen und bessere Ergebnisse zu liefern, als es der reine Automatikmodus leisten könnte.

Die Auswahl der Modi erfolgt – unabhängig vom Hersteller – immer über die Modusleiste im unteren Bereich der Kamera-App. Diese befindet sich direkt oberhalb der Auslösetaste und lässt sich in der Regel durch seitliches Wischen bedienen. Einige Modi sind sofort sichtbar, andere finden Sie in einem zusätzlichen Bereich wie **Mehr**.

Im Folgenden lernen Sie die wichtigsten Modi kennen, die Ihnen im Alltag begegnen.

Porträtmodus – Personen in den Mittelpunkt stellen

Der Porträtmodus ist speziell für Aufnahmen von Menschen entwickelt worden. Ziel ist es, die fotografierte Person deutlich hervorzuheben, während der Hintergrund weich und unscharf dargestellt wird. Dadurch entsteht ein Bild, das stärker auf das Wesentliche fokussiert und eine deutlich ruhigere, professionellere Wirkung erzielt. Technisch basiert dieser Effekt auf einer künstlich erzeugten Tiefenunschärfe. Die Kamera analysiert das Motiv im Sucher, erkennt Gesichter automatisch und trennt diese vom Hintergrund. Auf dieser Grundlage wird der Hintergrund gezielt weich gezeichnet, während die Person im Vordergrund scharf bleibt.

In der Praxis eignet sich der Porträtmodus besonders für klassische Porträtaufnahmen, etwa einzelne Personen, ruhige Szenen mit wenig Ablenkung im Hintergrund oder Situationen, in denen ein deutlicher Abstand zwischen Motiv und Hintergrund besteht. Je größer dieser Abstand ist, desto überzeugender wirkt die erzeugte Unschärfe. Moderne Kamera-Apps gehen dabei noch einen Schritt weiter. Sie erkennen Gesichter nicht nur zuverlässig, sondern nutzen diese Information auch aktiv zur Optimierung der Aufnahme. Häufig wird das Gesicht im Sucher durch einen Rahmen hervorgehoben, sodass Sie sofort erkennen, worauf die Kamera fokussiert. Zusätzlich werden im Hintergrund weitere Analysen durchgeführt, etwa zur Szene oder zu den Lichtverhältnissen.

Einige Geräte – insbesondere mit stark KI-gestützten Kamerafunktionen – blenden darüber hinaus zusätzliche, automatisch erzeugte Hinweise ein. Dazu können beispielsweise geschätzte Merkmale wie Alter oder andere Klassifizierungen gehören, die auf der Bildanalyse basieren. Diese Angaben dienen rein technischen Zwecken und sind als unverbindliche Einschätzungen der Software zu verstehen.

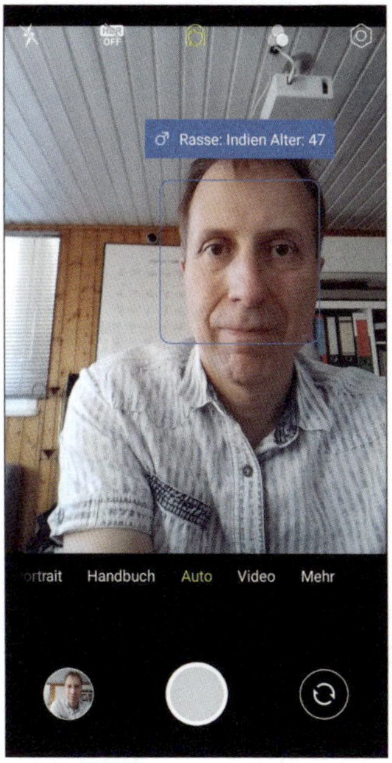

Automatische Gesichtserkennung in der Kamera

Für Sie bedeutet das insgesamt: Die Kamera erkennt zuverlässig, wo sich das Hauptmotiv befindet, und passt Schärfe sowie Belichtung automatisch daran an.

Wählen Sie den richtigen Abstand

Für ein gutes Ergebnis sollten Sie darauf achten, dass ausreichend Licht vorhanden ist und sich das Motiv nicht zu nah an der Kamera befindet. Viele Geräte zeigen Ihnen zusätzlich Hinweise im Sucher an, etwa wenn Sie den Abstand verändern sollten.

Nachtmodus – mehr Licht aus wenig Licht

Der Nachtmodus kommt immer dann zum Einsatz, wenn die Lichtverhältnisse schwierig sind. Während im normalen Fotomodus Bilder schnell zu dunkel oder verrauscht wirken, arbeitet der Nachtmodus mit längeren Belichtungszeiten und mehreren Einzelaufnahmen. Diese werden anschließend zu einem helleren und detailreicheren Bild kombiniert.

Wichtig für die Anwendung

Während der Aufnahme sehen Sie häufig eine kurze Belichtungszeitanzeige. Erst danach ist das Bild vollständig berechnet.

- Halten Sie das Smartphone möglichst ruhig.
- Vermeiden Sie schnelle Bewegungen im Bild.
- Nutzen Sie, wenn möglich, eine stabile Auflage.

Videomodus – bewegte Bilder aufnehmen

Im Videomodus verändert sich die Funktion der Auslösetaste: Statt eines einzelnen Fotos starten und stoppen Sie hier eine Videoaufnahme. Die grundlegenden Bedienelemente bleiben gleich. Sie können weiterhin:

- den Fokus durch Antippen festlegen
- zwischen den Objektiven wechseln
- die Kamera drehen

Während der Aufnahme stehen oft zusätzliche Funktionen zur Verfügung, etwa das Setzen von Markierungen oder das Aufnehmen von Fotos parallel zum Video.

Panorama – große Szenen erfassen

Der Panoramamodus eignet sich für besonders breite Motive, die nicht in ein einzelnes Bild passen. Dazu gehören beispielsweise Landschaften oder große Gebäude. Nach dem Start der Aufnahme bewegen Sie das Smartphone langsam in eine Richtung. Die Kamera fügt dabei mehrere Bilder automatisch zu einem Gesamtbild zusammen.

Panoramaaufnahme durch horizontales Schwenken erstellen

So gelingen schöne Panoramaaufnahmen

Für ein sauberes Ergebnis sollten Sie:

- gleichmäßig und langsam schwenken
- die vorgegebene Linie im Sucher einhalten
- ruckartige Bewegungen vermeiden

Handbuch- oder Pro-Modus – volle Kontrolle

Der Handbuch- oder Pro-Modus richtet sich an Nutzerinnen und Nutzer, die gezielt Einfluss auf die Kameraeinstellungen nehmen möchten. Hier können Sie Parameter manuell einstellen, etwa:

- ISO-Wert (Lichtempfindlichkeit)
- Belichtungszeit
- Weißabgleich
- Fokus

Dieser Modus ist besonders interessant, wenn Sie sich intensiver mit Fotografie beschäftigen oder unter schwierigen Bedingungen arbeiten möchten. Für den Einstieg empfiehlt es sich, zunächst nur einzelne Werte zu verändern und die Auswirkungen zu beobachten.

Zeitraffer und Zeitlupe

Viele Kamera-Apps bieten zusätzlich Spezialmodi für Videoaufnahmen. Im Zeitraffermodus werden Aufnahmen in größeren Abständen gemacht und anschließend schnell abgespielt. Dadurch entstehen Videos, in denen Bewegungen stark beschleunigt wirken, etwa vorbeiziehende Wolken.

Im Zeitlupenmodus passiert das Gegenteil: Bewegungen werden verlangsamt dargestellt. Dies eignet sich besonders für schnelle Abläufe, die Sie im Detail sichtbar machen möchten.

Audiobild (Bewegungsfoto)

Einige Android-Geräte bieten eine Funktion, bei der rund um die Aufnahme eines Fotos auch kurze Videosequenzen gespeichert werden. Diese Funktion wird je nach Hersteller unterschiedlich bezeichnet, etwa als Bewegungsfoto oder Audiobild. Das Ergebnis ist kein statisches Bild, sondern eine kurze Momentaufnahme mit Bewegung und Ton. Beim späteren Betrachten können Sie so den Moment lebendiger erleben.

QR-Code-Scanner

Viele Kamera-Apps erkennen QR-Codes automatisch. Sobald Sie einen Code in den Sucher halten, erscheint ein Hinweis oder Link, den Sie direkt öffnen können. In einigen Fällen ist diese Funktion zusätzlich als eigener Modus im Bereich **Mehr** verfügbar.

Videos aufnehmen und verwalten

Neben Fotos spielen Videos eine immer größere Rolle im Alltag. Ob kurze Clips für Messenger, Erinnerungen aus dem Urlaub oder längere Aufnahmen von Veranstaltungen – moderne Android-Smartphones bieten leistungsfähige Videofunktionen, die sich intuitiv bedienen lassen und gleichzeitig eine hohe Qualität liefern.

Auch hier gilt: Die grundlegende Bedienung ist unabhängig vom Hersteller nahezu identisch aufgebaut. Wenn Sie den Videomodus einmal verstanden haben, können Sie ihn auf jedem Android-Gerät sicher nutzen.

Der Videomodus im Überblick

Um ein Video aufzunehmen, wechseln Sie zunächst über die Modusleiste in den Bereich **Video** ●. Diese befindet sich direkt oberhalb der Auslösetaste im unteren Bereich der Kamera-App. Sobald der Videomodus aktiv ist, verändert sich die Funktion der zentralen Taste: Anstatt ein Foto aufzunehmen, starten Sie nun eine Videoaufnahme. Ein erneutes Tippen beendet die Aufnahme.

Während der Aufnahme sehen Sie typischerweise:

- eine laufende Zeitanzeige
- einen Aufnahmeindikator (meist ein roter Punkt)
- zusätzliche Bedienelemente für weitere Funktionen

Die übrige Bedienung bleibt weitgehend gleich. Sie können weiterhin den Fokus durch Antippen setzen, die Kamera wechseln oder – je nach Gerät – zwischen verschiedenen Objektiven umschalten.

Video aufnehmen – Schritt für Schritt

Auch wenn das Starten eines Videos auf den ersten Blick einfach wirkt, lohnt sich ein kurzer Blick auf einen bewussten Ablauf:

1. Bildausschnitt wählen: Zunächst wählen Sie den gewünschten Bildausschnitt und entscheiden sich für das passende Objektiv. Gerade bei Videos ist es sinnvoll, sich vorher kurz zu überlegen, ob Sie das Motiv näher heranholen oder lieber mehr Umgebung zeigen möchten.
2. Fokus wählen: Anschließend tippen Sie – falls nötig – auf das Hauptmotiv, um den Fokus festzulegen. Die Kamera arbeitet grundsätzlich mit einem automatischen Fokus (Autofokus), der ständig versucht, das Bild scharf zu stellen. Das funktioniert in vielen Situationen zuverlässig, kann jedoch bei Bewegung oder mehreren Motiven im Bild zu unerwünschten Fokuswechseln führen.
3. Autofokussperre aktivieren: Wenn Sie ein Motiv dauerhaft im Fokus behalten möchten, halten Sie den Finger etwas länger auf die gewünschte Stelle im Bild gedrückt. Die Kamera aktiviert daraufhin die Autofokussperre (häufig als **AF/AE-Lock** angezeigt): Schärfe und Belichtung bleiben fest auf diesem Bereich – selbst wenn sich das Motiv bewegt oder nicht mehr in der Bildmitte ist. Besonders bei Videoaufnahmen ist das wichtig, da ständiges Nachfokussieren unruhig wirken kann.
4. Aufnahme starten: Danach starten Sie die Aufnahme über die zentrale Aufnahmetaste im unteren Bereich.
5. Während das Video läuft, sollten Sie das Smartphone möglichst ruhig halten und gleichmäßige Bewegungen ausführen.
6. Viele Kamera-Apps bieten die Möglichkeit, die Videoaufnahme zu pausieren und später fortzusetzen. Dazu tippen Sie auf die Pausentaste **II**.

7. Wenn Sie fertig sind, beenden Sie die Aufnahme über die Stopp-Taste.

Wichtige Funktionen im Videomodus

Der Videomodus bietet je nach Gerät eine Reihe zusätzlicher Funktionen, die Sie bei Bedarf nutzen können. Viele Smartphones verfügen über eine Bildstabilisierung, die Verwacklungen automatisch ausgleicht. Diese arbeitet im Hintergrund und sorgt dafür, dass Ihre Aufnahmen ruhiger wirken. Zudem können Sie häufig zwischen verschiedenen Auflösungen wählen, etwa Full HD oder 4K. Höhere Auflösungen liefern mehr Details, benötigen jedoch auch mehr Speicherplatz. Einige Kamera-Apps ermöglichen es außerdem, während der Videoaufnahme Fotos aufzunehmen oder zwischen Objektiven zu wechseln. Diese Funktionen finden Sie meist direkt im Sucher oder im oberen Menübereich.

Praxisbeispiel: Bewegtes Motiv im Garten filmen

Stellen Sie sich vor, Ihr Hund läuft durch den Garten oder spielt mit einem Ball. Sie möchten diesen Moment als Video festhalten. Wenn Sie die Aufnahme einfach starten und das Motiv verfolgen, passiert häufig Folgendes: Die Kamera versucht ständig neu zu fokussieren. Mal ist der Hintergrund scharf, mal der Hund – das Video wirkt unruhig und »pumpt« sichtbar im Fokus. Gehen Sie stattdessen gezielter vor:

1. Wählen Sie zunächst den gewünschten Bildausschnitt und entscheiden Sie sich für das passende Objektiv.
2. Tippen Sie anschließend auf den Hund, um den Fokus festzulegen. Halten Sie den Finger kurz gedrückt, um die Autofokussperre zu aktivieren.
3. Starten Sie die Aufnahme.
4. Bewegen Sie das Smartphone ruhig und gleichmäßig, während Sie das Motiv im Bild halten. Da der Fokus fixiert ist, bleibt der Hund dauerhaft scharf, auch wenn er sich bewegt oder nicht exakt in der Bildmitte bleibt.

Das Ergebnis ist ein deutlich ruhigeres Video mit klarer Bildführung, bei dem das eigentliche Motiv im Mittelpunkt steht.

Die Frontkamera sinnvoll nutzen

Neben den Hauptkameras auf der Rückseite verfügt jedes Smartphone auch über eine Frontkamera. Diese wird häufig für Selfies oder Videoanrufe verwendet, bietet aber deutlich mehr Möglichkeiten, als man auf den ersten Blick vermutet.

Die Frontkamera erreichen Sie über die Kamerawechsel-Taste im unteren Bereich der Kamera-App. Dieses Symbol befindet sich in der Regel rechts neben der Auslösetaste und ist meist durch zwei Pfeile oder ein rotierendes Kamerasymbol gekennzeichnet.

Nach dem Wechsel sehen Sie sich selbst im Sucher. Die Kamera passt dabei automatisch Fokus und Belichtung Ihrem Gesicht an. Viele Geräte erkennen Gesichter zuverlässig und optimieren Hauttöne sowie die Helligkeit automatisch.

Ein häufiger Einsatzbereich sind Selfies. Achten Sie dabei auf ausreichend Licht, idealerweise von vorn. Gegenlicht – etwa ein Fenster im Hintergrund – führt schnell dazu, dass Ihr Gesicht zu dunkel erscheint. Positionieren Sie sich daher so, dass das Licht auf Ihr Gesicht fällt.

Viele Kamera-Apps bieten zusätzlich einen Porträtmodus für die Frontkamera. Dieser erzeugt – ähnlich wie bei der Hauptkamera – eine Hintergrundunschärfe und sorgt für einen professionelleren Look. Darüber hinaus wird die Frontkamera häufig für Videoaufnahmen genutzt, etwa für kurze Clips oder soziale Medien. Auch hier gilt: Halten Sie das Smartphone ruhig und achten Sie auf eine klare Bildkomposition.

Google Lens – die Kamera als Erkennungswerkzeug

Die Kamera eines Smartphones kann heute weit mehr als nur Fotos und Videos aufnehmen. Mit *Google Lens* steht Ihnen eine Funktion zur Verfügung, die das Kamerabild analysiert und inhaltlich auswertet.

Google Lens ist entweder direkt in die Kamera-App integriert oder über ein Symbol im Sucher erreichbar. Häufig wird es durch ein kleines Lens-Symbol dargestellt – eine stilisierte Kamera mit Punkt. Tippen Sie in der Kamera-App auf , wechseln Sie direkt in den Lens-Modus. Alternativ finden Sie die Funktion auch in *Google Fotos* oder in der Google-App. Sobald Sie Google Lens aktivieren, analysiert die Kamera in Echtzeit das Bild und erkennt verschiedene Inhalte. Dazu gehören unter anderem:

- Texte
- Pflanzen und Tiere
- Gebäude und Sehenswürdigkeiten
- Produkte
- QR-Codes

Der große Vorteil liegt darin, dass Sie Informationen direkt aus der realen Umgebung abrufen können. Halten Sie beispielsweise die Kamera auf einen Text, können Sie diesen kopieren oder übersetzen. Richten Sie sie auf ein Produkt, erhalten Sie häufig passende Suchergebnisse oder Kaufoptionen.

1. Tippen Sie in der Kamera-App auf .
2. Richten Sie die Kamera auf das Objekt, zu dem Sie mehr erfahren wollen, oder auf den Text, den Sie auf Ihrem Gerät weiterverwenden möchten.
3. Lösen Sie die Erkennung mit einem Tipp auf das Lupensymbol aus.
4. Möchten Sie Informationen zu dem erkannten Objekt oder Text erhalten, ziehen Sie das Informationsfenster im unteren Bereich des Bildschirms nach oben.
5. Tippen Sie auf eine der Informationen, um mehr zu erfahren.

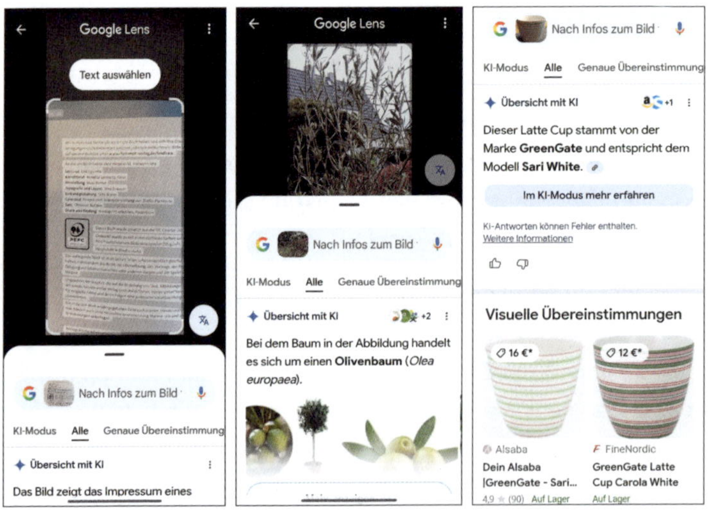

Google Lens in der Praxis: Texte erfassen, Objekte erkennen und passende Informationen direkt anzeigen

Praxisbeispiel: Text schnell erfassen

Stellen Sie sich vor, Sie sehen einen längeren Text – etwa auf einem Plakat oder in einem Buch – und möchten diesen übernehmen. Anstatt den Text abzutippen, öffnen Sie Google Lens und richten die Kamera darauf. Die App erkennt den Text automatisch. Sie können ihn markieren, kopieren oder direkt übersetzen lassen. Gerade im Alltag spart diese Funktion viel Zeit und zeigt, wie vielseitig die Kamera eines Smartphones eingesetzt werden kann.

Automatische Bildanalyse kritisch einordnen

Funktionen wie Google Lens oder erweiterte Kameraanalysen basieren auf künstlicher Intelligenz (KI), die Inhalte im Bild automatisch erkennt und interpretiert. Dabei werden unter anderem Texte gelesen, Objekte identifiziert oder Szenen eingeordnet.

Auch wenn diese Funktionen im Alltag sehr hilfreich sind, sollten Sie sich bewusst machen, dass es sich um automatisierte Einschätzungen handelt. Die Ergebnisse sind nicht immer korrekt und können je nach Situation variieren. Zudem werden für viele dieser Funktionen Bilddaten verarbeitet, teilweise auch über Onlinedienste. Das bedeutet, dass Inhalte zur Analyse an Server übertragen werden können. Gerade bei sensiblen Inhalten empfiehlt es sich, genau abzuwägen, ob eine automatische Analyse sinnvoll ist.

Die Einstellungen der Kamera-App

Die Kamera-App ist so konzipiert, dass Sie sofort fotografieren können, ohne vorher etwas einstellen zu müssen. Dennoch lohnt sich ein kurzer Blick in die Einstellungen. Hier passen Sie die Kamera Ihren eigenen Gewohnheiten an – und genau das macht im Alltag oft den Unterschied zwischen »ganz okay« und wirklich gelungenen Aufnahmen.

Wichtig ist dabei: Auch wenn sich die Menüs je nach Hersteller deutlich unterscheiden, sind die Inhalte fast immer gleich. Die Bezeichnungen variieren, die Struktur ebenfalls, aber die Funktionen dahinter folgen einem klaren Schema. Wenn Sie dieses einmal verstanden haben, finden Sie sich auf jedem Android-Gerät schnell zurecht.

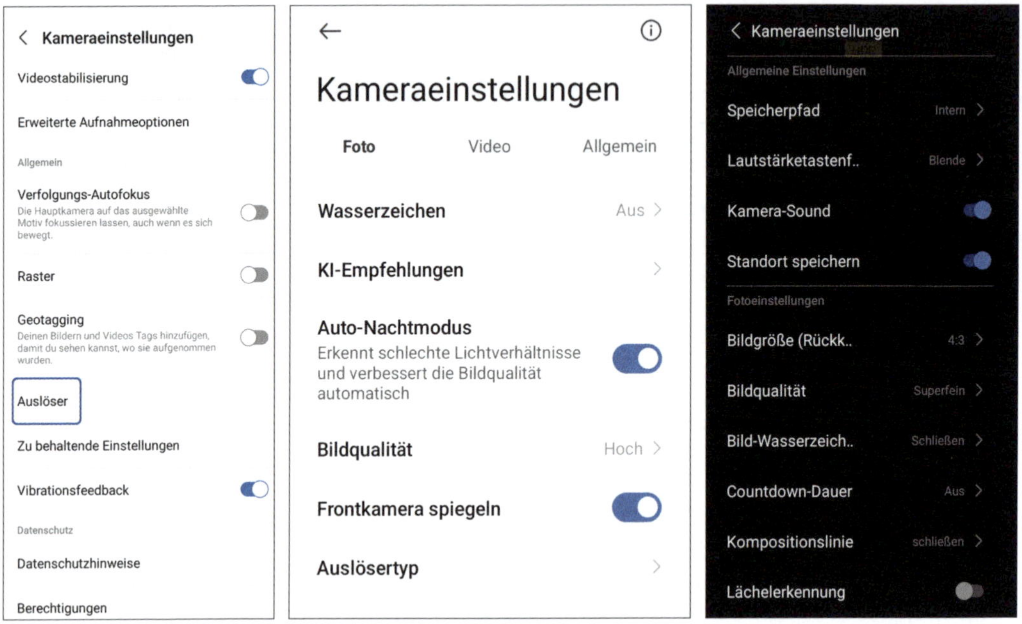

Kameraeinstellungen im Vergleich: Unterschiedliche Hersteller bieten ähnliche Funktionen – die Darstellung variiert jedoch deutlich.

Die Einstellungen erreichen Sie in der Regel über ein kleines Symbol im Sucher, meist ein Zahnrad oder ein Menü-Icon. Dieses befindet sich häufig am oberen Bildschirmrand oder in einem erweiterten Menü. Manche Hersteller verstecken die Optionen zunächst hinter einer zusätzlichen Leiste oder einem Pfeil – das Prinzip bleibt jedoch identisch.

Inhaltlich lassen sich die Einstellungen grob in drei Bereiche einteilen: Aufnahmequalität, Bedienung und automatische Optimierungen. Ein besonders zentraler Punkt ist die Bild- und Videoqualität. Hier legen Sie fest, in welcher Auflösung und mit welcher Detailtiefe Ihre Aufnahmen gespeichert werden. Höhere Qualität sorgt für schärfere Bilder und bessere Videos, benötigt aber auch mehr Speicherplatz. Für die meisten Anwendungen empfiehlt es sich, die Qualität möglichst hoch einzustellen – moderne Geräte sind darauf ausgelegt. Ebenfalls wichtig sind die Bedienoptionen. Viele Kamera-Apps erlauben es, die Lautstärketasten als Auslöser zu verwenden oder einen Selbstauslöser zu aktivieren. Gerade im Alltag – etwa bei Selfies oder wenn Sie das Smartphone nur mit einer Hand halten – ist das deutlich komfortabler als das Tippen auf den Bildschirm. Auch Funktionen wie »Aufnahme bei Berührung« oder ein Timer können hier sinnvoll sein.

Ein dritter großer Bereich sind automatische und KI-gestützte Funktionen. Dazu zählen beispielsweise die Szenenerkennung, ein automatischer Nachtmodus oder die Gesichtserkennung. Diese Optionen analysieren das Motiv im Hintergrund und passen die Aufnahme entsprechend an. Für Einsteiger ist das besonders hilfreich, da die Kamera viele Entscheidungen selbst übernimmt. Gleichzeitig können Sie diese Funktionen jederzeit deaktivieren, wenn Sie bewusst mehr Kontrolle möchten. Ergänzend finden sich oft praktische Zusatzoptionen wie ein Gitternetz zur besseren Bildkomposition, das Speichern von Standortdaten oder die Möglichkeit, den Speicherort festzulegen. Auch wenn diese Funktionen unscheinbar wirken, erleichtern sie den Umgang mit Fotos im Alltag erheblich – etwa beim späteren Wiederfinden von Aufnahmen.

Auch für Videos gibt es meist eigene Einstellungen. Hier können Sie beispielsweise die Auflösung, die Bildrate oder eine Stabilisierung aktivieren. Gerade die Stabilisierung sorgt für deutlich ruhigere Aufnahmen und sollte in den meisten Fällen eingeschaltet bleiben.

Auch wenn die Vielfalt der Optionen zunächst komplex wirkt, gilt in der Praxis eine einfache Regel: Sie müssen nicht alles einstellen. Es reicht völlig aus, die wichtigsten Punkte einmal bewusst zu prüfen und anzupassen. Danach arbeitet die Kamera zuverlässig im Hintergrund, ohne dass Sie sich weiter darum kümmern müssen.

Mit der Kamera-App haben Sie eines der vielseitigsten Werkzeuge Ihres Smartphones kennengelernt. Sie begleitet Sie im Alltag, hält besondere Momente fest und ermöglicht es, Inhalte schnell und unkompliziert zu erstellen. Gleichzeitig haben Sie gesehen, dass moderne Kamera-Apps weit über das einfache Fotografieren hinausgehen. Automatische Szenenerkennung, intelligente Fokussierung, spezialisierte Modi und Funktionen wie Google Lens erweitern den Einsatzbereich erheblich.

Dabei bleibt die grundlegende Bedienung bewusst einfach. Sie können jederzeit spontan ein Foto aufnehmen oder gezielt Einfluss auf Bildwirkung und Gestaltung nehmen. Schon mit wenigen Handgriffen – etwa beim Setzen des Fokus oder bei der Wahl des passenden Modus – lassen sich deutliche Verbesserungen erzielen. Mit etwas Übung entwickeln Sie schnell ein Gespür dafür, wie Sie Motive bewusst in Szene setzen.

Trotz aller Technik gilt jedoch: Die eigentliche Stärke Ihrer Aufnahmen zeigt sich erst im nächsten Schritt. Fotos und Videos sind nicht nur Momentaufnahmen, sondern auch persönliche Erinnerungen, die Sie wiederfinden, sortieren, bearbeiten und teilen möchten. Gerade bei einer wachsenden Anzahl von Bildern wird schnell deutlich, wie wichtig eine gute Organisation ist.

Genau an dieser Stelle setzt *Google Fotos* an. Die App übernimmt für Sie die Verwaltung Ihrer Aufnahmen und sorgt dafür, dass Sie auch bei großen Bildmengen den Überblick behalten. Inhalte werden automatisch sortiert, lassen sich gezielt durchsuchen und können mit wenigen Schritten bearbeitet oder geteilt werden. Gleichzeitig schützt die integrierte Cloud-Sicherung Ihre Daten vor Verlust und ermöglicht den Zugriff von verschiedenen Geräten.

Damit schließt sich der Kreis: Sie erstellen Inhalte mit der Kamera – und Google Fotos sorgt dafür, dass diese Inhalte langfristig nutzbar bleiben. Im folgenden Abschnitt lernen Sie deshalb Schritt für Schritt, wie Sie Google Fotos einsetzen, Ihre Aufnahmen sichern, strukturieren und im Alltag effizient nutzen.

Google Fotos – Mediathek, Suche und Back-up

Fotos und Videos gehören zu den persönlichsten Inhalten auf einem Android-Gerät. Sie halten Erinnerungen fest, dokumentieren wichtige Ereignisse und begleiten den Alltag oft über viele Jahre hinweg. Gleichzeitig wächst die Menge dieser Inhalte kontinuierlich – und genau hier setzt Google Fotos an.

Google Fotos ist nicht nur eine klassische Galerie-App. Die Anwendung vereint mehrere Funktionen in einer zentralen Oberfläche: Sie verwaltet Ihre Medien, sichert sie automatisch in der Cloud, erkennt Inhalte mithilfe künstlicher Intelligenz und stellt Werkzeuge zur Bearbeitung und Weitergabe bereit. Ziel ist es, dass Sie sich möglichst wenig um die Organisation kümmern müssen – und dennoch jederzeit genau das Foto finden, das Sie suchen.

Gerade für Einsteigerinnen und Einsteiger ist dieser Ansatz besonders hilfreich. Während klassische Ordnerstrukturen schnell unübersichtlich werden, übernimmt Google Fotos einen Großteil der Sortierung im Hintergrund. Gleichzeitig behalten Sie jederzeit die Kontrolle über Ihre Daten und können selbst entscheiden, welche Funktionen Sie aktiv nutzen möchten.

In diesem Abschnitt lernen Sie Google Fotos Schritt für Schritt kennen. Sie erfahren, wie die App aufgebaut ist, wie Fotos gespeichert und organisiert werden und wie Sie die wichtigsten Funktionen im Alltag sicher anwenden.

Die Oberfläche von Google Fotos verstehen

Beim ersten Öffnen von Google Fotos wirkt die Oberfläche bewusst reduziert. Im Mittelpunkt stehen Ihre Inhalte – also Fotos und Videos. Bedienelemente treten optisch zurück und sind so platziert, dass sie intuitiv erreichbar sind.

Die Navigation erfolgt je nach Gerät unterschiedlich: auf Smartphones über eine untere Navigationsleiste, auf Tablets häufig zusätzlich über eine seitliche Leiste, die dauerhaft sichtbar ist. Trotz dieser Unterschiede bleibt die Struktur identisch, sodass Sie sich unabhängig vom Gerät schnell zurechtfinden.

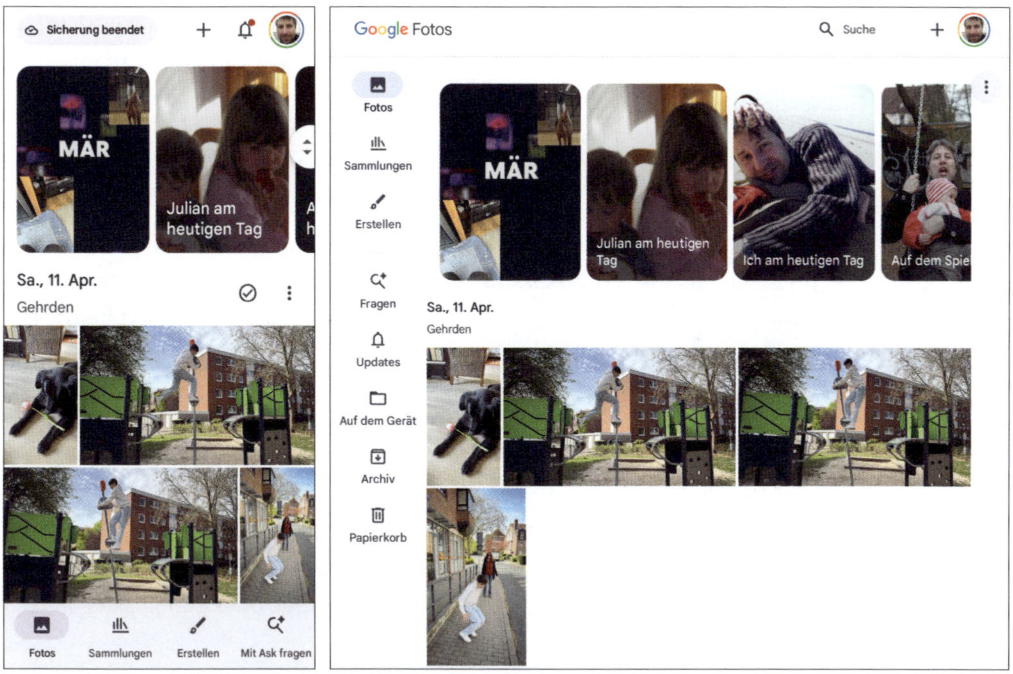

Google Fotos auf Smartphone (links) und Tablet (rechts): Bei identischer Struktur bietet das große Display deutlich mehr Übersicht und Arbeitsfläche.

Fotos – Ihre Mediathek im Zeitverlauf

Der Bereich **Fotos** bildet das Herzstück von Google Fotos. Hier werden alle Ihre Bilder und Videos in einer durchgehenden, automatisch sortierten Zeitleiste angezeigt. Die Organisation erfolgt dabei im Hintergrund anhand von Aufnahmezeitpunkten und – sofern verfügbar – auch anhand von Ortsdaten.

Die neuesten Inhalte erscheinen oben, ältere Aufnahmen weiter unten. Beim Scrollen erkennen Sie schnell eine klare Struktur: Google Fotos gruppiert Inhalte nach Tagen, Monaten und Jahren und setzt dabei visuelle Trennungen, die Ihnen die Orientierung erleichtern. Ein entscheidender Vorteil dieser Darstellung ist, dass Sie sich nicht aktiv um die Sortierung kümmern müssen. Selbst große Bildsammlungen bleiben übersichtlich, da Google Fotos die Struktur automatisch anpasst.

Auf größeren Bildschirmen, etwa auf Tablets oder aufgeklappten Foldables, profitieren Sie zusätzlich von einer erweiterten Darstellung. Es werden mehr Bilder gleichzeitig angezeigt und die zeitliche Einordnung wird noch deutlicher sichtbar. Dadurch eignet sich dieser Bereich sowohl zum schnellen Durchblättern als auch zum gezielten Suchen nach bestimmten Momenten.

Layout der Fotoansicht – normal, Tag und Monat

Ein zentraler Bestandteil der Darstellung ist das Layout. Google Fotos bietet hier drei unterschiedliche Ansichten, die jeweils einen anderen Fokus setzen. In der **Normal**-Ansicht sehen Sie Ihre Fotos in einer klassischen Rasterdarstellung. Die Bilder werden relativ groß angezeigt, sodass Details gut erkennbar sind. Diese Ansicht eignet sich besonders dann, wenn Sie gezielt einzelne Bilder auswählen oder bearbeiten möchten.

Die Ansicht **Tag** geht einen Schritt weiter und gruppiert Fotos stärker. Aufnahmen, die am selben Tag entstanden sind, werden kompakter zusammengefasst. Dadurch entsteht mehr Struktur, ohne dass Details vollständig verloren gehen. Diese Ansicht ist ideal, wenn Sie sich an bestimmte Tage oder Ereignisse erinnern möchten.

Die Ansicht **Monat** reduziert die Darstellung nochmals deutlich. Hier werden Fotos sehr kompakt angezeigt und nach Monaten gruppiert. Sie erhalten so einen schnellen Überblick über größere Zeiträume, ohne lange scrollen zu müssen. Diese Ansicht eignet sich besonders, um ältere Inhalte wiederzufinden oder sich durch längere Zeiträume zu bewegen.

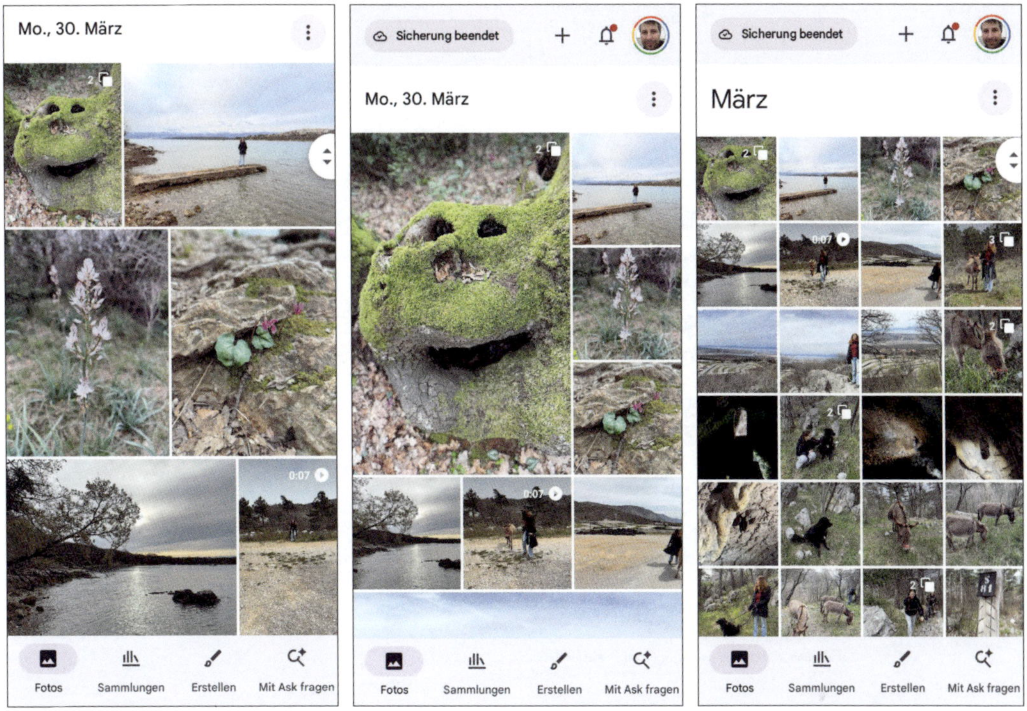

Unterschiedliche Layouts der Fotoansicht: Normal-, Tages- und Monatsansicht im Vergleich für mehr Übersicht je nach Bedarf

Ähnliche Fotos stapeln

Gerade bei Serienaufnahmen – etwa bei mehreren Fotos hintereinander – kann die Ansicht schnell unübersichtlich werden. Google Fotos bietet daher die Möglichkeit, ähnliche Bilder automatisch zu gruppieren.

Dabei erkennt die App Fotos, die kurz hintereinander aufgenommen wurden, und fasst sie zu einem Stapel zusammen. In der Übersicht sehen Sie dann nur noch ein Bild (das von Google ausgewählte **Top-Foto** des Stapels), können aber bei Bedarf den gesamten Stapel öffnen. Gestapelte Fotos erkennen Sie am ⧉ im Vorschaubild.

1. Tippen Sie auf ⧉, um den Stapel zu öffnen.

2. Wählen Sie ein Vorschaubild des Stapels unterhalb des angezeigten Top-Fotos, um dieses anzuzeigen.

3. Tippen Sie bei einem Vorschaubild auf das Dreipunktmenü ⋮, um die Stapeloptionen aufzurufen:
   - **Als Top-Foto festlegen**: Mit dieser Funktion bestimmen Sie, welches Bild im Stapel als Hauptbild angezeigt wird. Dieses Foto erscheint dann in der Übersicht anstelle der anderen Aufnahmen.
   - **Dieses Foto behalten, den Rest löschen**: Hier behalten Sie gezielt ein Bild und löschen alle übrigen Fotos im Stapel. Das ist besonders praktisch, wenn Sie aus einer Serie nur die beste Aufnahme sichern möchten.
   - **Aus Stapel entfernen**: Das ausgewählte Foto wird aus dem Stapel herausgelöst und wieder einzeln in der Mediathek angezeigt. Die übrigen Bilder bleiben weiterhin gruppiert.
   - **Stapel auflösen**: Diese Option hebt die Gruppierung vollständig auf. Alle enthaltenen Fotos werden wieder einzeln angezeigt.
   - **Mehrfachauswahl**: Aktiviert die Auswahl mehrerer Bilder innerhalb des Stapels. So können Sie mehrere Fotos gleichzeitig löschen, verschieben oder weiterverarbeiten.

- **Stapel verwalten**: Öffnet die Ansicht zum Aktivieren bzw. Deaktivieren der Fotogruppierung.

Layout ändern und Stapelfunktion anpassen

Wenn Sie die Darstellung Ihrer Fotos anpassen oder die Stapelfunktion ein- oder ausschalten möchten, gehen Sie folgendermaßen vor:

1. Öffnen Sie Google **Fotos** und wechseln Sie in den Bereich **Fotos**.
2. Tippen Sie oben neben der Fotoübersicht auf das Dreipunktmenü ⋮.
3. Wählen Sie den Bereich **Fotoansicht** oder **Layout**. Entscheiden Sie sich für eine der Anzeigeoptionen:
   - **Normal** – klassische Rasteransicht mit vielen Bildern
   - **Tag** – Gruppierung nach einzelnen Tagen
   - **Monat** – kompakte Übersicht nach Monaten
4. Aktivieren oder deaktivieren Sie zusätzlich die Option **Ähnliche Fotos stapeln**.

Nach der Aktivierung gruppiert Google Fotos automatisch zusammengehörige Bilder. In Kombination mit dem passenden Layout entsteht so eine deutlich übersichtlichere Mediathek, in der Sie sich auch bei vielen Aufnahmen schnell zurechtfinden.

Sammlungen – Struktur, Alben und automatische Kategorien

Der Bereich **Sammlungen** ergänzt die chronologische Ansicht aus dem Bereich **Fotos** um eine thematische Struktur. Hier werden Ihre Inhalte nicht nach Zeit, sondern nach Kategorien und Zusammenhängen organisiert. Sie finden hier eigene Alben, automatisch erstellte Alben wie **Personen** und **Haustiere**, **Orte**, **Dokumente** und **Favoriten**.

Diese Zusammenstellung entsteht größtenteils automatisch. Google Fotos erkennt beispielsweise Gesichter, analysiert Bildinhalte und ordnet Fotos passenden Kategorien zu. Gleichzeitig behalten Sie die Möglichkeit, eigene Alben anzulegen und Inhalte gezielt zu gruppieren.

Besonders im Alltag zeigt sich die Stärke dieses Bereichs: Während die Zeitleiste ideal ist, um durch Erinnerungen zu scrollen, eignet sich **Sammlungen** perfekt, um gezielt bestimmte Inhalte zu finden oder thematisch zu strukturieren. Auf Tablets und Foldables wird dieser Bereich häufig übersichtlicher dargestellt, da mehr Kategorien gleichzeitig sichtbar sind und weniger gescrollt werden muss.

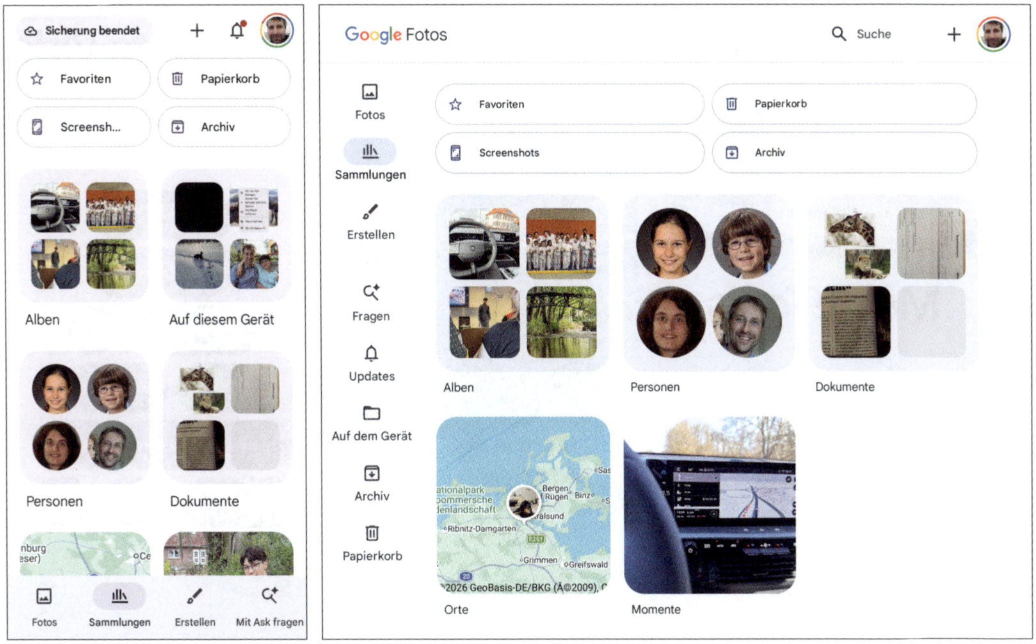

Der Bereich »Sammlungen« ist auf Smartphone und Foldable zwar unterschiedlich angeordnet, wartet aber mit denselben Inhalten wie Alben, Personen, Orten und Dokumenten auf.

Erstellen – Inhalte neu zusammenstellen

Im Bereich **Erstellen** stehen kreative Funktionen im Mittelpunkt. Hier können Sie aus vorhandenen Fotos und Videos neue Inhalte generieren, ohne zusätzliche Apps zu benötigen. Typische Funktionen sind Collagen, Highlight-Videos und Animationen.

Google Fotos unterstützt Sie dabei aktiv, indem automatisch Vorschläge generiert werden. Gleichzeitig können Sie jederzeit selbst kreativ werden und gezielt Inhalte auswählen. Dieser Bereich eignet sich besonders, wenn Sie Fotos nicht nur speichern, sondern auch aktiv weiterverwenden möchten – etwa für Präsentationen, soziale Medien oder persönliche Erinnerungen.

Auf größeren Geräten profitieren Sie auch hier von einer erweiterten Vorschau und komfortableren Auswahlmöglichkeiten.

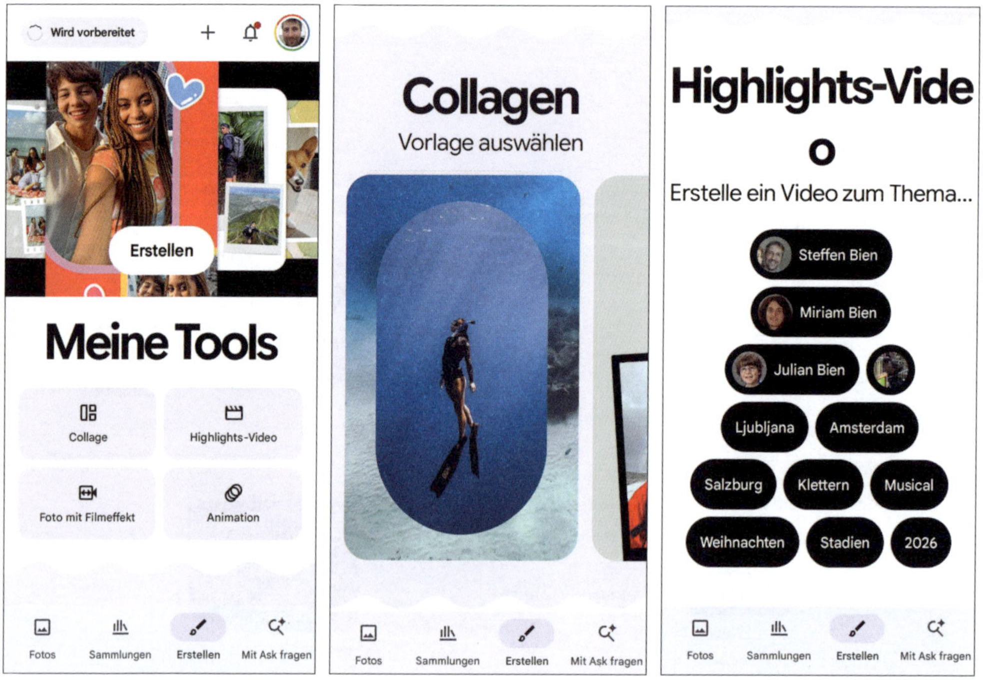

Der Bereich »Erstellen« im Überblick: Werkzeuge wie Collagen und Highlights-Videos ermöglichen es, aus Fotos automatisch oder manuell neue Inhalte zu gestalten.

Fragen (Suche) – Inhalte intelligent finden

Der Bereich **Fragen** – in manchen Versionen auch als **Suche** oder **Mit Ask fragen** bezeichnet – gehört zu den leistungsfähigsten Funktionen von Google Fotos. Im Gegensatz zu klassischen Suchsystemen basiert er nicht auf Dateinamen oder Ordnern, sondern auf einer inhaltsbasierten Analyse Ihrer Bilder. Das bedeutet: Sie können nach Begriffen suchen, die beschreiben, was auf einem Bild zu sehen ist – etwa »Hund«, »Strand« oder »Auto«. Google Fotos erkennt diese Inhalte automatisch und zeigt passende Ergebnisse an.

Neu ist dabei die Funktion **Mit Ask fragen**, die auf dem KI-Modell *Gemini* von Google basiert. Diese erweitert die klassische Suche deutlich: Anstatt nur einzelne Begriffe einzugeben, können Sie ganze Fragen formulieren, etwa »Zeig mir Fotos vom letzten Sommerurlaub am Meer« oder »Wann war ich zuletzt im Zoo?«. Die

App interpretiert diese Anfragen, kombiniert verschiedene Informationen (Ort, Zeit, Motive) und liefert passende Ergebnisse. Darüber hinaus bietet die Suche:

- Vorschläge basierend auf häufigen Motiven
- Zugriff auf zuletzt verwendete Suchbegriffe
- Kombinationen aus Personen, Orten und Inhalten

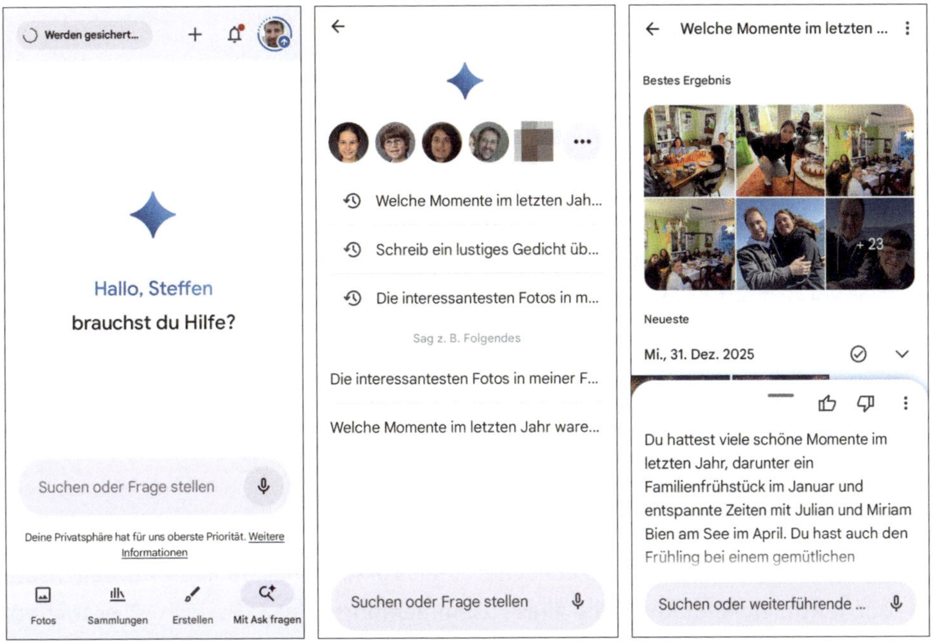

»Mit Ask fragen« im Einsatz: Die KI-gestützte Suche versteht natürliche Fragen und findet passende Momente, Inhalte und Zusammenhänge in der Mediathek.

Mit zunehmender Nutzung wird die Suche immer präziser, da die App Ihre Mediathek besser »versteht«. Gerade durch die Integration von **Mit Ask fragen** entwickelt sich Google Fotos damit immer stärker zu einem intelligenten Werkzeug, mit dem Sie auch umfangreiche Bildersammlungen schnell und gezielt durchsuchen können.

Zusätzliche Bereiche auf Tablets und Foldables

Auf größeren Geräten wie Tablets oder Foldables erweitert Google Fotos die Navigation um eine seitliche Leiste. Diese bietet direkten Zugriff auf weitere Funktionen, die auf Smartphones teilweise etwas versteckter sind.

Updates – Erinnerungen und Aktivitäten

Der Bereich **Updates** bündelt automatisch generierte Inhalte und Aktivitäten rund um Ihre Fotos. Dazu gehören beispielsweise:

- Rückblicke und Erinnerungen
- Vorschläge zum Teilen
- Hinweise zu neuen Funktionen

Dieser Bereich ist dynamisch und verändert sich je nach Nutzung. Er richtet sich weniger an die gezielte Verwaltung als eher an das passive Entdecken Ihrer — Inhalte.

Auf dem Gerät – lokale Ordner im Überblick

Der Bereich **Auf dem Gerät** zeigt alle Ordner an, die lokal auf Ihrem Smartphone oder Tablet gespeichert sind. Dazu gehören beispielsweise:

- Kameraaufnahmen
- Screenshots
- Bilder aus Apps wie WhatsApp

Hier sehen Sie also die tatsächliche Dateistruktur Ihres Geräts – im Gegensatz zur zentralen Mediathek, die alles zusammenführt. Dieser Bereich ist besonders wichtig, wenn Sie gezielt entscheiden möchten, welche Inhalte gesichert oder organisiert werden sollen.

Archiv – Inhalte ausblenden, ohne sie zu löschen

Der Bereich **Archiv** dient dazu, Fotos aus der normalen Ansicht auszublenden, ohne sie zu löschen. Das ist besonders praktisch für Inhalte, die Sie behalten möchten, aber nicht ständig sehen wollen.

Typische Beispiele sind:

- Screenshots
- Dokumente
- temporäre Bilder

Archivierte Inhalte bleiben vollständig erhalten und können jederzeit wieder in die Hauptansicht zurückgeführt werden.

Papierkorb – gelöschte Inhalte verwalten

Der **Papierkorb** ist die letzte Station für gelöschte Fotos und Videos. Inhalte werden hier zunächst zwischengespeichert, bevor sie endgültig entfernt werden. Das hat einen wichtigen Vorteil: Sie können versehentlich gelöschte Bilder problemlos wiederherstellen. Gleichzeitig behalten Sie die Kontrolle darüber, wann Inhalte endgültig gelöscht werden.

Fotos und Videos anzeigen

Um ein Bild oder Video zu öffnen, tippen Sie in der Fotoübersicht oder in einem Album einfach auf die gewünschte Miniatur. Das Bild wird anschließend bildschirmfüllend dargestellt. Am oberen und unteren Rand erscheinen Bedienelemente, die Sie durch Antippen des Bildes jederzeit ein- oder ausblenden können. So können Sie sich auf Wunsch ganz auf das Foto konzentrieren.

Einzelansicht eines Fotos in Google Fotos mit Datum, Ort und den wichtigsten Aktionen wie »Teilen«, »Bearbeiten« und »Hinzufügen«

Drehen Sie das Smartphone ins Querformat, wird das Bild ebenfalls entsprechend groß und bildschirmfüllend angezeigt. Tippen Sie einmal auf das Bild, verschwinden die Menüs. Nun können Sie durch Wischen nach links oder rechts bequem durch Ihre Fotos blättern. Ein erneutes Tippen blendet die Bedienelemente wieder ein.

Vollbildansicht eines Fotos ohne eingeblendete Menüs für eine ungestörte Betrachtung

Die Symbolleisten im Überblick

Beim Anzeigen eines Fotos oder Videos stehen Ihnen in Google Fotos mehrere Bedienleisten zur Verfügung. Diese enthalten die wichtigsten Funktionen für Navigation, Bearbeitung und Organisation. Die Leisten werden automatisch eingeblendet und können durch Antippen des Bildes ein- oder ausgeblendet werden. So wechseln Sie jederzeit schnell zwischen konzentrierter Ansicht und vollständiger Steuerung.

Obere Leiste:

- Über den Zurückpfeil ← gelangen Sie jederzeit zurück zur Übersicht oder zum Album.
- In der Mitte sehen Sie Datum und Aufnahmeort des Fotos.
- Über den Stern ☆ können Sie das Bild als Favorit markieren. Es wird dann zusätzlich im Bereich **Favoriten** abgelegt und lässt sich später schneller wiederfinden.
- Über das Dreipunktmenü ⋮ stehen bei Einzelfotos zusätzliche Funktionen zur Verfügung, etwa **Google Lens**, **Archivieren**, **Diashow** oder **Drucken**.

Untere Leiste (Einzelfoto):

- **Teilen** : Foto oder Video versenden, teilen oder exportieren
- **Bearbeiten** : Bild anpassen (Helligkeit, Farben, Zuschnitt etc.)
- **Hinzufügen** +: in ein Album aufnehmen oder in den gesperrten Ordner verschieben
- **Papierkorb** : Foto löschen

Mehrere Fotos auswählen und verwalten

Wenn Sie mehrere Bilder auswählen, erweitert sich die untere Symbolleiste deutlich und bietet zusätzliche Organisationsfunktionen. So gehen Sie vor:

1. Halten Sie ein Foto länger gedrückt.
2. Tippen Sie weitere Bilder an oder wischen Sie über mehrere Miniaturen.
3. Ausgewählte Bilder sind mit einem Häkchen markiert.
4. Nun stehen Ihnen unter anderem folgende Funktionen zur Verfügung:
   - **Zu Album hinzufügen** : Fügt die ausgewählten Fotos einem bestehenden oder neuen Album hinzu.
   - **Herunterladen** : Speichert Bilder lokal auf dem Gerät, wenn sie nur in der Cloud liegen.
   - **Fotos bestellen** : Erstellt direkt Fotoprodukte wie Abzüge oder Fotobücher.
   - **Ins Archiv verschieben** : Blendet die Bilder aus der normalen Fotoübersicht aus, ohne sie zu löschen.
   - **Datum und Uhrzeit** : Korrigiert oder vereinheitlicht Zeitangaben mehrerer Fotos gleichzeitig – ideal bei Reisen oder falschen Kameraeinstellungen.
   - **Aufnahmeort** : Ändert oder ergänzt die Ortsangabe der ausgewählten Bilder – etwa wenn Standortdaten fehlen oder ungenau sind.
   - **In gesperrten Ordner verschieben** : Schützt private Bilder durch zusätzliche Sicherung (z. B. per PIN oder Fingerabdruck).

Anzeigen von Fotoinformationen

Google Fotos speichert zu jedem Bild und Video umfangreiche Zusatzinformationen (Metadaten), etwa Aufnahmezeit, Kameradaten oder den Standort. Diese Daten lassen sich direkt in der App einsehen und bearbeiten:

1. Öffnen Sie ein Foto oder Video in der Einzelansicht.
2. Den Informationsbereich erreichen Sie auf zwei Wegen: Sie können entweder von unten nach oben wischen oder oben rechts auf das Dreipunktmenü ⋮ tippen und anschließend **Info** auswählen.
3. Daraufhin öffnet sich ein Detailbereich mit allen verfügbaren Informationen. Dort finden Sie unter anderem:
   - Datum und Uhrzeit der Aufnahme (oben angezeigt, über das Stiftsymbol bearbeitbar)
   - Möglichkeit, eine Bildunterschrift hinzuzufügen
   - zugehörige Alben, in denen sich das Bild befindet
   - den Standort mit Karte und Option, diesen in Google Maps zu öffnen oder zu bearbeiten
   - Dateiname, Auflösung und Dateigröße
   - Angaben zum Speicherort (z. B. Gerät oder Cloud) und Back-up-Status
   - Kameradaten wie Blende, ISO, Belichtungszeit und verwendetes Gerät
   - erkannte Personen oder unbekannte Gesichter, sofern die Gesichtserkennung aktiv ist

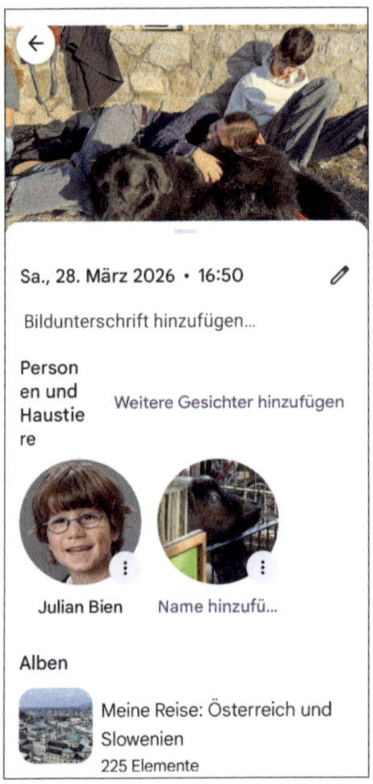

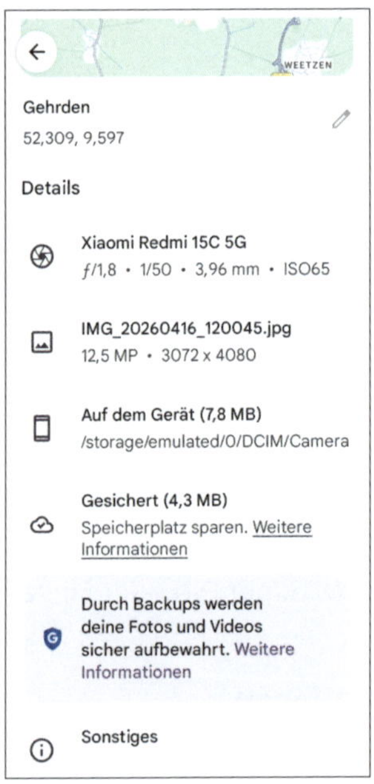

Detailansicht eines Fotos in Google Fotos mit Metadaten wie Datum, Personen, Alben, Standort sowie technischen Aufnahme- und Dateiinformationen im Überblick

Alben erstellen und verwalten

Alben sind das wichtigste Organisationswerkzeug in Google Fotos. Während die App Ihre Bilder automatisch nach Datum, Ort oder erkannten Inhalten sortiert, ermöglichen Alben eine eigene, gezielte Struktur – etwa für Reisen, Ereignisse oder bestimmte Themen. So behalten Sie auch bei großen Mediatheken jederzeit den Überblick.

Ein neues Album erstellen

Ein Album lässt sich in Google Fotos auf mehreren Wegen anlegen. Am schnellsten funktioniert dies über das Plussymbol in der Hauptansicht. So gehen Sie vor:

1. Tippen Sie oben rechts auf +.
2. Wählen Sie den Eintrag **Album**.
3. Vergeben Sie einen Titel und optional eine Beschreibung.
4. Tippen Sie auf **Fotos auswählen**.
5. Markieren Sie die gewünschten Bilder und Videos.
6. Bestätigen Sie Ihre Auswahl mit Tipp auf **Hinzufügen**.

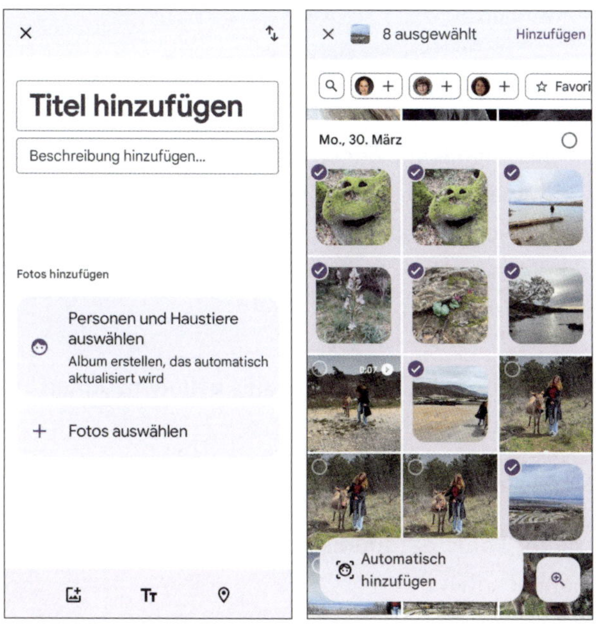

Album erstellen: Titel vergeben und anschließend Fotos manuell oder automatisch auswählen

7. Alternativ können Sie direkt beim Auswählen mehrerer Fotos ein Album erstellen, indem Sie anschließend die Option **Zu Album hinzufügen** ≕ wählen.

8. Beenden Sie die Bearbeitung Ihres Fotoalbums mit einem Tipp auf das Häkchen ✓ links oben.

Album gestalten und anpassen

Ein Album besteht nicht nur aus einer reinen Bildsammlung. Sie können es individuell gestalten:

- Albumdeckblatt ändern: Tippen Sie auf das Stiftsymbol ✎ beim Titelbild.
- Titel und Beschreibung bearbeiten: Beides können Sie direkt im oberen Bereich anpassen.
- Reihenfolge ändern: Verschieben Sie die Bilder einfach per Drag and Drop.
- Texte hinzufügen: Über das Tт-Symbol lassen sich erklärende Abschnitte einfügen.
- Standorte ergänzen: Über das Standortsymbol ⊙ können Sie Orte hinzufügen.
- Fotos und Videos hinzufügen: Tippen Sie auf ⊡, um Ihrem Album weitere Fotos oder Videos hinzuzufügen.

Damit wird Ihr Album schnell zu einer kleinen, strukturierten Geschichte – ideal etwa für Reisen oder Veranstaltungen.

Highlights-Videos erstellen

Eine besondere Funktion ist das Highlights-Video. Dabei erstellt Google Fotos automatisch ein Video aus automatisch ausgewählten Bildern und Clips Ihres Albums. Sie können die Auswahl selbst festlegen oder automatisch generieren lassen. Die Zusammenstellung lässt sich nachträglich bearbeiten. Das Ergebnis eignet sich ideal zum Teilen oder als Erinnerung.

1. Falls Sie sich nicht im Bearbeitungsmodus eines Albums befinden, öffnen Sie dieses und tippen Sie unten auf das Stiftsymbol ✎.

2. Tippen Sie auf das Stiftsymbol ✎ bei **Highlights**.

3. Deaktivieren Sie den Schalter **Fotos automatisch auswählen**, falls Sie eine individuelle Auswahl treffen möchten.

4. Tippen Sie auf die Fotos und Videos, die im Highlights-Video enthalten sein sollen, und bestätigen Sie mit **Fertig**.
5. Beenden Sie die Bearbeitung Ihres Fotoalbums mit einem Tipp auf das Häkchen links oben.
6. Zum Abspielen des Highlights-Videos öffnen Sie das Album und tippen oben auf den Abspielknopf ⊙. Das Video wird abgespielt.

Highlights-Video erstellen: Fotos auswählen, automatisch zusammenstellen lassen und als animierte Erinnerung präsentieren

Automatische Alben mit Personen

Google Fotos kann Alben automatisch aktuell halten, wenn Sie Personen oder Haustiere auswählen:

1. Tippen Sie oben rechts auf das Plussymbol +.
2. Wählen Sie den Eintrag **Album**.

3. Vergeben Sie einen **Titel** und optional eine **Beschreibung**.
4. Wählen Sie **Personen und Haustiere auswählen**.
5. Legen Sie fest, welche Personen enthalten sein sollen.
6. Tippen Sie zum Bestätigen Ihrer Auswahl auf **Bestätigen**.
7. Das Album wird künftig automatisch erweitert.

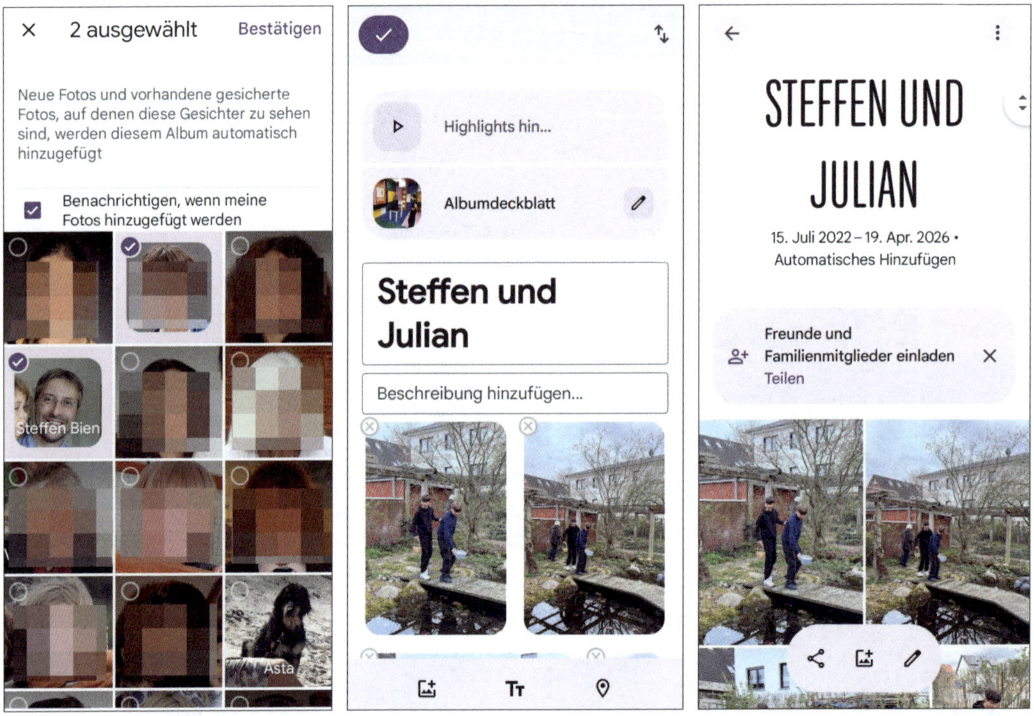

Auswahl von Personen für ein automatisch aktualisiertes Album, anschließendes Bearbeiten mit Titel und Fotos sowie fertige Albumansicht mit Freigabeoptionen

Fotos bearbeiten – präzise Anpassungen und kreative Werkzeuge

Die Bearbeitung von Fotos gehört zu den stärksten Funktionen von Google Fotos. Sie greifen dabei auf ein übersichtlich aufgebautes Werkzeugset zurück, das sowohl automatische Optimierungen als auch gezielte manuelle Anpassungen ermöglicht. So lassen sich Aufnahmen schnell verbessern oder bewusst kreativ verändern – direkt auf dem Smartphone oder Tablet.

Einstieg in die Bearbeitung

Bevor Sie einzelne Werkzeuge nutzen, lohnt sich ein kurzer Blick auf den grundlegenden Ablauf. Google Fotos führt Sie Schritt für Schritt durch die Bearbeitung, ohne Sie mit Optionen zu überfordern. Öffnen Sie ein Bild und tippen Sie unten auf **Bearbeiten**. Die Oberfläche wechselt in den Bearbeitungsmodus und zeigt Ihnen mehrere Bereiche, die Sie nacheinander durchgehen können. Alle Änderungen werden nichtdestruktiv gespeichert, das heißt, Sie können sie jederzeit anpassen oder vollständig zurücksetzen.

Automatische Optimierung

Wenn es schnell gehen soll, bieten die automatischen Funktionen einen idealen Einstieg. Sie analysieren das Bild und passen wichtige Werte selbstständig an. Im Bereich **Automatisch** stehen Ihnen mehrere Optionen zur Verfügung:

- **Optimieren**: Korrigiert Helligkeit, Kontrast und Farben ausgewogen.
- **Dynamisch**: Verstärkt Farben und Kontraste deutlich.
- **Boost**: Hebt Details stärker hervor und wirkt insgesamt kräftiger.

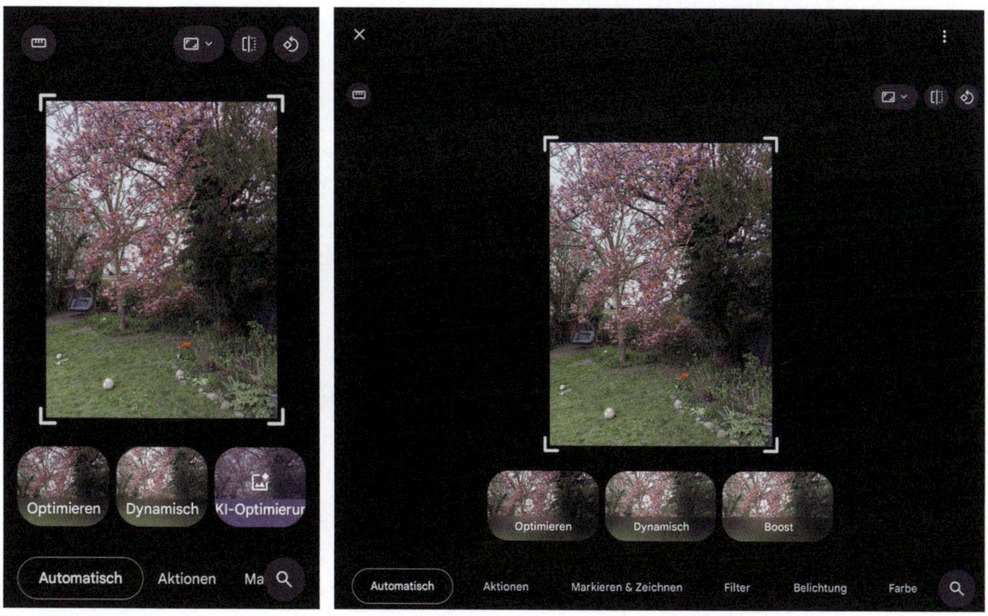

Automatische Optimierungen vergleichen und gezielt anwenden, um Bildwirkung, Farben und Kontrast mit einem Fingertipp zu verbessern

Diese Varianten eignen sich besonders für Schnappschüsse oder wenn Sie ohne viel Aufwand ein gutes Ergebnis erzielen möchten.

Zuschneiden und ausrichten

Nicht jedes Foto ist perfekt aufgenommen. Kleine Korrekturen am Bildausschnitt oder an der Ausrichtung können die Wirkung deutlich verbessern und den Blick gezielt auf das Wesentliche lenken. Die entsprechenden Werkzeuge stehen Ihnen direkt im Bearbeitungsmodus in der oberen Symbolleiste zur Verfügung. Von links nach rechts finden Sie hier:

- Bildausschnitt wählen: zum freien Zuschneiden des Fotos
- Format festlegen: vordefinierte Seitenverhältnisse auswählen
- Vorher-Nachher-Vergleich: Bearbeitung direkt mit dem Original vergleichen
- Drehen: Bild ausrichten oder komplett rotieren

Mit diesen Funktionen können Sie:

- den Bildausschnitt gezielt verändern
- störende Elemente am Rand entfernen
- den Horizont begradigen
- die Perspektive verbessern

Gerade bei Landschaftsaufnahmen oder Architekturmotiven sorgt ein sauber ausgerichtetes Bild für eine deutlich ruhigere und professionellere Gesamtwirkung.

Automatischer Bildausschnitt per KI

Die Funktion **Bester Bildausschnitt** nutzt künstliche Intelligenz, um den optimalen Bildausschnitt automatisch zu ermitteln. Dabei analysiert Google Fotos das Motiv, erkennt wichtige Bildelemente und entfernt störende Randbereiche. So entsteht in wenigen Schritten eine deutlich ausgewogenere Bildkomposition:

1. Öffnen Sie ein Foto und tippen Sie auf **Bearbeiten**.
2. Wählen Sie den Bereich **Zuschneiden**.

3. Tippen Sie oben links auf **Bester Bildausschnitt**.
4. Warten Sie kurz, während die KI verschiedene Vorschläge berechnet.
5. Wählen Sie unten einen der vorgeschlagenen Bildausschnitte aus.
6. Bestätigen Sie mit ✓, um den Vorschlag zu übernehmen.

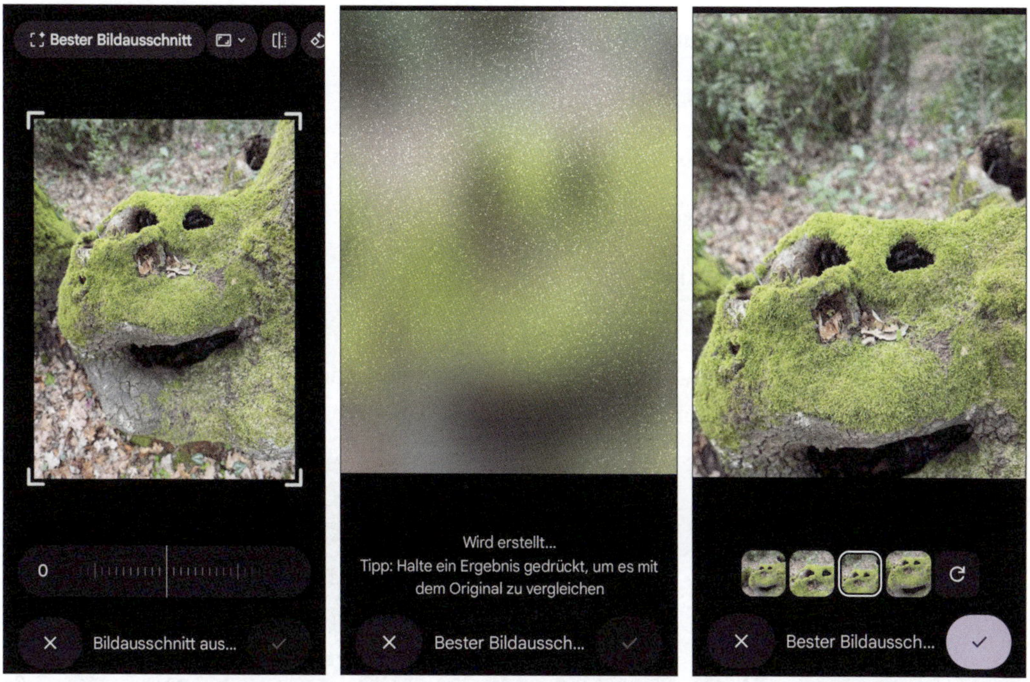

Automatischer Bildausschnitt: Die KI analysiert das Foto, erstellt passende Zuschnittvorschläge und ermöglicht die direkte Auswahl der besten Bildkomposition.

Aktionen – erweiterte Bildbearbeitung gezielt einsetzen

Neben den klassischen Reglern für Licht und Farbe bietet Google Fotos im Bereich **Aktionen** eine Reihe intelligenter Werkzeuge, mit denen Sie gezielt einzelne Aspekte eines Fotos verbessern können. Diese Funktionen greifen tiefer in die Bildstruktur ein und werden teilweise durch KI unterstützt. Dadurch lassen sich Ergebnisse erzielen, die deutlich über einfache Anpassungen hinausgehen. Gerade bei schwierigen Aufnahmen – etwa mit störenden Objekten, leicht unscharfen Details oder unruhigem Hintergrund – spielen die Aktionen ihre Stärke aus.

Störende Elemente entfernen (Magischer Radierer)

Magischer Radierer gehört zu den auffälligsten Funktionen im Bereich **Aktionen**. Sie erkennt Objekte im Bild automatisch oder lässt sich manuell steuern. So gehen Sie vor:

1. Öffnen Sie ein Foto und tippen Sie auf **Bearbeiten**.
2. Wechseln Sie unten in den Bereich **Aktionen**.
3. Wählen Sie **Magischer Radierer**.
4. Tippen oder überstreichen Sie das störende Objekt oder kreisen Sie es ein.
5. Wählen Sie **Löschen**.
6. Bestätigen Sie mit ✓.
7. Die App ersetzt den markierten Bereich automatisch mit passender Umgebung. Besonders gut funktioniert das bei einfachen Hintergründen wie Himmel, Wänden oder Straßen.

Lassen Sie sich von der KI helfen
Nutzen Sie die Funktion **Auswahl optimieren**, wenn das Ergebnis nicht perfekt ist. Die KI passt die Auswahl dann automatisch an oder Sie selbst können diese manuell ändern.

Motiv verschieben und neu platzieren

Eine weitere KI-Funktion erlaubt es, das Hauptmotiv im Bild zu verschieben. Auf die Art können Sie die Bildkomposition nachträglich verbessern. So funktioniert es:

1. Wechseln Sie im Bearbeitungsmodus in den Bereich **Aktionen**.
2. Wählen Sie die Funktion **Verschieben**.
3. Markieren Sie das Motiv, das Sie verschieben möchten, indem Sie es umkreisen oder überstreichen.
4. Ziehen Sie das Motiv an eine neue Position.
5. Tippen Sie auf **Verschieben** und bestätigen Sie die Änderung mit ✓.
6. Die leeren Bereiche werden automatisch ergänzt. Dadurch können Sie z.B. mehr Platz in Blickrichtung schaffen oder das Motiv besser ins Zentrum rücken.

Schärfe gezielt verbessern

Unscharfe oder leicht weiche Bilder lassen sich mit der Funktion **Scharf stellen** nachträglich optimieren. Die einzelnen Schritte:

1. Wechseln Sie im Bearbeitungsmodus in den Bereich **Aktionen**.
2. Wählen Sie **Scharf stellen** aus.
3. Erhöhen Sie vorsichtig den Regler.

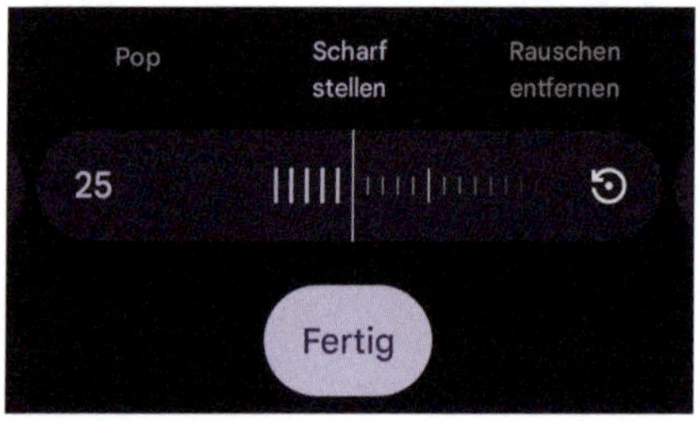

4. Achten Sie darauf, den Wert nicht zu hoch zu setzen, sonst entstehen unnatürliche Kanten.
5. Prüfen Sie die Wirkung und bestätigen Sie mit ✓.

Retuschieren – Gesichter gezielt verbessern

Im Bereich **Aktionen** bietet Google Fotos auch eine spezielle Retuschefunktion für Porträts. Diese arbeitet KI-gestützt und erkennt automatisch Gesichter im Bild. Einzelne Bereiche lassen sich anschließend gezielt optimieren, ohne das gesamte Foto zu verändern. Typische Werkzeuge in der Retusche sind folgende:

- **Glatt**: Haut wird weicher dargestellt.
- **Unter den Augen**: Augenringe werden reduziert.
- **Iris**: Augen werden klarer und lebendiger.
- **Zähne**: Aufhellung für ein natürlicheres Lächeln
- **Augenbrauen/Lippen**: feine Anpassung von Details

So gehen Sie Schritt für Schritt vor:

1. Wechseln Sie im Bearbeitungsmodus in den Bereich **Aktionen**.

2. Wählen Sie **Retuschieren**.
3. Tippen Sie auf das gewünschte Werkzeug (z. B. **Unter den Augen**).
4. Passen Sie die Stärke über den Regler an.

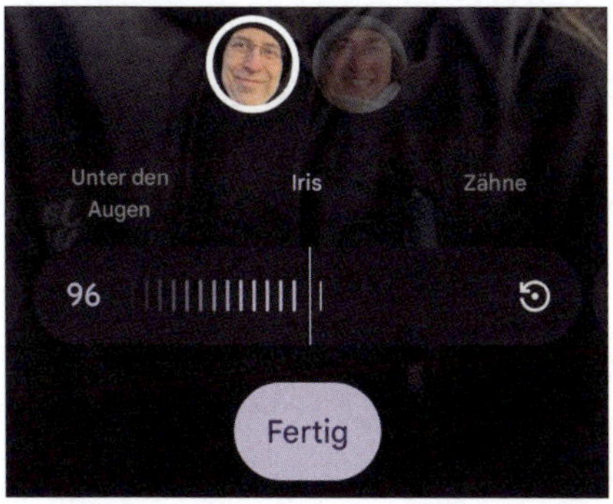

5. Bestätigen Sie mit **Fertig**.

Hinweise für natürliche Ergebnisse

Die Retusche funktioniert am besten, wenn sie dezent eingesetzt wird. Zu hohe Werte lassen Gesichter schnell unnatürlich wirken oder Details verschwinden:

- Arbeiten Sie lieber mit mittleren Werten.
- Kombinieren Sie mehrere kleine Anpassungen statt einer starken.
- Prüfen Sie das Ergebnis regelmäßig im Vergleich zum Original.

Hintergrund weich zeichnen

Mit dieser Funktion heben Sie das Hauptmotiv stärker hervor, indem der Hintergrund gezielt unscharf gemacht wird. Das funktioniert besonders gut bei Porträts oder einzelnen Objekten und erzeugt einen Effekt ähnlich dem einer Kamera mit großer Blendenöffnung.

Details hervorheben mit »Pop«

Die Funktion **Pop** verstärkt Kontraste und Strukturen innerhalb des Bildes. Dadurch wirken Fotos klarer und plastischer. Hierfür verwenden Sie »Pop« sinnvoll:

- Eignet sich ideal für Landschafts- oder Architekturaufnahmen.
- Dosieren Sie vorsichtig, da der Effekt schnell zu stark wirkt.
- Lässt sich gut mit Belichtungsanpassungen kombinieren.

Bildrauschen reduzieren

Bei Aufnahmen mit wenig Licht entsteht oft störendes Rauschen. Dieses lässt sich gezielt entfernen. Das Bild wirkt anschließend ruhiger, kann aber leicht an Details verlieren – wägen Sie daher immer ab.

Markieren & Zeichnen – Inhalte hervorheben und erklären

Neben der klassischen Bildbearbeitung bietet Google Fotos mit **Markieren & Zeichnen** einfache Werkzeuge, um Bilder direkt zu kommentieren oder visuell zu ergänzen. Damit können Sie wichtige Bereiche hervorheben, Hinweise einzeichnen oder Texte einfügen – ideal für Anleitungen, Präsentationen oder das schnelle Teilen mit Erklärungen.

Zur Verfügung stehen drei zentrale Werkzeuge:

- **Stift** ✎: Freihandzeichnen für Markierungen oder Skizzen
- **Textmarker** ✎: halbtransparente Hervorhebungen
- **Text** Tт: Beschriftungen direkt im Bild platzieren

Die Farben und Strichstärken lassen sich dabei flexibel anpassen.

So nutzen Sie »Markieren & Zeichnen«

1. Öffnen Sie ein Bild und tippen Sie auf **Bearbeiten**.
2. Wechseln Sie zum Bereich **Markieren & Zeichnen**.
3. Wählen Sie ein Werkzeug (**Stift**, **Textmarker** oder **Text**).
4. Zeichnen oder schreiben Sie direkt ins Bild.
5. Passen Sie Farbe und gegebenenfalls Größe an.
6. Bestätigen Sie mit ✓.

Praktische Einsatzmöglichkeiten

Die Funktion eignet sich besonders für:

- Anleitungen: Schritte oder Bereiche markieren
- Erklärungen: Pfeile, Kreise oder Notizen ergänzen
- Unterricht und Schulung: Inhalte visuell hervorheben
- Alltag: Fotos schnell kommentieren und teilen

Filter – Bildstimmungen mit einem Tipp erzeugen

Filter bieten eine schnelle Möglichkeit, Fotos einen bestimmten Look zu geben. Dabei werden mehrere Werte wie Helligkeit, Kontrast und Farben automatisch angepasst. Besonders praktisch: Sie sehen die Wirkung sofort und können verschiedene Stile direkt vergleichen. Google Fotos stellt eine Auswahl an Filtern bereit:

- **Lite**, **Playa**, **Honey**, **Isla**, **Desert**: klassische Farb- und Lichtstile
- **Vivid**, **Luminous**, **Radiant**: kräftigere, leuchtende Varianten
- **Ember**, **Airy**, **Afterglow**, **Stormy**: stimmungsvollere, teils wärmere oder dramatische Looks

Zusätzlich lassen sich **Himmel-Effekte** anwenden, die speziell den Himmel verändern und verstärken.

Belichtung – Licht und Kontraste präzise anpassen

Im Bereich **Belichtung** steuern Sie gezielt, wie Licht und Kontraste im Bild wirken. Die einzelnen Regler greifen unterschiedlich stark in die Bildwirkung ein und lassen sich sinnvoll kombinieren:

- **Porträtbeleuchtung**: Die Funktion **Porträtbeleuchtung** gehört zu den wirkungsvollsten Werkzeugen im Bereich Belichtung, wenn Personen im Mittelpunkt stehen. Sie analysiert automatisch das Gesicht und passt die Lichtverteilung gezielt an. Dadurch wirkt das Motiv klarer, plastischer und besser vom Hintergrund getrennt – ähnlich wie bei einer Studioaufnahme.
  Im Unterschied zur einfachen Helligkeitsanpassung wird hier nicht das gesamte Bild verändert, sondern vor allem das Gesicht optimiert. Schatten werden ausgeglichen, wichtige Bereiche leicht aufgehellt und Details wie Augen oder Gesichtskonturen betont:
  - **Licht ausgleichen**: Gleicht ungleichmäßige Beleuchtung im Gesicht aus. Besonders hilfreich ist das bei Gegenlicht oder seitlichem Licht, da Schatten reduziert werden und das Gesicht gleichmäßiger dargestellt wird.
  - **Licht hinzufügen**: Simuliert zusätzliches Licht auf dem Gesicht. Dadurch wirkt das Motiv heller und tritt stärker in den Vordergrund.
- **Helligkeit**: Passt die gesamte Bildhelligkeit an. Ideal ist das, wenn das Foto insgesamt zu dunkel oder zu hell ist.
- **Ton**: Regelt die mittleren Helligkeitsbereiche. Damit beeinflussen Sie die Gesamtwirkung, ohne extreme Lichter oder Schatten stark zu verändern.
- **Kontrast**: Erhöht oder verringert den Unterschied zwischen hell und dunkel. Mehr Kontrast sorgt für mehr Tiefe, weniger für ein weicheres Bild.
- **Schwarzpunkt**: Bestimmt, wie dunkel die dunkelsten Bildbereiche sind. Höhere Werte erzeugen kräftigere Schwarztöne und mehr Bildtiefe.

- **Weißpunkt**: Legt fest, wie hell die hellsten Bereiche erscheinen. Ein höherer Wert lässt das Bild strahlender wirken.
- **Spitzlichter**: Regelt sehr helle Bereiche wie Himmel oder Reflexionen. Senken Sie den Wert, um überstrahlte Stellen zurückzuholen.
- **Schatten**: Hellt dunkle Bereiche gezielt auf. So werden Details sichtbar, ohne das ganze Bild zu verändern.
- **Vignettierung**: Dunkelt die Ränder ab und lenkt den Blick zur Bildmitte. Eignet sich besonders, um Motive hervorzuheben.

Farbe – Stimmung gezielt verändern

Im Bereich **Farbe** passen Sie die Farbstimmung und Bildwirkung an. Schon kleine Änderungen können die Atmosphäre deutlich beeinflussen:

- **Wärme**: Verändert die Farbtemperatur. Höhere Werte wirken wärmer (Gelb/Orange), niedrigere kühler (Blau).
- **Färbung**: Korrigiert Farbstiche zwischen Grün und Magenta. Das ist nützlich bei unnatürlichen Farbverhältnissen.
- **Hautton**: Optimiert gezielt Hautfarben. Besonders bei Porträts sorgt das für natürlichere Ergebnisse.
- **Blautöne**: Beeinflusst gezielt Himmel und Wasser. So können Sie Blautöne verstärken oder abschwächen, ohne andere Farben stark zu verändern.

Videos bearbeiten

Nicht jedes Video wirkt direkt nach der Aufnahme so, wie Sie es sich vorgestellt haben. Oft beginnt die Aufnahme einen Moment zu früh, endet zu spät oder enthält unnötige Bewegungen am Anfang und Ende. Auch Licht, Farben oder der Bildausschnitt entsprechen nicht immer der tatsächlichen Stimmung vor Ort. Genau hier setzt die Videobearbeitung in Google Fotos an: Sie ermöglicht es Ihnen, Aufnahmen mit wenigen, gezielten Schritten deutlich zu verbessern – ohne zusätzliche Apps und ohne komplexe Schnittprogramme.

Bereits beim Öffnen eines Videos stehen Ihnen alle wichtigen Werkzeuge direkt zur Verfügung. Im oberen Bereich sehen Sie die Vorschau, darunter die Zeitleiste (Timeline) mit den einzelnen Videosegmenten. Am unteren Rand befinden sich die zentralen Funktionen wie **Automatisch**, **Zuschneiden**, **Anpassen**, **Filter** und

Audio. Die Bearbeitung erfolgt dabei immer direkt am Video, Änderungen werden sofort sichtbar und lassen sich jederzeit korrigieren.

Automatische Verbesserung als Ausgangspunkt

Bevor Sie einzelne Regler manuell anpassen, lohnt sich ein Blick auf die automatische Optimierung. Google Fotos analysiert Ihr Video im Hintergrund und nimmt grundlegende Korrekturen bei Helligkeit, Kontrast und Farben vor. Dadurch erhalten Sie mit nur einem Tipp eine erste, oft bereits deutlich verbesserte Version Ihres Clips.

Optimieren

Mit **Optimieren** führt Google Fotos eine automatische Bildverbesserung durch. Dabei werden typische Schwächen eines Videos ausgeglichen, etwa:

- zu dunkle oder zu helle Bereiche
- zu geringe Kontraste
- flache oder unnatürliche Farben

Das Ergebnis wirkt meist klarer, kontrastreicher und insgesamt lebendiger. Gerade bei Außenaufnahmen wie Landschaften oder Urlaubsvideos sorgt diese Funktion schnell für ein ansprechenderes Gesamtbild.

> **Zweistufige Vorgehensweise**
> Nutzen Sie **Optimieren** als ersten Schritt und nehmen Sie anschließend nur noch kleine manuelle Anpassungen vor.

Stabilisieren

Die Funktion **Stabilisieren** reduziert Verwacklungen im Video. Sie ist besonders hilfreich, wenn Aufnahmen aus der Hand gemacht wurden und dadurch unruhig wirken. Dabei analysiert Google Fotos die Bewegung im Bild und gleicht diese digital aus. Das Video wirkt anschließend deutlich ruhiger und professioneller. Zu beachten ist dabei:

- Das Bild kann leicht beschnitten werden, da ein Rand zur Stabilisierung benötigt wird.
- Die Verarbeitung dauert je nach Videolänge etwas länger.

Weniger verwackeln
Setzen Sie **Stabilisieren** gezielt ein – bei ohnehin ruhigen Aufnahmen ist der Effekt meist kaum sichtbar, bei bewegten Szenen jedoch sehr hilfreich.

Automatische Videobearbeitung: Mit »Optimieren« verbessern Sie Bildwirkung und Farben, während »Stabilisieren« Verwacklungen im Video reduziert.

Video kürzen

Bevor Sie sich mit Effekten oder Farben beschäftigen, sollten Sie Ihr Video inhaltlich bereinigen. Gerade bei Smartphone-Aufnahmen entstehen oft unnötige Anfangs- oder Endsequenzen, die das Video unruhig wirken lassen. Auf diese Weise entfernen Sie schnell unnötige Sequenzen am Anfang oder Ende:

1. Öffnen Sie das Video im Bearbeitungsmodus.
   Unten sehen Sie die komplette Timeline Ihres Videos.
2. Um den Start festzulegen, ziehen Sie die linke Begrenzung der Timeline nach rechts.
3. Ziehen Sie die rechte Begrenzung nach links, um das Ende festzulegen.
4. Spielen Sie die Vorschau über das Play-Symbol ▷ ab.
5. Bestätigen Sie mit **Speichern**.

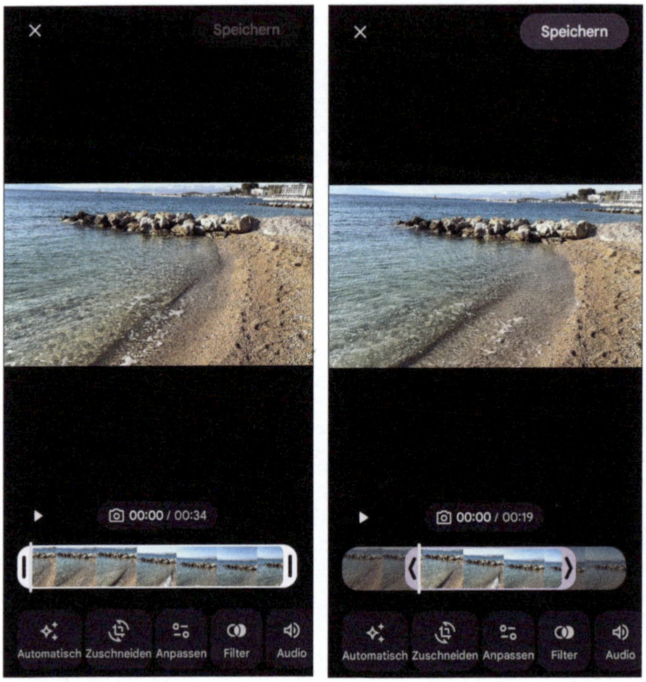

In der Hauptansicht kürzen Sie das Video direkt über die Timeline, während weitere Werkzeuge wie »Zuschneiden«, »Anpassen«, »Filter« und »Audio« darunter erreichbar sind.

Zuschneiden, Bildausschnitt und Formate

Der Bereich **Zuschneiden** dient nicht dazu, die Länge des Videos zu verändern, sondern den sichtbaren Bildbereich und das Format anzupassen. Hier entscheiden Sie, welcher Teil des Videos im Fokus steht und in welchem Seitenverhältnis es dargestellt wird.

Gerade für Social Media spielt dieser Schritt eine wichtige Rolle, da unterschiedliche Plattformen verschiedene Formate bevorzugen.

Funktionen im Bereich »Zuschneiden«

- Bildausschnitt verschieben: Ziehen Sie einfach an den Ecken des Videos.
- Seitenverhältnis ändern: ⬚
- Spiegeln, Perspektive korrigieren, drehen: ⟲

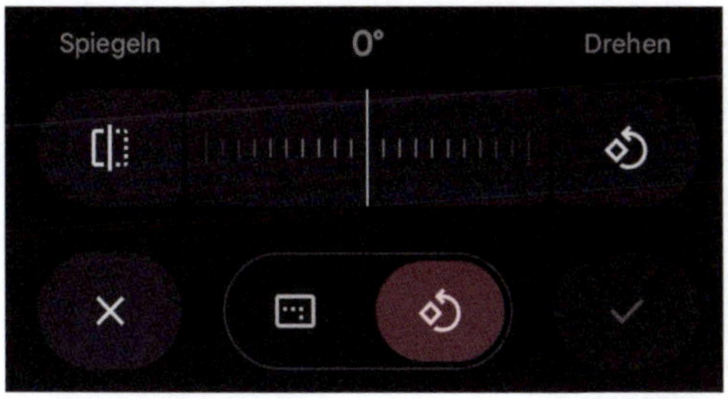

Zuschneiden-Werkzeuge: Bild ausrichten, spiegeln und drehen, um den Bildausschnitt und die Perspektive optimal anzupassen

Verfügbare Formate:

- **Frei** (individuell)
- **9 : 16** (Hochformat, z. B. für Stories und Reels)
- **1 : 1** (Quadrat)
- **2 : 3** und **3 : 4**
- **3 : 2** (klassisches Fotoformat)

Positionieren Sie die Bildinhalte
Achten Sie darauf, dass wichtige Bildinhalte (z. B. Personen oder Horizonte) korrekt positioniert und ausgerichtet sind.

Belichtung und Bildwirkung anpassen

Im Bereich **Anpassen** nehmen Sie gezielt Veränderungen an Helligkeit, Kontrast und Bildwirkung vor. Diese Einstellungen entsprechen weitgehend denen der Fotobearbeitung, wirken sich aber auf das gesamte Video aus.

Wichtige Regler sind folgende:

- **Helligkeit**: Erhöht oder verringert die Gesamtbelichtung des Videos.
- **Kontrast**: Verstärkt den Unterschied zwischen hellen und dunklen Bereichen.
- **Ton**: Beeinflusst die Mitteltöne und sorgt für eine natürlichere Darstellung.
- **Weißpunkt**: Bestimmt, wie hell die hellsten Bereiche erscheinen.

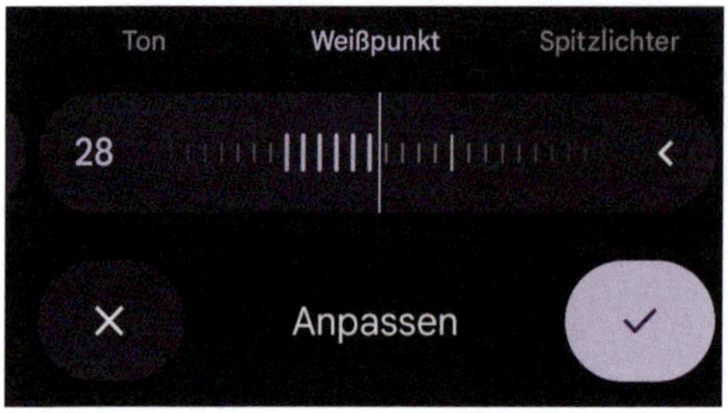

- **Schwarzpunkt**: Legt fest, wie dunkel die dunkelsten Bereiche sind.
- **Schatten**: Holt Details aus dunklen Bereichen zurück.
- **Spitzlichter**: Reduziert überbelichtete Bereiche, z. B. im Himmel.
- **Sättigung**: Verstärkt oder reduziert die Farbintensität. Höhere Werte lassen Farben kräftiger wirken, niedrigere sorgen für ein neutraleres, zurückhaltendes Bild.
- **Färbung**: Verschiebt die Farbbalance zwischen Grün- und Magentatönen. Damit korrigieren Sie Farbabweichungen oder geben dem Video gezielt eine bestimmte Farbstimmung.

In kleinen Etappen ans gewünschte Ziel
Arbeiten Sie mit kleinen Anpassungen. Zu starke Veränderungen wirken bei Videos schnell unnatürlich.

Filter für schnelle Stimmungsänderungen

Filter bieten eine einfache Möglichkeit, die Farbwirkung eines Videos komplett zu verändern. Sie kombinieren mehrere Anpassungen zu einem fertigen Look.

Einige Beispiele sind:

- **Vivid**: kräftige Farben und hoher Kontrast
- **Playa**: warme, sommerliche Farbgebung
- **Honey**: weicher, leicht gelblicher Look
- **Airy**: hell und leicht

Audio bearbeiten

Der Ton eines Videos entscheidet maßgeblich darüber, wie eine Szene wahrgenommen wird. Windgeräusche, Stimmen oder Umgebungsgeräusche können eine Aufnahme authentisch wirken lassen, manchmal aber auch stören. In Google Fotos haben Sie deshalb die Möglichkeit, den Originalton gezielt anzupassen oder komplett auszublenden. So lenken Sie die Aufmerksamkeit bewusst auf das Bild oder bereiten das Video optimal für Musik vor.

In der Praxis geht es häufig darum, störende Geräusche zu reduzieren oder die Lautstärke so einzustellen, dass sie angenehm und ausgewogen wirkt. Gerade bei Außenaufnahmen – wie im gezeigten Beispiel am Strand – kann der Originalton schnell zu dominant oder unruhig sein. Bei Audio gibt es die folgenden Möglichkeiten:

- Lautstärke des Originaltons anpassen
- Originalton vollständig stumm schalten
- Kombination mit später hinzugefügter Musik vorbereiten

Schritt für Schritt

1. Öffnen Sie das Video und tippen Sie auf **Bearbeiten**.
2. Wählen Sie den Bereich **Audio**.
3. Nutzen Sie den Lautstärkeregler, um den Originalton zu verstärken oder zu reduzieren.
4. Tippen Sie auf **Stummschalten**, wenn Sie den Ton komplett entfernen möchten.
5. Bestätigen Sie Ihre Einstellung mit Tipp auf ✓.

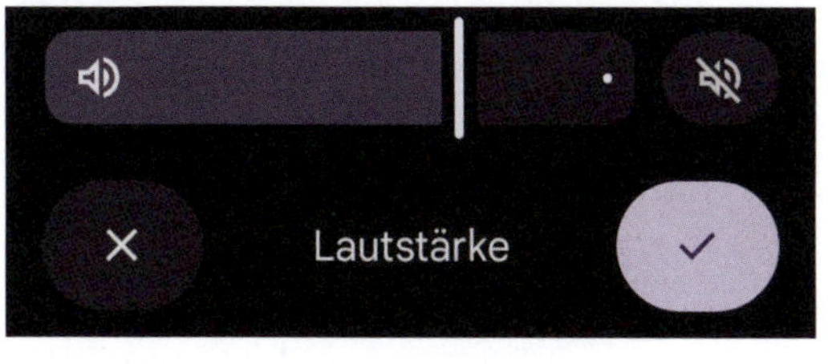

Musik hinzufügen

Mit Musik verleihen Sie Ihrem Video eine gezielte Stimmung und lenken die Wahrnehmung der Zuschauer. Eine passende Hintergrundmusik kann eine Szene deutlich emotionaler wirken lassen – ruhig, dynamisch oder sogar dramatisch. Google Fotos bietet Ihnen dafür nicht nur eine einfache Auswahl an Titeln, sondern auch mehrere Werkzeuge, um Musik und Originalton sauber miteinander zu kombinieren.

Neben der reinen Auswahl des Songs sind vor allem drei Dinge entscheidend: die richtige Lautstärkebalance, ein sauberer Start und Abschluss (Ausblenden) sowie die Möglichkeit, den Titel später noch einmal zu ändern. Die Möglichkeiten bei Musik sind:

- Musik aus der integrierten Bibliothek auswählen
- passenden Ausschnitt des Titels festlegen
- Lautstärke von Video und Musik getrennt steuern
- Musik weich ein- und ausblenden
- Titel jederzeit austauschen oder anpassen

Schritt für Schritt: Musik hinzufügen

1. Öffnen Sie das Video und tippen Sie auf **Bearbeiten**.
2. Tippen Sie auf **Musik** ♪.
3. Wählen Sie einen Titel aus und tippen Sie neben dem Titel auf **Auswählen**.
4. Legen Sie den gewünschten Ausschnitt fest, indem Sie den markierten Bereich verschieben.
5. Bestätigen Sie Ihre Auswahl mit Tipp auf ✓.

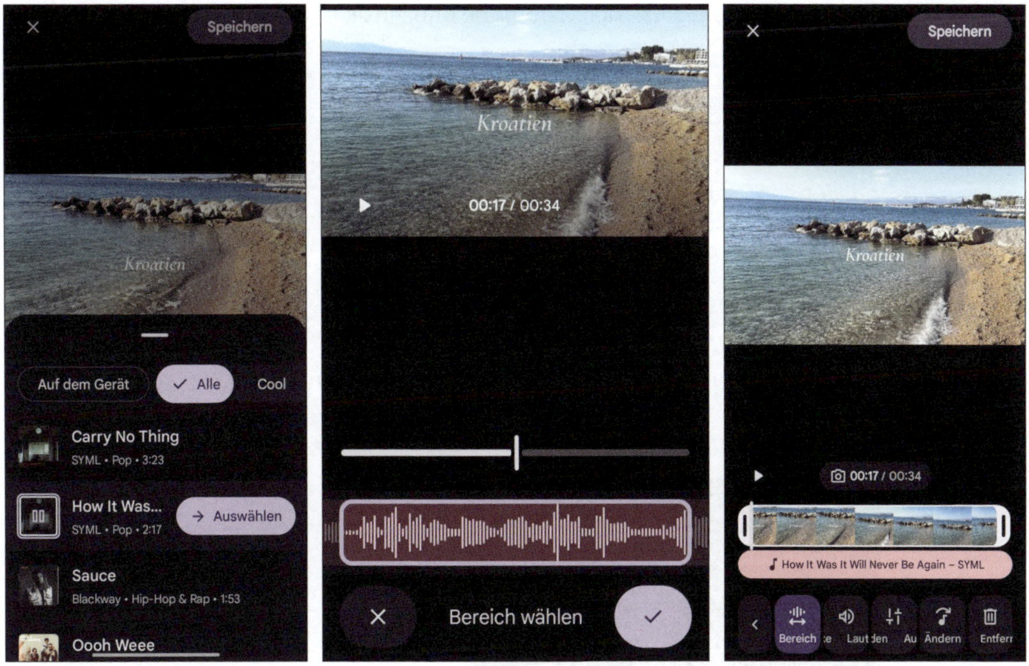

Lautstärke richtig einstellen

Nach dem Hinzufügen der Musik können Sie die Lautstärke gezielt anpassen:

- **Audio des Videos**: Regelt den Originalton (z. B. Wellen, Stimmen).
- **Soundtrack**: Regelt die Lautstärke der Musik.

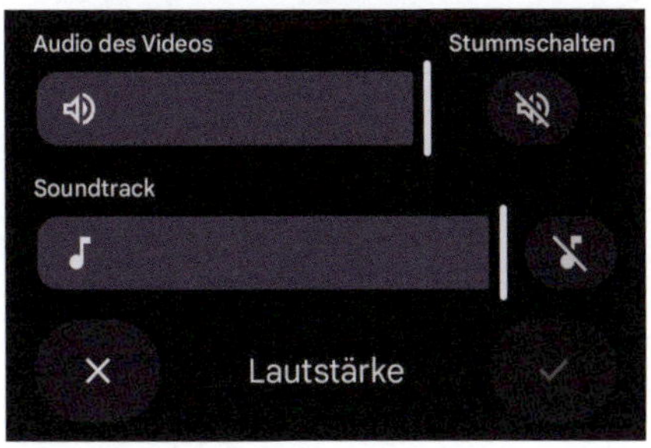

Lautstärke von Originalton und Soundtrack getrennt einstellen oder den Ton gezielt stumm schalten

Empfehlung aus der Praxis:

- Für Videos mit Atmosphäre: Video ca. 20–40 %, Musik ca. 60–80 %
- Für reine Musikclips: Video stumm, Musik 100 %

So vermeiden Sie, dass sich Geräusche und Musik gegenseitig überlagern.

Musik ein- und ausblenden

Damit Ihr Video professioneller wirkt, sollten Musik und Ton nicht abrupt starten oder enden. Unter **Ausblenden** können Sie:

- **Einblenden** (Start der Musik weich gestalten)
- **Langsam ausblenden** (sanftes Ende erzeugen)

Sie legen dabei jeweils die Dauer fest, z. B. 1–2 Sekunden für einen natürlichen Übergang.

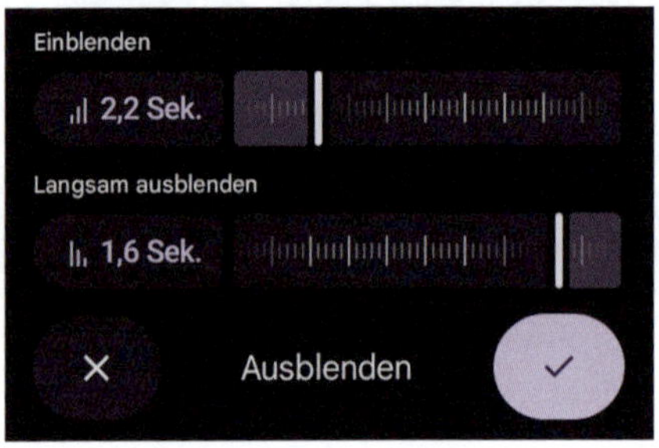

Blenden Sie die Musik sanft ein und aus, um Übergänge im Video fließend und harmonisch zu gestalten.

Einblenden nutzen

Ein leichtes Einblenden verhindert harte Schnitte und wirkt sofort hochwertiger – besonders bei ruhigen Szenen wie Landschaftsaufnahmen.

Musik ändern oder anpassen

Sie sind nicht auf Ihre erste Auswahl festgelegt:

- Über **Ändern** können Sie jederzeit einen anderen Titel auswählen.
- Der bisherige Titel wird dabei ersetzt.
- Ausschnitt und Lautstärke lassen sich anschließend neu einstellen.

Das ist besonders hilfreich, wenn Sie die Wirkung Ihres Videos vergleichen oder nachträglich anpassen möchten.

Wichtig zu wissen

Beim Hinzufügen von Musik wird der Originalton automatisch reduziert und in den Hintergrund gesetzt. Sie behalten jedoch jederzeit die volle Kontrolle und können das Verhältnis von Video- und Musiklautstärke individuell anpassen.

Texte in Videos einfügen und gestalten

Mit Texten geben Sie Ihren Videos Kontext, Struktur und eine persönliche Note. Ob Ortsangaben wie »Kroatien«, kurze Titel oder kleine Kommentare – Textelemente lassen sich in Google Fotos direkt in das Video integrieren und flexibel gestalten.

Bereits während der Bearbeitung sehen Sie den Text in der Vorschau eingeblendet und können ihn exakt positionieren. So prüfen Sie sofort, ob er gut lesbar ist und zur Bildwirkung passt.

So fügen Sie einen Text ein:

1. Öffnen Sie Ihr Video in Google **Fotos**.
2. Tippen Sie auf **Bearbeiten** und wählen Sie den Bereich **Text** Tт.
3. Tippen Sie auf das Textfeld im Video.
4. Geben Sie den gewünschten Text ein.

5. Bestätigen Sie Ihre Eingabe. Der Text erscheint direkt im Video und lässt sich nun weiter anpassen.

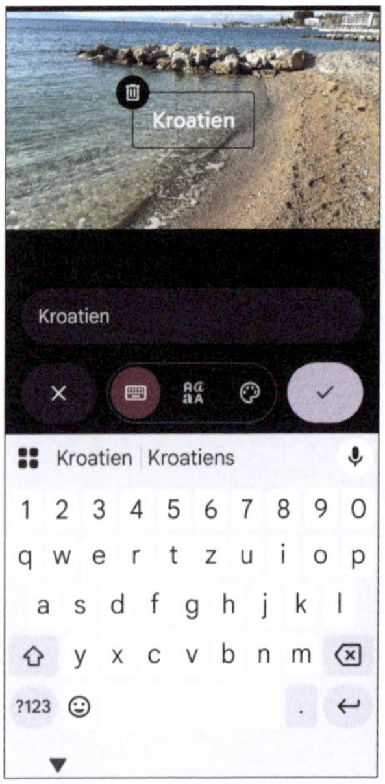

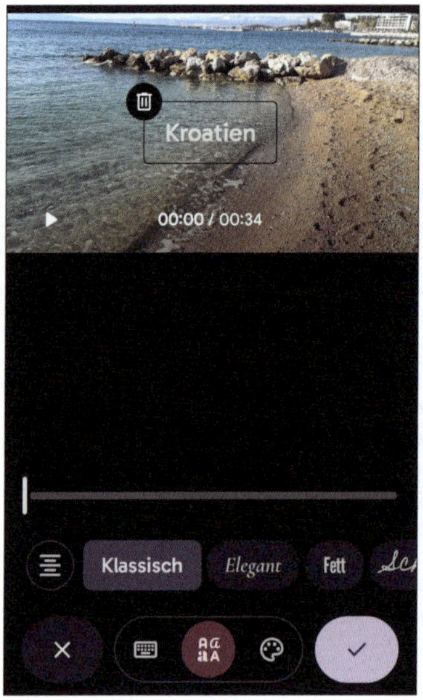

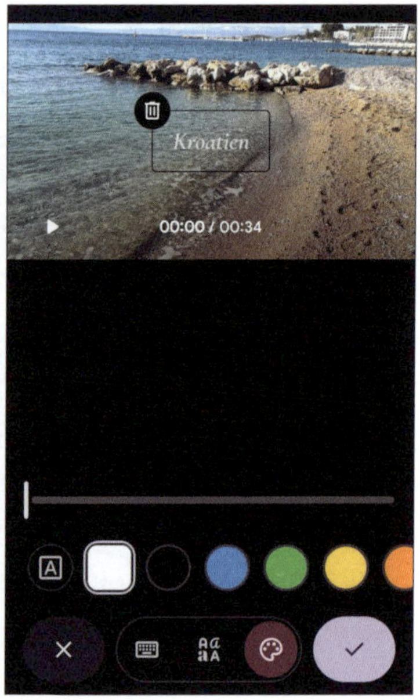

Position und Darstellung anpassen

Sie können den Text frei im Bild verschieben:

1. Ziehen Sie das Textfeld mit dem Finger an die gewünschte Stelle.
2. Achten Sie darauf, dass wichtige Bildinhalte nicht verdeckt werden.
3. Platzieren Sie Texte möglichst ruhig (z. B. im Himmel oder am Rand), damit sie gut lesbar bleiben.

Schriftstil wählen

Über die Stilauswahl bestimmen Sie die Wirkung des Textes z. B.:

- **Klassisch**: neutral und gut lesbar, ideal für Ortsangaben
- **Elegant**: feiner, stilvoller Look, gut für stimmungsvolle Videos
- **Fett**: auffällig und deutlich, geeignet für Überschriften

Wählen Sie den Stil passend zur Szene – ein ruhiger Strand wirkt z. B. mit **Elegant** harmonischer als mit einer sehr kräftigen Schrift.

Farbe festlegen

Im Farbmenü passen Sie den Text dem Hintergrund an:

- Weiß: Wirkt sauber und dezent – ideal in dunkleren Bereichen.
- Schwarz: Eignet sich gut auf sehr hellen Hintergründen.
- Farben (Blau, Grün, Gelb usw.): Setzen gezielt Akzente.

Achten Sie immer auf ausreichenden Kontrast, damit sich der Text klar vom Bild abhebt.

Fotos teilen und gemeinsam nutzen – geteilte Alben und gemeinsame Mediatheken

Die Fotos, die Sie mit Ihren Geräten aufnehmen, machen Sie oft nicht nur für sich allein. Urlaubsbilder, Familienfeiern oder Schnappschüsse vom Alltag möchten Sie oft schnell und unkompliziert mit anderen teilen. Google Fotos bietet dafür mehrere Möglichkeiten, die sich je nach Situation unterschiedlich gut eignen: das direkte Teilen einzelner Bilder, das Arbeiten mit geteilten Alben sowie – als besonders komfortable Lösung – das dauerhafte Teilen Ihrer Mediathek mit ausgewählten Personen.

Der große Vorteil: Alle Funktionen sind eng miteinander verzahnt. Sie können spontan ein einzelnes Bild verschicken, daraus später ein Album machen oder Inhalte automatisch mit anderen synchronisieren lassen, ohne sie jedes Mal neu auswählen zu müssen.

Fotos direkt teilen

Die einfachste Form des Teilens ist das Versenden einzelner Fotos oder Videos. Diese Methode eignet sich besonders für spontane Situationen.

1. Öffnen Sie Google **Fotos**.
2. Wählen Sie ein Foto oder Video aus.

3. Tippen Sie auf das Teilensymbol <.
4. Wählen Sie einen Kontakt oder eine App (z. B. WhatsApp, E-Mail).
5. Bestätigen Sie das Teilen.

Alternativ können Sie auch mehrere Bilder gleichzeitig auswählen:

1. Halten Sie ein Foto gedrückt.
2. Markieren Sie weitere Bilder.
3. Tippen Sie auf Teilen <.
4. Wählen Sie einen Kontakt oder eine App (z. B. WhatsApp, E-Mail).
5. Bestätigen Sie das Teilen, z. B. durch einen Tipp auf das Sendesymbol in Gmail.

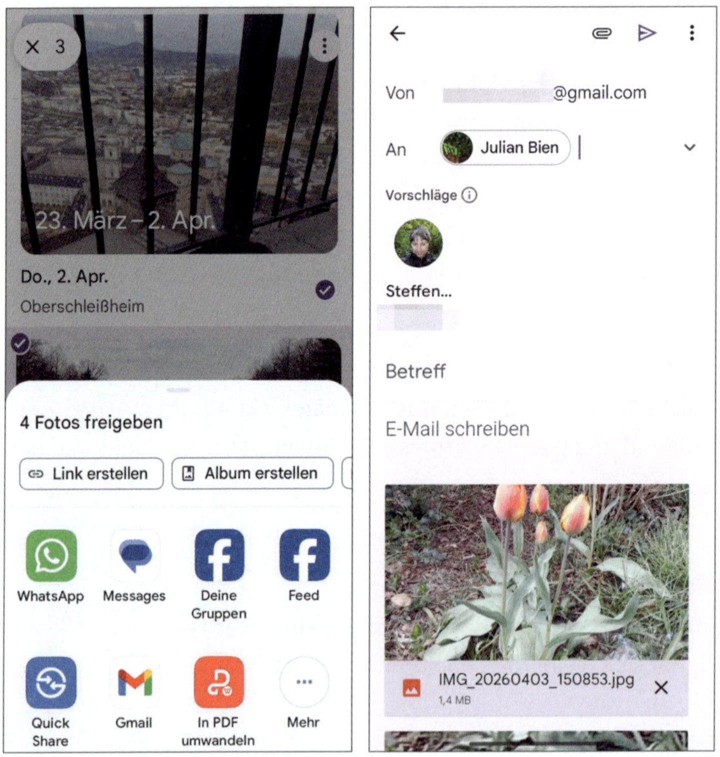

Fotos lassen sich direkt aus Google Fotos heraus per App teilen oder bequem per E-Mail versenden.

Tauschen Sie sich über geteilte Fotos aus

Beim Teilen über Google Fotos selbst entsteht oft ein chatähnlicher Verlauf. Dort können Empfänger die Bilder kommentieren oder liken – ideal für kleine Gruppen.

Geteilte Alben erstellen und verwalten

Geteilte Alben sind die zentrale Lösung, wenn mehrere Personen Fotos sammeln oder gemeinsam darauf zugreifen sollen – etwa bei Urlauben, Veranstaltungen oder Familienprojekten. Ein Album funktioniert wie eine gemeinsame Sammlung: Sie legen es an, laden andere ein und alle Beteiligten können – je nach Einstellung – Inhalte hinzufügen.

Album erstellen

1. Öffnen Sie Google **Fotos**.
2. Wechseln Sie zum Bereich **Sammlungen** oder **Erstellen** und tippen Sie auf +.
3. Tippen Sie auf **Album**.
4. Wählen Sie die gewünschten Fotos und Videos aus.
5. Vergeben Sie einen **Titel** und optional eine **Beschreibung**.
6. Tippen Sie auf **Fotos auswählen**.
7. Markieren Sie die gewünschten Bilder und Videos.
8. Bestätigen Sie Ihre Auswahl mit Tipp auf **Hinzufügen**.
9. Beenden Sie die Bearbeitung Ihres Fotoalbums mit einem Tipp auf das Häkchen ✓ links oben.

Album teilen

1. Öffnen Sie das erstellte Album.
2. Tippen Sie unten auf **Teilen** ≺.

3. Wählen Sie Kontakte oder erstellen Sie einen Freigabelink mit Tipp auf **Link abrufen**.

4. Legen Sie im geöffneten Album fest, ob andere Fotos hinzufügen dürfen. Dazu tippen dazu im geöffneten geteilten Album in der Mitte auf **Geteilt**.

   Wählen Sie oben **Freigabeeinstellungen**.

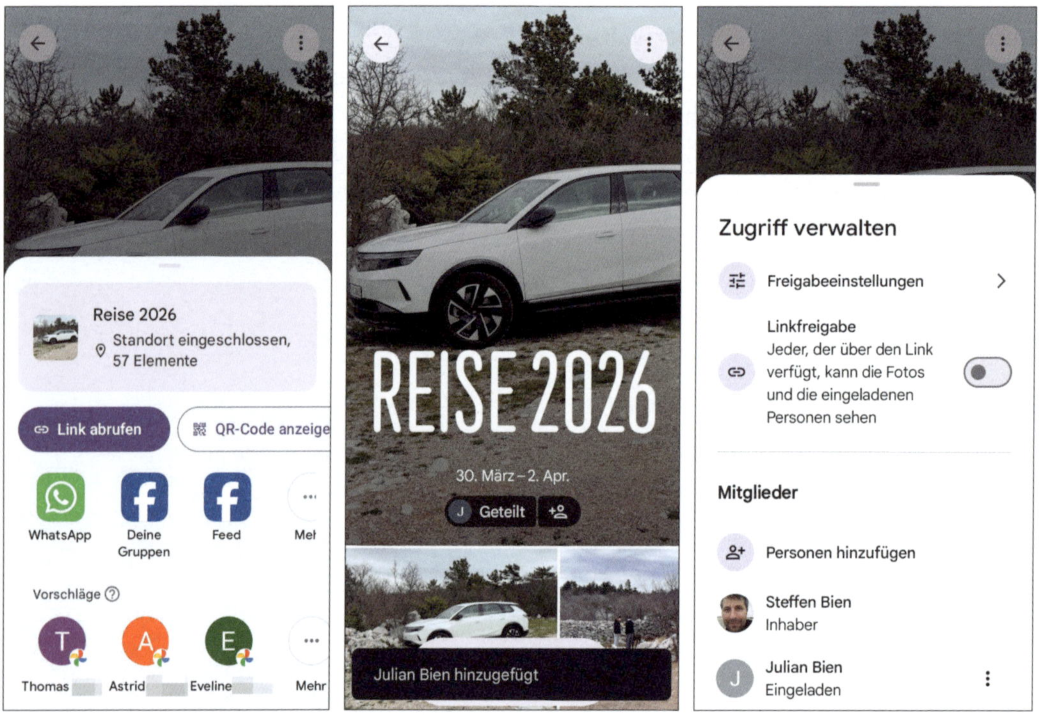

Geteilte Alben lassen sich per Link verbreiten, gemeinsam befüllen und über die Zugriffseinstellungen gezielt verwalten.

Zusammenarbeit im Album

Ein geteiltes Album bietet mehr als nur Zugriff:

- Andere können eigene Fotos hinzufügen.
- Teilnehmer können kommentieren und liken.
- Inhalte werden automatisch synchronisiert.

Jeder lädt seine Bilder hoch und am Ende entsteht eine vollständige Sammlung.

Kapitel 11
Medien und Unterhaltung

Kaum ein Bereich hat Smartphones und Tablets so stark verändert wie digitale Medien. Musik wird heute nicht mehr mühsam auf das Gerät kopiert, Filme laufen nicht mehr ausschließlich auf dem Fernseher und selbst Bücher oder Hörbücher sind jederzeit verfügbar. Android-Geräte sind dadurch längst zu persönlichen Medienzentralen geworden, die Unterhaltung, Information und Alltag eng miteinander verbinden.

Viele Menschen greifen täglich Dutzende Male zu ihrem Smartphone, ohne bewusst darüber nachzudenken: morgens kurz die Nachrichten oder einen Podcast hören, unterwegs Musik streamen, mittags ein YouTube-Video ansehen, abends ein Hörbuch starten oder auf dem Tablet weiterlesen. Genau für diese ständigen Wechsel zwischen kurzen und langen Medienmomenten ist Android ausgelegt. Inhalte stehen geräteübergreifend bereit, werden automatisch synchronisiert und lassen sich flexibel unterschiedlichen Situationen anpassen.

Besonders spannend wird das auf größeren Displays. Während das Smartphone vor allem für schnelle Mediennutzung unterwegs optimiert ist, entfalten Tablets und Foldables ihre Stärken bei längeren Videos, digitalen Büchern oder paralleler Nutzung mehrerer Apps. Ein aufgeklapptes Foldable kann gleichzeitig YouTube-Video, Kommentare und Chats anzeigen, während ein Tablet beinahe wie ein kleiner Fernseher oder E-Reader wirkt. Android passt Apps und Bedienoberflächen dabei dynamisch der verfügbaren Bildschirmgröße an, ohne dass Sie sich um technische Details kümmern müssen.

In diesem Kapitel lernen Sie die wichtigsten Möglichkeiten für Musik, Podcasts, Hörbücher, digitale Bücher, YouTube, Streaming und die Übertragung von Medien auf andere Geräte kennen. Dabei geht es nicht nur um die grundlegende Bedienung, sondern auch um praktische Alltagstipps, sinnvolle Einstellungen und die Unterschiede zwischen Smartphone, Tablet und Foldable.

Musik, Musikvideos und Podcasts

Früher mussten Musikdateien mühsam per Kabel auf das Gerät kopiert werden. Heute geschieht vieles über Streamingdienste. Der wichtigste Google-Dienst in diesem Bereich ist *YouTube Music*. Die App verbindet klassische Musikwiedergabe mit Musikvideos, Liveaufnahmen, Remixen, Playlists und Empfehlungen. Laut Google bietet YouTube Music nicht nur normale Musiktitel, sondern auch Liveauftritte, Coverversionen, Remixe und Inhalte, die sich in dieser Form nicht immer bei klassischen Musikdiensten finden.

YouTube Music ist auf vielen Android-Geräten bereits vorinstalliert. Falls nicht, installieren Sie die App über den *Play Store*. Öffnen Sie dazu den Play Store, suchen Sie nach »YouTube Music«, tippen Sie auf die App und anschließend auf **Installieren**. Nach dem ersten Start melden Sie sich mit Ihrem Google-Konto an. Dadurch werden Favoriten, Playlists, Empfehlungen und gekaufte bzw. hochgeladene Inhalte mit Ihrem Konto verknüpft.

Die Startseite

Die **Startseite** von YouTube Music funktioniert nicht wie eine klassische Musiksammlung, bei der Sie alles selbst sortieren und durchsuchen müssen. Stattdessen versucht die App, sich möglichst schnell Ihrem persönlichen Musikgeschmack anzupassen. Schon nach kurzer Nutzung verändert sich die Oberfläche sichtbar: Häufig gehörte Künstler, bestimmte Musikrichtungen, Podcasts oder Tageszeiten beeinflussen direkt die angezeigten Vorschläge.

Je häufiger Sie Musik hören, Titel mit **Mag ich** markieren oder Künstler abonnieren, desto besser versteht die App Ihre Vorlieben. Deshalb ist es gerade zu Beginn sinnvoll, einige Lieblingskünstler bewusst zu suchen und mehrere Titel oder Alben vollständig anzuhören. Dadurch erhält YouTube Music deutlich schneller ein Gefühl dafür, welche Musikrichtungen, Stimmungen oder Jahrzehnte für Sie interessant sind.

Im oberen Bereich der Startseite erscheinen häufig Themenfelder wie **Podcasts**, **Power**, **Gute Laune** oder **Entspannung**. Diese Kategorien dienen als schneller Einstieg in bestimmte Musikstimmungen oder Nutzungssituationen. Die obere Kategorienleiste erlaubt den schnellen Wechsel zwischen Musikrichtungen, Podcasts und Stimmungen.

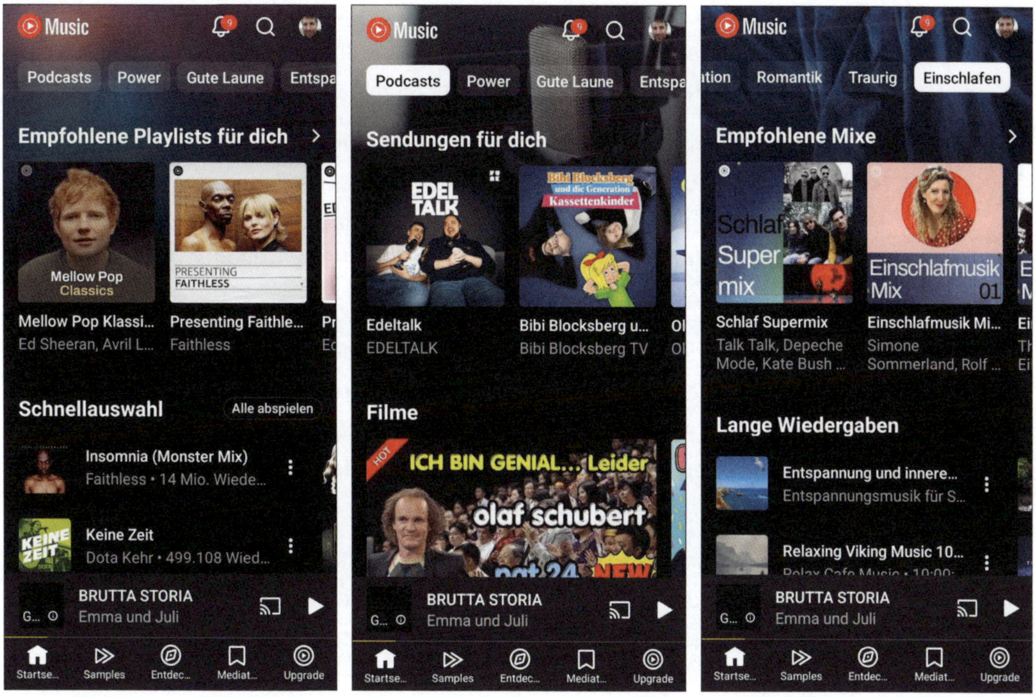

Die personalisierte Startseite von YouTube Music kombiniert Musik, Podcasts, Mixe und lange Wiedergabelisten mit Empfehlungen, die sich automatisch Ihrem Hörverhalten, der Tageszeit und Ihrem Lieblingskünstler anpassen.

Die Vorschläge darunter verändern sich dynamisch. Wer häufig entspannte Musik hört, bekommt beispielsweise ruhige Mixe, lange Wiedergabelisten oder Chill-Playlists angezeigt. Andere Nutzerinnen und Nutzer sehen dagegen eher Work-out-Musik, aktuelle Charts oder energiegeladene Titel.

YouTube Music erstellt automatisch personalisierte Mixe und Wiedergabelisten passend zum Hörverhalten. Besonders auffällig ist dabei, dass YouTube Music nicht nur einzelne Songs empfiehlt, sondern oft auch komplette Mixe erzeugt. Dazu gehören beispielsweise:

- persönliche Supermixe
- Radiosender zu Künstlern
- thematische Wiedergabelisten
- automatisch erzeugte Stimmungsmixe

Dadurch entsteht schnell das Gefühl eines personalisierten Radiosenders, der sich ständig weiterentwickelt. Die automatisch erzeugten Radiosender orientieren sich an Künstlern und bereits gehörter Musik.

Neben neuen Vorschlägen versucht die App außerdem, ältere Lieblingssongs wieder sichtbar zu machen. Bereiche wie **Vergessene Favoriten** greifen bewusst Musik auf, die zu Ihrem bisherigen Musikgeschmack passt oder an frühere Hörgewohnheiten erinnert. YouTube Music schlägt regelmäßig ältere Lieblingssongs und bekannte Künstler erneut vor.

Zusätzlich hebt die App aktuelle Neuerscheinungen hervor. Neue Singles, Alben und Musikvideos erscheinen oft direkt auf der Startseite. Dadurch eignet sich YouTube Music nicht nur zum Hören bekannter Musik, sondern auch zum Entdecken neuer Inhalte. Neue Singles, Alben und Musikvideos werden direkt in die Startseite integriert.

Ein großer Unterschied zu klassischen Musikdiensten liegt außerdem in der engen Verbindung mit YouTube selbst. Dadurch enthält die Startseite nicht nur normale Songs, sondern auch:

- Musikvideos
- Konzertmitschnitte
- Liveauftritte
- Remixe
- Community-Playlists
- Shorts

Liveauftritte und Konzertmitschnitte gehören fest zum Konzept von YouTube Music.

Besonders spannend sind die Community-Bereiche. Dort zeigt YouTube Music öffentliche Playlists anderer Nutzerinnen und Nutzer, die thematisch zu Ihrem Musikgeschmack passen. So entdecken Sie häufig Songs, Künstler oder Genres, nach denen Sie selbst nie gesucht hätten. Auch öffentliche Community-Playlists fließen in die persönlichen Empfehlungen ein.

Zusätzlich analysiert die App Tageszeiten und Nutzungsverhalten. Morgens erscheinen oft aktivierende Vorschläge oder Podcasts, während abends eher entspannte Musik oder lange Wiedergabelisten auftauchen. Bereiche wie **Push dich aus dem Bett** oder **Lange Wiedergaben** sind typische Beispiele dafür.

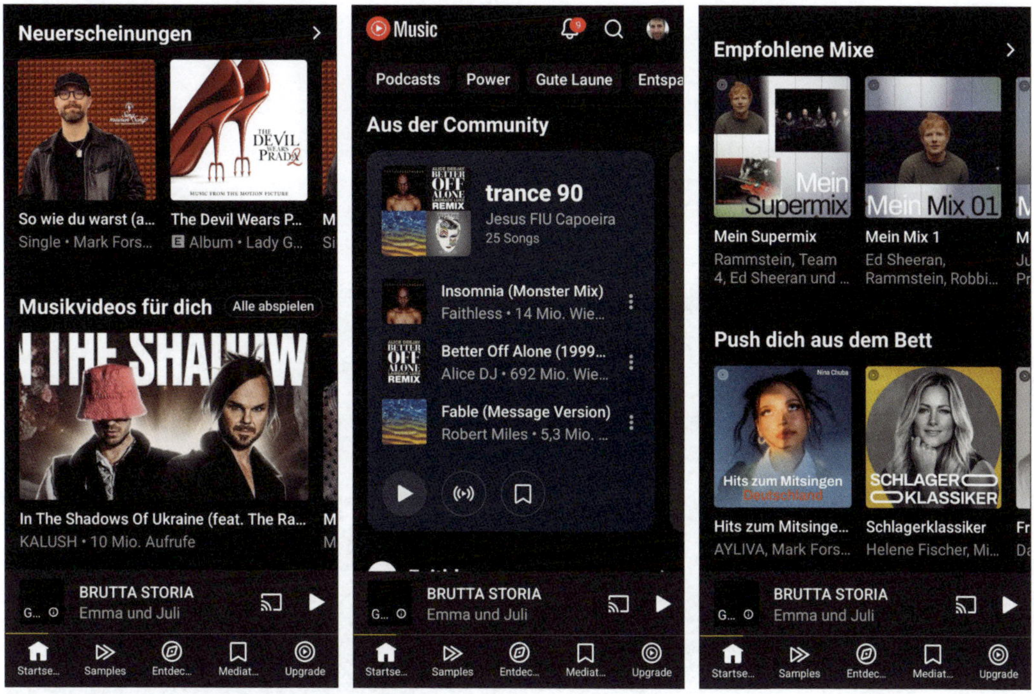

YouTube Music schlägt neben neuen Alben und Musikvideos auch Community-Playlists, persönliche Mixe und stimmungsabhängige Wiedergabelisten automatisch passend zum Musikgeschmack vor.

Die Startseite entwickelt sich mit der Nutzung immer stärker zu einer persönlichen Musikzentrale. Mit der Zeit entsteht dadurch eine sehr individuelle Oberfläche. Zwei Nutzerinnen oder Nutzer mit völlig unterschiedlichem Musikgeschmack sehen oft komplett andere Startseiten – selbst wenn beide dieselbe App verwenden.

Samples

Der Bereich **Samples** orientiert sich stark an modernen Kurzvideoplattformen. Statt langer Listen oder Alben zeigt YouTube Music hier kurze Hochformatvideos, Musikclips und Ausschnitte aus Songs.

Die Inhalte orientieren sich an Ihrem bisherigen Musikgeschmack. Dadurch entstehen schnell sehr persönliche Vorschläge. Die Bedienung ist bewusst einfach gehalten: Durch Wischen nach oben wechseln Sie direkt zum nächsten Clip.

Gefällt Ihnen ein Song, gelangen Sie direkt:

- zum vollständigen Titel
- zum Album
- zum Künstlerprofil
- zur Playlist

Der Bereich »Samples« zeigt auf Smartphone (links) und Tablet (rechts) sowie Foldables kurze Musikclips und vertikale Videos, über die sich neue Songs, Künstler und Musiktrends besonders schnell entdecken lassen.

Am rechten Bildschirmrand finden Sie typische Schnellaktionen wie:

- Liken
- Kommentieren
- Teilen
- Speichern
- Öffnen des Songs

Dadurch verschwimmen Musikstreaming und soziale Medien zunehmend miteinander. Viele Nutzerinnen und Nutzer entdecken neue Songs heute eher über kurze Clips als über klassische Alben oder Radiosender.

Überblick bewahren
Wenn Ihnen ein Song gefällt, speichern Sie ihn direkt oder fügen ihn einer Playlist hinzu. Bei kurzen Clips vergisst man interessante Titel oft schneller als bei klassischen Alben.

Der Bereich »Entdecken«

Während die Startseite von YouTube Music vor allem auf persönliche Empfehlungen setzt, dient der Bereich **Entdecken** dazu, gezielt neue Inhalte zu finden. Hier stehen aktuelle Trends, Neuerscheinungen, Charts sowie verschiedene Musikrichtungen und Themenwelten im Mittelpunkt. Dadurch wirkt dieser Bereich deutlich offener und abwechslungsreicher als die stark personalisierte Startseite.

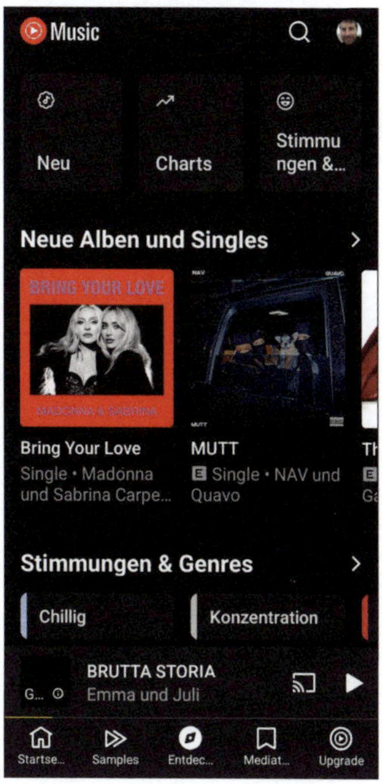

Im Bereich »Entdecken« finden Sie neue Alben, aktuelle Singles sowie Musikrichtungen und Stimmungsbereiche für unterschiedliche Alltagssituationen.

Im oberen Bereich erscheinen große Kategorien wie:

- **Neu**
- **Charts**
- **Stimmungen & Genres**

Über diese Schaltflächen gelangen Sie schnell zu bestimmten Musikbereichen oder aktuellen Trends. Unter **Neu** präsentiert YouTube Music aktuelle Singles, neue Alben und frisch veröffentlichte Musikvideos. Die Inhalte ändern sich dabei ständig und orientieren sich nicht nur an allgemeinen Trends, sondern teilweise auch an Ihrem bisherigen Hörverhalten. Dadurch sehen zwei Nutzerinnen oder Nutzer oft unterschiedliche Vorschläge, obwohl beide dieselbe App verwenden. Gerade wer regelmäßig neue Musik entdecken möchte, findet hier schnell interessante Künstler oder Songs, die sonst leicht verborgen blieben.

Im Bereich **Charts** stehen besonders häufig abgespielte Songs, erfolgreiche Künstler und aktuelle Streamingtrends im Mittelpunkt. Viele dieser Titel stammen aus viralen Trends sozialer Netzwerke oder besonders populären Musikvideos.

Besonders vielseitig ist die Kategorie **Stimmungen & Genres**. Dort sortiert YouTube Music Musik nicht nur nach klassischen Stilrichtungen wie Pop, Rock oder Hip-Hop, sondern häufig auch nach Situationen, Aktivitäten oder Stimmungen. Typische Bereiche sind beispielsweise:

- **Chillig**
- **Workout**
- **Konzentration**
- **Party**
- **Schlafen**
- **Romantik**

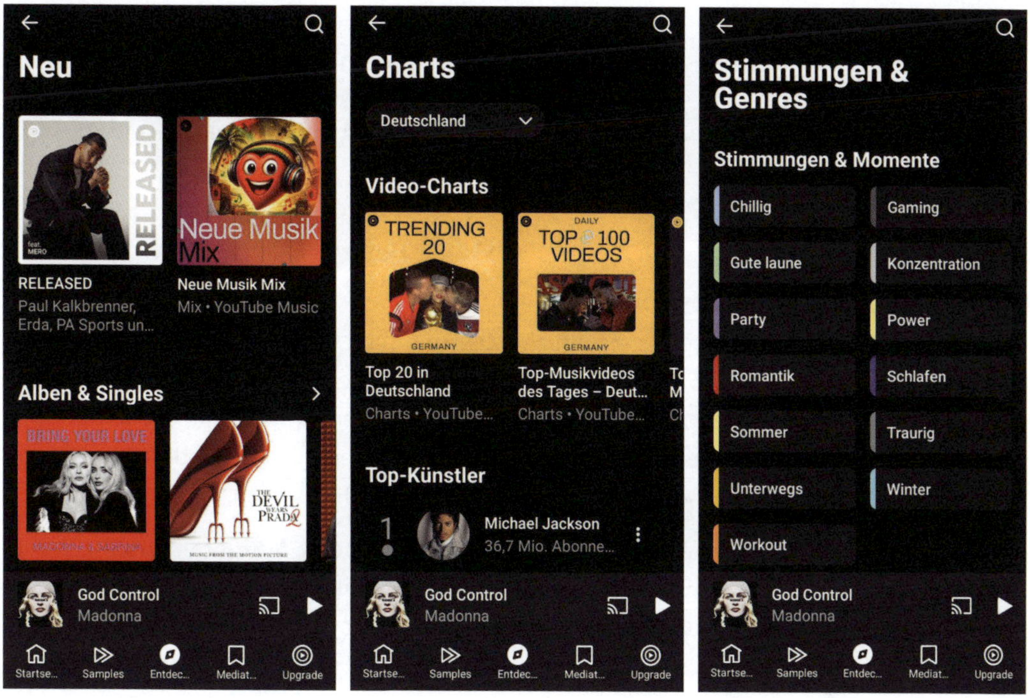

Die Bereiche »Neu«, »Charts« sowie »Stimmungen & Genres« helfen Ihnen dabei, aktuelle Musiktrends, erfolgreiche Künstler und passende Wiedergabelisten für verschiedene Situationen schnell zu entdecken.

Neue Singles und Alben erscheinen direkt im Bereich **Entdecken**.

So erhalten Sie mehr Vielfalt

Wenn Ihnen die Empfehlungen zu einseitig erscheinen, hören Sie bewusst andere Musikrichtungen oder öffnen Sie neue Genres. Schon wenige abgespielte Titel reichen oft aus, damit sich die Vorschläge sichtbar verändern.

Ein großer Unterschied zu vielen klassischen Musikdiensten liegt außerdem in der engen Verbindung mit YouTube selbst. Deshalb enthält der Bereich **Entdecken** nicht nur normale Songs, sondern auch:

- Musikvideos
- Konzertmitschnitte
- Liveauftritte
- Community-Playlists

- Remixe
- virale Kurzclips

YouTube Music verbindet Musikstreaming direkt mit Musikvideos und YouTube-Inhalten.

Die Mediathek

Die **Mediathek** ist das eigentliche Zentrum Ihrer persönlichen Musiknutzung in YouTube Music. Während die Startseite ständig neue Empfehlungen, Trends oder wechselnde Vorschläge anzeigt, behalten Sie hier selbst die Kontrolle über Ihre Inhalte. Alles, was Sie speichern, abonnieren, herunterladen oder selbst hinzufügen, landet früher oder später in diesem Bereich.

Dadurch entwickelt sich die Mediathek mit der Zeit fast automatisch zu einer sehr persönlichen Musikbibliothek. Anders als früher müssen Songs dabei nicht mehr mühsam in Ordnern sortiert werden. Stattdessen organisiert YouTube Music Inhalte dynamisch über Künstler, Playlists, Downloads und Empfehlungen.

In der **Mediathek** sammeln sich beispielsweise:

- gespeicherte Songs
- Playlists
- Downloads
- Podcasts
- abonnierte Künstler
- hochgeladene Musik
- lokale Dateien auf dem Gerät

Die Mediathek bündelt persönliche Inhalte wie Downloads, Playlists und abonnierte Künstler.

Gerade auf Tablets und Foldables wirkt die Mediathek deutlich übersichtlicher als auf kleineren Smartphones. Albumcover werden größer dargestellt, längere Listen bleiben gleichzeitig sichtbar und große Musikbibliotheken lassen sich angenehmer durchsuchen. Im oberen Bereich wechseln Sie schnell zwischen verschiedenen Kategorien wie:

- **Downloads** enthält alle Inhalte, die Sie für die Offlinewiedergabe auf dem Gerät gespeichert haben. Diese Funktion steht allerdings nur mit *YouTube Music Premium* zur Verfügung.
- **Playlists** bündelt eigene sowie gespeicherte Wiedergabelisten für unterschiedliche Situationen und Musikstimmungen.
- **Titel** zeigt einzelne gespeicherte Songs in einer übersichtlichen Liste an.
- **Alben** organisiert die Musik nach vollständigen Veröffentlichungen einzelner Künstler oder Bands.
- **Künstler** fasst abonnierte oder häufig gehörte Musikerinnen, Musiker und Gruppen zentral zusammen.
- **Profile** verweist auf Künstlerprofile, Kanäle oder Community-Inhalte innerhalb von YouTube Music.
- **Podcasts** sammelt abonnierte Sendungen, gespeicherte Folgen und automatisch aktualisierte Podcast-Listen.
- **Uploads** enthält selbst hochgeladene Musikdateien aus der persönlichen Cloud-Bibliothek.
- **Dateien auf dem Gerät** zeigt lokale Musikdateien an, die direkt auf dem Smartphone oder Tablet gespeichert wurden.

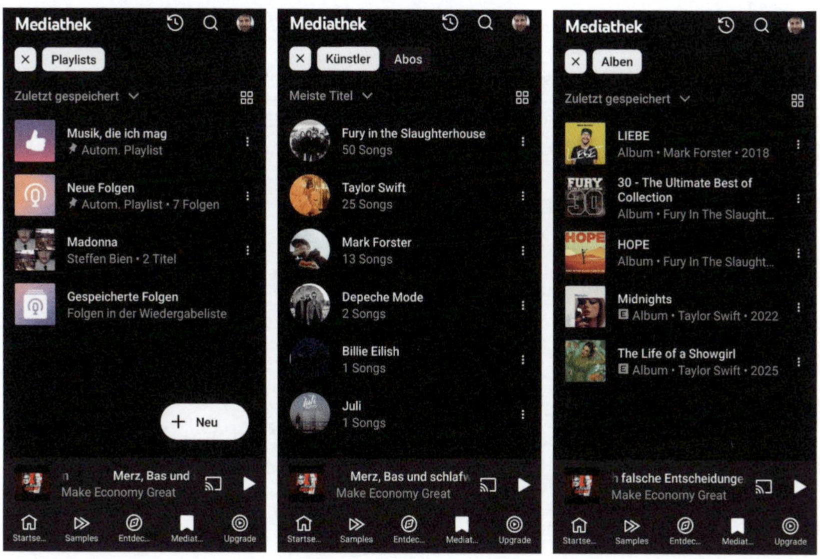

Die »Mediathek« organisiert »Playlists«, »Künstler« und »Alben« und vieles mehr in getrennten Bereichen und bildet damit das persönliche Zentrum der eigenen Musiksammlung.

Dadurch bleibt die eigene Musiksammlung auch bei sehr vielen Inhalten übersichtlich organisiert.

Besonders praktisch ist die automatische Playlist **Musik, die ich mag**. Jeder Song, den Sie mit **Mag ich** markieren, landet automatisch dort. Im Laufe der Zeit entsteht dadurch fast nebenbei eine persönliche Sammlung Ihrer Lieblingssongs. Viele Nutzerinnen und Nutzer verwenden diese Liste später wie einen eigenen Radiosender für bekannte Lieblingsmusik.

Liken lohnt sich

Markieren Sie interessante Songs möglichst direkt mit **Mag ich**. YouTube Music verbessert dadurch nicht nur die Empfehlungen, sondern baut auch gleichzeitig automatisch Ihre persönliche Lieblingsliste auf.

Playlists erstellen und organisieren

Playlists gehören heute zu den wichtigsten Funktionen moderner Musikdienste. Viele Menschen hören Musik nicht mehr albumweise, sondern passend zu Situationen oder Stimmungen. Genau darauf ist YouTube Music ausgelegt. Typische Beispiele für eigene Playlists sind etwa »Autofahrt«, »Sport«, »Arbeit«, »Konzentration«, »Entspannung«, »Party« oder »Einschlafen«.

Gerade im Alltag sind solche thematischen Wiedergabelisten oft praktischer als klassische Alben. Anstatt lange nach einzelnen Songs zu suchen, starten Sie einfach die passende Playlist.

So erstellen Sie eine eigene Wiedergabeliste:

1. Öffnen Sie einen Titel, ein Album, ein Video, einen Podcast usw.
2. Tippen Sie auf das Dreipunktmenü ⋮.
3. Wählen Sie **Zur Playlist hinzufügen**.
4. Wählen Sie eine bestehende Playlist aus oder tippen Sie auf **Neue Playlist**.
5. Geben Sie einen Namen ein.
6. Die Playlist erscheint anschließend automatisch in Ihrer **Mediathek** und kann jederzeit erweitert werden.

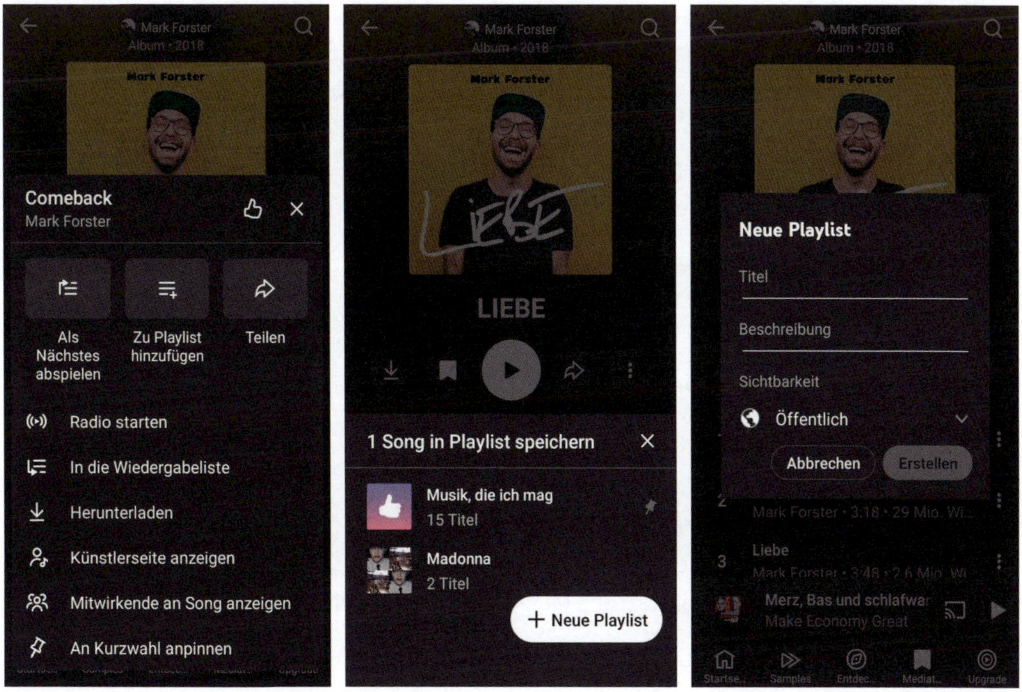

Über das Dreipunktmenü lassen sich Songs und andere Inhalte der Warteschlange oder den Playlists hinzufügen, teilen und in neuen Wiedergabelisten organisieren.

Zusätzlich lassen sich Playlists später umsortieren, umbenennen, bearbeiten, löschen oder mit anderen Personen teilen. Gerade gemeinsame Playlists sind beliebt, etwa für Feiern, Autofahrten oder Familienmusik. Tippen Sie dazu im Bereich **Playlists** in der **Mediathek** rechts neben dem Namen der Playlist auf das Dreipunktmenu ⋮ und wählen Sie die entsprechende Funktion.

Eigene Musik hinzufügen

YouTube Music unterstützt nicht nur Streaminginhalte, sondern auch eigene Musikdateien. Das ist besonders interessant für ältere MP3-Sammlungen, seltene Aufnahmen oder Musik, die bei Streamingdiensten gar nicht verfügbar ist. Gerade Nutzerinnen und Nutzer mit älteren CD-Sammlungen profitieren davon, weil sich vorhandene Musik weiterhin bequem nutzen lässt.

Dabei gibt es zwei unterschiedliche Möglichkeiten.

Lokale Musikdateien auf dem Gerät

Wenn Sie MP3-Dateien direkt auf Ihrem Smartphone oder Tablet speichern, erkennt YouTube Music viele dieser Inhalte automatisch:

1. Die Dateien können beispielsweise über USB-Kabel, Cloud-Speicher, SD-Karte oder die Dateien-App auf das Gerät kopiert werden.
2. Anschließend erscheinen die Inhalte in der **Mediathek** unter **Dateien auf dem Gerät**.

Lokale Dateien funktionieren komplett ohne Internetverbindung und benötigen kein Premium-Abo.

> **Musikordner klar benennen**
> Legen Sie eigene Musik möglichst in einem klar benannten Musikordner ab. Dadurch erkennt YouTube Music die Dateien meist zuverlässiger.

Musik in die persönliche Cloud-Bibliothek hochladen

Zusätzlich erlaubt YouTube Music das Hochladen eigener Musik in die persönliche Cloud-Bibliothek. Dies geschieht allerdings nicht direkt in der Android-App, sondern über die Webversion am Computer. So gehen Sie vor:

1. Öffnen Sie am Computer die Internetseite *music.youtube.com*.
2. Melden Sie sich mit Ihrem Google-Konto an.
3. Klicken Sie oben rechts auf Ihr Profilbild.
4. Wählen Sie **Musik hochladen**.

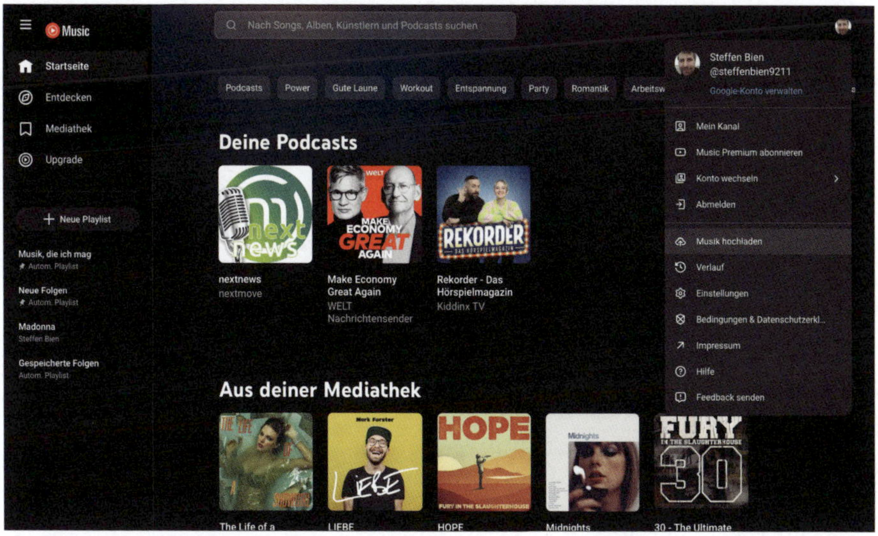

5. Wählen Sie die Dateien aus und tippen Sie auf **Hochladen**.

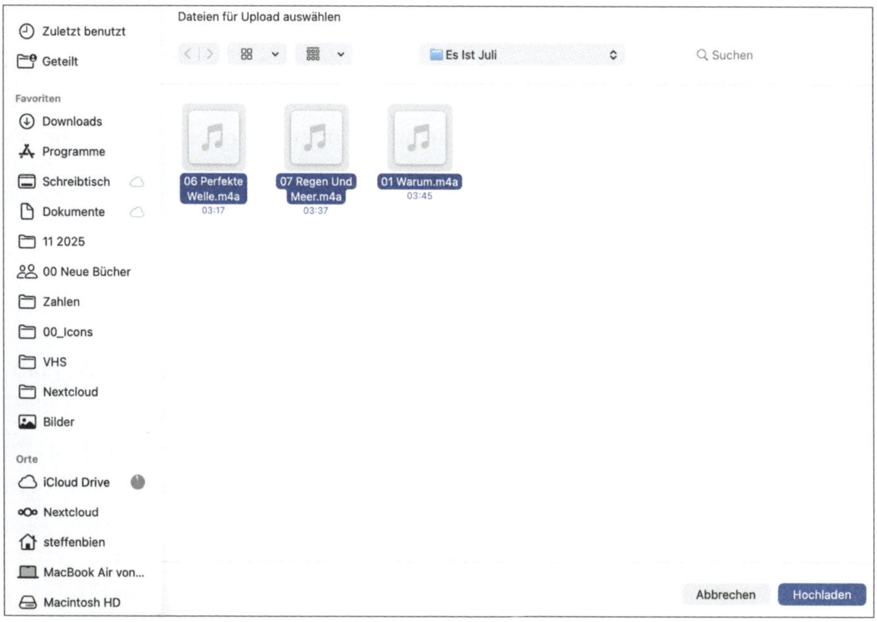

6. Der Upload der Musiktitel in Ihre Google-Cloud-Musikmediathek beginnt. Am unteren linken Bildschirmrand sehen Sie den Fortschritt des Hochladens in einem kleinen Fenster.

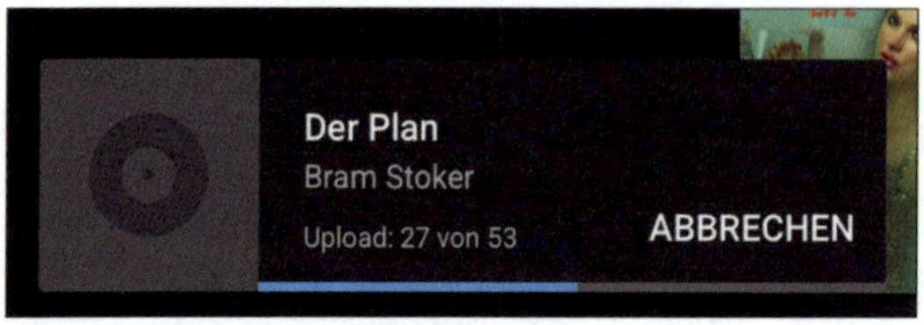

7. Nach dem Upload erscheinen die Inhalte automatisch auch auf Ihrem Android-Gerät.

Der große Vorteil: Eigene Musik verhält sich anschließend wie normale Streamingmusik. Sie können:

- Songs durchsuchen
- Playlists erstellen
- Inhalte synchronisieren
- Musik auf mehreren Geräten hören
- Titel streamen, ohne sie lokal kopieren zu müssen

Zusätzlich bleiben hochgeladene Inhalte mit Ihrem Google-Konto verknüpft. Wechseln Sie später auf ein neues Smartphone oder Tablet, stehen Ihre Songs weiterhin automatisch bereit.

Google Play Bücher

Mit *Google Play Bücher* verwandelt sich ein Android-Gerät in eine flexible Plattform für E-Books, Hörbücher und digitale Dokumente. Die App kombiniert klassische Bücher mit modernen Cloud-Funktionen und synchronisiert Inhalte automatisch über das Google-Konto. Dadurch können Sie beispielsweise auf dem Smartphone weiterlesen, später auf dem Tablet fortsetzen und unterwegs ein Hörbuch auf Kopfhörern weiterhören, ohne den Fortschritt zu verlieren.

Play Bücher unterstützt dabei nicht nur gekaufte Inhalte aus dem Play Store, sondern häufig auch eigene EPUB- oder PDF-Dateien. Dadurch eignet sich die App sowohl für Unterhaltung als auch für Schule, Studium oder Beruf. Die App ist auf vielen Android-Geräten bereits vorinstalliert. Falls sie fehlt, installieren Sie sie einfach über den *Play Store*. Nach dem ersten Start melden Sie sich mit Ihrem Google-Konto an. Anschließend synchronisiert Google gekaufte Bücher, Hörbücher, Lesezeichen und Lesefortschritte automatisch zwischen Ihren Geräten.

Die Startseite

Die **Startseite** von Play Bücher funktioniert ähnlich wie moderne Streamingdienste. Anstatt nur eine einfache Bücherliste anzuzeigen, versucht die App aktiv, passende Inhalte vorzuschlagen. Bereits gelesene Bücher erscheinen häufig direkt im oberen Bereich, sodass Sie schnell weiterlesen oder weiterhören können. Darunter zeigt die App unter anderem:

- persönliche Empfehlungen
- Bestseller
- Neuerscheinungen
- thematische Sammlungen
- Genres
- aktuelle Hörbücher

Die Startseite kombiniert persönliche Inhalte mit Empfehlungen, Hörbüchern und aktuellen Neuerscheinungen. Besonders praktisch ist die Trennung zwischen klassischen E-Books und Hörbüchern. Dadurch behalten Sie leichter den Überblick und wechseln schnell zwischen Lesen und Hören. Gleichzeitig analysiert Google bisherige Käufe, angesehene Bücher oder Hörgewohnheiten, um ähnliche Inhalte vorzuschlagen.

Wer häufig Krimis liest, bekommt beispielsweise andere Empfehlungen als Nutzerinnen und Nutzer, die hauptsächlich Sachbücher oder Fantasy hören. Mit der Zeit entsteht dadurch eine immer individuellere Startseite.

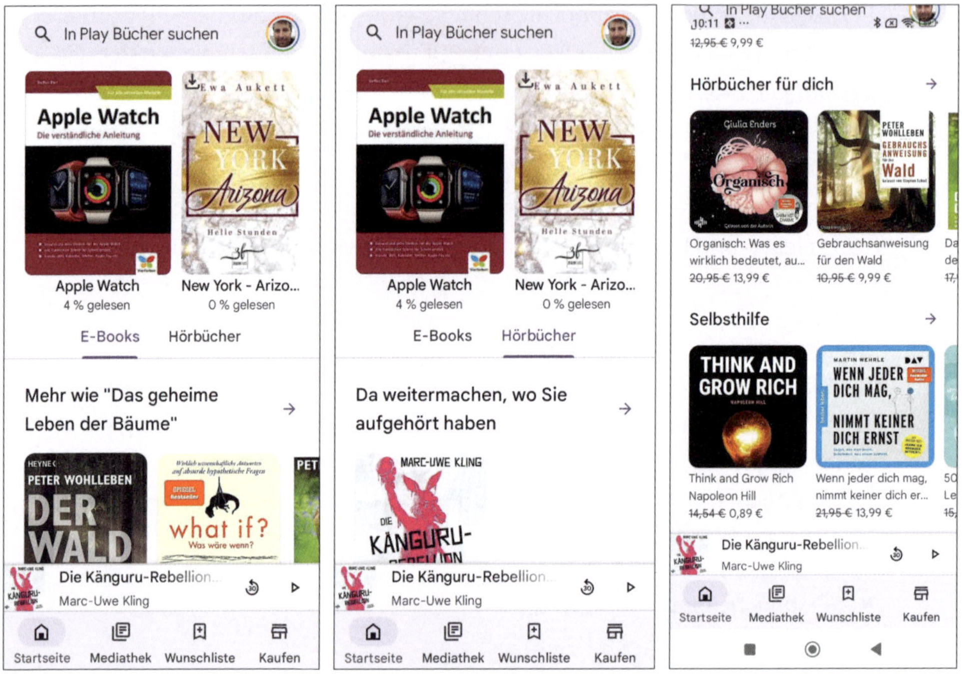

Die Startseite von Play Bücher kombiniert persönliche Bücher, Hörbücher und Empfehlungen mit Neuerscheinungen, Leseproben und der Möglichkeit, zuletzt gelesene Inhalte schnell fortzusetzen.

Der Bereich »Kaufen«

Innerhalb von Play Bücher können Sie sowohl klassische E-Books als auch Hörbücher direkt kaufen. Die entsprechenden Inhalte finden Sie im unteren Navigationsbereich unter **Kaufen**. Dort durchsuchen Sie **Bestseller**, **Neuerscheinungen**, **Genres** oder persönliche **Empfehlungen**. Öffnen Sie anschließend einen gewünschten Titel. Die Detailseite liefert zahlreiche Informationen, damit Sie sich vor dem Kauf ein besseres Bild machen können:

- eine Beschreibung
- Bewertungen
- Preisangaben
- Informationen zum Autor
- Reihenübersichten
- Lese- oder Hörproben

Die Shopansicht zeigt neben Preisen und Bewertungen auch Vorschauen für Bücher und Hörbücher. Besonders praktisch sind die kostenlosen Vorschauen. Viele E-Books lassen sich einige Seiten lang testen, bevor Sie Geld ausgeben. Bei Hörbüchern stellt Google häufig mehrere Minuten als Hörprobe bereit. Dadurch hören Sie sofort, ob Ihnen die Stimme der Sprecherin oder des Sprechers gefällt. Dies kann bei Hörbüchern eine wichtige Rolle spielen. Selbst ein spannender Roman kann unangenehm wirken, wenn die Erzählstimme nicht zum eigenen Geschmack passt. Umgekehrt können gute Sprecherinnen und Sprecher Bücher deutlich lebendiger wirken lassen.

Zusätzlich zeigt Play Bücher häufig ähnliche Titel oder weitere Werke eines Autors an. Dadurch entdecken Sie oft neue Bücher, ohne gezielt danach gesucht zu haben.

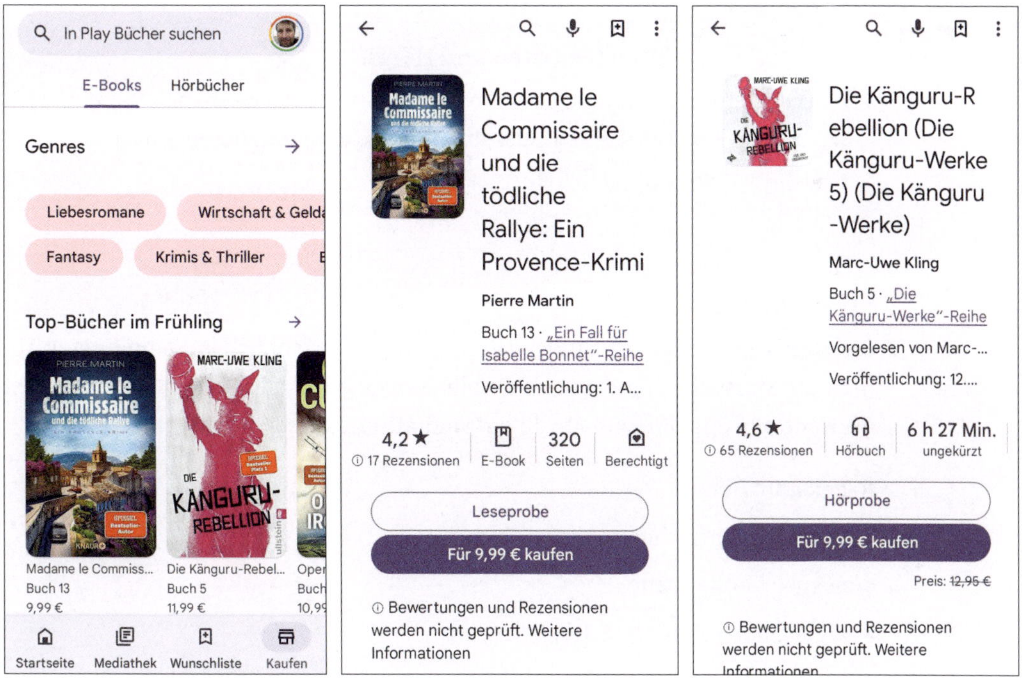

Der Bereich »Kaufen« bündelt E-Books, Hörbücher, Bestseller, Neuerscheinungen und persönliche Empfehlungen in einer gemeinsamen Shopübersicht.

So kaufen Sie ein Buch:

1. Öffnen Sie einen Titel.

2. Tippen Sie auf **Für [Preis] kaufen**.
3. Bestätigen Sie den Kauf mit Ihrem Google-Konto.
4. Der Inhalt erscheint anschließend automatisch in Ihrer **Mediathek**.
5. Gekaufte Hörbücher und E-Books werden automatisch mit Ihrem Google-Konto synchronisiert.

Tipp 1: Hörproben nutzen
Nutzen Sie Hörproben bewusst vor dem Kauf. Gerade bei längeren Hörbüchern begleitet Sie eine Stimme oft viele Stunden. Eine kurze Hörprobe hilft schnell dabei herauszufinden, ob die Erzählweise angenehm wirkt.

Tipp 2: Kombinieren Sie Lesen und Hören
Viele Nutzerinnen und Nutzer kombinieren Lesen und Hören miteinander. Sie lesen beispielsweise zu Hause im E-Book weiter und hören unterwegs das Hörbuch derselben Reihe.

Die Mediathek

Die **Mediathek** ist das eigentliche Zentrum Ihrer persönlichen Sammlung. Während die **Startseite** ständig neue Empfehlungen anzeigt, behalten Sie hier selbst die Kontrolle über Ihre Inhalte. In der **Mediathek** sammeln sich:

- gekaufte Bücher
- gekaufte Hörbücher
- gespeicherte Inhalte
- eigene hochgeladene E-Book-Dateien
- eigene hochgeladene Hörbuchdateien
- Lesezeichen und Lesefortschritte

Die **Mediathek** bündelt persönliche Bücher, Hörbücher und eigene Dateien in einer gemeinsamen Übersicht. Im oberen Bereich wechseln Sie schnell zwischen verschiedenen Kategorien wie:

- **Meine Bücher** – zeigt alle gekauften oder hochgeladenen E-Books und Hörbücher in einer gemeinsamen Übersicht.
- **Reihe** – sortiert zusammengehörige Bücher automatisch nach Serien oder Buchreihen.
- **Regale** – erlaubt das eigene Organisieren von Büchern in individuell erstellten Sammlungen.
- **Anstehend** – zeigt Vorbestellungen sowie empfohlene kommende Bücher und Reihen, die zu Ihren bisherigen Interessen und Käufen passen.

Dadurch bleiben auch größere Sammlungen übersichtlich. Besonders Reihenansichten sind praktisch, wenn Sie mehrteilige Romane oder Fachbuchserien lesen. Zusätzlich lassen sich Inhalte sortieren, beispielsweise nach:

- **Titel**
- **Autor**
- **Zuletzt gelesen**

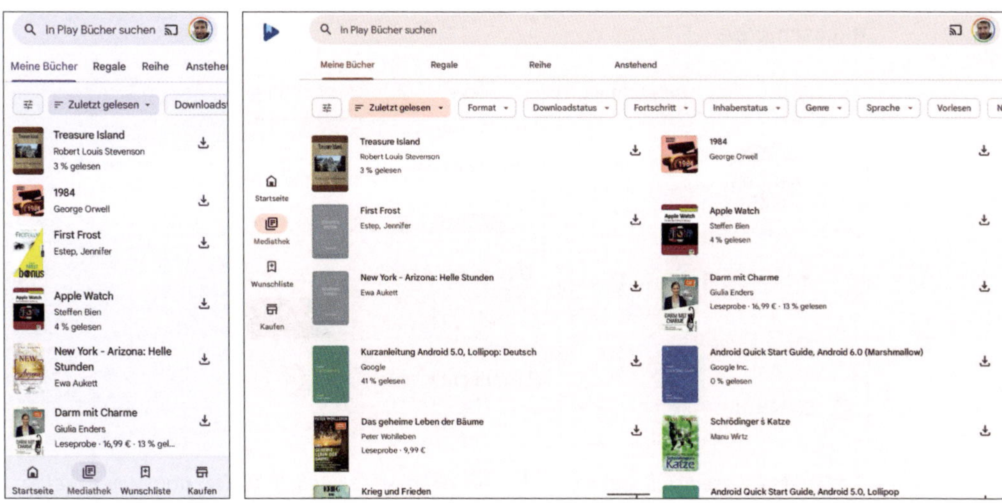

Die Mediathek wirkt auf Tablets deutlich übersichtlicher, da mehr Bücher gleichzeitig sichtbar sind und längere Listen komfortabler durchsucht werden können.

Lesen und Darstellung anpassen

Beim Lesen von E-Books bietet Play Bücher zahlreiche Anpassungsmöglichkeiten. Die Darstellung lässt sich individuell verändern, sodass längeres Lesen deutlich angenehmer wird. Gerade auf Smartphones hilft das dabei, Texte besser lesbar zu machen und die Darstellung der Tageszeit oder persönlichen Vorlieben anzupassen. Die eigentliche Buchansicht konzentriert sich stark auf den Inhalt. Menüs und Bedienelemente verschwinden weitgehend im Hintergrund, damit möglichst wenig vom Lesen ablenkt. Gleichzeitig bleiben wichtige Funktionen jederzeit schnell erreichbar.

Die Lesedarstellung lässt sich flexibel der Schriftgröße, der Schriftart, dem Zeilenabstand und den Hintergrundfarben anpassen. Über das Symbol Aa öffnen Sie die Darstellungseinstellungen. Dort verändern Sie unter anderem:

- Schriftgröße
- Schriftart
- Zeilenabstand
- Absatzabstände
- Hintergrundfarbe
- Helligkeit
- Lesemodus

Die Darstellungseinstellungen erlauben die Anpassung der Schrift, Zeilenabstände, Helligkeit und verschiedener Lesemodi für angenehmeres Lesen bei Tag und Nacht.

Je nach Buchtyp wirkt eine andere Darstellung häufig angenehmer. Romane profitieren von größeren Zeilenabständen und warmen Hintergrundfarben, während Fachbücher mit kleineren Schriftgrößen mehr Inhalt gleichzeitig anzeigen. Besonders angenehm wirkt oft der dunkle Lesemodus am Abend. Viele Nutzerinnen und Nutzer empfinden helle Seiten bei Dunkelheit als anstrengend für die Augen.

Durch warme Hintergrundfarben oder reduzierte Helligkeit wirkt das Lesen deutlich entspannter.

Die Beleuchtungseinstellungen erlauben die Anpassung von Helligkeit, Hintergrundfarben und Nachtmodus. Zusätzlich unterstützt Play Bücher eine automatische Lesebeleuchtung. Dabei passt die App die Darstellung abhängig von Tageszeit und Umgebungshelligkeit an. Vor allem bei längeren Lesesitzungen wirkt das oft deutlich angenehmer.

Play Bücher bietet praktische Funktionen direkt innerhalb der geöffneten Bücher. Um diese aufzurufen, führen Sie auf der Buchseite eine Verkleinerungsgeste aus. Über die Kapitelübersicht ≡ springen Sie schnell zwischen einzelnen Abschnitten oder orientieren sich innerhalb längerer Bücher deutlich einfacher. Gerade bei Romanen mit vielen Kapiteln oder umfangreichen Sachbüchern spart das viel Scrollen. Die Kapitelübersicht zeigt aktuelle Positionen, Kapitel und gespeicherte Lesezeichen übersichtlich an.

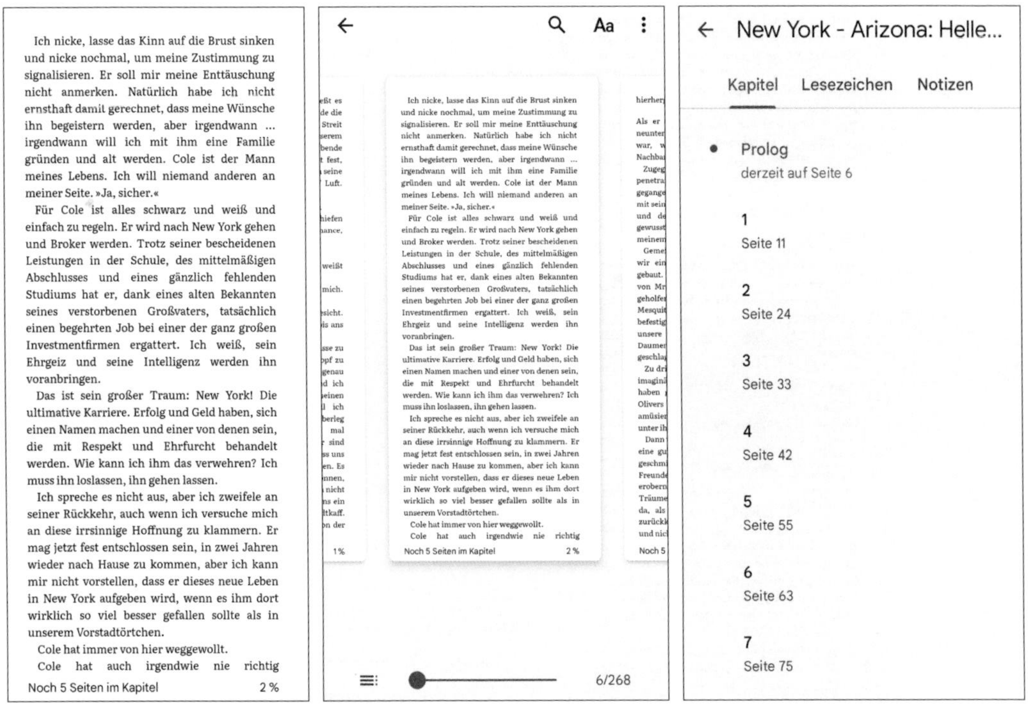

Kapitelübersichten, Markierungen und Notizen erleichtern die Navigation und das Wiederfinden wichtiger Textstellen innerhalb eines Buches.

Während des Lesens lassen sich außerdem einzelne Textstellen markieren. Dafür halten Sie ein Wort kurz gedrückt und ziehen anschließend die Markierungen über den gewünschten Abschnitt. Danach erscheinen zusätzliche Funktionen:

- Markierungen: Farbige Markierungen helfen dabei, wichtige Textstellen später schneller wiederzufinden oder thematisch zu ordnen.
- **Notiz hinzufügen**: Eigene Gedanken, Zusammenfassungen oder Erinnerungen lassen sich direkt an markierten Stellen speichern.
- **Übersetzen**: Markierte Wörter oder Absätze können sofort in andere Sprachen übersetzt werden.
- **Kopieren**: Ausgewählte Textstellen lassen sich kopieren und in anderen Apps weiterverwenden.
- **Suche**: Über die Suchfunktion springen Sie schnell zu bestimmten Begriffen oder Themen innerhalb des gesamten Buches.

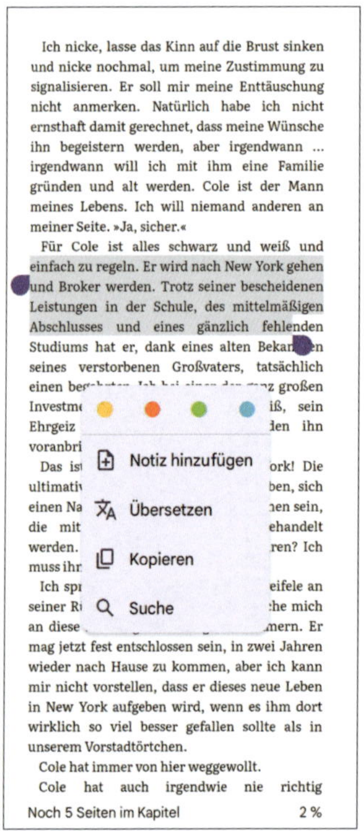

Markierte Textstellen lassen sich farblich hervorheben, übersetzen, kopieren oder direkt um eigene Notizen ergänzen.

Besonders praktisch sind Notizen und Markierungen bei Fachbüchern, Schulbüchern oder längeren Sachtexten. Wichtige Inhalte bleiben dadurch schneller wieder auffindbar. Die farbigen Markierungen helfen zusätzlich beim späteren Wiederholen oder Lernen.

Auf Tablets und Foldables profitieren Bücher zusätzlich vom größeren Display. Seiten wirken dort ruhiger und übersichtlicher als auf kleinen Smartphones. Zudem können Bücher als Doppelseite angezeigt werden. Gerade Fachbücher, PDFs oder bebilderte Inhalte lassen sich dadurch komfortabler lesen.

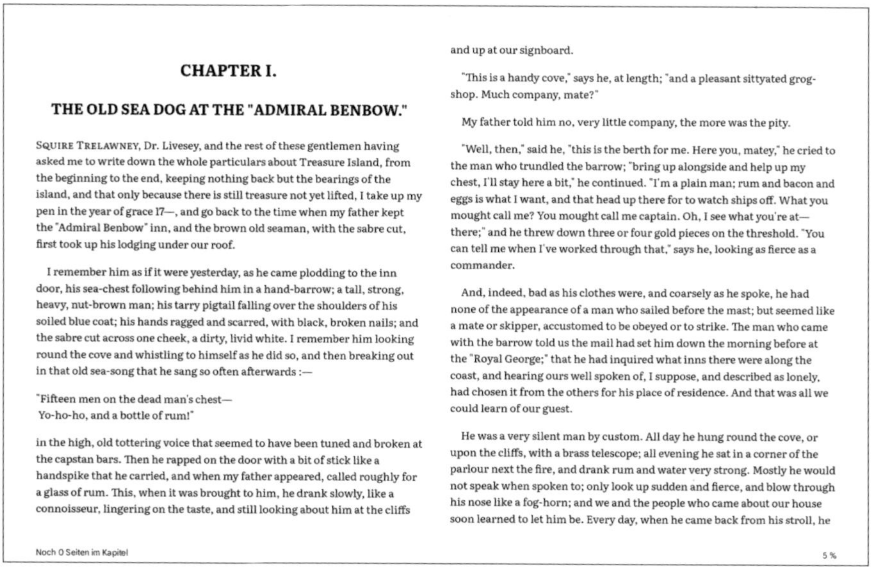

CHAPTER I.

THE OLD SEA DOG AT THE "ADMIRAL BENBOW."

Squire Trelawney, Dr. Livesey, and the rest of these gentlemen having asked me to write down the whole particulars about Treasure Island, from the beginning to the end, keeping nothing back but the bearings of the island, and that only because there is still treasure not yet lifted, I take up my pen in the year of grace 17—, and go back to the time when my father kept the "Admiral Benbow" inn, and the brown old seaman, with the sabre cut, first took up his lodging under our roof.

I remember him as if it were yesterday, as he came plodding to the inn door, his sea-chest following behind him in a hand-barrow; a tall, strong, heavy, nut-brown man; his tarry pigtail falling over the shoulders of his soiled blue coat; his hands ragged and scarred, with black, broken nails; and the sabre cut across one cheek, a dirty, livid white. I remember him looking round the cove and whistling to himself as he did so, and then breaking out in that old sea-song that he sang so often afterwards :—

"Fifteen men on the dead man's chest—
Yo-ho-ho, and a bottle of rum!"

in the high, old tottering voice that seemed to have been tuned and broken at the capstan bars. Then he rapped on the door with a bit of stick like a handspike that he carried, and when my father appeared, called roughly for a glass of rum. This, when it was brought to him, he drank slowly, like a connoisseur, lingering on the taste, and still looking about him at the cliffs and up at our signboard.

"This is a handy cove," says he, at length; "and a pleasant sittyated grog-shop. Much company, mate?"

My father told him no, very little company, the more was the pity.

"Well, then," said he, "this is the berth for me. Here you, matey," he cried to the man who trundled the barrow; "bring up alongside and help up my chest, I'll stay here a bit," he continued. "I'm a plain man; rum and bacon and eggs is what I want, and that head up there for to watch ships off. What you mought call me? You mought call me captain. Oh, I see what you're at—there;" and he threw down three or four gold pieces on the threshold. "You can tell me when I've worked through that," says he, looking as fierce as a commander.

And, indeed, bad as his clothes were, and coarsely as he spoke, he had none of the appearance of a man who sailed before the mast; but seemed like a mate or skipper, accustomed to be obeyed or to strike. The man who came with the barrow told us the mail had set him down the morning before at the "Royal George;" that he had inquired what inns there were along the coast, and hearing ours well spoken of, I suppose, and described as lonely, had chosen it from the others for his place of residence. And that was all we could learn of our guest.

He was a very silent man by custom. All day he hung round the cove, or upon the cliffs, with a brass telescope; all evening he sat in a corner of the parlour next the fire, and drank rum and water very strong. Mostly he would not speak when spoken to; only look up sudden and fierce, and blow through his nose like a fog-horn; and we and the people who came about our house soon learned to let him be. Every day, when he came back from his stroll, he

Noch 0 Seiten im Kapitel

5 %

Play Bücher bietet eine übersichtliche Doppelseitenansicht auf Tablets und Foldables.

Wichtig ist außerdem: Bücher müssen zunächst auf das Gerät heruntergeladen werden, bevor sie gelesen werden können. Noch nicht heruntergeladene Titel zeigen meist ein Downloadsymbol ⤓ an. Nach erfolgreichem Download erscheint stattdessen ein Symbol für die abgeschlossene Offlinespeicherung ⩗. Dadurch erkennen Sie schnell, welche Bücher bereits ohne Internetverbindung verfügbar sind.

Hörbücher anhören

Play Bücher eignet sich nicht nur zum Lesen, sondern auch hervorragend für Hörbücher. Nach dem Start eines Hörbuches erscheint ein eigener Wiedergabebildschirm, der sich deutlich von der klassischen Buchansicht unterscheidet. Die Hörbuchwiedergabe konzentriert sich auf das Cover, die aktuelle Kapitelposition, den Wiedergabefortschritt und große Bedienelemente für eine einfache Steuerung.

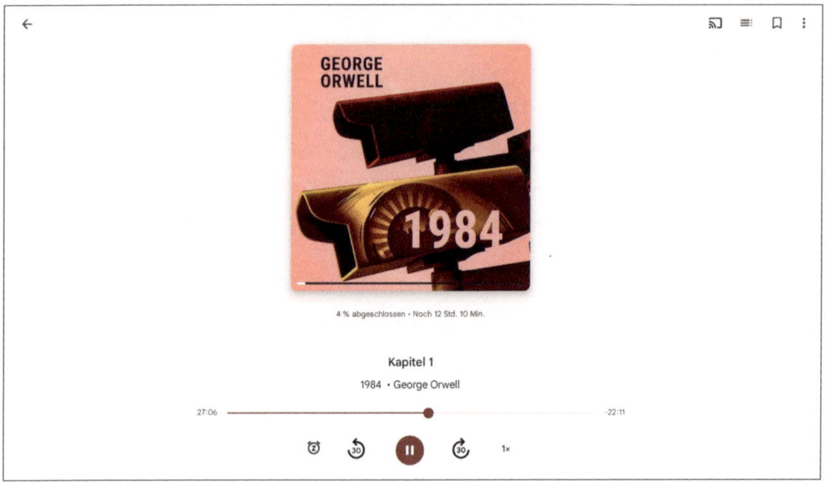

Die Hörbuchwiedergabe zeigt Cover, Kapitel, Wiedergabefortschritt und große Steuerelemente auf einer übersichtlichen, speziell auf das Hören abgestimmten Oberfläche.

Direkt auf dem Wiedergabebildschirm stehen unter anderem folgende Funktionen zur Verfügung:

- **Kapitelübersicht** ≡ – zeigt alle Hörbuchabschnitte mit Laufzeiten und ermöglicht das schnelle Springen zu bestimmten Kapiteln.
- **Vor- und Zurückspringen um 30 Sekunden** – überspringt kurze Passagen oder wiederholt wichtige Stellen mit einem Fingertipp.
- **Wiedergabegeschwindigkeit** 1x – passt das Hörtempo an, beispielsweise für schnelleres oder langsameres Hören.
- **Sleeptimer** – beendet die Wiedergabe nach einer festgelegten Zeit automatisch, ideal zum Einschlafen.
- **Lesezeichenfunktion** – markiert interessante Stellen, die später schnell wiedergefunden werden sollen.
- **Wiedergabepause und Start** ▷ – startet oder unterbricht die Hörbuchwiedergabe direkt im Player.
- **Casting auf andere Geräte** – gibt Hörbücher über kompatible Lautsprecher, Fernseher oder andere Geräte wieder.

Praktisch ist außerdem das Dreipunktmenü ⋮ im Hörbuchplayer. Dort finden Sie zusätzliche Funktionen wie:

- **Informationen zum Hörbuch**
- **Ähnliche Titel anzeigen**
- **Teilen**
- **Als bereits gehört markieren**
- **Einstellungen**
- **Hilfe und Feedback**

Besser hören
Wenn Sie Hörbücher unterwegs hören, lohnt sich die Nutzung von Bluetooth-Kopfhörern, Android Auto oder Smart Speakern. Dadurch lässt sich die Wiedergabe oft deutlich komfortabler steuern.

PDFs und eigene Dateien nutzen

Play Bücher unterstützt neben gekauften Büchern häufig auch eigene Dateien wie EPUB-Dokumente oder PDFs. Dadurch eignet sich die App nicht nur zur Unterhaltung, sondern auch für Schule, Studium und Beruf.

Auf vielen Android-Geräten können Dateien direkt aus der Dateien-App, aus Cloud-Speichern oder anderen Apps an Google Play Bücher übergeben werden. Je nach Hersteller und Android-Version unterscheiden sich die verfügbaren Menüs jedoch teilweise. So funktioniert es:

1. Öffnen Sie eine PDF- oder EPUB-Datei in der Dateien-App, in Google Drive oder einer anderen App zum Öffnen von Dateien.
2. Tippen Sie auf **Teilen** oder **Öffnen mit**.
3. Wählen Sie **Play Bücher** oder **In Play Bücher hochladen**.
4. Anschließend erscheint die Datei meist automatisch in Ihrer **Mediathek**.

Tablets bieten mehr Lesespaß
Längere PDFs wirken auf Tablets deutlich angenehmer als auf Smartphones. Besonders Fachliteratur oder bebilderte Dokumente profitieren vom größeren Display.

YouTube auf Android-Geräten nutzen

YouTube gehört zu den bekanntesten Apps und ist auf vielen Android-Geräten bereits vorinstalliert. Die Plattform verbindet klassische Videos mit Livestreams, Musik, Podcasts, Shorts sowie Filmen und Serien. Dadurch entwickelt sich YouTube für viele Nutzerinnen und Nutzer schnell zu einer zentralen Unterhaltungsplattform auf dem Smartphone oder Tablet.

Im Unterschied zu klassischen Streamingdiensten basiert YouTube nicht nur auf professionellen Filmstudios oder Fernsehsendern. Ein großer Teil der Inhalte stammt direkt von Creatorn, Unternehmen, Nachrichtensendern oder Privatpersonen. Genau dadurch entsteht die enorme Vielfalt der Plattform.

Die Startseite

Die Startseite von YouTube ist der zentrale Einstieg in die App und funktioniert nicht wie ein klassischer Videokatalog mit festen Rubriken. Stattdessen stellt YouTube eine dynamische Mischung aus persönlichen Empfehlungen, aktuellen Trends, Werbung, Shorts und neuen Videos zusammen. Schon nach kurzer Nutzung entwickelt sich dadurch eine sehr individuelle Oberfläche.

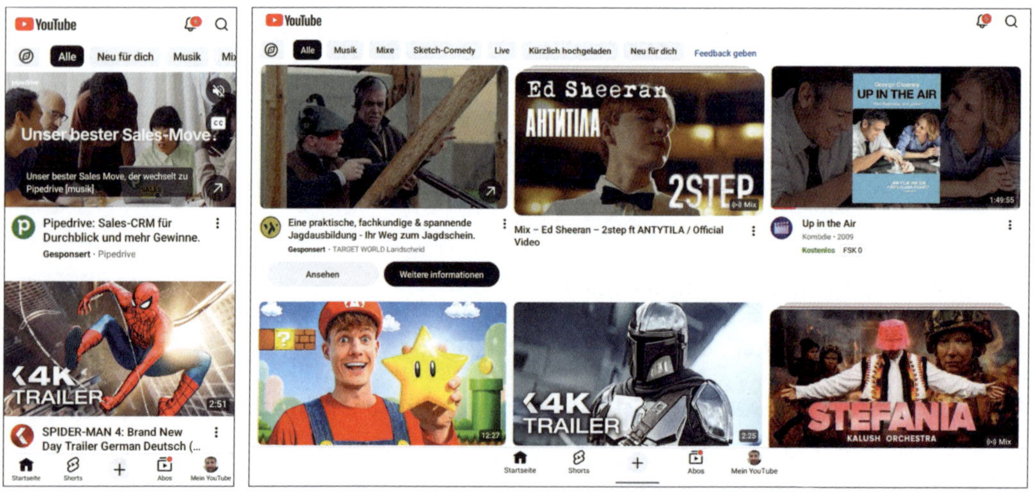

Die Startseite kombiniert persönliche Empfehlungen, aktuelle Trends, Werbung und abonnierte Inhalte in einer dynamischen Übersicht.

Wer häufig Technikvideos schaut, erhält andere Vorschläge als Personen, die überwiegend Musik, Nachrichten, Sport oder Kochvideos ansehen. Auch abonnierte Kanäle, Suchanfragen, gelikte Inhalte und bereits angesehene Shorts fließen direkt in die Empfehlungen ein. Dadurch verändert sich die Startseite oft spürbar – manchmal sogar schon nach wenigen angesehenen Videos. Besonders auffällig ist dabei, dass YouTube nicht nur klassische Videos zeigt, sondern häufig auch unterschiedliche Inhaltsformen mischt:

- normale Videos
- Shorts
- Livestreams
- Musikvideos
- Filme und Shows
- Werbeanzeigen
- personalisierte Mixe und Empfehlungen

Im oberen Bereich erscheinen Themenfilter, die sich ebenfalls an Ihrem Nutzungsverhalten orientieren. Typische Beispiele sind:

- **Alle**
- **Musik**
- **Mixe**
- **Live**
- **Kürzlich hochgeladen**
- **Neu für dich**
- **Shorts**

Dadurch lassen sich bestimmte Inhalte deutlich schneller eingrenzen. Wer beispielsweise nur aktuelle Livestreams oder Musikvideos sehen möchte, muss nicht den gesamten Feed durchsuchen.

Auch Werbung gehört inzwischen sichtbar zur YouTube-Startseite. Gesponserte Inhalte erscheinen oft zwischen normalen Videos und ähneln optisch teilweise dem restlichen Feed. Gleichzeitig lassen sich bei vielen Vorschlägen über das Dreipunktmenü zusätzliche Aktionen aufrufen.

Dort finden Sie beispielsweise:

- **Als Nächstes abspielen**
- **Zu „Später ansehen" hinzufügen**
- **Zu Playlist hinzufügen**
- **Teilen**
- **Kein Interesse**
- **Keine Videos von diesem Kanal empfehlen**
- **Melden**

Gerade die Optionen **Kein Interesse** oder **Keine Videos von diesem Kanal empfehlen** sind im Alltag sehr praktisch. Dadurch können Sie die Startseite aktiv beeinflussen und unpassende Vorschläge reduzieren.

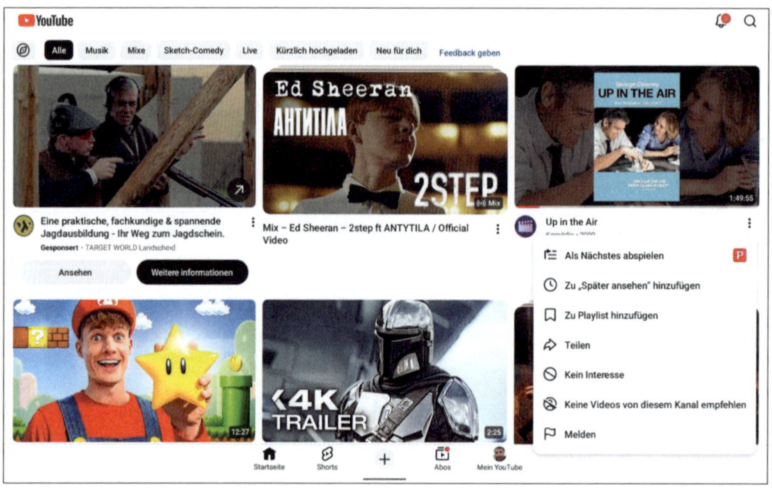

Über das Dreipunktmenü lassen sich Videos verwalten, teilen oder aus den persönlichen Empfehlungen entfernen.

Videos ansehen und bedienen

Die eigentliche Videowiedergabe in YouTube ist bewusst einfach aufgebaut und konzentriert sich stark auf den Inhalt. Tippen Sie ein Video auf der Startseite oder in den Suchergebnissen an, startet es normalerweise zunächst in der normalen Videoseite und nicht direkt im Vollbildmodus. Unter dem Video bleiben dabei zusätzliche Informationen wie Titel, Kanal, Kommentare, Schaltflächen und weitere Empfehlungen sichtbar. Erst wenn Sie den Bildschirm drehen oder gezielt den Vollbildmodus mit einem Tipp auf ⤢ aktivieren, nutzt YouTube den gesamten Bildschirm.

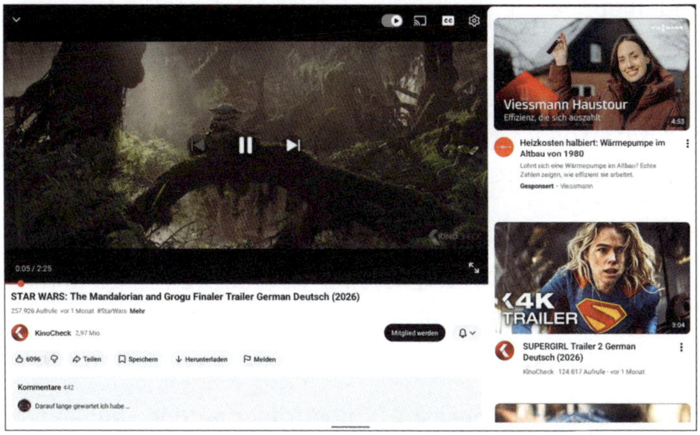

Videos starten in YouTube zunächst meist in der normalen Videoseite und wechseln erst bei Bedarf in den Vollbildmodus.

Während ein Video läuft, blendet YouTube die meisten Bedienelemente zunächst aus, damit möglichst wenig vom Bild ablenkt. Ein kurzes Tippen auf das Video genügt, um die Steuerung wieder sichtbar zu machen. Dadurch bleibt die Wiedergabe übersichtlich, gleichzeitig sind wichtige Funktionen jederzeit schnell erreichbar.

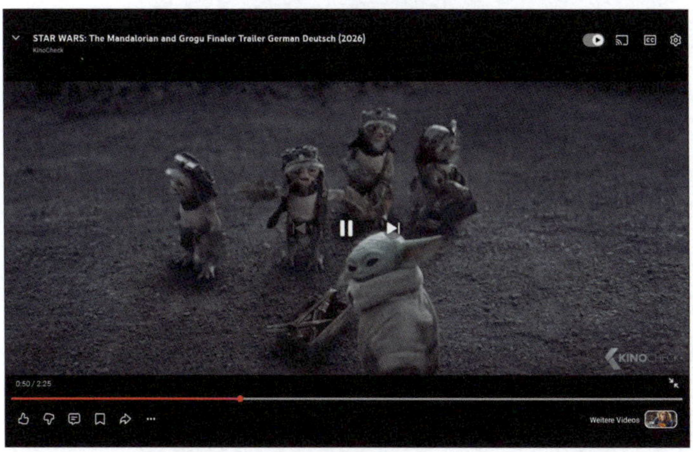

Die Wiedergabesteuerung bietet alle wichtigen Funktionen direkt im Videoplayer – vom Pausieren bis zum Vollbildmodus oder Casting.

Während der Wiedergabe stehen unter anderem folgende Funktionen direkt im Player zur Verfügung:

- **Pause und Wiedergabe** – starten oder unterbrechen das Video mit einem Fingertipp.
- **Vor- und Zurückspringen** – springen einige Sekunden vor oder zurück, um Szenen erneut anzusehen oder Passagen zu überspringen.
- **Lautstärke ändern** – regelt den Ton des Videos direkt am Gerät.
- **Untertitel aktivieren** – blendet gesprochene Inhalte als Text im Video ein.
- **Vollbildmodus aktivieren oder deaktivieren** – schaltet zwischen normaler Videoseite und einer größeren, ablenkungsfreien Vollbilddarstellung um.
- **Wiedergabegeschwindigkeit** 1x – spielt Videos langsamer oder schneller ab.
- **Casting auf Fernseher oder Chromecast** – überträgt das Video auf andere Geräte.
- **Videoeinstellungen** – öffnet weitere Optionen wie Qualität oder Untertiteleinstellungen.

Besonders praktisch ist die Steuerung über Doppeltippen: Ein Tippen auf die rechte oder linke Videoseite springt schnell vor oder zurück. Gerade bei längeren Videos, Tutorials oder Vorträgen spart das viel Zeit.

Untertitel erleichtern das Verstehen – besonders bei stumm geschaltetem Ton oder in fremdsprachigen Videos.

Untertitel spielen heute ebenfalls eine wichtige Rolle. Viele Videos bieten automatisch erzeugte Untertitel, die sich über das **CC-Symbol** ㏄ ein- oder ausschalten lassen. Dadurch können Sie Inhalte auch in lauten Umgebungen, beim leisen Schauen oder in fremden Sprachen besser verstehen. Untertitel lassen sich direkt während der Wiedergabe aktivieren und erscheinen bei stumm geschaltetem Ton oft automatisch, um Sprache besser verständlich zu machen.

Shorts verwenden

Neben klassischen Videos setzt YouTube inzwischen stark auf sogenannte **Shorts**. Dabei handelt es sich um kurze Hochkantvideos, die direkt durch Wischen weitergeschaltet werden. Shorts funktionieren ähnlich wie bekannte Kurzvideoplattformen:

- nach oben oder unten wischen
- Videos liken
- Kommentieren
- Teilen
- Kanäle abonnieren

Die Shorts-Oberfläche ist vollständig auf kurze Hochkantvideos und schnelle Bedienung ausgelegt.

Viele Creator veröffentlichen heute sowohl klassische Videos als auch Shorts. Dadurch eignet sich YouTube sowohl für längere Inhalte als auch für die kurze Unterhaltung zwischendurch.

Kanäle abonnieren

Kanäle gehören zum eigentlichen Kern von YouTube. Jeder Creator, Fernsehsender oder jedes Unternehmen besitzt einen eigenen Kanal mit Videos, Shorts, Livestreams und Playlists.

Wenn Ihnen Inhalte gefallen, können Sie einen Kanal abonnieren.

So abonnieren Sie einen Kanal:

1. Öffnen Sie ein Video.
2. Tippen Sie auf **Abonnieren**.
3. Der Kanal erscheint anschließend im Bereich **Abos** und beeinflussen gleichzeitig die persönlichen Empfehlungen.

Zusätzlich lassen sich Benachrichtigungen aktivieren. Dadurch informiert Sie YouTube automatisch über neue Uploads oder Livestreams eines Kanals.

Die eigene YouTube-Übersicht

Im Bereich **Mein YouTube** bündelt die App persönliche Inhalte und Aktivitäten. Dort finden Sie beispielsweise:

- **Verlauf**
- **Playlists**
- **Eigene Videos**
- **Gekaufte Inhalte**
- **Podcasts**
- **Abonnierte Kanäle**

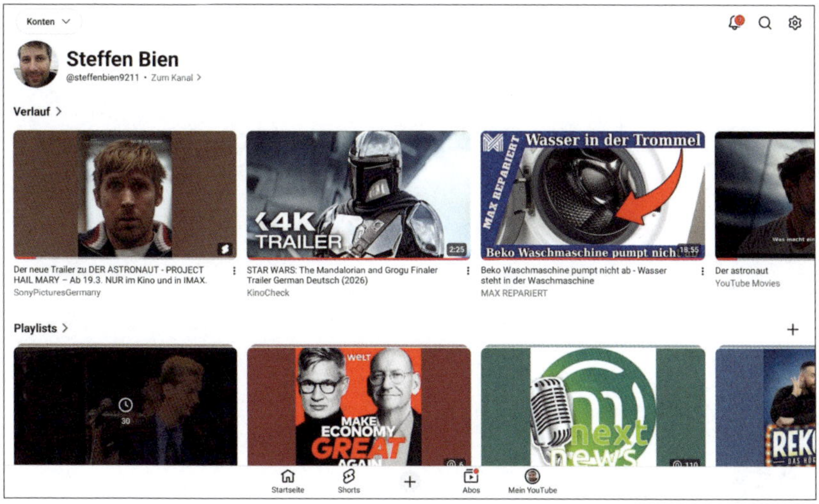

Der persönliche Bereich bündelt Verlauf, Playlists, Podcasts und gekaufte Inhalte in einer gemeinsamen Übersicht.

Gerade Playlists spielen auf YouTube eine große Rolle. Viele Nutzerinnen und Nutzer erstellen eigene Sammlungen für:

- Musik
- Lernvideos
- Rezepte
- Fitness
- Reisen

Dadurch entsteht schnell eine persönliche Mediathek mit den von Ihnen häufig genutzten Videos.

Podcasts auf YouTube

YouTube entwickelt sich zunehmend auch zu einer Podcast-Plattform. Viele Podcasts erscheinen inzwischen gleichzeitig als Audio- und Videoversion.

Im Bereich **Podcasts** verwalten Sie:

- abonnierte Podcasts
- gespeicherte Folgen

- neue Episoden
- Wiedergabelisten

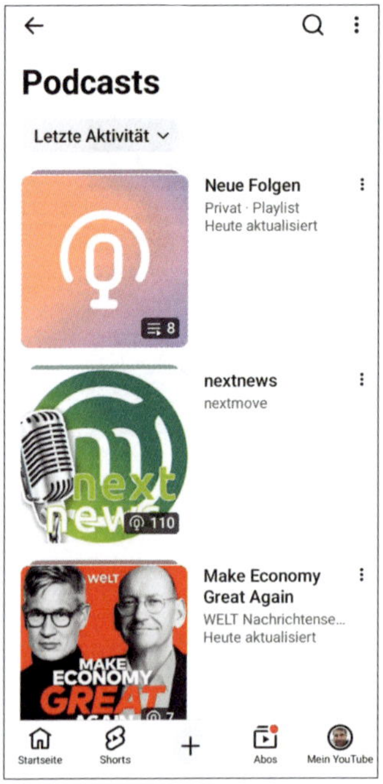

YouTube zeigt neue Folgen und gespeicherte Episoden von Podcasts übersichtlich an.

Filme und Serien kaufen oder leihen

Neben normalen YouTube-Videos bietet Google zusätzlich im Bereich **Mein YouTube** den Bereich **Filme & Shows** an. Dort können Sie Filme und Serien direkt kaufen oder für einen begrenzten Zeitraum ausleihen.

Die Oberfläche erinnert dabei an klassische Streamingdienste. Inhalte werden sortiert nach:

- Bestsellern
- Neuerscheinungen
- Genres
- Livekanälen
- empfohlenen Filmen

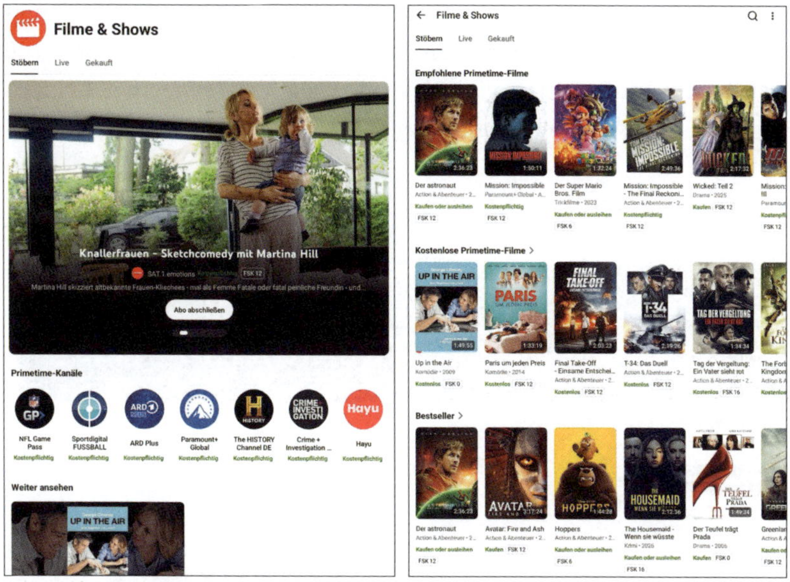

Der Bereich »Filme & Shows« kombiniert Kauf-, Leih- und Liveinhalte in einer eigenen Medienübersicht.

Besonders interessant ist die Mischung aus klassischen Kauf- und Leihinhalten und zusätzlichen **Primetime-Kanälen**. Neben einzelnen Filmen oder Serien, die Sie direkt erwerben oder ausleihen, bietet YouTube hier auch abonnierbare Inhalte von Fernsehsendern und Streamingpartnern an. Dazu gehören beispielsweise Sender, Spartensender oder spezielle Themenkanäle, die ihre Inhalte direkt über YouTube bereitstellen.

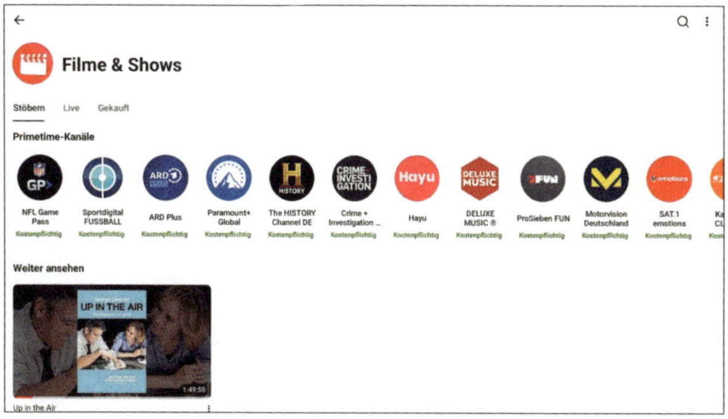

Primetime-Kanäle erweitern YouTube um zusätzliche Streamingangebote von Fernsehsendern und Medienpartnern.

Diese Kanäle funktionieren ähnlich wie eigenständige Streamingdienste innerhalb von YouTube. Nach dem Öffnen eines Kanals finden Sie oft eigene Bereiche wie **Shows**, **Filme**, **Videos**, **Shorts** oder **Playlists**. Viele Kanäle bieten dabei kostenlose Vorschauen, Probemonate oder komplette Abo-Angebote direkt in YouTube an.

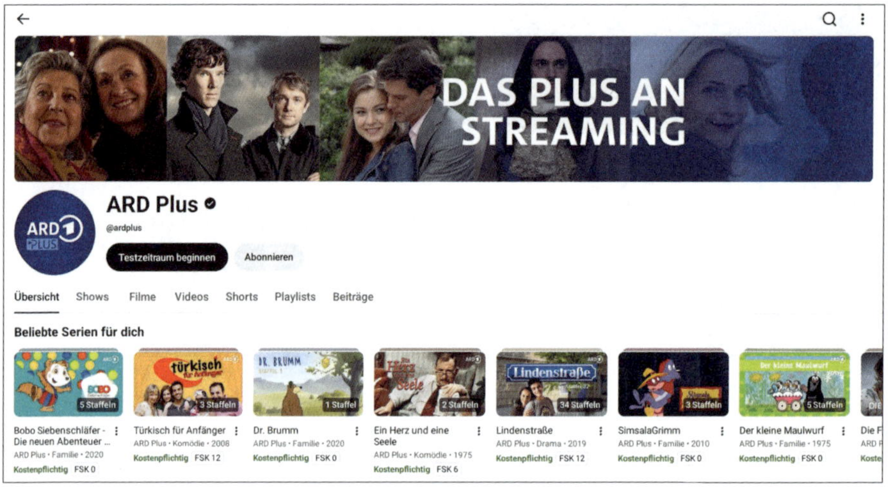

Kanäle bündeln Videos, Serien, Filme und weitere Inhalte eines Anbieters in einer gemeinsamen, übersichtlich gegliederten Kanaloberfläche.

Dadurch entsteht eine Mischung aus klassischer Videoplattform und zusätzlichem Streamingangebot. Wer möchte, kann also nicht nur einzelne Filme kaufen, sondern auch ganze Inhalte eines Partners abonnieren und direkt über die gewohnte YouTube-Oberfläche ansehen.

Filme ausleihen

Beim Ausleihen zahlen Sie einen einmaligen Betrag für eine zeitlich begrenzte Wiedergabe.

Typischerweise gilt:

- **Start innerhalb von 30 Tagen** – nach dem Kauf müssen Sie den Film innerhalb dieses Zeitraumes beginnen.
- **Nach Start meist 48 Stunden verfügbar** – ab dem ersten Abspielen bleibt der Film in der Regel noch 2 Tage nutzbar.

Die Leihoption eignet sich besonders für aktuelle Filme, die nur einmal angesehen werden sollen.

So leihen Sie einen Film aus:

1. Öffnen Sie im Bereich **Filme & Shows** den gewünschten Film.
2. Tippen Sie auf **Kaufen oder ausleihen**.
3. Wählen Sie die gewünschte Option, z. B. **HD** oder **Ultra High Definition (UHD)**.
4. Prüfen Sie Preis, Leihbedingungen und verfügbare Bildqualität.
5. Bestätigen Sie die Zahlung über Ihr hinterlegtes Google-Play-Zahlungsmittel.
6. Tippen Sie anschließend auf **Tippen & Kaufen**, um den Vorgang abzuschließen.
7. Nach erfolgreichem Kauf oder Leihen erscheint der Film automatisch in Ihrer persönlichen Mediathek und kann direkt gestartet werden.

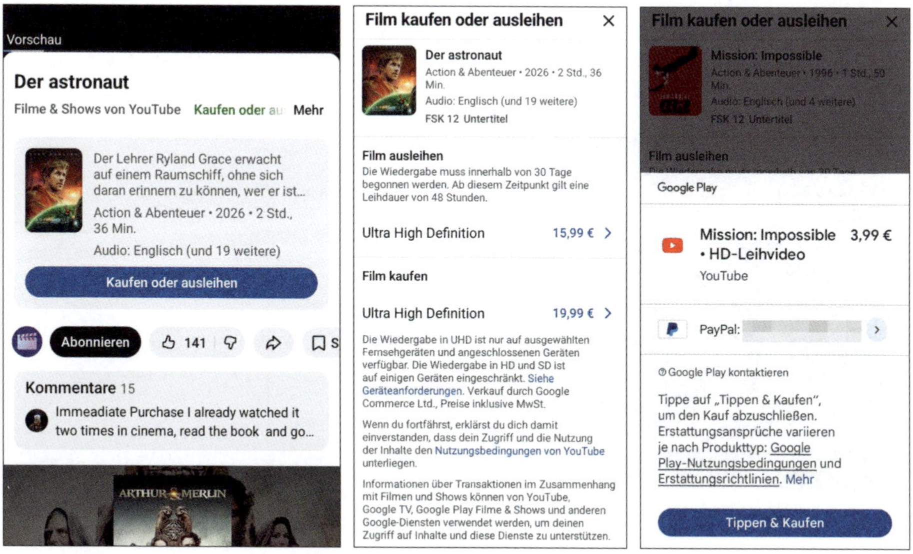

Die Kauf- und Leihoptionen zeigen Preise, Bildqualität, Zahlungsart und die wichtigsten Nutzungsbedingungen direkt in übersichtlichen Dialogfenstern an.

Filme kaufen

Gekaufte Filme bleiben dauerhaft im Google-Konto gespeichert und erscheinen später wieder im Bereich **Gekauft**.

Viele Filme stehen dabei in unterschiedlichen Qualitätsstufen bereit:

- **SD** – Standardauflösung mit einfacherer Bildqualität, ausreichend auf kleinen Displays, aber weniger scharf
- **HD** – höhere Auflösung mit deutlich schärferem und detailreicherem Bild als SD
- **Ultra HD** – besonders hohe Auflösung (4 K) mit sehr scharfem, detailreichem Bild auf geeigneten Geräten

Hochauflösende Filme benötigen allerdings eine stabile Internetverbindung und kompatible Geräte.

Serien und Staffeln kaufen

Auch Serien lassen sich direkt über YouTube erwerben. Häufig kaufen Sie dabei:

- einzelne Folgen
- komplette Staffeln
- gesamte Serienpakete

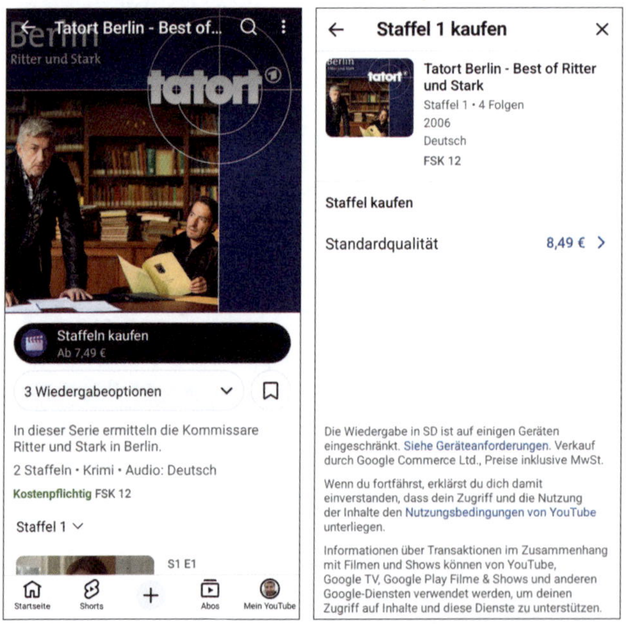

Serien lassen sich direkt als einzelne Folgen oder komplette Staffeln kaufen.

Kapitel 12
Apps und Play Store

Apps machen Android erst zu dem vielseitigen System, das es im Alltag ist. Ohne Apps wäre ein Smartphone vor allem ein Telefon mit Kamera, Browser und einigen Grundfunktionen. Erst durch Apps wird daraus ein Navigationsgerät, ein Notizbuch, ein Fitnessbegleiter, eine Mediathek, ein mobiles Büro, eine Spielekonsole oder ein Lernwerkzeug. Gleichzeitig sind Apps aber auch der Bereich, in dem viele Nutzerinnen und Nutzer unsicher werden: Welche App ist seriös? Welche Berechtigungen darf sie verlangen? Warum aktualisieren sich Apps automatisch? Was passiert, wenn der Speicher voll ist? Und wie verhindert man, dass Kinder ungeeignete Inhalte installieren?

Dieses Kapitel führt Sie Schritt für Schritt durch den sicheren Umgang mit Apps unter Android. Im Mittelpunkt steht der Google Play Store, also die zentrale Anlaufstelle zum Suchen, Installieren, Aktualisieren und Verwalten von Apps. Sie lernen auch, dass eine installierte App nicht automatisch alles darf. Android fragt viele Berechtigungen gezielt ab, verwaltet Zugriffe auf Kamera, Mikrofon, Standort oder Kontakte und bietet Ihnen verschiedene Möglichkeiten, Apps später wieder einzuschränken. Gerade weil Android auf unterschiedlichen Geräten läuft, lohnt sich ein genauer Blick: Auf Smartphones stehen Apps meist einzeln im Vordergrund. Auf Tablets und Foldables spielt zusätzlich die Frage eine Rolle, ob eine App den größeren Bildschirm sinnvoll nutzt, geteilte Ansichten unterstützt oder als Widget dauerhaft Informationen auf dem Startbildschirm anzeigen kann. Auch diese Unterschiede werden in diesem Kapitel berücksichtigt.

Info: Was ist eigentlich eine App?

Eine App ist ein Programm, das die Funktionen Ihres Android-Geräts erweitert. Einige Apps sind bereits vorinstalliert, etwa Gmail, Google Maps, Chrome, YouTube, Google Fotos oder die Telefon-App. Andere Apps installieren Sie selbst, z. B. Messenger, Banking-Apps, Spiele, Streamingdienste, Lernprogramme, Office-Anwendungen oder Werkzeuge für Notizen, Kalender und Dateien.

Der Google Play Store als App-Zentrale

Der Google *Play Store* ist auf den meisten Android-Geräten bereits vorinstalliert. Sie erkennen ihn am farbigen Dreiecksymbol. Über den Play Store laden Sie Apps herunter, aktualisieren vorhandene Apps, verwalten Abonnements, prüfen installierte Anwendungen und sehen, welche Apps mit Ihrem Google-Konto verbunden sind.

Damit der Play Store funktioniert, benötigen Sie in der Regel ein *Google-Konto*. Dieses Konto wird bereits bei der Einrichtung des Geräts angelegt oder angemeldet. Es ist unter Android der zentrale Zugang zu vielen Diensten, darunter der Play Store, *Gmail*, *Kalender*, *Kontakte*, *Google Drive* und die *Synchronisierung* persönlicher Daten. In Kapitel 2, »Einrichtung und erste Schritte«, wurde das Google-Konto bereits als wichtiger Bestandteil der Android-Nutzung eingeführt, weil es unter anderem den Zugriff auf den Play Store, Synchronisation und Sicherungen ermöglicht.

Öffnen Sie den Play Store, sehen Sie keine einfache Liste aller verfügbaren Apps, sondern eine moderne Startseite, die in mehrere Bereiche gegliedert ist. Am unteren Bildschirmrand wechseln Sie zwischen den Hauptbereichen **Spiele**, **Apps**, **Suche** und **Bücher**. Dadurch trennt der Play Store unterschiedliche Inhalte voneinander: Spiele werden nicht einfach mit Alltags-Apps vermischt und digitale Bücher sowie Hörbücher haben einen eigenen Bereich.

Im Bereich **Spiele** stehen Unterhaltung, Empfehlungen und Spielkategorien im Vordergrund. Hier finden Sie Vorschläge für neue oder beliebte Spiele, **Top-Charts** sowie thematische Kategorien wie **Action**, **Simulation**, **Geduldsspiele**, **Abenteuer**, **Racing**, **Rollenspiele**, **Strategie**, **Sport**, **Karten**- oder **Brettspiele**. Wenn Sie gezielt nach Spielen suchen, ist dieser Bereich sinnvoller als die allgemeine App-Suche, weil der Play Store hier stärker nach Spielgenres sortiert.

Der Bereich **Apps** ist für klassische Anwendungen gedacht. Hier finden Sie beispielsweise Messenger, Banking-Apps, Navigations-Apps, Fitnessanwendungen, Lernprogramme, Office-Apps oder Werkzeuge für Dateien, Notizen und Kalender. Auch dieser Bereich arbeitet mit Empfehlungen, **Top-Charts**, Kategorien und persönlichen Vorschlägen. Teilweise erscheinen dort auch thematische Sammlungen, etwa rund um Autos, Gesundheit, Reisen oder Produktivität. Einige Einträge sind als Anzeige gekennzeichnet. Dabei handelt es sich um bezahlte Platzierungen, die Sie genauso kritisch prüfen sollten wie andere App-Vorschläge.

Über **Bücher** gelangen Sie zu E-Books und Hörbüchern. Dort zeigt der Play Store eigene Register wie **E-Books**, **Hörbücher**, **Genres** oder **Bestsellerlisten**. Dieser Bereich funktioniert also eher wie eine digitale Buchhandlung als wie ein App-Katalog. Sie können dort nach Romanen, Sachbüchern, Hörbüchern oder bestimmten Autorinnen und Autoren suchen, Leseproben ansehen und Titel kaufen.

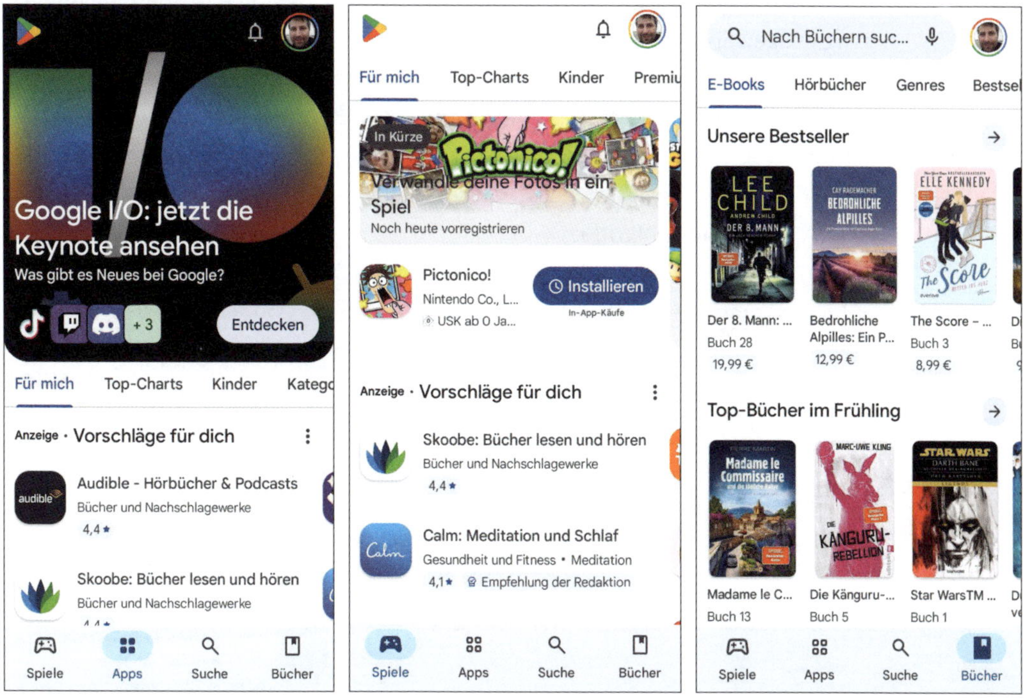

Die drei Hauptbereiche des Play Stores: Über »Spiele«, »Apps« und »Bücher« wechseln Sie zwischen Spielekatalog, App-Angebot sowie E-Books und Hörbüchern.

Eine App im Play Store suchen

Wenn Sie eine bestimmte App installieren möchten, öffnen Sie den Play Store und tippen oben in das Suchfeld. Dort können Sie entweder den Namen einer App eingeben, z. B. »Google Fotos«, »WhatsApp«, »DB Navigator«, »Microsoft Word«, »Spotify« oder »Komoot«, oder nach einem Thema bzw. einer Aufgabe suchen. Das ist besonders praktisch, wenn Sie noch nicht wissen, welche App Sie verwenden möchten. Geben Sie dann etwa »Pflanzen bestimmen«, »Vokabeln lernen«, »Wandern«, »Scanner«, »Meditation«, »Notizen« oder »Bildbearbeitung« ein.

Während der Eingabe erscheinen häufig bereits Vorschläge. Tippen Sie auf den passenden Treffer, zeigt der Play Store entweder direkt die Detailseite einer App oder zunächst eine Ergebnisliste mit mehreren passenden Apps an. Gerade bei thematischen Suchanfragen lohnt sich ein genauer Vergleich, weil mehrere Apps ähnliche Funktionen anbieten können.

Bei bekannten Apps sollten Sie genau prüfen, ob Sie wirklich die richtige Anwendung ausgewählt haben. Bei sehr beliebten Apps gibt es manchmal ähnlich klingende Namen, Nachahmungen oder Apps mit fast identischem Symbol. Achten Sie deshalb immer auf den Namen des Anbieters. Bei WhatsApp sollte als Anbieter beispielsweise WhatsApp LLC erscheinen, bei Microsoft-Apps Microsoft Corporation, bei Google-Apps Google LLC. Dieser Blick dauert nur wenige Sekunden, verhindert aber viele Fehlgriffe.

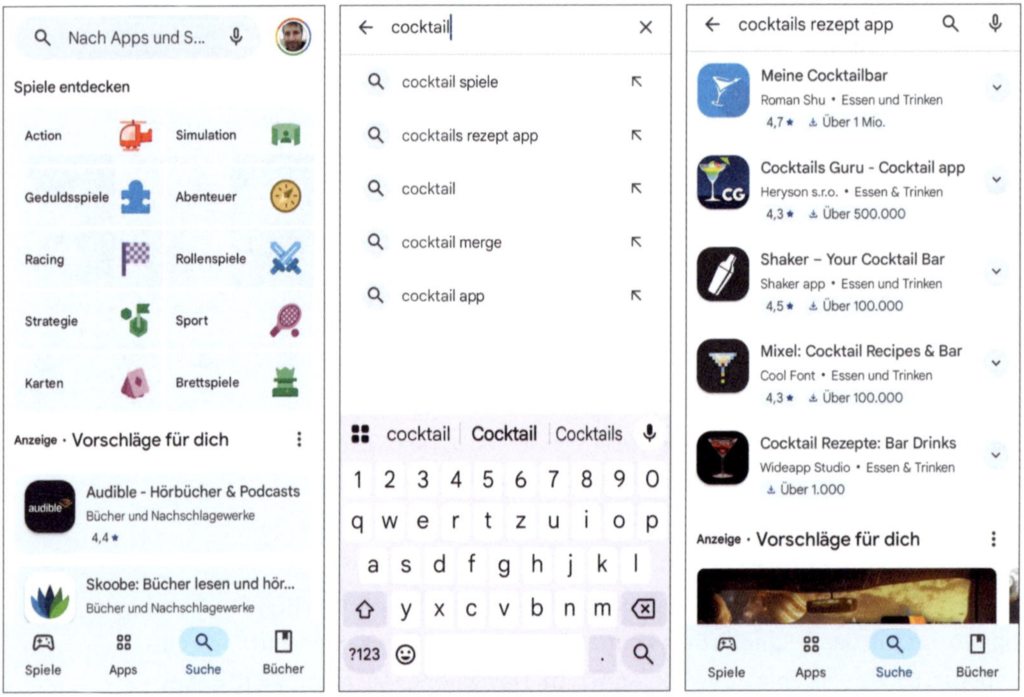

Im Suchbereich des Play Stores können Sie entweder über Kategorien stöbern, einen App-Namen oder ein Thema eingeben und anschließend die passenden Treffer in der Ergebnisliste vergleichen.

Auf der Detailseite einer App finden Sie mehrere wichtige Informationen. Dazu gehören der Name der App, der Anbieter, Screenshots, eine Beschreibung, Bewertungen, die Zahl der Downloads, Hinweise auf Werbung oder In-App-Käufe und Informationen zur Datensicherheit. Bei manchen Apps sehen Sie zusätzlich, ob die App auf Ihrem Gerät verfügbar ist oder ob sie für bestimmte Geräteklassen optimiert wurde.

Eine App installieren

Wenn Sie sich für eine App entschieden haben, tippen Sie auf **Installieren**. Android lädt die App herunter und richtet sie automatisch ein. Währenddessen zeigt der Play Store den Fortschritt an. Nach Abschluss der Installation erscheint die Schaltfläche **Öffnen**. Gleichzeitig wird die App in der App-Übersicht abgelegt. Je nach Gerät und Einstellung wird zusätzlich ein Symbol auf dem Startbildschirm erstellt.

So installieren Sie eine App:

1. Öffnen Sie die App **Play Store**.
2. Tippen Sie oben in das Suchfeld.
3. Geben Sie den Namen der gewünschten App ein.
4. Wählen Sie den passenden Treffer aus.
5. Prüfen Sie Anbieter, Bewertungen und Beschreibung.
6. Tippen Sie auf **Installieren** bzw. bei einer kostenpflichtigen App auf den Preis.
7. Warten Sie, bis der Download abgeschlossen ist.
8. Tippen Sie auf **Öffnen** oder starten Sie die App später über die App-Übersicht.

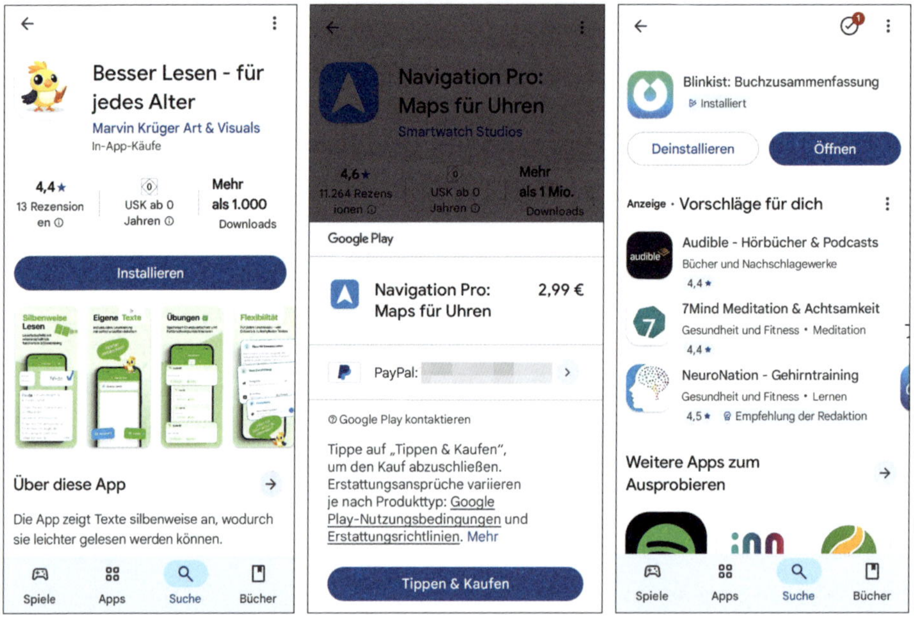

Der Installationsprozess im Play Store: Auf der App-Detailseite prüfen Sie Bewertung, Anbieter, Altersfreigabe und In-App-Käufe, starten anschließend die Installation oder den Kauf und können die App nach Abschluss direkt öffnen.

Tipp: Berechtigungen nicht automatisch bestätigen

Wenn Sie eine App zum ersten Mal öffnen, fragt sie häufig nach bestimmten Berechtigungen. Eine Kamera-App benötigt beispielsweise Zugriff auf die Kamera, ein Messenger fragt nach Benachrichtigungen, Mikrofon oder Fotos und eine Navigations-App braucht den Standort, um eine Route berechnen zu können.

Bestätigen Sie solche Anfragen nicht automatisch. Überlegen Sie kurz, ob die angeforderte Berechtigung wirklich zur Funktion der App passt. Eine Navigations-App darf nach dem Standort fragen, eine einfache Taschenlampen-App sollte dagegen keinen Zugriff auf Kontakte, Mikrofon oder Fotos benötigen.

Im Zweifel können Sie eine Berechtigung zunächst ablehnen. Viele Apps funktionieren trotzdem weiter und fragen später erneut nach, sobald die betreffende Funktion wirklich gebraucht wird. Außerdem lassen sich Berechtigungen jederzeit nachträglich in den Android-Einstellungen ändern.

Kostenlose Apps, kostenpflichtige Apps und In-App-Käufe

Im Play Store erkennen Sie bereits auf der App-Detailseite, ob eine App kostenlos installiert werden kann, ob sie direkt bezahlt werden muss oder ob später zusätzliche Käufe möglich sind. Bei kostenlosen Apps erscheint die blaue Schaltfläche **Installieren**. Das bedeutet zunächst nur, dass für den Download kein direkter Kaufpreis anfällt. Kostenlos heißt aber nicht automatisch, dass die App vollständig ohne Kosten nutzbar ist. Manche kostenlosen Apps enthalten Werbung, andere bieten zusätzliche Funktionen, Inhalte oder Abonnements per In-App-Kauf an.

Auf der Detailseite sehen Sie deshalb unter dem App-Namen oder in den App-Informationen wichtige Hinweise wie **In-App-Käufe**. Diese Angabe bedeutet, dass innerhalb der App kostenpflichtige Zusatzangebote möglich sind. Das können einzelne Funktionen, Premiumversionen, digitale Inhalte, Werbefreiheit oder ein monatliches bzw. jährliches Abo sein. Prüfen Sie solche Hinweise besonders sorgfältig, bevor Sie eine App installieren oder dauerhaft nutzen.

Bei kostenpflichtigen Apps erscheint statt **Installieren** direkt der Preis auf der blauen Schaltfläche, z. B. **2,99 €**. Wenn Sie darauf tippen, beginnt nicht sofort die Installation, sondern zunächst der Kaufprozess. Sie sehen dann noch einmal den App-Namen, den Preis und die hinterlegte Zahlungsmethode, etwa PayPal oder eine andere Zahlungsart. Erst wenn Sie den Kauf ausdrücklich bestätigen, wird die App gekauft und anschließend installiert.

Achten Sie vor dem Abschluss eines Abos auf folgende Punkte:

- Wie hoch ist der Preis?
- Wird monatlich oder jährlich abgerechnet?
- Gibt es einen kostenlosen Testzeitraum?
- Verlängert sich das Abo automatisch?
- Welche Funktionen erhalten Sie wirklich?
- Können Sie dieselbe Aufgabe vielleicht auch mit einer kostenlosen App erledigen?

Apps aktualisieren

Apps werden regelmäßig aktualisiert. Updates beheben Fehler, schließen Sicherheitslücken, verbessern die Darstellung oder bringen neue Funktionen. Deshalb ist es sinnvoll, Apps aktuell zu halten. Google beschreibt offiziell, dass App-Updates im Play Store über das Profilbild ☺ und dort den Bereich **Apps und Gerät**

verwalten aufgerufen werden können; automatische Updates lassen sich in den Netzwerkeinstellungen des Play Stores steuern.

In der Praxis gibt es zwei Wege: Sie lassen Apps *automatisch aktualisieren* oder Sie stoßen Updates *manuell* an. Für die meisten Nutzerinnen und Nutzer ist die automatische Aktualisierung die beste Wahl. Sie sorgt dafür, dass wichtige Verbesserungen ohne eigenes Zutun installiert werden. Sinnvoll ist dabei die Einstellung, Updates bevorzugt über WLAN zu laden, damit Ihr mobiles Datenvolumen nicht unnötig belastet wird.

So prüfen Sie App-Updates manuell:

1. Öffnen Sie den **Play Store**.
2. Tippen Sie rechts oben auf Ihr Profilbild ⓐ.
3. Wählen Sie **Apps und Gerät verwalten**.
4. Tippen Sie auf **Verfügbare Updates** oder **Alle aktualisieren**.
5. Warten Sie, bis die Aktualisierungen abgeschlossen sind.

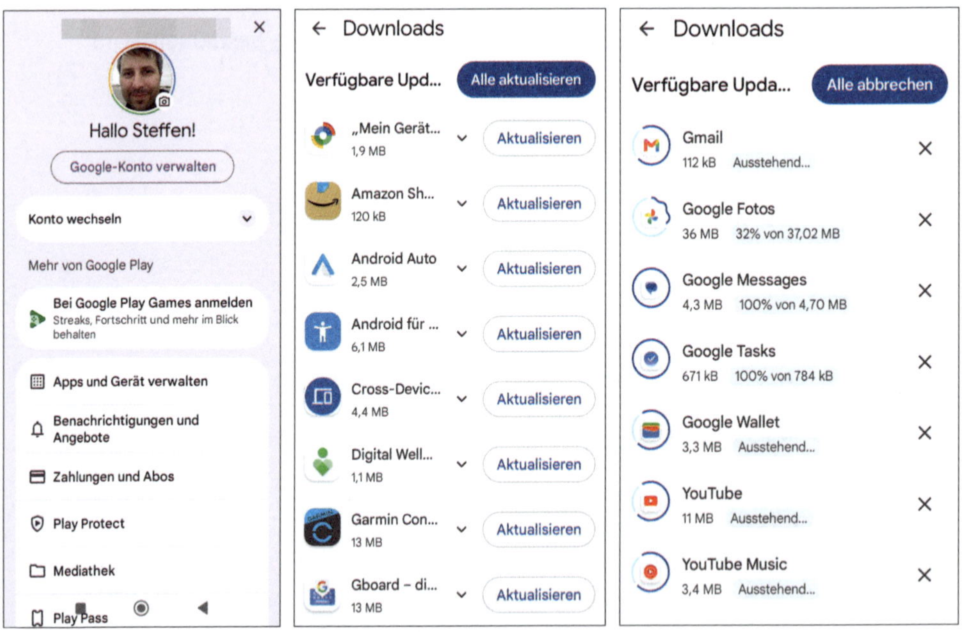

Über das Profilmenü des Play Stores gelangen Sie zu »Apps und Gerät verwalten«. Dort prüfen Sie verfügbare Updates und aktualisieren einzelne Apps oder alle Apps auf einmal.

Tipp: Updates nicht unnötig aufschieben

App-Updates sind wichtig, weil sie Fehler beheben, Sicherheitslücken schließen und neue Funktionen bereitstellen. Im normalen Alltag sollten Sie Apps deshalb möglichst aktuell halten – besonders Messenger, Banking-Apps, Browser, Passwortmanager und Sicherheitsfunktionen.

Es gibt aber Ausnahmen: Wenn Sie eine App beruflich nutzen, auf eine bestimmte Funktion angewiesen sind oder bereits von Problemen mit einer neuen Version gelesen haben, kann es sinnvoll sein, ein Update kurz aufzuschieben. Warten Sie in diesem Fall einige Tage, prüfen Sie Bewertungen oder Hinweise des Anbieters und aktualisieren Sie erst dann.

Grundsätzlich gilt: Ignorieren Sie Updates nicht dauerhaft. Je länger Apps veraltet bleiben, desto größer wird das Risiko für Fehler, Sicherheitsprobleme oder Kompatibilitätsprobleme mit Android.

Apps erneut installieren

Wenn Sie eine App auf Ihrem Gerät gelöscht haben, können Sie sie später erneut installieren. Der Play Store merkt sich Ihre zuvor geladenen Apps. Das ist besonders praktisch nach einem Gerätewechsel. Auch bei der Ersteinrichtung eines neuen Android-Geräts kann Android Apps aus einer früheren Sicherung wiederherstellen. Bereits in Kapitel 2, »Einrichtung und erste Schritte«, wurde beschrieben, dass Apps, App-Daten, Kontakte, Anruflisten und Geräteeinstellungen aus einer Google-Cloud-Sicherung übernommen werden können.

So finden Sie frühere Apps wieder:

1. Öffnen Sie den **Play Store**.
2. Tippen Sie auf Ihr Profilbild ☺.
3. Öffnen Sie **Apps und Gerät verwalten**.
4. Wechseln Sie in den Bereich **Verwalten**.
5. Filtern Sie bei Bedarf nach nicht installierten Apps.
   Tippen Sie dazu oben links auf **Dieses Gerät** und wählen Sie **Nicht installiert**.

6. Wählen Sie die gewünschte App aus und installieren Sie sie erneut.

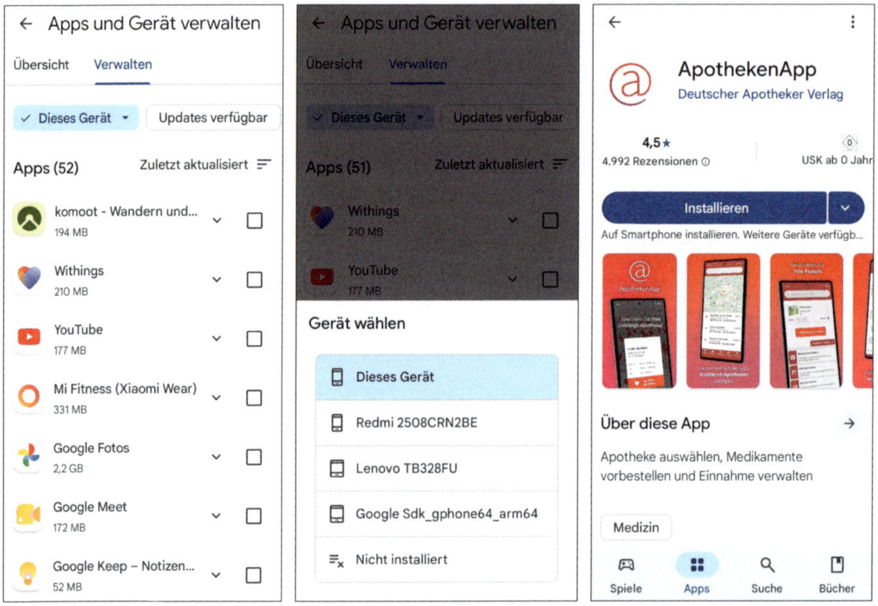

Über »Apps und Gerät verwalten« finden Sie installierte und frühere Apps und können Apps gezielt auf einem anderen Android-Gerät installieren.

Automatische Updates und Downloads einstellen

Die Einstellungen für Updates finden Sie ebenfalls im Play Store. Öffnen Sie dazu das Profilmenü ☺, wählen Sie **Einstellungen** und klappen Sie den Bereich **Netzwerkeinstellungen** auf.

Die Option **Bevorzugte Downloadvariante für Apps** legt fest, ob Apps nur über WLAN oder auch über mobile Daten heruntergeladen werden dürfen. Wenn Sie nur ein begrenztes Datenvolumen haben, ist die Einstellung **Nur über WLAN** meist sinnvoller.

Die Option **Apps automatisch aktualisieren** steuert, ob Updates automatisch installiert werden. Auch hier können Sie festlegen, ob dies **Über alle Netzwerke** oder **Nur über WLAN** geschehen soll. Für die meisten Nutzerinnen und Nutzer empfiehlt sich: automatische Updates ja, aber möglichst über WLAN.

Die automatische Wiedergabe von Videos betrifft Vorschauvideos im Play Store. Wenn Sie Datenvolumen sparen möchten oder bewegte Vorschauen als störend empfinden, können Sie diese Funktion einschränken oder deaktivieren.

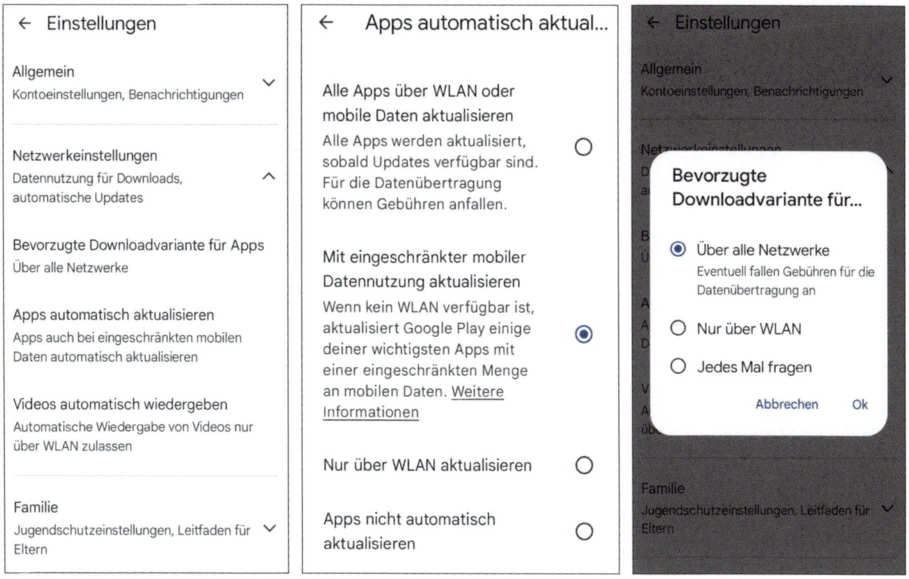

In den Play-Store-Einstellungen legen Sie fest, ob Apps automatisch aktualisiert werden und über welche Verbindung Downloads erfolgen dürfen – über alle Netzwerke, nur über WLAN oder nach vorheriger Nachfrage.

Wichtige weitere Play-Store-Einstellungen

Der Bereich **Einstellungen** enthält mehrere Gruppen. Im Bereich **Allgemein** finden Sie unter anderem diese besonders interessanten Punkte:

- **Benachrichtigungen**: Hier legen Sie fest, welche Hinweise der Play Store anzeigen darf. Dazu gehören beispielsweise Angebote, Updates oder Empfehlungen.
- **Design**: Der Play Store kann sich am Systemdesign orientieren. Wenn Ihr Gerät im dunklen Modus arbeitet, kann auch der Play Store dunkel dargestellt werden.
- **Gerätestandort verwenden**: Wenn diese Option aktiv ist, kann der Play Store auf Grundlage Ihres Gerätestandortes lokale Inhalte, Apps, Angebote oder Empfehlungen anzeigen. Das kann nützlich sein, ist aber nicht zwingend erforderlich.
- **Apps automatisch archivieren**: Diese Funktion kann helfen, Speicherplatz zu sparen, indem selten verwendete Apps ausgelagert werden, ohne sie vollständig aus Ihrem Konto zu entfernen. Bei erneutem Bedarf können sie wiederhergestellt werden.

- **Optimierung der App-Installation**: Dabei wird Google mitgeteilt, welche Teile einer App Sie verwenden, damit Apps bei Google Play schneller installiert, geöffnet und ausgeführt werden können. Wer möglichst datensparsam arbeiten möchte, kann diese Option kritisch prüfen.

Play Protect – Schutz vor schädlichen Apps

Android prüft Apps aus dem Play Store mit Google *Play Protect*. Play Protect führt Sicherheitsprüfungen vor dem Download durch, prüft auch Apps aus anderen Quellen als dem Play Store auf potenziell schädliches Verhalten, warnt vor gefährlichen Apps und kann schädliche Apps deaktivieren oder entfernen. Das bedeutet nicht, dass Sie völlig sorglos jede App installieren sollten. Play Protect ist ein wichtiger Schutzmechanismus, ersetzt aber nicht den gesunden Menschenverstand.

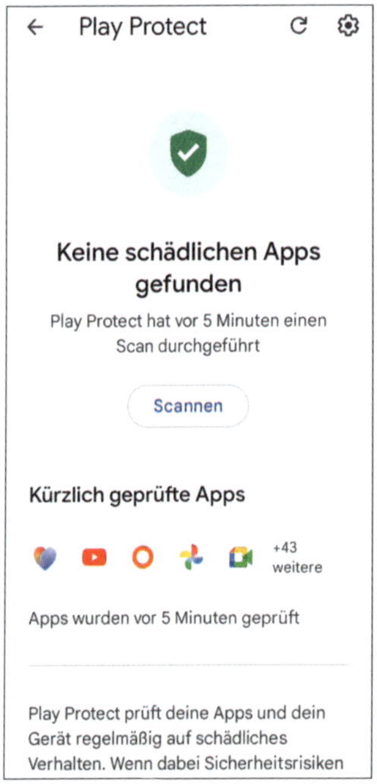

Play Protect überprüft installierte Apps regelmäßig auf schädliches Verhalten und zeigt an, wann der letzte Scan durchgeführt wurde.

Sie finden Play Protect im Play Store:

1. Öffnen Sie den **Play Store**.
2. Tippen Sie auf Ihr Profilbild ⊛.

3. Wählen Sie **Play Protect**.

4. Prüfen Sie den aktuellen Sicherheitsstatus.

5. Starten Sie bei Bedarf einen Scan.

Wenn Play Protect eine Warnung anzeigt, sollten Sie diese ernst nehmen. Installieren Sie die betroffene App nicht oder entfernen Sie sie vom Gerät.

Familie und Jugendschutz im Play Store

In den Play-Store-Einstellungen finden Sie den Bereich **Familie**. Er richtet sich an Haushalte, in denen mehrere Personen Google Play gemeinsam nutzen oder in denen Kinder Zugriff auf Android-Geräte haben. Sie erreichen diesen Bereich, indem Sie im Play Store rechts oben auf Ihr Profilbild tippen, **Einstellungen** öffnen und anschließend den Abschnitt **Familie** aufklappen.

Der Bereich **Familienmitglieder verwalten** dient dazu, eine Familiengruppe einzurichten oder bestehende Familienmitglieder zu verwalten. Erwachsene Personen können per Name oder E-Mail-Adresse eingeladen werden. Der Play Store weist dabei darauf hin, dass eingeladene Personen bestimmte Informationen der Familiengruppe sehen können, etwa Namen, E-Mail-Adressen und Profilbilder der aktuellen Mitglieder. Kinder werden nicht einfach wie Erwachsene hinzugefügt, sondern über *Google Family Link* eingebunden. Dadurch lassen sich zusätzliche Schutzfunktionen nutzen, etwa Regeln für Apps, Bildschirmzeiten, Käufe und bestimmte Google-Dienste.

Google Family Link

Google Family Link ist eine eigene App von Google und ergänzt die Familienfunktionen im Play Store deutlich. Während der Familienbereich im Play Store vor allem Käufe, Freigaben, Familienmitglieder und Inhalte betrifft, geht Family Link weiter: Die App dient dazu, das Google-Konto eines Kindes zu begleiten und die Nutzung eines Android-Geräts aus der Ferne zu verwalten. Eltern können dort sehen, wie viel Zeit ein Kind mit seinem Gerät oder einzelnen Apps verbringt, App-Genehmigungen und Einschränkungen festlegen, Bildschirmzeiten einrichten und bestimmte Dienste wie Google Play,

YouTube, Google Chrome, die Google Suche, Google Assistant, Google Fotos oder Standorteinstellungen verwalten.

Die **Familienmediathek** ist vor allem dann interessant, wenn mehrere Familienmitglieder gekaufte Inhalte gemeinsam nutzen möchten. Google Play beschreibt sie als Möglichkeit, Apps, Spiele, Bücher, Filme und Serien zu kaufen und mit bis zu fünf Familienmitgliedern zu teilen. Dafür ist keine eigene Anmeldegebühr erforderlich. Nicht jeder Inhalt ist automatisch teilbar, aber viele geeignete Käufe können so innerhalb der Familie gemeinsam verwendet werden. Das ist besonders praktisch, wenn eine App oder ein Buch nicht auf mehreren Konten separat gekauft werden soll. Beim Einrichten der Familienmediathek verlangt Google eine gemeinsame Familienzahlungsmethode. In den gezeigten Dialogen wird darauf hingewiesen, dass dafür eine Kreditkarte als Familienzahlungsmethode ausgewählt werden kann. Familienmitglieder dürfen diese Zahlungsmethode für Käufe bei Google Play und für In-App-Käufe verwenden. Gleichzeitig bleibt die Kontrolle beim Familienadministrator: Für Familienmitglieder unter 18 Jahren können Käufe einzeln genehmigt werden. Außerdem erhalten Sie eine E-Mail, wenn ein Familienmitglied etwas über die Familienzahlungsmethode kauft.

Besonders wichtig ist der Punkt **Genehmigungsanfragen verwalten**. Hier landen Anfragen, wenn ein Familienmitglied eine App, ein Spiel, ein Buch oder einen anderen Inhalt kaufen oder installieren möchte und dafür eine Zustimmung erforderlich ist. Auf diese Weise müssen Eltern nicht jedes Gerät dauerhaft selbst bedienen, behalten aber trotzdem die Kontrolle über neue Inhalte und mögliche Kosten.

Die **Jugendschutzeinstellungen** helfen zusätzlich dabei, Inhalte nach Altersstufen einzuschränken. Damit lässt sich festlegen, welche Apps, Spiele, Filme oder Bücher im Play Store angezeigt oder installiert werden dürfen. Diese Einstellungen ersetzen keine Begleitung, sind aber ein wichtiger Schutz, wenn Kinder oder Jugendliche ein eigenes Android-Gerät nutzen. Sinnvoll ist es, die Altersfreigaben gemeinsam mit den Kindern zu besprechen, statt sie nur technisch zu aktivieren.

Der **Leitfaden für Eltern** ergänzt diese Einstellungen mit Hinweisen zur sicheren Nutzung von Google Play und Android-Geräten. Er ist vor allem dann hilfreich, wenn Sie ein Gerät neu für ein Kind einrichten oder prüfen möchten, welche Möglichkeiten zur Kontrolle und Begleitung es gibt.

Kapitel 13
Sicherheit und Datenschutz

Android ist heute so gestaltet, dass Sicherheit und Datenschutz nicht nur in speziellen Schutzprogrammen stattfinden, sondern auch an vielen Stellen direkt in das System eingebaut sind. Das beginnt bei der Bildschirmsperre, setzt sich bei den App-Berechtigungen fort und reicht bis hin zu Funktionen wie *Play Protect*, **Mein Gerät finden**, sicheren Netzwerkverbindungen und dem Google *Passwortmanager*. Viele dieser Schutzmechanismen arbeiten im Hintergrund. Sie prüfen Apps, warnen vor riskanten Einstellungen, verhindern unbemerkte Zugriffe auf Kamera oder Mikrofon und helfen dabei, ein verlorenes Gerät wiederzufinden.

Trotzdem bleibt Sicherheit immer auch eine Frage der bewussten Bedienung. Android kann Sie unterstützen, kann Ihnen aber nicht jede Entscheidung abnehmen. Sie entscheiden, welche App Zugriff auf Standort, Fotos oder Mikrofon erhält. Sie legen fest, ob Benachrichtigungen auf dem Sperrbildschirm vollständig sichtbar sind. Sie bestimmen, ob Passwörter gespeichert werden, ob *Family Link* ein Kinderkonto begleitet und ob ein Gerät bei Verlust geortet werden kann.

Dieses Kapitel konzentriert sich deshalb bewusst auf Alltagssicherheit. Es geht nicht um extreme Bedrohungsszenarien, sondern um die Fragen, die im normalen Umgang mit Smartphone, Tablet oder Foldable wirklich wichtig sind: Wie sperren Sie Ihr Gerät sinnvoll? Wo sehen Sie, welche App welche Berechtigung verwendet? Wie schützen Sie sich vor schädlichen Apps? Was tun Sie, wenn das Gerät verloren geht? Wie bleiben Sie in öffentlichen WLANs vorsichtig? Und wie hilft Ihnen der Google Passwortmanager dabei, sichere Kennwörter und Passkeys zu verwenden?

Bildschirmsperre und Biometrie

Die wichtigste Sicherheitsfunktion Ihres Android-Geräts ist die Bildschirmsperre. Sie schützt nicht nur den Startbildschirm, sondern auch praktisch alle persönlichen Inhalte: Nachrichten, Fotos, Kontakte, E-Mails, Banking-Apps, gespeicherte

Passwörter, Kalender, Dateien und viele App-Daten. Ohne wirksame Sperre kann jede Person, die Ihr Gerät in die Hände bekommt, auf große Teile Ihres digitalen Alltags zugreifen.

Android erinnert deshalb deutlich daran, wenn keine sichere Sperre eingerichtet ist. In den **Einstellungen** unter **Datenschutz & Sicherheit** oder **Sicherheit und Datenschutz** kann ein Hinweis erscheinen, dass das Gerät eventuell gefährdet ist und eine Displaysperre eingerichtet werden sollte.

Welche Sperrmethoden gibt es?

Wenn Sie die Displaysperre einrichten, bietet Android je nach Gerät mehrere Methoden an. Typisch sind:

- **Keine**
- **Wischen**
- **Muster**
- **PIN**
- **Passwort**

Die Varianten **Keine** und **Wischen** bieten keinen Schutz. Beim Wischen wird lediglich verhindert, dass sich das Gerät versehentlich in der Tasche bedient. Wer das Gerät in der Hand hat, kann es trotzdem öffnen. Für ein Alltagsgerät mit persönlichen Daten sollten Sie deshalb mindestens eine PIN, ein Muster oder ein Passwort verwenden.

Eine **PIN** ist für die meisten Nutzerinnen und Nutzer ein guter Kompromiss. Sie ist schnell eingegeben, lässt sich gut merken und schützt deutlich besser als eine reine Wischgeste. Verwenden Sie aber keine einfachen Zahlenfolgen wie 0000, 1111, 1234 oder Ihr Geburtsjahr. Eine längere PIN ist besser als eine sehr kurze. Viele Geräte erlauben sechs oder mehr Ziffern.

Ein **Muster** wirkt auf den ersten Blick bequem, kann aber leichter beobachtet oder anhand von Wischspuren auf dem Display erraten werden. Wenn Sie ein Muster verwenden, sollte es nicht zu einfach sein und nicht mit einer klar erkennbaren Standardform beginnen.

Ein **Passwort** bietet den stärksten Schutz, ist auf einem Smartphone aber etwas unbequemer. Es eignet sich besonders dann, wenn Sie ein Gerät beruflich nutzen oder besonders sensible Daten darauf speichern.

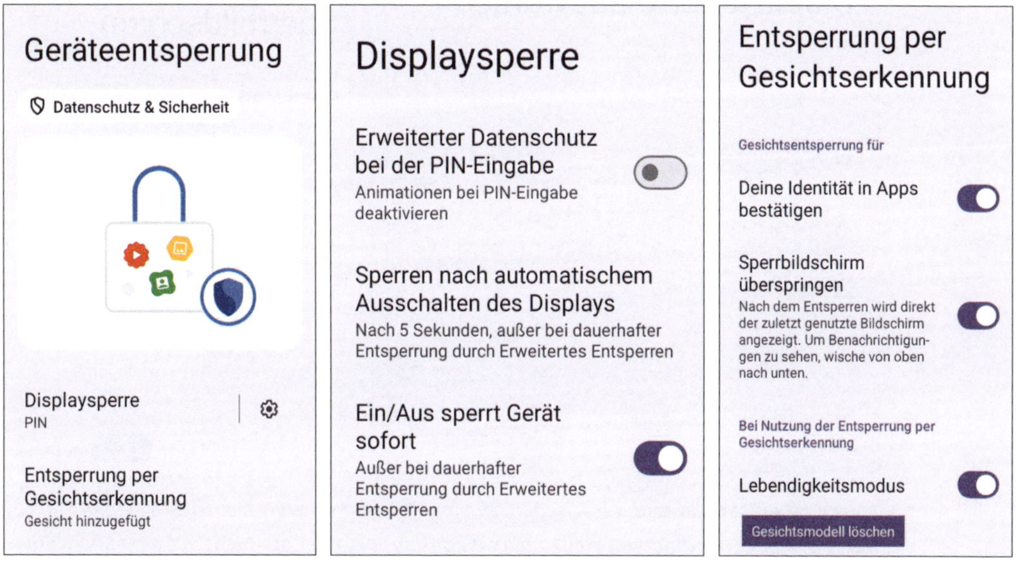

Android bündelt die Geräteentsperrung in einem eigenen Bereich. Neben der Displaysperre mit PIN, Muster oder Passwort lassen sich zusätzliche Optionen sowie die Entsperrung per Gesichtserkennung einrichten.

Displaysperre einrichten

So richten Sie eine Displaysperre ein:

1. Öffnen Sie die **Einstellungen**.
2. Wechseln Sie zu **Datenschutz & Sicherheit** oder **Sicherheit und Datenschutz**.
3. Öffnen Sie **Geräteentsperrung** oder **Displaysperre**.
4. Wählen Sie **PIN**, **Muster** oder **Passwort**.
5. Legen Sie die gewünschte Sperre fest.
6. Bestätigen Sie die Eingabe ein zweites Mal.

7. Prüfen Sie anschließend, ob das Gerät nach dem Ausschalten des Displays wirklich gesperrt wird.

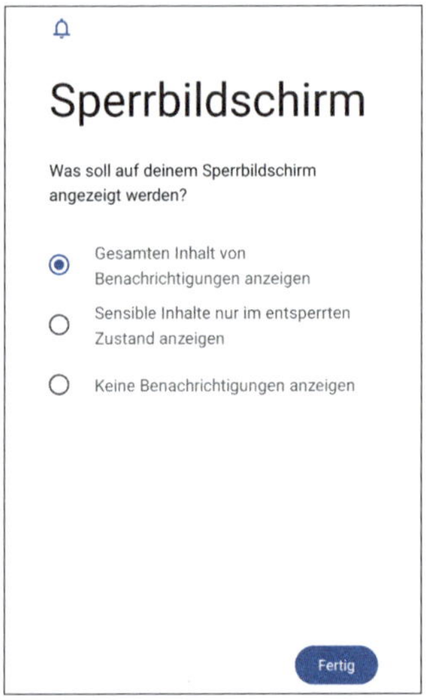

Android schützt das Gerät mit Wischen, Muster, PIN oder Passwort; zusätzlich legen Sie fest, ob Benachrichtigungen vollständig, eingeschränkt oder gar nicht auf dem Sperrbildschirm erscheinen.

Biometrische Entsperrung – bequem, aber allein nicht ausreichend

Viele Android-Geräte bieten zusätzlich biometrische Entsperrmethoden an, etwa Fingerabdruck oder Gesichtserkennung. Diese Verfahren sind im Alltag sehr bequem. Statt jedes Mal die PIN einzugeben, entsperren Sie das Gerät mit dem Finger oder durch einen Blick in die Kamera.

Wichtig ist aber: Biometrie ersetzt die eigentliche Displaysperre nicht vollständig. Android verlangt weiterhin eine PIN, ein Muster oder ein Passwort als Grundlage. Diese klassische Sperre wird benötigt, wenn das Gerät neu gestartet wurde, wenn die biometrische Erkennung mehrfach fehlschlägt oder wenn bestimmte sicherheitsrelevante Aktionen bestätigt werden müssen.

Biometrische Entsperrmethoden wie Fingerabdruck oder Gesichtserkennung machen die tägliche Nutzung deutlich komfortabler. Sie ersetzen die eigentliche

Displaysperre jedoch nicht vollständig, sondern ergänzen PIN, Muster oder Passwort. Je nach Gerät stehen zusätzliche Optionen zur Verfügung, mit denen Sie festlegen, wie weit die biometrische Erkennung im Alltag verwendet werden darf:

- **Deine Identität in Apps bestätigen**: Erlaubt, dass Sie sich in unterstützten Apps mit Fingerabdruck oder Gesichtserkennung ausweisen. Das ist z. B. bei Banking-Apps, Passwortmanagern oder geschützten Bereichen praktisch, weil Sie nicht jedes Mal PIN oder Passwort eingeben müssen.
- **Sperrbildschirm überspringen**: Nach erfolgreicher biometrischer Entsperrung gelangen Sie direkt zum zuletzt genutzten Bildschirm oder Startbildschirm. Ist diese Option deaktiviert, bleibt zunächst der Sperrbildschirm sichtbar und Sie wischen ihn manuell weg.
- **Lebendigkeitsmodus**: Diese Option gehört zur Gesichtserkennung. Das Gerät prüft dabei, ob tatsächlich eine lebende Person vor der Kamera ist. Dadurch soll verhindert werden, dass das Gerät durch ein Foto oder ein unbewegtes Bild entsperrt wird.
- **Gesichtsmodell löschen**: Entfernt die gespeicherten Gesichtsdaten vom Gerät. Danach kann die Gesichtserkennung nicht mehr verwendet werden, bis Sie Ihr Gesicht erneut einrichten. Das ist sinnvoll, wenn die Erkennung neu trainiert werden soll oder Sie diese Entsperrmethode nicht mehr nutzen möchten.

Gesichtserkennung richtig einschätzen

Die Gesichtserkennung ist besonders bequem, weil Sie das Gerät oft einfach ansehen und sofort verwenden können. Gleichzeitig hängt die Sicherheit stark von der verwendeten Technik ab. Manche Geräte verwenden nur die Frontkamera, andere zusätzliche Sensoren. Je nach Modell kann die Gesichtserkennung daher sicherer oder weniger sicher sein.

Datenschutz-Dashboard und App-Zugriffe

Android arbeitet mit einem Berechtigungssystem. Apps dürfen nicht beliebig auf Kamera, Mikrofon, Standort, Fotos, Kontakte, Kalender, Dateien oder andere sensible Bereiche zugreifen. Viele Zugriffe müssen ausdrücklich erlaubt werden. Gleichzeitig können Sie später prüfen, welche App welche Berechtigung besitzt und wann sie bestimmte Funktionen verwendet hat.

In den Einstellungen finden Sie dafür mehrere wichtige Bereiche: **Datenschutzeinstellungen**, **Berechtigungsmanager** und **Privatsphäredashboard**. Google beschreibt das Privatsphäredashboard als den Bereich, in dem Sie sehen können, welche Apps auf Berechtigungen zugegriffen haben, und in dem Sie einzelne Berechtigungen auswählen können, um die Nutzung zu prüfen.

Datenschutz & Sicherheit als zentrale Übersicht

Im Bereich **Datenschutz & Sicherheit** zeigt Android dort zunächst einen Status an, etwa **Alles in Ordnung** oder einen Warnhinweis. Darunter erscheinen konkrete Empfehlungen, z. B. eine App mit Standortzugriff im Hintergrund zu prüfen.

Diese Übersicht ist hilfreich, weil Android nicht nur einzelne Einstellungen auflistet, sondern auch sicherheitsrelevante Hinweise zusammenführt. Sie sehen hier unter anderem:

- ob Play Protect aktiv ist
- ob eine Displaysperre eingerichtet ist
- ob das Google-Konto geschützt ist
- ob die Gerätesuche aktiv ist
- ob System- und Sicherheitsupdates vorhanden sind
- ob Datenschutzempfehlungen vorliegen

Gerade Einsteigerinnen und Einsteiger sollten diesen Bereich regelmäßig öffnen. Er ist eine Art Sicherheitszentrale für das Gerät.

Standortzugriff im Hintergrund prüfen

Ein besonders sensibler Bereich ist der Standort. Apps können den Standort benötigen, etwa für Navigation, Wetter, Fitnessaufzeichnung oder Sicherheitsfunktionen. Kritisch wird es, wenn eine App auch im Hintergrund auf den Standort zugreifen darf, obwohl Sie sie gerade nicht verwenden.

Auf den Screenshots warnt Android beispielsweise vor einer App mit Zugriff auf die Standortermittlung im Hintergrund. Der Hinweis erklärt, dass die App auch dann auf den Standort zugreifen kann, wenn sie geschlossen ist. Android bietet direkt zwei Handlungen an: **Zugriff nur während der Nutzung der App zulassen** oder **Kürzliche Standortnutzung ansehen**.

Das ist eine sehr sinnvolle Form von Datenschutz: Sie müssen nicht selbst alle Einstellungen durchsuchen, sondern Android weist Sie auf potenziell weitreichende Berechtigungen hin.

Als Faustregel gilt:

- Eine Navigations-App darf während der Nutzung auf Ihren Standort zugreifen.
- Eine Wetter-App benötigt meist nur ungefähr Ihren Standort.
- Eine Fitness-App braucht Standortzugriff nur, wenn sie Strecken aufzeichnet.
- Eine einfache Notiz-, Taschenlampen- oder Spiele-App braucht in der Regel keinen Standortzugriff.

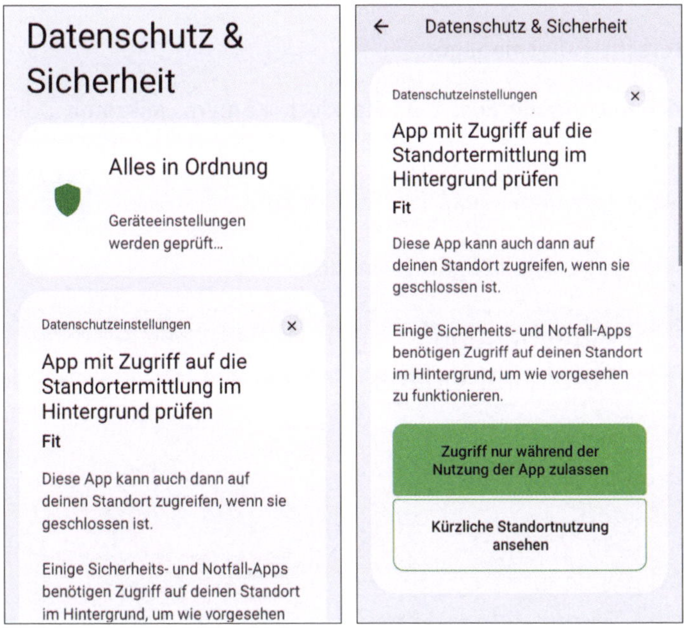

Android zeigt im Bereich »Datenschutz & Sicherheit« Empfehlungen an, etwa wenn eine App den Standort auch im Hintergrund nutzen darf. Über die angebotenen Schaltflächen lässt sich der Zugriff einschränken oder die letzte Standortnutzung prüfen.

Berechtigungsmanager

Der **Berechtigungsmanager** zeigt Berechtigungen nach Kategorien. In den Screenshots sind unter anderem **Anrufliste**, **Benachrichtigungen**, **Dateien**, **Fotos und Videos**, **Geräte in der Nähe** sowie **Gesundheit, Fitness und Wellness** zu sehen. Zu jeder Kategorie zeigt Android an, wie viele Apps diese Berechtigung besitzen.

Das ist besonders praktisch, wenn Sie nicht eine einzelne App prüfen möchten, sondern eine bestimmte Berechtigung. Wenn Sie wissen wollen, welche Apps Zugriff auf Fotos und Videos haben, öffnen Sie genau diese Kategorie. Wenn Sie prüfen möchten, welche Apps Benachrichtigungen senden dürfen, wählen Sie **Benachrichtigungen**.

So prüfen Sie App-Berechtigungen nach Kategorie:

1. Öffnen Sie die **Einstellungen**.
2. Wechseln Sie zu **Datenschutz & Sicherheit**.
3. Öffnen Sie **Datenschutzeinstellungen**.
4. Tippen Sie auf **Berechtigungsmanager**.
5. Wählen Sie eine Berechtigung aus, z. B. **Standort**, **Kamera**, **Mikrofon** oder **Fotos und Videos**.
6. Prüfen Sie, welche Apps Zugriff haben.
7. Tippen Sie auf eine App, um den Zugriff zu ändern.

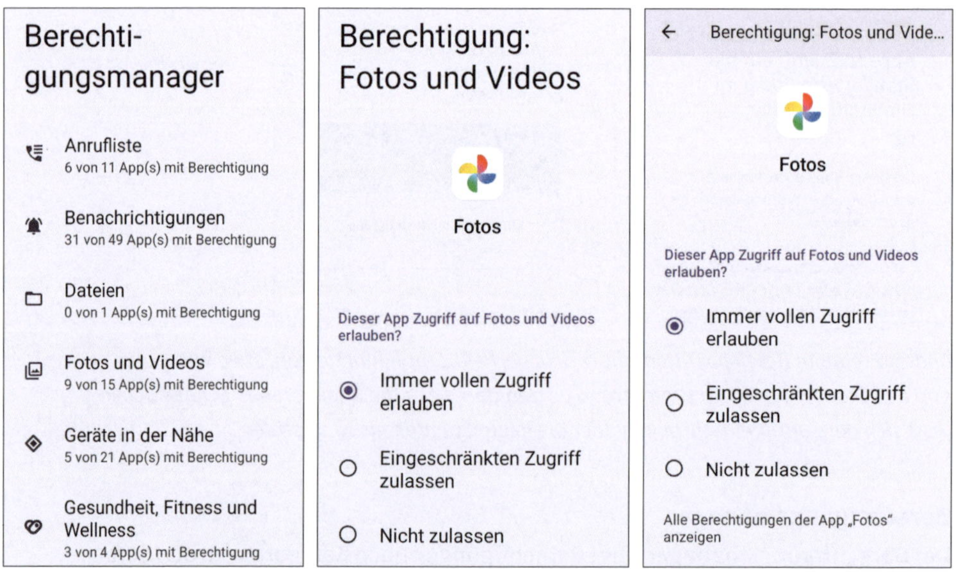

Der »Berechtigungsmanager« zeigt App-Zugriffe nach Kategorien an. Nach Auswahl einer Berechtigung sehen Sie, welche Apps Zugriff haben, und können den Zugriff für einzelne Apps gezielt erlauben, einschränken oder entziehen.

Privatsphäredashboard

Das **Privatsphäredashboard** zeigt, welche sensiblen Berechtigungen in den letzten 24 Stunden verwendet wurden. Auf dem Screenshot ist ein Kreisdiagramm zu sehen, das Zugriffe auf Berechtigungen visualisiert. Darunter wird beispielsweise angezeigt, dass der Standort von mehreren Apps verwendet wurde, während Kamera oder Mikrofon möglicherweise nicht verwendet wurden.

Das Dashboard ist besonders hilfreich, wenn Sie ein ungutes Gefühl haben, aber nicht wissen, welche App dafür verantwortlich sein könnte. Öffnen Sie das Dashboard und prüfen Sie, ob eine App unerwartet auf Standort, Kamera oder Mikrofon zugegriffen hat.

Das Privatsphäredashboard zeigt, welche sensiblen Berechtigungen in den letzten 24 Stunden verwendet wurden.

Kinder- und Jugendschutz mit Family Link

Wenn Kinder ein Android-Gerät nutzen, geht es nicht nur um technische Sicherheit, sondern auch um Begleitung. Kinder sollen Apps nutzen, lernen, kommunizieren und Medien entdecken können, ohne dabei völlig ungeschützt mit ungeeigneten Inhalten, endlosen Bildschirmzeiten oder unkontrollierten Käufen konfrontiert zu werden.

Google stellt dafür *Family Link* bereit. Family Link ist nicht nur ein Menüpunkt im Play Store. Es handelt sich um eine eigene App, mit der Eltern das Google-Konto und das Android-Gerät eines Kindes begleiten können. Beim Start der App melden Sie sich mit Ihrem eigenen Google-Konto an und wählen anschließend das Konto des Kindes aus.

Die App begrüßt mit **Willkommen bei Family Link** und erklärt, dass Eltern sehen können, wie Kinder ihre Zeit auf Geräten verbringen, und Aktivitäten aus der Ferne verwalten können. Danach erscheint eine Oberfläche mit den Kinderkonten und Bereichen wie **Bildschirmzeit**, **Einstellungen** und **Standort**.

Was können Eltern mit Family Link verwalten?

Family Link bündelt mehrere Schutzbereiche:

- Bildschirmzeit und Ruhezeiten
- App-Limits
- App-Genehmigungen
- Google-Play-Einschränkungen
- YouTube-Einstellungen
- Chrome- und Webbeschränkungen
- SafeSearch und Sucheinstellungen
- Google-Assistant-Einschränkungen
- Standortfunktionen
- bestimmte Kontoeinstellungen

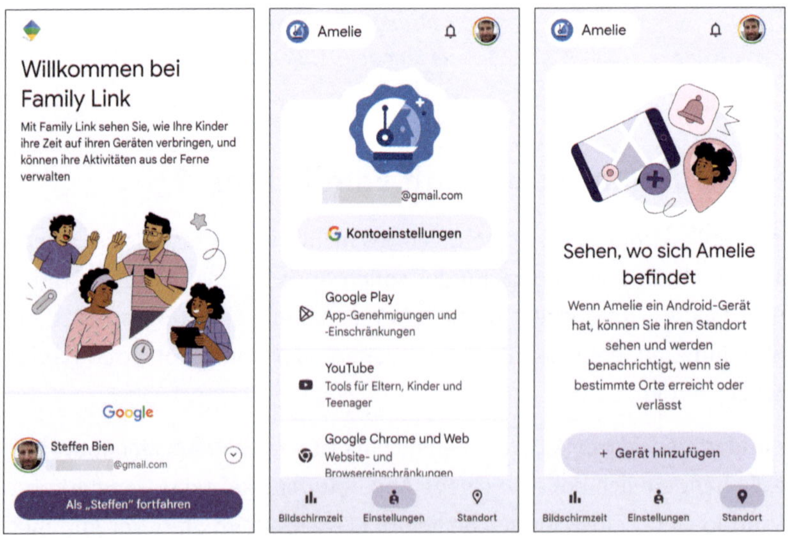

Family Link begleitet Kinderkonten: Eltern können App-Genehmigungen, Web- und YouTube-Einschränkungen, Bildschirmzeit sowie den Gerätestandort verwalten.

App-Genehmigungen und Käufe

Ein wichtiger Family-Link-Bereich betrifft den Play Store. Eltern können festlegen, ob ein Kind Apps selbst installieren darf oder ob eine Genehmigung erforderlich ist. Das ist besonders wichtig bei Spielen, Apps mit In-App-Käufen oder Anwendungen mit Chat- und Community-Funktionen.

Wenn eine Genehmigung erforderlich ist, stellt das Kind eine Anfrage. Eltern können diese prüfen und erlauben oder ablehnen. So bleibt das Kind nicht vollständig ausgeschlossen, aber über neue Apps wird bewusst entschieden.

Bildschirmzeit

Family Link zeigt, wie viel Zeit ein Kind am Gerät und in einzelnen Apps verbringt. Dadurch können Sie Regeln nicht nur pauschal für das gesamte Gerät festlegen, sondern auch gezielt nach Nutzung unterscheiden. Eine Lern-App wie Duolingo kann beispielsweise unbegrenzt erlaubt sein, während Chrome, YouTube oder ein Spiel ein tägliches Zeitlimit erhalten.

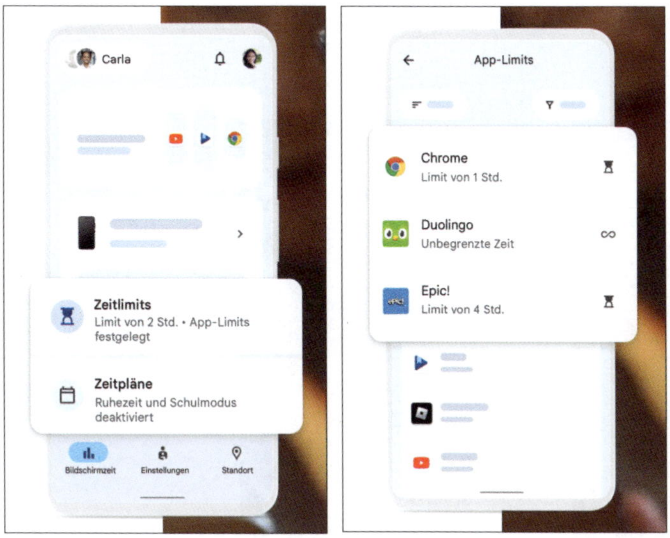

Über Family Link lassen sich Bildschirmzeit, Zeitpläne und App-Limits festlegen – einzelne Apps können begrenzt oder auch unbegrenzt erlaubt werden.

In Family Link lassen sich dafür **Zeitlimits** und **App-Limits** einrichten. Einzelne Apps können unterschiedlich behandelt werden: Chrome ist auf 1 Stunde begrenzt, Duolingo darf unbegrenzt genutzt werden, eine andere App erhält ein

Limit von 4 Stunden. Zusätzlich gibt es **Zeitpläne**, über die Ruhezeiten oder ein Schulmodus festgelegt werden können. So lässt sich z. B. bestimmen, dass das Gerät abends nicht mehr oder während der Schulzeit nur eingeschränkt genutzt werden darf.

Sinnvoll ist, solche Bildschirmzeiten nicht nur technisch festzulegen, sondern auch gemeinsam zu besprechen. Kinder verstehen Regeln besser, wenn klar ist, warum es Grenzen gibt. Besonders hilfreich ist eine Unterscheidung zwischen Lernen, Kommunikation, Unterhaltung und Spielen. So wirkt Family Link weniger wie eine reine Sperre, sondern eher wie eine Unterstützung für einen bewussten Umgang mit dem Gerät.

Standort

Family Link kann außerdem Standortfunktionen enthalten. Damit lässt sich je nach Einrichtung der Standort eines Kindergeräts anzeigen. In der Standortansicht sehen Sie, wo sich das Gerät ungefähr befindet, ob es kürzlich aktualisiert wurde und wie viel Akku noch vorhanden ist. Das kann im Alltag beruhigend sein, etwa auf dem Schulweg, bei Verabredungen oder wenn ein Kind nicht sofort erreichbar ist.

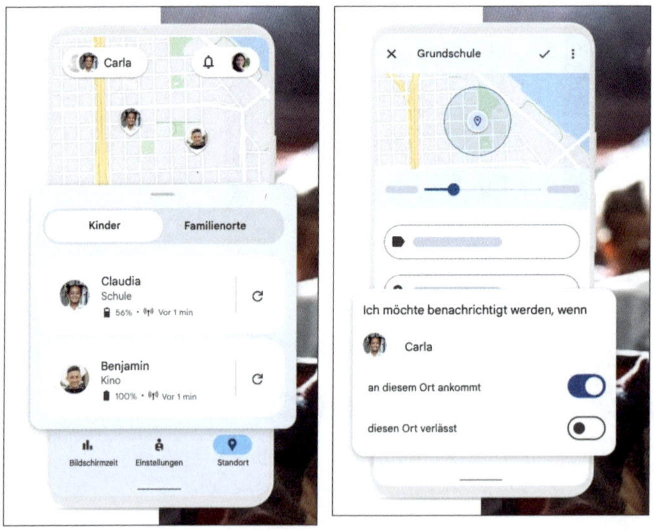

Family Link zeigt den Standort der Kindergeräte und kann auf Wunsch benachrichtigen, wenn ein Kind einen festgelegten Familienort erreicht oder verlässt.

Zusätzlich können sogenannte **Familienorte** eingerichtet werden. Auf den Screenshots ist beispielhaft ein Ort wie Grundschule zu sehen. Für solche Orte lassen sich Benachrichtigungen aktivieren, etwa wenn ein Kind dort ankommt oder den Ort verlässt. Das kann praktisch sein, wenn Sie wissen möchten, ob ein Kind sicher in der Schule angekommen ist, ohne ständig aktiv nachsehen zu müssen.

Gleichzeitig ist die Standortfreigabe ein sensibles Thema. Sie sollte nicht heimlich oder als dauerhafte Kontrolle eingesetzt werden. Besprechen Sie altersgerecht, was angezeigt wird, wann Benachrichtigungen sinnvoll sind und warum diese Funktion genutzt wird. Gerade bei älteren Kindern und Jugendlichen ist es wichtig, Vertrauen und Sicherheit gegeneinander abzuwägen.

Family Link ersetzt keine Begleitung

Family Link ist ein Werkzeug, keine Erziehungslösung. Es kann helfen, Regeln technisch umzusetzen, ungeeignete Inhalte zu begrenzen und Kosten zu kontrollieren. Es ersetzt aber nicht das Gespräch über Mediennutzung, Datenschutz, Werbung, In-App-Käufe, Chats, Fotos und Bildschirmzeiten.

Gerade bei älteren Kindern und Jugendlichen sollte Family Link nicht heimlich oder rein kontrollierend eingesetzt werden. Besser ist ein gemeinsamer Umgang: Regeln erklären, Freiräume geben, Ausnahmen besprechen und die Einstellungen mit zunehmendem Alter anpassen.

Google Passwortmanager

Passwörter gehören zu den wichtigsten, aber auch zu den unbequemsten Bereichen digitaler Sicherheit. Fast jede App und jeder Onlinedienst verlangt die Einrichtung eines Kontos. Wer überall dasselbe Passwort verwendet, macht es Angreifern leicht. Wird ein Dienst gehackt, können dieselben Zugangsdaten bei anderen Diensten ausprobiert werden. Wer dagegen für jedes Konto ein eigenes starkes Passwort verwendet, kann sich diese kaum noch merken.

Info: Was bedeutet »Konto«?

Ein Konto ist ein persönlicher Zugang zu einer App oder einem Onlinedienst. Es besteht meist aus einer E-Mail-Adresse oder einem Benutzernamen und einem Passwort. Häufig kommen weitere Sicherheitsmerkmale hinzu, etwa eine Bestätigung per SMS, App oder Fingerabdruck.

Über ein Konto erkennt ein Dienst, wer Sie sind. Dadurch können persönliche Daten gespeichert und später wieder abgerufen werden – z. B. E-Mails, Fotos, Bestellungen, Spielstände, Abos, Einstellungen oder gekaufte Inhalte. Wenn Sie sich auf einem neuen Gerät anmelden, stehen diese Daten oft wieder zur Verfügung.

Typische Beispiele sind ein Google-Konto, ein E-Mail-Konto, ein Banking-Konto, ein Kundenkonto bei einem Onlineshop oder ein Benutzerkonto bei Streamingdiensten.

Genau hier setzt der Google *Passwortmanager* an. Er speichert Passwörter und Passkeys im Google-Konto, kann sie auf Android-Geräten und in Chrome synchronisieren, beim Anmelden automatisch ausfüllen und gespeicherte Passwörter auf Sicherheitsprobleme prüfen. Der Passwortmanager kann Passwörter und Passkeys auf Ihren Geräten verwenden und Funktionen wie automatisches Anmelden oder blockierte Websites und Apps in den Einstellungen verwalten.

Wo finden Sie den Passwortmanager?

Auf Android finden Sie den Google Passwortmanager je nach Gerät an mehreren Stellen:

- in den **Einstellungen** über die Suche nach »Passwortmanager«
- im Bereich **Datenschutz & Sicherheit** unter **Kontosicherheit** oder **Passwortcheck**
- in **Chrome** über die Passworteinstellungen
- im Web über Ihr Google-Konto
- in der Apps-Übersicht, wenn Sie die App Google Passwortmanager im Play Store geladen haben

Passwörter speichern

Wenn Sie sich in einer App oder auf einer Website anmelden, kann Android anbieten, das Passwort im Google Passwortmanager zu speichern. Stimmen Sie zu, wird das Passwort Ihrem Google-Konto zugeordnet und steht später auf anderen angemeldeten Geräten zur Verfügung.

Das ist besonders praktisch, wenn Sie mehrere Android-Geräte verwenden oder zusätzlich Chrome am Computer nutzen. Ein gespeichertes Passwort muss dann nicht erneut eingetippt werden. Der Passwortmanager schlägt es beim nächsten Login automatisch vor.

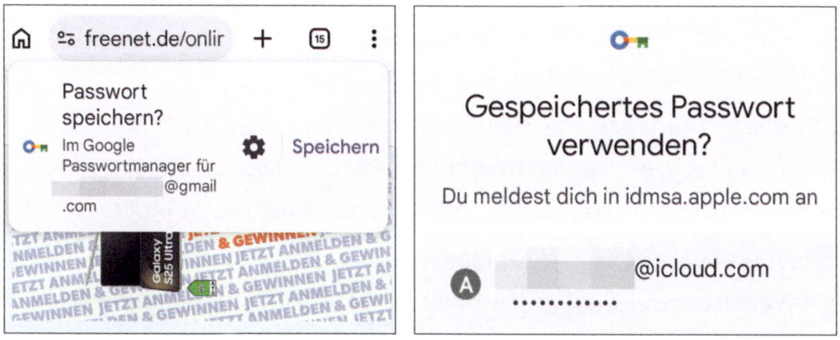

Der Google Passwortmanager bietet an, neue Zugangsdaten zu speichern, und schlägt gespeicherte Passwörter beim späteren Anmelden automatisch wieder vor.

Automatisches Ausfüllen

Der Passwortmanager arbeitet eng mit Androids *Autofill-Funktion* zusammen. Wenn Sie eine Login-Seite oder eine App-Anmeldung öffnen, erkennt Android passende gespeicherte Zugangsdaten. Nach Bestätigung – häufig per Fingerabdruck, Gesichtserkennung oder Displaysperre – werden der Benutzername und das Passwort eingefügt.

Das spart nicht nur Zeit, sondern hilft auch gegen Tippfehler und Phishing. Wenn der Passwortmanager auf einer gefälschten Webseite kein gespeichertes Passwort vorschlägt, kann das ein Warnsignal sein: Die Adresse passt möglicherweise nicht zum echten Dienst.

Info: Autofill mit Google

Die Funktion **Autofill mit Google** füllt gespeicherte Informationen automatisch in Apps und auf Webseiten ein. Dazu gehören nicht nur Benutzernamen und Passwörter, sondern auch persönliche Daten wie Name, E-Mail-Adresse, Telefonnummer und Anschrift sowie Zahlungsmethoden über Google Pay. Dadurch müssen Sie viele Angaben nicht immer wieder neu eintippen.

Sie finden die Autofill-Einstellungen je nach Gerät unter **Einstellungen • Google • Autofill** oder über die Suche in den **Einstellungen** nach dem Begriff »Autofill«. Dort sehen Sie mehrere Bereiche:

- **Personenbezogene Daten**: Hier verwalten Sie Angaben wie Name, E-Mail-Adresse, Telefonnummern und Adressen. Diese Daten können z. B. beim Ausfüllen von Formularen vorgeschlagen werden.
- **Google Passwortmanager**: Hier werden gespeicherte Passwörter und Passkeys verwaltet. Der Passwortmanager schlägt passende Zugangsdaten vor, wenn Sie sich in einer App oder auf einer Website anmelden.
- **Google Pay**: Hier verwalten Sie Zahlungsmethoden, die beim Bezahlen in Apps, auf Websites oder bei Google-Diensten verwendet werden können.
- **Einstellungen**: Hier legen Sie fest, ob Autofill verwendet werden darf und wie Synchronisierung und Sicherheit geregelt werden.

Kreditkarte oder Zahlungsmethode hinzufügen

1. Öffnen Sie die **Einstellungen**.
2. Suchen Sie nach **Autofill** oder öffnen Sie **Google • Autofill**.
3. Tippen Sie auf **Google Pay**.
4. Wählen Sie **Zahlungsmethode hinzufügen**.
5. Geben Sie die Kartendaten ein oder scannen Sie die Karte, falls diese Möglichkeit angeboten wird.
6. Folgen Sie den weiteren Anweisungen zur Bestätigung.
7. Prüfen Sie anschließend, ob die Zahlungsmethode korrekt gespeichert wurde.

Beim späteren Bezahlen kann Android die gespeicherte Zahlungsmethode vorschlagen. In der Regel müssen Sie die Verwendung aus Sicherheitsgründen bestätigen, etwa mit Fingerabdruck, Gesichtserkennung, PIN oder Passwort.

Starke Passwörter erzeugen

Ein Passwortmanager ist besonders nützlich, wenn Sie ihn nicht nur zum Speichern, sondern auch zum Erzeugen starker Passwörter verwenden. Bei neuen Konten kann Android oder Chrome automatisch ein sicheres Passwort vorschlagen. Solche Passwörter sind lang, zufällig und schwer zu erraten. Sie bestehen meist aus einer Mischung aus Buchstaben, Zahlen und Sonderzeichen und sind deutlich sicherer als selbst gewählte Passwörter wie Namen, Geburtsdaten oder einfache Wort-Zahlen-Kombinationen.

Sie müssen sich diese Passwörter nicht merken. Wenn Sie den Vorschlag übernehmen, wird das Passwort im Google Passwortmanager gespeichert und später beim Anmelden automatisch wieder vorgeschlagen. Entscheidend ist deshalb, dass Ihr Google-Konto selbst sehr gut geschützt ist. Verwenden Sie dafür ein starkes Passwort und aktivieren Sie die Bestätigung in zwei Schritten.

Starkes Passwort beim Erstellen eines Kontos verwenden:

1. Öffnen Sie die Website oder App, bei der Sie ein neues Konto erstellen möchten.
2. Geben Sie die erforderlichen Angaben ein, z. B. Name und E-Mail-Adresse
3. Tippen Sie in das Feld **Passwort**.
4. Android oder Chrome zeigt oberhalb der Tastatur den Vorschlag **Starkes Passwort vorschlagen** an. Tippen Sie auf diesen Vorschlag.
5. Prüfen Sie das angezeigte Passwort im eingeblendeten Dialog.
6. Tippen Sie auf **Passwort verwenden**, wenn Sie den Vorschlag übernehmen möchten.
7. Der Google Passwortmanager speichert das Passwort automatisch in Ihrem Google-Konto.
8. Schließen Sie die Registrierung auf der Website oder in der App ab.

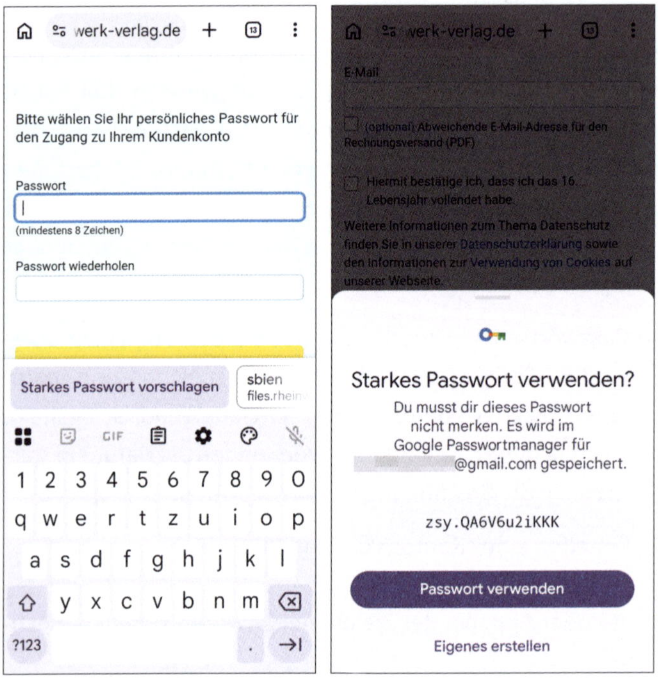

Beim Erstellen eines neuen Kontos kann Android ein starkes Passwort vorschlagen und es anschließend im Google Passwortmanager speichern.

Tipp: Eigenes Passwort verwenden

Möchten Sie lieber selbst ein Passwort vergeben, wählen Sie **Eigenes erstellen**. Achten Sie darauf, ein langes und einzigartiges Passwort zu verwenden, das Sie nicht bereits bei einem anderen Dienst nutzen. Besser ist in den meisten Fällen jedoch der automatisch erzeugte Vorschlag, weil er zufällig erstellt wird und nicht aus persönlichen Informationen ableitbar ist.

Passwortcheck

Der **Passwortcheck** im Passwortmanager prüft gespeicherte Passwörter auf typische Risiken. Google beschreibt, dass der Passwortcheck die Stärke und Sicherheit gespeicherter Passwörter prüfen kann, etwa ob sie kompromittiert wurden, und bei Bedarf Empfehlungen gibt. Der Passwortcheck achtet unter anderem auf:

- kompromittierte Passwörter
- mehrfach verwendete Passwörter
- schwache Passwörter
- unsichere Kombinationen

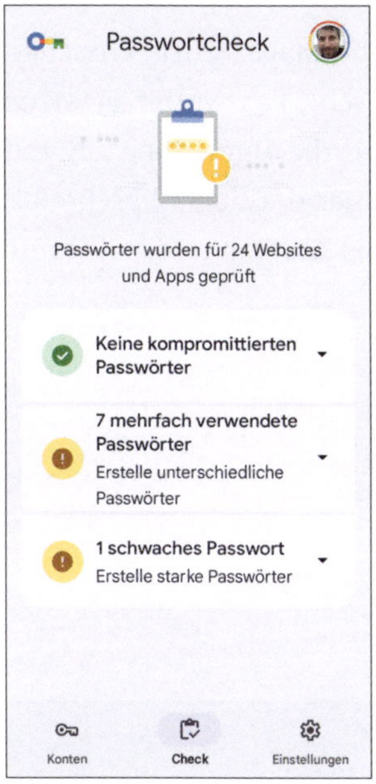

Der Passwortcheck prüft gespeicherte Zugangsdaten und weist auf kompromittierte, mehrfach verwendete oder schwache Passwörter hin.

Wenn ein Passwort als kompromittiert gemeldet wird, sollten Sie es ändern. Wichtig ist: Ändern Sie es nicht nur bei einem Dienst, wenn Sie dasselbe Passwort mehrfach verwendet haben. Genau deshalb ist es so wichtig, für jedes Konto ein eigenes Passwort zu nutzen.

Gespeicherte Passwörter prüfen, bearbeiten oder löschen

Im Passwortmanager im Bereich **Konten** können Sie gespeicherte Zugangsdaten anzeigen, bearbeiten oder löschen. Bevor ein Passwort angezeigt wird, verlangt Android in der Regel eine Bestätigung per Displaysperre oder Biometrie. Das verhindert, dass jemand mit einem kurz entsperrten Gerät sofort alle Passwörter einsehen kann. Sie sollten die gespeicherten Passwörter gelegentlich prüfen:

- Gibt es alte Konten, die Sie nicht mehr verwenden?
- Gibt es doppelt verwendete Passwörter?

- Sind Warnungen im Passwortcheck vorhanden?
- Stimmen die gespeicherten Benutzernamen noch?
- Gibt es Dienste, bei denen ein Passkey eingerichtet werden kann?

Passkeys – Anmeldung ohne klassisches Passwort

Neben Passwörtern unterstützt der Google Passwortmanager auch *Passkeys*. Passkeys sind moderne Anmeldeschlüssel, die klassische Passwörter ersetzen können. Anstatt ein Passwort einzugeben, bestätigen Sie die Anmeldung z. B. mit Fingerabdruck, Gesichtserkennung, PIN oder Displaysperre. Google beschreibt, dass der Google Passwortmanager Passkeys auf Android-Geräten und in Chrome speichern, bereitstellen und synchronisieren kann.

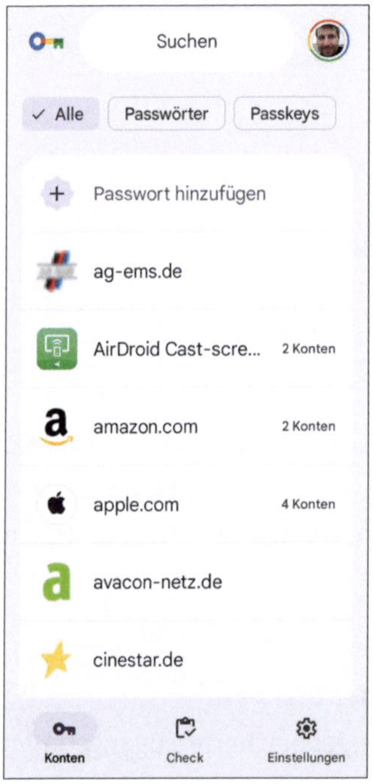

Im Google Passwortmanager finden Sie gespeicherte Konten, Passwörter und Passkeys und können neue Zugangsdaten manuell hinzufügen.

Passkeys haben mehrere Vorteile:

- Sie können nicht so leicht erraten werden.
- Sie werden nicht wie ein normales Passwort eingetippt.
- Sie sind besser gegen Phishing geschützt.

- Sie lassen sich bequem per Gerätesperre bestätigen.
- Sie können über den Google Passwortmanager synchronisiert werden.

Noch unterstützen nicht alle Dienste Passkeys. Wo sie angeboten werden, sind sie aber eine sinnvolle Ergänzung oder Alternative zum klassischen Passwort.

Google-Passwortmanager-PIN

Für bestimmte Passkey-Szenarien kann eine *Passwortmanager-PIN* verwendet werden. Google beschreibt, dass diese PIN helfen kann, Passkeys auf einem neuen Gerät zu verwenden und verschlüsselte Daten so zu schützen, dass niemand – auch nicht Google – darauf zugreifen kann.

Das zeigt einen wichtigen Punkt: Der Passwortmanager ist nicht nur eine bequeme Liste gespeicherter Passwörter, sondern auch Teil eines größeren Sicherheitskonzepts aus Verschlüsselung, Gerätesperre, Google-Konto und moderner Anmeldung.

Das Google-Konto als Schlüssel absichern

Der Google Passwortmanager speichert Passwörter, Passkeys und andere Zugangsdaten in Ihrem Google-Konto. Damit wird dieses Konto besonders wichtig. Wer Zugriff auf Ihr Google-Konto erhält, kann unter Umständen auch auf viele weitere Dienste zugreifen. Deshalb sollte das Google-Konto besser geschützt sein als ein gewöhnliches Benutzerkonto.

Verwenden Sie für Ihr Google-Konto ein eigenes, starkes Passwort, das Sie nirgendwo sonst nutzen. Aktivieren Sie außerdem die **2-Faktor-Authentifizierung**. Dadurch reicht das Passwort allein nicht mehr aus, um sich anzumelden. Zusätzlich wird eine zweite Bestätigung benötigt, etwa über ein anderes Gerät, eine Sicherheitsabfrage, einen Code oder einen Sicherheitsschlüssel.

Auch die Displaysperre Ihres Android-Geräts spielt hier eine wichtige Rolle. Viele Passwort- und Passkey-Funktionen werden erst nach Entsperrung per PIN, Fingerabdruck, Gesichtserkennung oder Passwort freigegeben. Eine sichere Geräteentsperrung schützt daher nicht nur das Gerät selbst, sondern indirekt auch Ihre gespeicherten Zugangsdaten.

Kapitel 14
Gemini – KI direkt in Android integriert

Mit *Gemini* integriert Google künstliche Intelligenz direkt in Android und erweitert das Smartphone um zahlreiche neue Möglichkeiten im Alltag. Die KI hilft nicht nur beim Schreiben, Recherchieren und Organisieren, sondern unterstützt auch bei Übersetzungen, Zusammenfassungen, kreativen Ideen oder schnellen Informationsabfragen. Gleichzeitig kann Gemini den klassischen *Google Assistant* ersetzen und wird dadurch zur zentralen Anlaufstelle für Sprachbefehle, Fragen und intelligente Unterstützung auf dem Smartphone.

Wie profitieren Sie von Googles KI?

Künstliche Intelligenz gehört zu den wichtigsten Entwicklungen moderner Smartphones. Android entwickelt sich dadurch zunehmend von einem klassischen Betriebssystem zu einem intelligenten Assistenzsystem, das viele Aufgaben schneller und komfortabler erledigt.

Google setzt dabei verstärkt auf Gemini. Anders als frühere Sprachassistenten verarbeitet die KI nicht nur einzelne Befehle, sondern erkennt auch Zusammenhänge, analysiert Inhalte und kann natürliche Gespräche führen. Dadurch eignet sich Gemini nicht nur für kurze Sprachbefehle, sondern auch für komplexere Fragen, kreative Ideen oder Unterstützung bei alltäglichen Aufgaben.

Besonders praktisch ist die enge Verbindung mit Android und den Google-Diensten. So hilft Gemini beispielsweise beim Formulieren von Nachrichten, erklärt Inhalte auf dem Bildschirm oder unterstützt bei der Planung von Reisen und Terminen – häufig direkt per Spracheingabe und ohne komplizierte Bedienung.

Gerade Einsteiger profitieren davon, weil viele Aufgaben nicht mehr über komplizierte Menüs erledigt werden müssen. Statt lange Einstellungen zu suchen, genügt häufig eine einfache Frage oder ein kurzer Sprachbefehl.

In diesem Kapitel lernen Sie Schritt für Schritt,

- wie Sie Gemini installieren,
- wie Sie zwischen Google Assistant und Gemini wechseln,
- wie Gemini als Assistent arbeitet und
- welche Funktionen im Alltag besonders praktisch sind.

Google Assistant oder Gemini?

Es mag ein wenig verwirren, aber Google bietet inzwischen zwei unterschiedliche Assistenten, die verschiedene Schwerpunkte abdecken: Google Assistant und Gemini.

Nach der Installation von Gemini stellt sich zunächst eine wichtige Frage: Soll Android weiterhin den klassischen Google Assistant verwenden oder Gemini als neuen Standardassistenten nutzen? Google bietet beide Möglichkeiten parallel an. Dadurch können Sie selbst entscheiden, welcher Assistent besser zu Ihren persönlichen Gewohnheiten passt. Android besitzt dafür eine eigene Auswahlseite, auf der bequem zwischen beiden Varianten gewechselt werden kann.

Viele Android-Nutzer kennen den *Google Assistant* bereits seit Jahren. Dieser konzentriert sich hauptsächlich auf klassische Sprachbefehle und schnelle Systemaktionen. Besonders bei einfachen Alltagsaufgaben arbeitet der Assistant sehr zuverlässig und schnell.

Typische Beispiele sind:

- Timer stellen
- Musik starten
- Smarthome-Geräte steuern
- das Wetter vorlesen
- Apps öffnen
- Erinnerungen anlegen

Gemini verfolgt dagegen einen deutlich moderneren Ansatz. Google beschreibt Gemini als neuen KI-basierten Assistenten, der kreativer, verständiger und hilfreicher im Alltag sein soll. Der Unterschied wird vor allem bei komplexeren Fragen sichtbar. Während der klassische Assistant meist einzelne Befehle ausführt, kann Gemini ganze Zusammenhänge verstehen und deutlich natürlichere Gespräche führen.

Sie können Gemini beispielsweise fragen:

- »Plane mir einen Tagesausflug nach Hamburg.«
- »Hilf mir bei einer freundlichen E-Mail.«
- »Erkläre mir diesen Text einfacher.«
- »Fass mir diese Webseite zusammen.«
- »Was könnte ich heute kochen?«

Gemini antwortet dabei oft wesentlich ausführlicher und intelligenter als ein klassischer Sprachassistent.

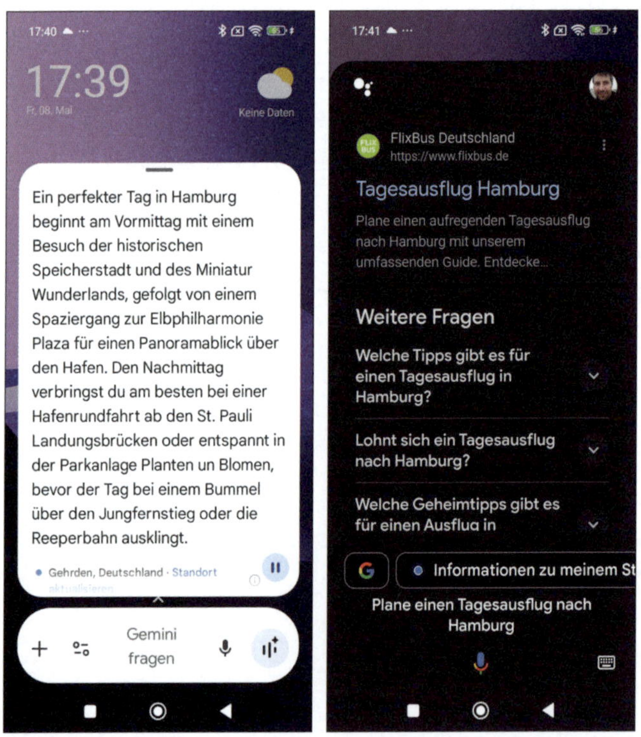

Gemini (links) erstellt direkt einen konkreten Vorschlag für einen Tagesausflug nach Hamburg, während der klassische Google Assistant (rechts) die Anfrage lediglich als normale Websuche interpretiert.

Gemini installieren

Auf vielen Android-Geräten ist Gemini noch nicht vollständig vorinstalliert. Deshalb muss die App zunächst aus Googles *Play Store* installiert werden. Die Einrichtung funktioniert dabei ähnlich wie bei einer normalen Android-App und dauert nur wenige Augenblicke:

1. Öffnen Sie den **Play Store**.
2. Suchen Sie nach »Gemini«.
3. Installieren Sie die offizielle App Google Gemini.
4. Öffnen Sie **Gemini** nach der Installation.
5. Melden Sie sich mit Ihrem Google-Konto an.
6. Nach der Einrichtung steht Gemini direkt systemweit zur Verfügung.
7. Wählen Sie als letzten Einrichtungsschritt, ob Sie Gemini anstelle des Google Assistants als systemweite Unterstützung auf Ihrem Gerät verwenden möchten. Tippen Sie dazu auf **Gemini verwenden**.

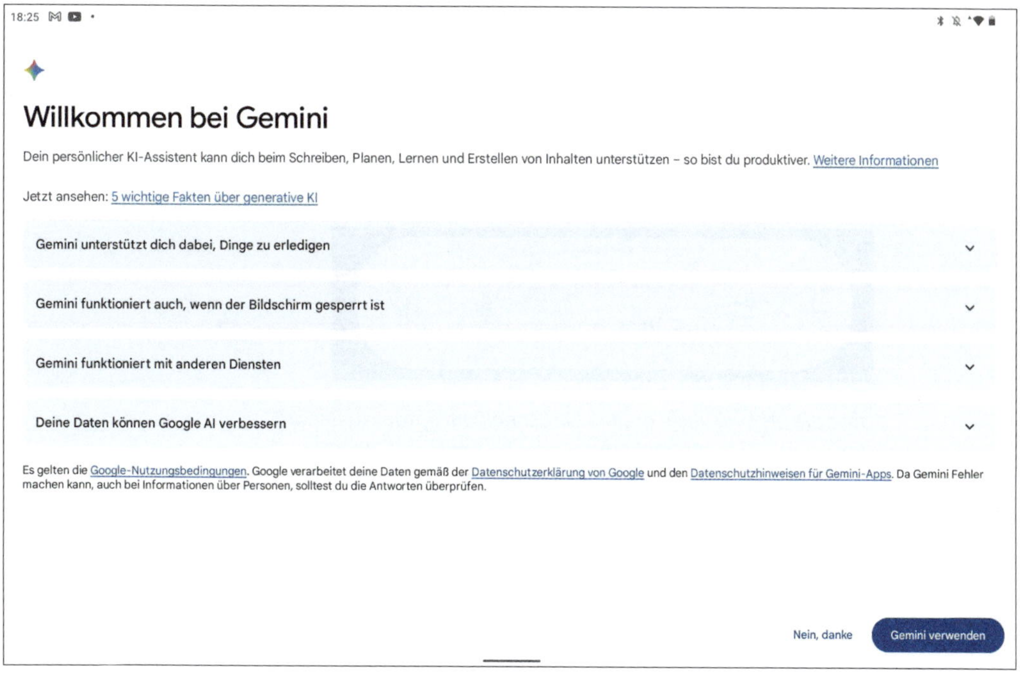

Gemini als Android-Assistent

Die Stärke von Gemini zeigt sich, wenn die KI nicht nur als einzelne App verwendet wird, sondern auch direkt mit Android zusammenarbeitet. Dadurch wird Gemini zu einem zentralen Bestandteil des gesamten Systems und begleitet viele Aufgaben im Alltag direkt im Hintergrund.

Anders als klassische Sprachassistenten reagiert Gemini nicht nur auf einzelne Befehle, sondern versteht häufig auch den Zusammenhang einer Aufgabe. Dadurch wirken viele Interaktionen deutlich natürlicher und flexibler.

Gemini lässt sich auf mehreren Wegen starten:

- über »Hey Google«
- durch Gedrückthalten der Ein-/Aus-Taste
- über die Google-App
- über die Bildschirmleiste
- direkt über die Gemini-App

Die Funktionen des Gemini-Assistenten

Der Gemini-Assistent erscheint als schwebendes Fenster am unteren Bildschirmrand. Nach dem Öffnen können Sie sofort sprechen oder Texte eingeben. Über die Gemini-Leiste greifen Sie schnell auf Sprachsteuerung, KI-Funktionen und weitere Werkzeuge direkt innerhalb der App zu.

Über die Gemini-Leiste greifen Sie schnell auf Sprachsteuerung, KI-Funktionen und weitere Werkzeuge direkt innerhalb der App zu.

Ganz links sehen Sie das Plussymbol +. Darüber fügen Sie Inhalte direkt in Gemini ein. Nach dem Antippen öffnet sich ein Menü mit verschiedenen Quellen wie Kamera, Galerie, Dateien oder Google Drive. Dadurch kann Gemini nicht nur Fragen beantworten, sondern auch konkrete Inhalte analysieren.

Das ist besonders praktisch, wenn Sie Informationen nicht erst ausführlich beschreiben möchten. Fotografieren Sie beispielsweise einen Brief und bitten Sie anschließend: »Fass diesen Brief zusammen.« Gemini analysiert das Bild direkt und erklärt den Inhalt verständlich. Ebenso lassen sich PDFs hochladen, Fotos erklären oder Inhalte aus Google Drive zusammenfassen.

Daneben befindet sich das Symbol mit den beiden Schiebereglern. Dahinter verbergen sich zusätzliche KI-Werkzeuge und Spezialfunktionen von Gemini. Je nach Version erscheinen dort beispielsweise:

- **Bild erstellen**
- **Deep Research**
- **Canvas**
- **Lernhilfe**
- **Musik erstellen**

Dieses Symbol dient als Schnellzugriff auf die erweiterten KI-Funktionen.

In der Mitte befindet sich das Texteingabefeld **Gemini fragen**. Dort können Sie Fragen eintippen oder längere Aufgaben formulieren. Rechts daneben sehen Sie das Mikrofonsymbol. Damit starten Sie die Spracheingabe. Sie können dadurch direkt mit Gemini sprechen, anstatt Texte tippen zu müssen. Gerade unterwegs oder bei längeren Fragen ist das deutlich komfortabler. Ganz rechts befindet sich das Gemini-Livesymbol mit den vertikalen Balken und dem kleinen Stern. Dahinter verbirgt sich die moderne Liveunterhaltung mit der KI. Nach dem Antippen öffnet sich eine Gesprächsansicht, in der Sie nahezu wie mit einer echten Person sprechen können.

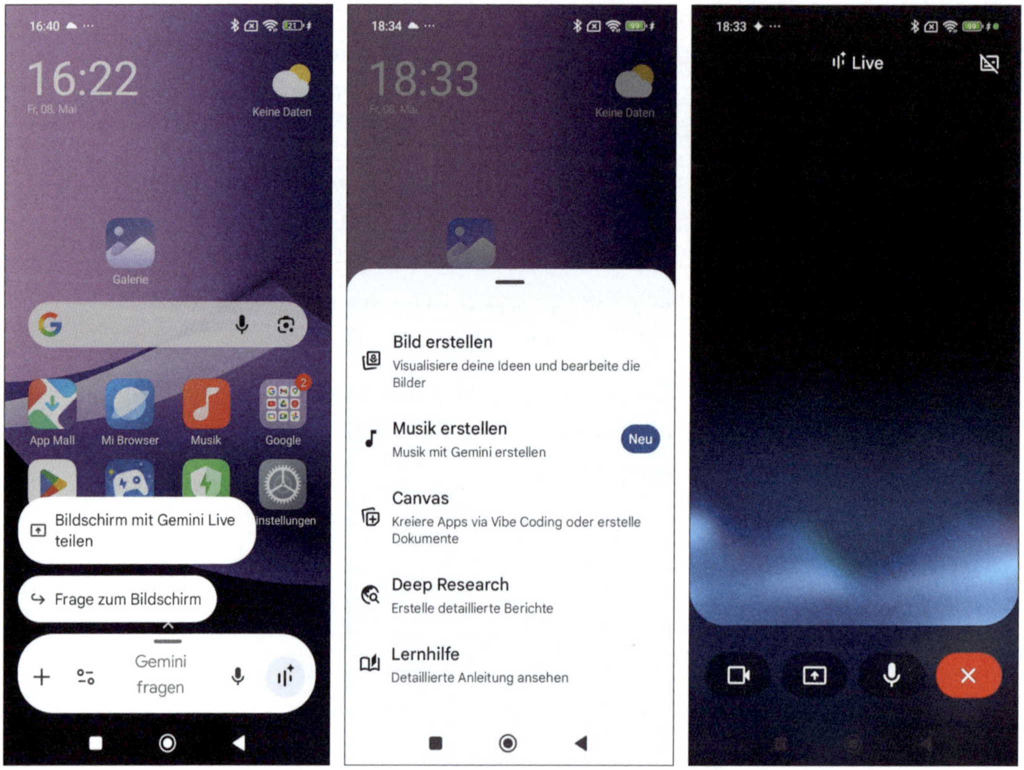

Der Gemini-Assistent ermöglicht den schnellen Zugriff auf Datei-Uploads, erweiterte KI-Werkzeuge, Spracheingabe und die Liveunterhaltung.

Deep Research verwenden

Ein praktisches Beispiel: Öffnen Sie **Deep Research** und geben Sie folgende Anfrage ein: »Plane einen Familienausflug nach Hamburg mit Schlechtwetter-Alternativen.« Gemini erstellt daraufhin eine ausführliche Recherche mit Vorschlägen, Zeitplanung und zusätzlichen Ideen.

1. Tippen Sie auf **Recherche starten**.
2. Warten Sie die Recherche ab. Sie können den Recherche-Assistenten während der Recherche schließen.

3. Nach Abschluss der Recherche meldet sich der Assistent. Tippen Sie nun auf **Öffnen**.

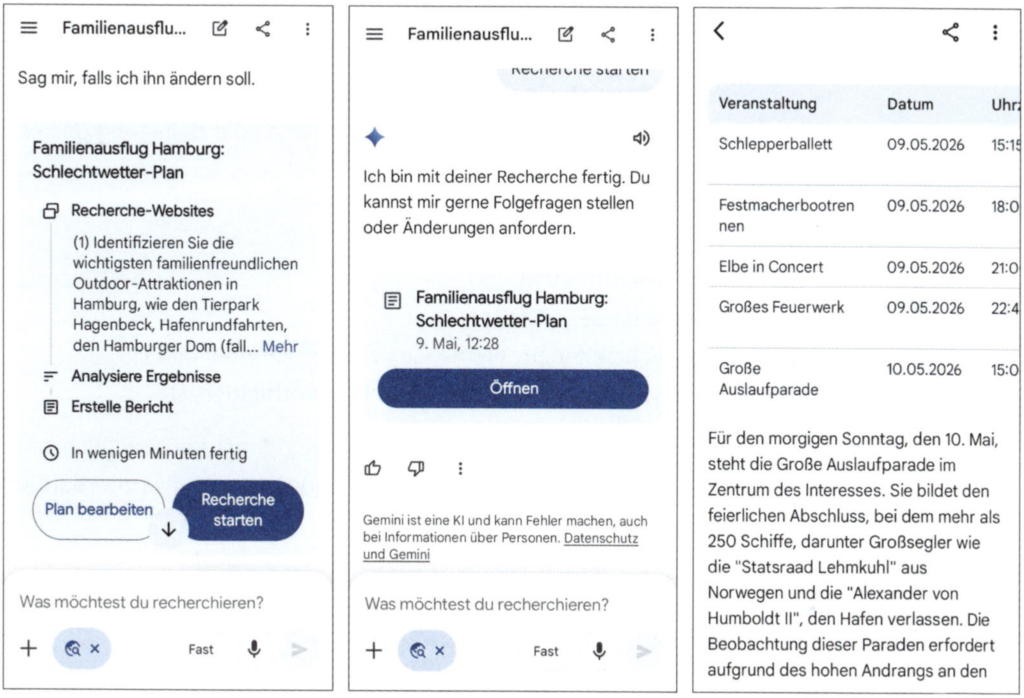

Die Funktion »Deep Research« erstellt umfangreiche Recherchen und strukturiert komplexe Themen oder Planungen deutlich ausführlicher als normale KI-Anfragen.

Fragen und Aufgaben direkt eintippen

Im mittleren Bereich befindet sich das Eingabefeld **Gemini Fragen**. Dort tippen Sie normale Fragen, längere Aufgaben oder komplette Arbeitsaufträge ein. Anders als klassische Suchmaschinen versteht Gemini häufig auch natürliche Sprache und kompliziertere Zusammenhänge. Dadurch können Sie deutlich freier formulieren.

Praxisbeispiel: Termine analysieren und den Alltag organisieren

Besonders spannend wird Gemini, wenn die KI direkt mit persönlichen Informationen wie dem Kalender zusammenarbeitet. Dadurch entstehen deutlich intelligentere Antworten als bei klassischen Sprachassistenten.

1. Im Beispiel wurde Gemini zunächst gefragt:
   »Sag mir, welche Termine ich in der nächsten Woche habe und wie ich die alle schaffen kann.«

   Daraufhin analysierte Gemini automatisch die eingetragenen Kalendertermine und erstellte eine verständliche Wochenübersicht. Die KI erkannte dabei nicht nur einzelne Termine, sondern bewertete auch die Belastung der verschiedenen Tage.

   Gemini erklärte beispielsweise,

   - welche Tage besonders voll sind,
   - wo zeitliche Engpässe entstehen,
   - wann längere Fahrzeiten problematisch werden könnten und
   - an welchen Tagen noch ausreichend freie Zeit vorhanden ist.

   Besonders interessant: Die KI formulierte die Antwort nicht nur sachlich, sondern auch fast wie eine persönliche Assistenz. Dadurch wirkt die Unterhaltung deutlich natürlicher und hilfreicher.

2. Im zweiten Schritt wurde Gemini anschließend gefragt:
   »Was sollte ich ändern, damit ich das alles schaffe?«

   Jetzt analysierte die KI die Termine noch genauer und erkannte konkrete Konflikte im Kalender. Gemini wies beispielsweise darauf hin, dass zwei Termine zeitlich kaum erreichbar sind, und schlug mögliche Lösungen vor.

   Dazu gehörten unter anderem:

   - frühere Abfahrten
   - mehr Zeitpuffer
   - eine andere Reihenfolge von Aufgaben
   - zusätzliche Pausen zwischen Terminen

Gerade bei einem vollen Kalender oder vielen beruflichen Terminen kann diese Unterstützung sehr hilfreich sein. Die KI übernimmt dabei einen Teil der Planung und erkennt Probleme oft schneller, als man selbst sie im Kalender bemerkt.

Gemini kann Kalendertermine analysieren, zeitliche Konflikte erkennen und konkrete Vorschläge zur besseren Planung des Alltags machen.

Natürliche Gespräche mit Gemini Live

Ganz rechts befindet sich das Gemini-Live-Symbol mit den vertikalen Balken und dem kleinen Stern. Darüber starten Sie Gemini Live, die moderne Liveunterhaltung mit der KI. Nach dem Öffnen erscheint eine eigene Gesprächsansicht, in der Sie fast wie mit einer echten Person sprechen können. Unterhaltungen wirken dadurch deutlich natürlicher als bei klassischen Sprachassistenten.

Gemini kann dabei Rückfragen verstehen, Zusammenhänge behalten und Gespräche fortführen. Ein praktisches Beispiel: Sie planen einen Kurzurlaub und sagen: »Ich möchte ein Wochenende ans Meer fahren, aber nicht zu weit weg.«

Gemini fragt anschließend möglicherweise nach:

- gewünschter Fahrzeit
- Budget
- Reisezeitpunkt
- Interessen

Dadurch entsteht Schritt für Schritt eine deutlich persönlichere Beratung als bei einer normalen Suche.

Die Gemini-App – KI als eigene Arbeitsumgebung

Während Gemini als Android-Assistent direkt in das System integriert ist, bietet die separate Gemini-App eine deutlich umfangreichere Arbeitsumgebung. Beide Funktionen greifen zwar auf dieselbe künstliche Intelligenz zurück, die App eignet sich jedoch besser für längere Unterhaltungen, größere Projekte und komplexere Aufgaben.

Der große Unterschied: Die Gemini-App arbeitet stärker wie ein persönlicher KI-Arbeitsbereich. Chats bleiben gespeichert, können durchsucht werden und lassen sich später erneut öffnen oder weiterführen.

Dadurch eignet sich die App besonders für:

- längere Recherchen
- Reiseplanungen
- Schreibprojekte
- Lernunterstützung
- kreative Ideen
- die Organisation des Alltags

Bereits auf der Startseite schlägt Gemini verschiedene typische Aufgaben vor, etwa Bilder erstellen, Texte schreiben, beim Lernen helfen oder den Alltag effizienter organisieren. Gerade Einsteigerinnen und Einsteiger erhalten dadurch schnell Ideen, wofür sich die KI überhaupt sinnvoll einsetzen lässt.

Verschiedene Gemini-Modelle auswählen

Im unteren Bereich der App können verschiedene Gemini-Modelle ausgewählt werden: **Fast**, **Thinking-Modus** und **Pro**. Tippen Sie dazu rechts unten auf **Fast**:

- Der Modus **Fast** liefert besonders schnelle Antworten und eignet sich für alltägliche Fragen oder kurze Aufgaben.

- Der **Thinking-Modus** analysiert komplexere Probleme deutlich gründlicher. Das ist sinnvoll bei schwierigeren Planungen, umfangreichen Recherchen oder komplizierten Fragestellungen.
- **Pro** richtet sich vor allem an anspruchsvollere Aufgaben wie Mathematik, Programmierung oder komplexe Analysen.

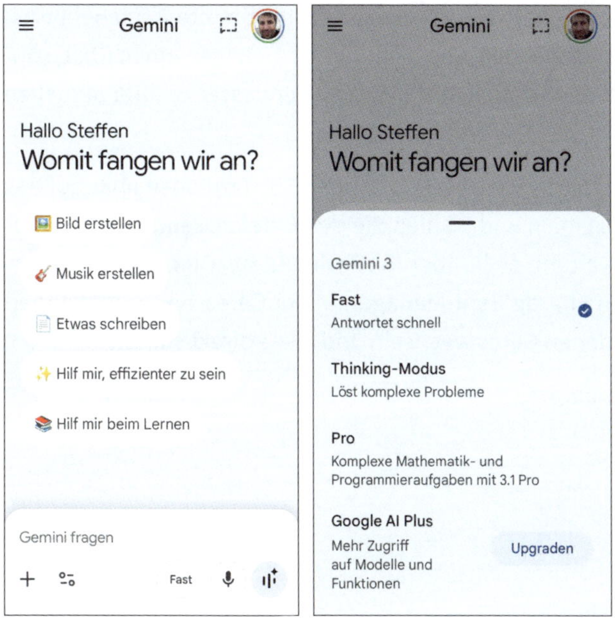

Die Gemini-App bietet verschiedene KI-Modelle für schnelle Antworten, komplexe Analysen und umfangreiche Arbeitsaufgaben direkt auf dem Smartphone.

Im Alltag merkt man schnell: Nicht jede Aufgabe benötigt das leistungsstärkste Modell. Für kurze Fragen reicht meist der schnelle Modus vollkommen aus.

Chats dauerhaft speichern und wiederverwenden

Ein großer Vorteil der Gemini-App ist die Verwaltung aller bisherigen Unterhaltungen. Über das Seitenmenü gelangen Sie zu älteren Chats, die automatisch gespeichert werden. Das ist besonders praktisch, wenn Sie an längeren Projekten arbeiten.

Ein Beispiel: Sie planen einen Familienausflug nach Hamburg. Gemini erstellt zunächst Ideen für Sehenswürdigkeiten, später Restaurantvorschläge und anschließend einen Zeitplan. Tage später können Sie denselben Chat erneut öffnen und direkt weiterarbeiten, ohne alles neu erklären zu müssen. Zusätzlich lassen sich

Chats anpinnen, umbenennen oder löschen. Dadurch bleibt die Übersicht auch bei vielen Unterhaltungen erhalten.

»Gems« – spezialisierte KI-Helfer

Eine Besonderheit der Gemini-App sind die sogenannten **Gems**. Dabei handelt es sich um spezialisierte KI-Assistenten, die jeweils auf bestimmte Aufgabenbereiche ausgerichtet sind. Sie verwenden also nicht nur einen allgemeinen Chat, sondern wählen auch gezielt einen digitalen Helfer aus, der besser zu Ihrer aktuellen Aufgabe passt.

Sie öffnen die Gems direkt in der Gemini-App. Tippen Sie dazu oben links auf das Menüsymbol mit den drei Linien und wählen Sie den Bereich **Gems** aus. Alternativ erreichen Sie die Verwaltung auch über Ihr Profilbild bzw. Ihr Google-Konto-Menü. Dort finden Sie den Eintrag **Gem-Manager**. In der Gems-Übersicht können Sie zwischen den vorhandenen Gems wechseln und diese direkt starten.

Im Bild sehen Sie unter anderem:

- **Kreativer Partner**
- **Karriereberater**
- **Coding-Assistent**
- **Lernhilfe**
- **Schreibassistent**

Jeder dieser Gems besitzt einen eigenen Schwerpunkt. Dadurch erhalten Sie häufig passendere Antworten, weil Gemini bereits weiß, in welchem Zusammenhang Sie Unterstützung benötigen. Der **Schreibassistent** hilft beispielsweise beim Formulieren von E-Mails, Einladungen oder längeren Texten. Die **Lernhilfe** erklärt schwierige Themen einfacher und kann Inhalte Schritt für Schritt erläutern. Der **Coding-Assistent** unterstützt dagegen beim Verstehen, Schreiben oder Verbessern von Programmcode.

Dadurch fühlt sich Gemini weniger wie eine einzelne KI-App an, sondern eher wie eine Sammlung verschiedener digitaler Helfer, aus der Sie je nach Situation den passenden auswählen.

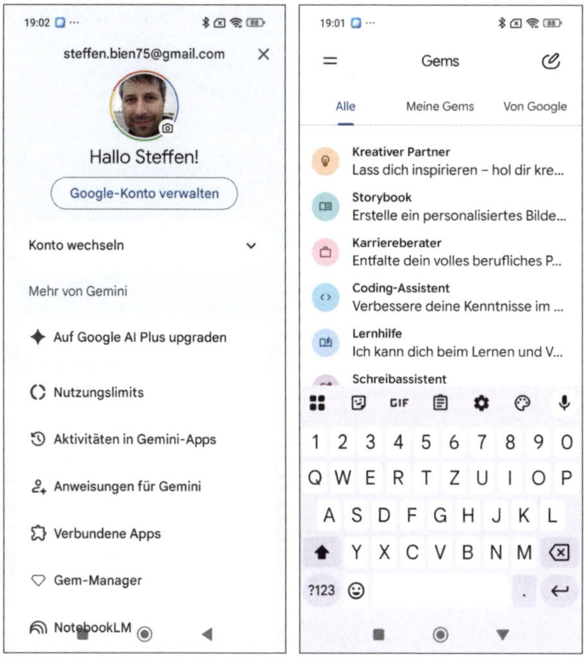

Mit den Gems stehen in Gemini verschiedene vorkonfigurierte Assistenten für unterschiedliche Aufgaben bereit.

Praxisbeispiele für Gemini im Alltag

Besonders spannend wird Gemini im Alltag. Die KI reagiert nicht nur auf einzelne Befehle, sondern kann Gespräche auch fortführen, neue Informationen berücksichtigen und Vorschläge Schritt für Schritt anpassen. Dadurch entstehen deutlich natürlichere Unterhaltungen als bei klassischen Sprachassistenten.

Einkauf und Rezepte intelligent planen

Gemini eignet sich hervorragend für spontane Einkaufslisten oder Rezeptideen. Besonders praktisch ist dabei, dass sich Vorschläge sofort erweitern oder verändern lassen, ohne wieder von vorne beginnen zu müssen.

1. Im ersten Schritt fragen Sie beispielsweise: »Erstelle mir eine Einkaufsliste für Spaghetti Bolognese für vier Personen.«
   Gemini erstellt daraufhin eine vollständige Liste mit Zutaten.

2. Anschließend können Sie direkt weiterfragen: »Eine Person ist Vegetarierin. Passe das Rezept an.«
   Oder:

   »Was kostet das ungefähr im Supermarkt?«

Da Gemini den bisherigen Gesprächsverlauf kennt, müssen Sie nicht wieder alles neu erklären. Die Unterhaltung läuft ähnlich wie ein normales Gespräch weiter.

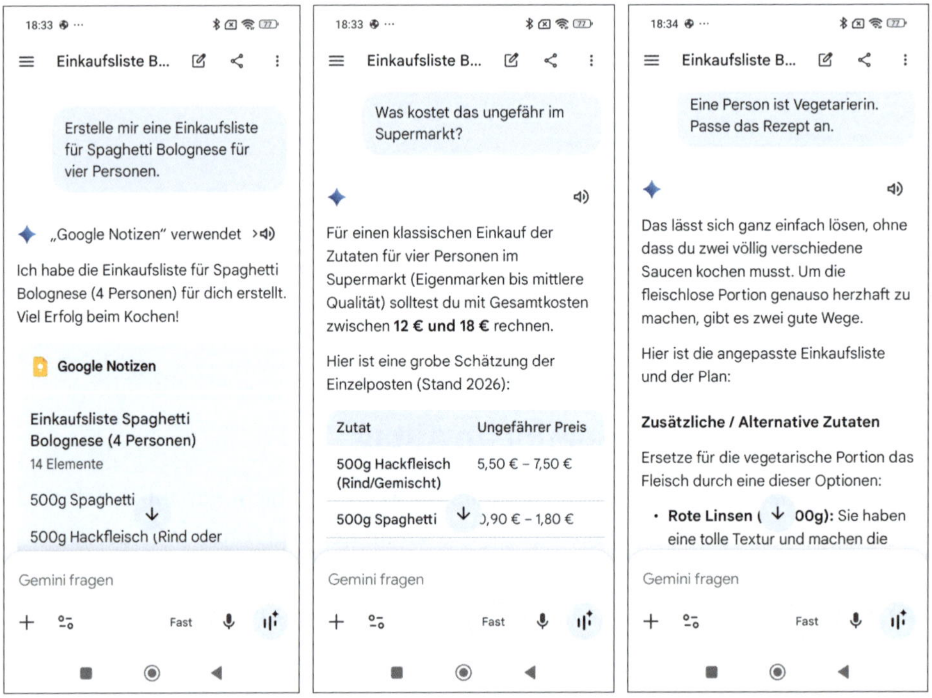

Gemini entwickelt Gespräche Schritt für Schritt weiter und passt Antworten flexibel neuen Wünschen an – hier am Beispiel einer Einkaufsliste mit Preisabschätzung und vegetarischer Anpassung des Rezepts.

Tagesausflüge und Freizeit organisieren

Auch bei der Freizeitplanung zeigt Gemini seine Stärke. Die KI kann Vorschläge schnell neuen Wünschen oder Änderungen anpassen:

1. Sie könnten zunächst fragen: »Plane mir einen Tagesausflug nach Hamburg mit Familie.«
   Gemini schlägt daraufhin Sehenswürdigkeiten, Restaurants und mögliche Zeiten vor.

2. Danach können Sie direkt ergänzen: »Wir reisen mit dem Zug und möchten nicht zu viel laufen.«
   Oder:

   »Plane etwas für schlechtes Wetter um.«

Gemini passt den Vorschlag anschließend automatisch an und berücksichtigt die neuen Wünsche.

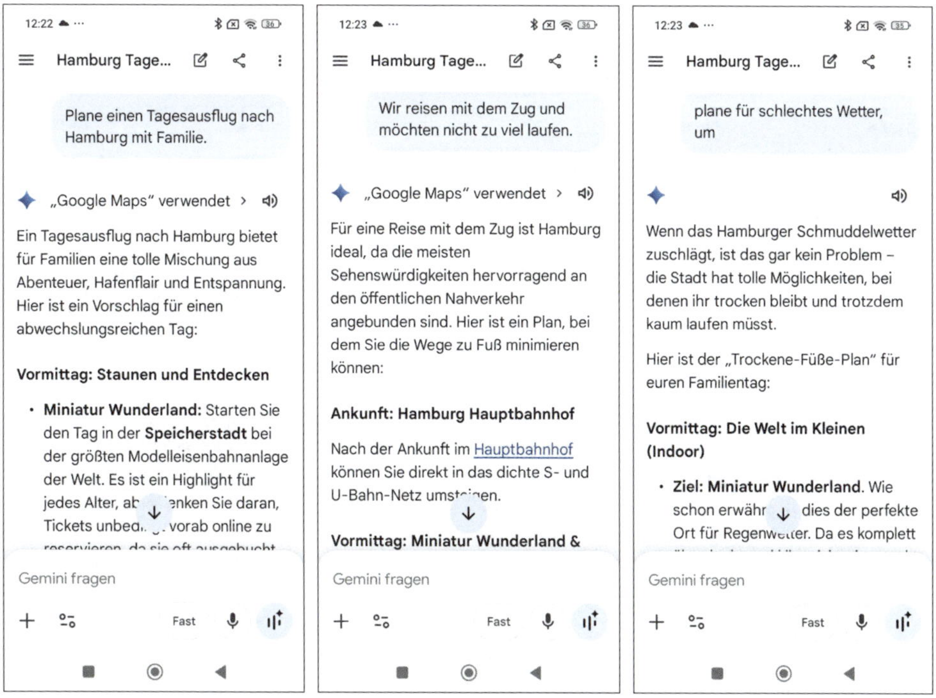

Am Beispiel eines Familienausflugs nach Hamburg zeigt Gemini, wie aus einer ersten Idee eine konkrete Planung entsteht – inklusive Bahnanreise, Tagesablauf und passender Alternative bei schlechtem Wetter.

Termine und stressige Tage besser organisieren

Besonders hilfreich ist Gemini bei der Organisation voller Kalenderwochen. Die KI erkennt Überschneidungen, Zeitprobleme oder ungünstige Planungen und schlägt Verbesserungen vor.

1. Im ersten Schritt könnten Sie fragen: »Was habe ich nächste Woche für Termine und wo wird es stressig?«
   Gemini analysiert daraufhin den Kalender und zeigt problematische Stellen oder Überschneidungen an.

2. Danach können Sie weiterfragen: »Wie sollte ich die Termine verschieben, damit ich weniger Stress habe?«
   Oder:

   »Plane mir genügend Pausen und Fahrzeiten ein.«

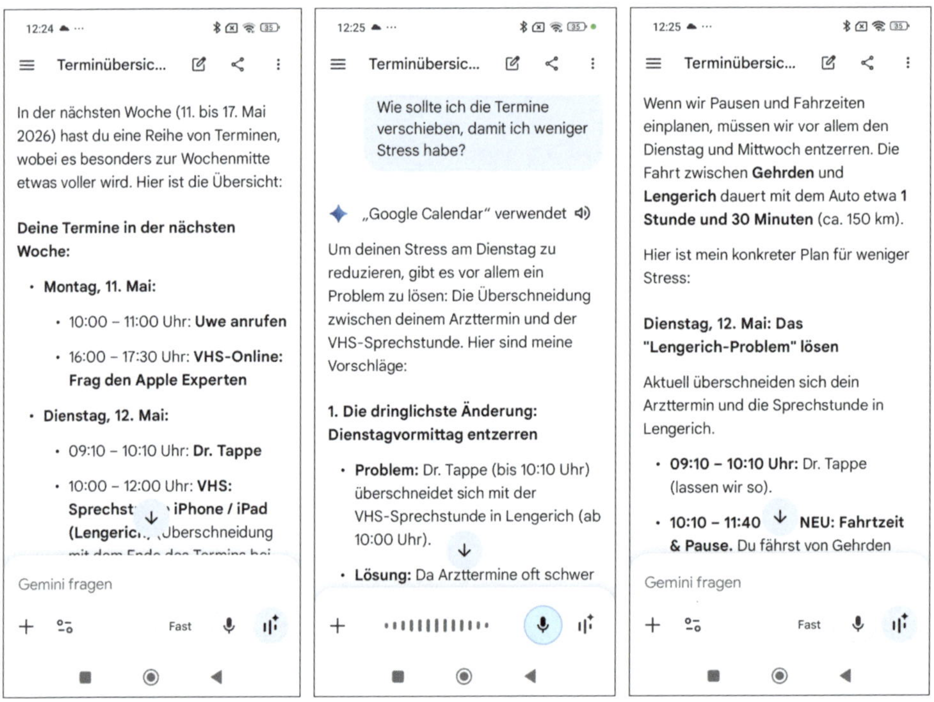

Gemini analysiert Kalendertermine, erkennt Zeitprobleme und schlägt anschließend konkrete Verbesserungen für eine entspanntere Tagesplanung vor.

Dadurch entwickelt sich Schritt für Schritt eine deutlich intelligentere Planung als bei einem klassischen Sprachassistenten.

Bilder mit Gemini erstellen und bearbeiten

Gemini kann nicht nur Texte und Informationen verarbeiten, sondern auch Bilder erzeugen und bestehende Fotos bearbeiten. Dadurch wird die KI zu einem kreativen Werkzeug direkt auf dem Smartphone. Besonders praktisch ist dabei, dass viele Funktionen komplett über natürliche Sprache gesteuert werden. Sie müssen also keine komplizierten Bildbearbeitungsprogramme bedienen.

Die Bilderstellung erreichen Sie direkt über das Symbol mit den Schiebereglern oder über die vorgeschlagenen Aktionen auf der Startseite der Gemini-App. Dort finden Sie unter anderem die Funktion **Bild erstellen**.

Eigene Bilder per Texteingabe erzeugen

Zur Erstellung eines Bildes genügt bereits eine einfache Beschreibung. Sie könnten beispielsweise schreiben:

1. »Erstelle ein realistisches Bild eines kleinen Cafés am Meer bei Sonnenuntergang.«
   Gemini erzeugt daraufhin innerhalb weniger Sekunden ein passendes Bild.

2. Anschließend können Sie direkt weitere Änderungen verlangen, etwa:
   - »Füge mehr Palmen hinzu.«
   - »Mach das Bild heller.«
   - »Erzeuge das Bild im Comicstil.«
   - »Zeig die Szene nachts mit Lichtern.«

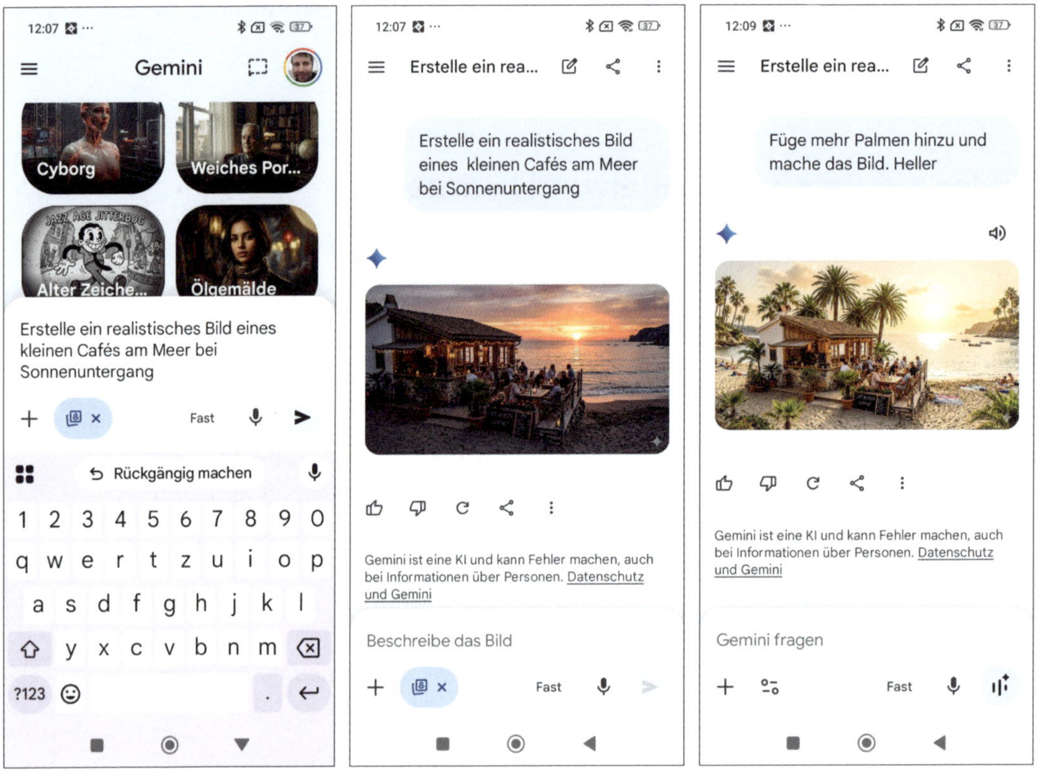

Gemini erstellt Bilder direkt per Texteingabe und kann Vorschläge anschließend Schritt für Schritt weiter anpassen oder verändern.

Dadurch entsteht Schritt für Schritt ein individuelles Bild, ohne dass Sie von vorn beginnen müssen.

Besonders interessant ist die Bilderstellung für:

- Einladungen
- Präsentationen
- kreative Projekte
- Social-Media-Beiträge
- Hintergrundbilder
- die Ideenfindung

Vorhandene Fotos mit Gemini bearbeiten

Über das Plussymbol lassen sich außerdem Fotos aus der Galerie oder direkt von der Kamera an Gemini übergeben. Anschließend können Sie Fragen stellen oder Bearbeitungen anfordern.

Typische Beispiele wären:

- »Entferne die Personen im Hintergrund.«
- »Verbessere die Farben.«
- »Mach den Himmel blauer.«
- »Schneide das Bild für Instagram zu.«

Gemini analysiert das Bild und führt die gewünschte Bearbeitung automatisch aus oder schlägt passende Änderungen vor.

Besonders hilfreich ist auch die Kombination aus Bildanalyse und KI-Unterstützung. Sie könnten beispielsweise ein Foto eines Pflanzenblattes aufnehmen und fragen: »Was könnte das für eine Krankheit sein?«

Praxisbeispiel: Weisen Sie Gemini an, zwei Fotos aus Google Fotos zu einem neuen Bild zusammenzufügen:

1. Tippen Sie in der Gemini-App links unten auf + und wählen Sie **Galerie**.
2. Tippen Sie auf die Bilder, die Sie verwenden möchten, und wählen Sie **Fertig**.
3. Sagen oder tippen Sie in der Gemini-App z. B. »Nimm die Personen und Tiere und tue Sie auf ein Foto als Strandspaziergang.«
4. Verfeinern Sie Ihre Anfragen, indem Sie z. B. die Anweisung »Der Hintergrund soll der Stadtstrand auf Borkum sein« hinzufügen.

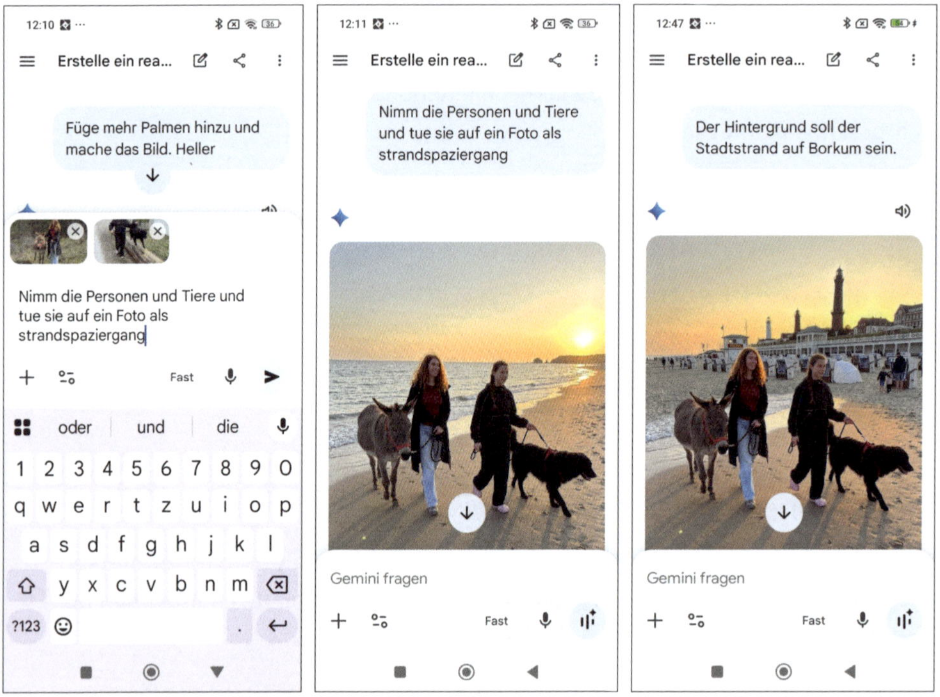

Achtung: KI-Bilder sind nicht automatisch realistisch

KI-generierte Bilder wirken auf den ersten Blick oft erstaunlich echt. Trotzdem »erfindet« die künstliche Intelligenz viele Details oder verändert reale Orte, Gebäude und Landschaften. Gemini erstellt kein echtes Foto der Wirklichkeit, sondern erzeugt ein neues Bild auf Basis von Wahrscheinlichkeiten und Trainingsdaten. Dadurch entstehen häufig Inhalte, die überzeugend aussehen, in der Realität aber gar nicht existieren.

Gerade bei

- Städten,
- Sehenswürdigkeiten,
- Karten,
- historischen Orten oder
- Personen

sollten Sie KI-Bilder deshalb niemals ungeprüft als echte Darstellung verstehen.

Kapitel 15
Gesundheit, Notfälle und Vorsorgefunktionen

Ihr Smartphone ist fast immer in Ihrer Nähe – oft näher als jedes andere technische Gerät. Es kennt Ihren Standort, begleitet Ihre Bewegung, misst auf Wunsch Ihre Aktivität und reagiert innerhalb von Sekunden auf Eingaben. Genau diese Eigenschaften machen es zu einem Werkzeug, das weit über Kommunikation hinausgeht.

Android nutzt diese Nähe gezielt: im Alltag, wenn Sie Ihre Fitness im Blick behalten möchten, ebenso wie in Situationen, in denen es plötzlich darauf ankommt. Ein hinterlegter Notfallkontakt, ein automatisch übermittelter Standort oder ein schneller Notruf können in entscheidenden Momenten den Unterschied machen. Gleichzeitig entstehen genau hier Fragen nach Kontrolle und Datenschutz – denn Gesundheits- und Sicherheitsfunktionen greifen tief in persönliche Bereiche ein.

Dieses Kapitel zeigt Ihnen, wie Sie Ihr Android-Gerät gezielt und bewusst in diesem sensiblen Bereich einsetzen. Sie richten Gesundheitsfunktionen ein, hinterlegen wichtige Notfalldaten und lernen Sicherheitsmechanismen kennen, die unauffällig im Hintergrund arbeiten, ohne Ihren Alltag zu unterbrechen. Dabei stehen nicht einzelne Funktionen im Mittelpunkt, sondern ihr Zusammenspiel: Ihr Gerät entwickelt sich zu einem verlässlichen Begleiter, der Sie unterstützt, schützt und im entscheidenden Moment schnell reagieren kann.

Gesundheitsfunktionen unter Android

Android bietet im Bereich Gesundheit sowohl zentrale als auch vernetzte Ansätze. Mit Apps wie *Google Fit* steht eine klassische Lösung zur Verfügung, die Gesundheits- und Fitnessdaten an einem Ort sammelt und übersichtlich darstellt. Gleichzeitig ist das System bewusst offen aufgebaut: Auch andere Apps und Geräte können Daten erfassen, auswerten und in das Gesamtsystem einbringen.

Damit diese Vielfalt nicht zu einem unübersichtlichen Nebeneinander einzelner Apps führt, setzt Android auf *Health Connect* als zentrale Schnittstelle. Diese sorgt dafür, dass Gesundheitsdaten systemweit gebündelt und zwischen Anwendungen ausgetauscht werden können, ohne dass jede App eigene, getrennte Datenspeicher aufbaut.

Für Sie entsteht daraus ein flexibles, aber dennoch kontrollierbares System: Sie können verschiedene Apps kombinieren – etwa eine Smartwatch-App zur Datenerfassung und eine andere App zur Auswertung –, während Health Connect im Hintergrund die Daten zusammenführt und die Zugriffsrechte verwaltet.

Diese Kombination aus zentraler Sammlung (z. B. über Google Fit) und systemweiter Schnittstelle (Health Connect) ist eine der Stärken von Android. Sie behalten jederzeit den Überblick und entscheiden selbst, welche Anwendungen auf welche Daten zugreifen dürfen.

Health Connect als zentrale Schnittstelle

Mit *Health Connect* stellt Android eine Plattform bereit, über die Gesundheitsdaten verwaltet und zwischen Apps ausgetauscht werden. Anstatt dass jede App isoliert arbeitet oder direkt mit anderen Anwendungen kommuniziert, übernimmt Health Connect die Rolle einer Datendrehscheibe im Hintergrund. Für Sie bedeutet das vor allem eines: Übersicht und Kontrolle. Sie legen gezielt fest,

- welche App Daten lesen darf (z. B. Schrittzahlen anzeigen),
- welche App Daten schreiben darf (z. B. Trainings erfassen) und
- auf welche Datenbereiche überhaupt zugegriffen werden kann.

Health Connect sorgt dafür, dass Daten strukturiert zusammengeführt und Zugriffe nachvollziehbar gesteuert werden. Viele Apps nutzen diese Schnittstelle, anstatt eigene Datenstrukturen aufzubauen. Das reduziert doppelte Datenhaltung, erhöht die Transparenz und verbessert den Umgang mit sensiblen Gesundheitsinformationen.

Gerade wenn Sie mehrere Geräte kombinieren – etwa Smartphone, Smartwatch und verschiedene Fitness-Apps –, sorgt Health Connect dafür, dass diese Daten sinnvoll zusammengeführt werden. Ohne eine solche Schnittstelle würden viele Anwendungen unabhängig voneinander arbeiten, wodurch Daten fragmentiert und schwer vergleichbar wären.

Health Connect einrichten und prüfen

Damit Health Connect seine Stärke ausspielen kann, sollten Sie die Zugriffsrechte einmal bewusst prüfen. Der Aufwand ist gering, der Effekt jedoch dauerhaft spürbar. Gehen Sie folgendermaßen vor:

1. Öffnen Sie die **Einstellungen**-App Ihres Android-Geräts. Navigieren Sie zu **Apps**, **Datenschutz** oder **Datenschutz & Sicherheit** (je nach Hersteller unterschiedlich benannt). Oft versteckt sich Health Connect im Untermenü **Datenschutzeinstellungen**, manchmal auch unter **Alle Berechtigungen**.
2. Tippen Sie auf **Health Connect**. Sie sehen nun eine Übersicht aller Apps, die Gesundheitsdaten nutzen.
3. Wählen Sie eine App aus, um die Berechtigungen im Detail zu prüfen.
4. Aktivieren oder deaktivieren Sie gezielt einzelne Datenbereiche, beispielsweise **Schritte** oder **Herzfrequenz**.
5. Achten Sie darauf, nur die Daten freizugeben, die für die jeweilige App tatsächlich erforderlich sind. Eine Lauf-App benötigt in der Regel keine Schlafdaten.

Health Connect verwaltet zentral, welche Apps auf Gesundheitsdaten zugreifen und welche Daten konkret gelesen oder geschrieben werden dürfen.

Überprüfen Sie die Einstellungen
Überprüfen Sie diese Einstellungen regelmäßig, insbesondere nach der Installation neuer Apps. Berechtigungen lassen sich jederzeit anpassen – auch nachträglich.

Drittanbieter-Apps und Geräte

Ein Großteil der Gesundheitsfunktionen unter Android stammt nicht direkt vom System selbst, sondern von Drittanbietern. Dazu zählen sowohl Apps als auch externe Geräte.

Typische Beispiele sind:

- Fitness-Apps für Laufen, Radfahren oder Training
- Apps von Smartwatch- oder Fitnessband-Herstellern
- spezialisierte Anwendungen für Schlafanalyse oder Vitalwerte

Diese Anwendungen übernehmen die eigentliche Datenerfassung und stellen die Ergebnisse in verständlicher Form dar – häufig mit Diagrammen, Tageszielen oder langfristigen Auswertungen.

Android liefert dafür die technische Grundlage, greift aber bewusst nicht in die Auswahl der Apps ein. Sie entscheiden selbst, welche Kombination aus Anwendungen und Geräten für Sie sinnvoll ist.

Google Fit – Gesundheitsdaten erfassen, verstehen und nutzen

Während Health Connect im Hintergrund die Verwaltung Ihrer Gesundheitsdaten übernimmt, zeigt Ihnen *Google Fit*, was diese Daten im Alltag bedeuten. Die App ist damit nicht nur eine Sammlung von Messwerten, sondern auch eine verständliche Auswertung Ihrer Bewegung, Ihrer Gewohnheiten und – je nach Nutzung – auch Ihrer Erholung.

Die App Fit verfolgt einen bewusst einfachen Ansatz: Statt möglichst viele Zahlen anzuzeigen, konzentriert sich die App auf wenige, aussagekräftige Werte. Ziel ist es, dass Sie Ihren Tag schnell einordnen können, ohne sich durch komplexe Statistiken arbeiten zu müssen.

Im Zentrum stehen dabei zwei Kennzahlen:

- **Schritte** als Maß für Ihre allgemeine Bewegung
- **Kardiopunkte** als Bewertung der Intensität

Diese Kombination ist entscheidend. Während viele Apps nur zählen, *wie viel* Sie sich bewegen, bewertet Fit zusätzlich, *wie wirksam* diese Bewegung ist.

Google Fit auf Tablet und Foldable

Auf großen Bildschirmen wirkt Fit deutlich übersichtlicher als auf einem Smartphone. Besonders auf Tablets und aufgeklappten Foldables profitieren Sie von größeren Diagrammen, besser lesbaren Verläufen und mehr gleichzeitig sichtbaren Informationen. Trends, Schlafdaten oder Aktivitätsauswertungen lassen sich dadurch wesentlich angenehmer analysieren.

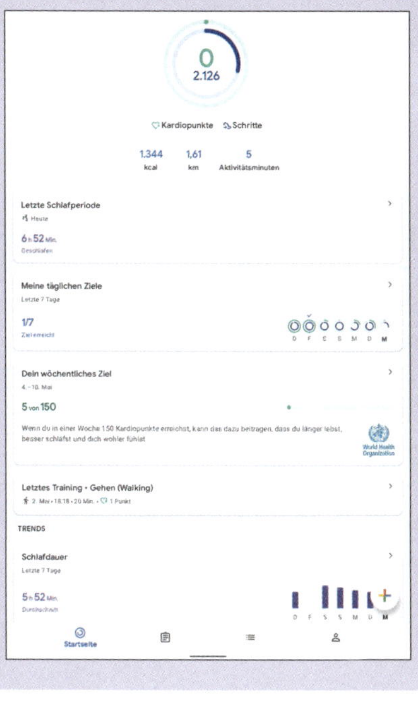

Fit stellt Ihnen viele Daten zur Verfügung.

Gerade im Querformat entsteht fast der Eindruck eines kleinen Gesundheits-Dashboards: Mehrere Bereiche der Startseite bleiben gleichzeitig sichtbar, ohne dass ständig gescrollt werden muss. Dadurch eignen sich Tablets und Foldables besonders gut, um langfristige Entwicklungen oder Trainingsdaten in Ruhe auszuwerten.

Die Startseite

Auf der Startseite sehen Sie **Schritte** und **Kardiopunkte** in einer gemeinsamen Darstellung im oberen Bereich. Diese zentrale Anzeige vermittelt Ihnen sofort, wie aktiv Ihr Tag bisher war und wie nah Sie Ihren Zielen gekommen sind. Ergänzt wird diese Übersicht um weitere grundlegende Werte wie Kalorienverbrauch, zurückgelegte Strecke, **Aktivitätsminuten** oder – sofern verfügbar – aktuelle Schlafdaten.

Die zentrale Übersicht der Google-Fit-Startseite zeigt Schritte, Kardiopunkte und weitere zentrale Aktivitätsdaten auf einen Blick.

Darunter erweitert Fit diese Momentaufnahme um zusätzliche, stärker auf den Alltag ausgerichtete Bereiche. Dazu gehören unter anderem:

- **Meine täglichen Ziele** – zeigt Ihnen, an welchen Tagen Sie Ihre Vorgaben erreicht haben.

- **Dein wöchentliches Ziel** – fasst Ihre Aktivität über mehrere Tage hinweg zusammen.
- **Letztes Training** – bietet Ihnen direkten Zugriff auf kürzlich aufgezeichnete Aktivitäten.
- **Trends** – macht die Entwicklung über mehrere Tage oder Wochen sichtbar.
- **Entdecken** – lockt mit Hinweisen, Tipps und weiterführenden Inhalten rund um Bewegung und Gesundheit.

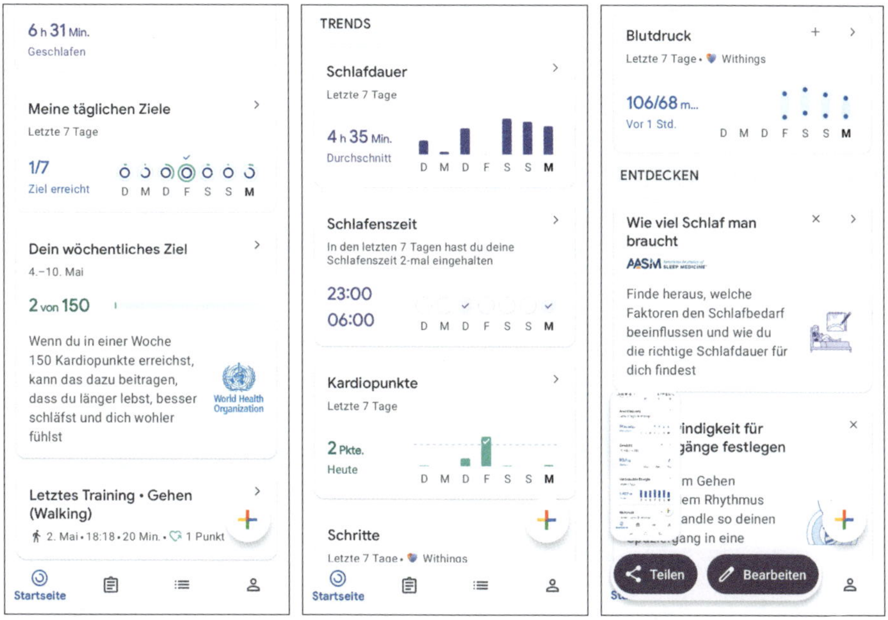

Die verschiedenen Rubriken Ihrer alltäglichen Gesundheitsdaten

Diese Kombination aus aktueller Übersicht und weiterführenden Auswertungen sorgt dafür, dass Sie nicht nur Ihren heutigen Stand erkennen, sondern auch Ihre Entwicklung im Blick behalten. So entsteht ein kompaktes, aber dennoch vielschichtiges Gesamtbild, das ohne lange Analyse verständlich bleibt.

Detailansichten – Gesundheitsdaten genauer analysieren

Die Startseite von Fit liefert bewusst nur einen kompakten Überblick. Die eigentliche Stärke der App zeigt sich jedoch in den Detailansichten. Sobald Sie auf eine Kachel oder einen Wert tippen, öffnet Fit deutlich umfangreichere Analysen mit Diagrammen, Zeitverläufen und zusätzlichen Informationen.

Dadurch wird aus einer einfachen Übersicht ein Werkzeug, mit dem Sie Ihre Aktivität und Ihre Gewohnheiten wesentlich genauer nachvollziehen können.

Aktivität im Tagesverlauf verstehen

Tippen Sie beispielsweise auf **Schritte** oder **Kardiopunkte**, öffnet sich eine detaillierte Aktivitätsansicht. Dort sehen Sie nicht nur die Gesamtzahl des Tages, sondern auch deren zeitliche Verteilung.

Die Diagramme zeigen:

- wann Sie besonders aktiv waren
- zu welchen Uhrzeiten Bewegung stattgefunden hat
- wie sich die Aktivität über den Tag verteilt

Dabei können Sie zwischen verschiedenen Ansichten wechseln:

- **Tag**
- **Woche**
- **Monat**

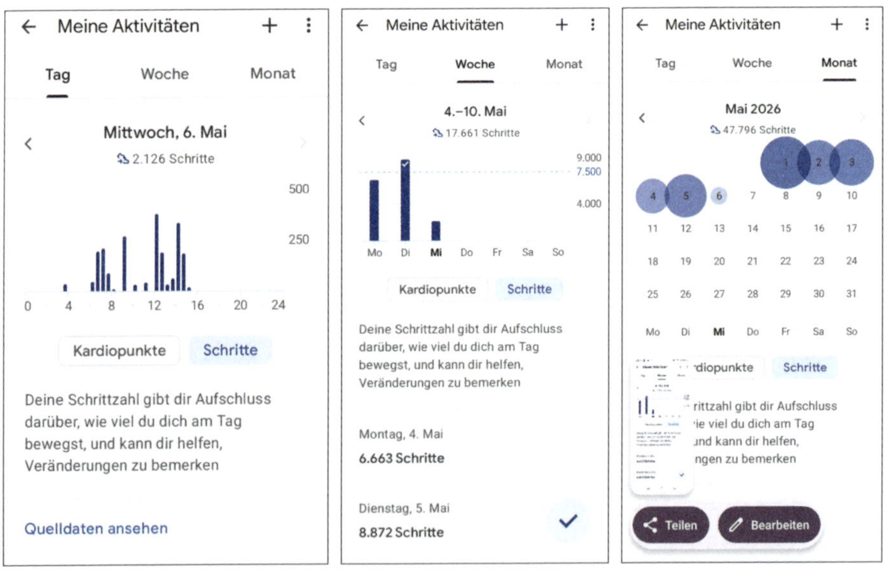

Die Detailansichten zeigen Aktivitätsdaten im Tages-, Wochen- oder Monatsverlauf und machen Bewegungsmuster schnell erkennbar.

In der Tagesansicht werden Aktivitäten stundenweise dargestellt. Dadurch erkennen Sie schnell typische Muster – etwa Spaziergänge am Morgen oder Bewegungsschwerpunkte am Nachmittag. In Ihren Screenshots ist gut sichtbar, wie einzelne Aktivitätsphasen direkt im Diagramm hervorgehoben werden. Zusätzlich erklärt Fit viele Werte direkt innerhalb der Ansicht. Bei den Kardiopunkten beschreibt die App beispielsweise, warum intensivere Bewegung stärker gewichtet wird als normale Alltagsbewegung.

Einzelne Aktivitäten detailliert auswerten

Noch umfangreicher werden die Informationen, wenn Sie eine konkrete Aktivität öffnen. Fit zeigt dann eine vollständige Analyse des Trainings oder Spaziergangs. Dazu gehören unter anderem:

- Aktivitätsdauer
- zurückgelegte Strecke
- Energieverbrauch
- Aktivitätsminuten
- durchschnittliche Herzfrequenz
- Tempoverlauf

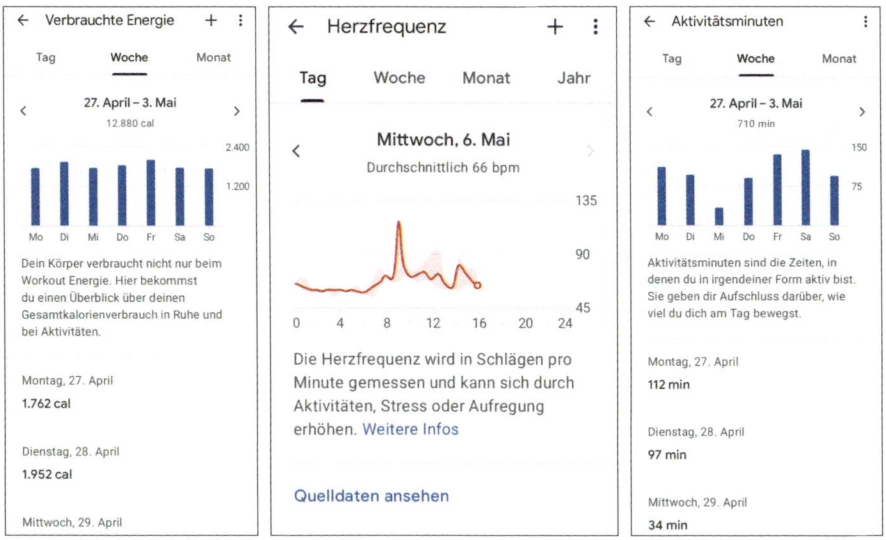

Google Fit stellt auch Werte wie Energieverbrauch, Herzfrequenz und Aktivitätsminuten in übersichtlichen Diagrammen dar.

Besonders hilfreich sind dabei die Diagramme. Sie zeigen nicht nur Durchschnittswerte, sondern auch den tatsächlichen Verlauf während der Aktivität. In Ihren Screenshots wird beispielsweise sichtbar, wie sich Herzfrequenz und Tempo während eines Spaziergangs verändern. Dadurch lassen sich Belastungen oder ruhigere Phasen deutlich besser nachvollziehen als über reine Zahlenwerte.

Trainingsübersicht – Aktivitäten chronologisch nachvollziehen

Neben den klassischen Statistik- und Diagrammansichten bietet die App Fit mit der **Trainingsübersicht** einen deutlich alltagsnäheren Ansatz. Anstatt einzelne Werte isoliert darzustellen, werden Ihre Aktivitäten hier chronologisch gesammelt und wie eine Art persönliches Gesundheitsprotokoll angezeigt. Dadurch entsteht ein sehr natürlicher Überblick darüber, wie Bewegung, Training und Schlaf im Alltag zusammenhängen.

Bereits beim Öffnen der Trainingsübersicht sehen Sie aktuelle Tageswerte:

- Schritte
- Kardiopunkte
- Fortschritt Ihrer Aktivitätsziele

Darunter folgt eine zeitlich sortierte Liste Ihrer erfassten Aktivitäten und Schlafdaten. Die Darstellung erinnert dabei fast an eine Timeline: Fit kombiniert Bewegung, Schlaf und Training zu einem fortlaufenden Verlauf Ihres Tages und Ihrer letzten Wochen.

Die Trainingsübersicht fasst Aktivitäten, Schlafdaten und Tagesziele chronologisch in einer gemeinsamen Ansicht zusammen.

Aktivitäten schnell wiederfinden

Die Trainingsübersicht eignet sich besonders gut, um vergangene Aktivitäten schnell wiederzufinden. Statt erst Diagramme analysieren zu müssen, sehen Sie sofort wann eine Aktivität stattgefunden hat, wie lange sie gedauert hat und welche Werte dabei erreicht wurden. Gerade im Alltag ist diese Ansicht oft praktischer als umfangreiche Diagramme, weil Informationen sofort verständlich bleiben.

Detaillierte Trainingsansichten öffnen

Tippen Sie auf einen Eintrag, öffnet Fit eine umfangreiche Detailanalyse der jeweiligen Aktivität.

Je nach Art des Trainings sehen Sie dort unter anderem:

- **Aktivitätsdauer**
- **Entfernung**
- **Verbrauchte Energie**
- **Aktivitätsminuten**
- **Herzfrequenz**
- **Tempo**
- **zeitliche Verlaufsdiagramme**

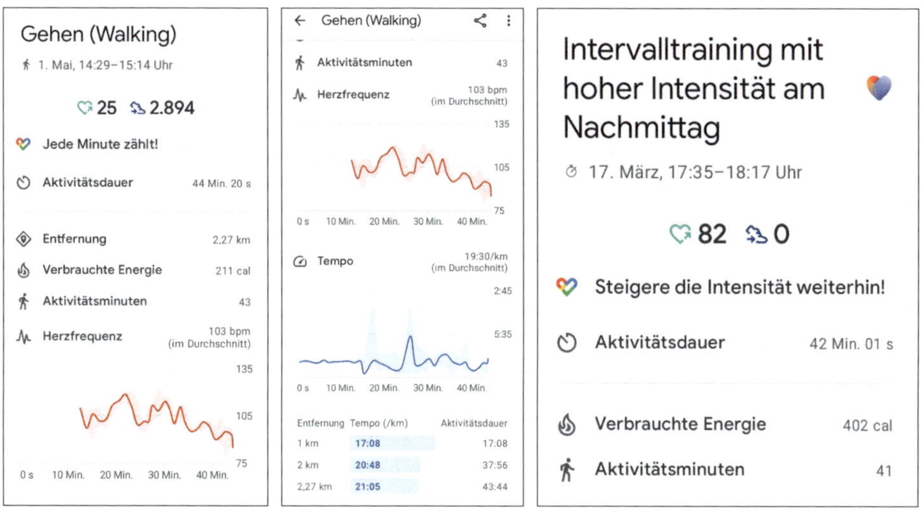

Die Detailansichten liefern umfangreiche Analysen zu Aktivitäten, Vitalwerten, Schlaf und Trainingsverläufen.

Besonders anschaulich sind die Diagramme für **Herzfrequenz** und **Tempo**. Diese zeigen nicht nur Durchschnittswerte, sondern auch den tatsächlichen Verlauf während der Aktivität. Dadurch erkennen Sie beispielsweise:

- Belastungsspitzen
- ruhigere Phasen
- Veränderungen Ihrer Intensität während des Trainings

Fit ergänzt einzelne Aktivitäten zusätzlich mit kurzen motivierenden Hinweisen wie »Jede Minute zählt!« oder Empfehlungen zur Trainingsintensität. Diese Hinweise wirken bewusst zurückhaltend und sollen eher motivieren als Druck erzeugen.

Schlafdaten direkt in die Übersicht integriert

Eine Besonderheit der Trainingsübersicht ist die direkte Einbindung von Schlafdaten. Schlaf erscheint nicht in einem getrennten Bereich, sondern als Teil Ihrer täglichen Aktivitätschronik. Dadurch erkennen Sie schneller Zusammenhänge zwischen Bewegung, Schlafdauer und allgemeiner Aktivität. In der Übersicht sehen Sie beispielsweise:

- Einschlaf- und Aufwachzeiten
- Schlafdauer
- zusammengefasste Schlafwerte

Öffnen Sie einen Schlafeintrag, stellt Fit die Daten deutlich ausführlicher dar. Neben der reinen Schlafdauer analysiert die App auch Schlafphasen wie Wachzeiten, REM-, Leicht- und Tiefschlaf. Die einzelnen Phasen werden grafisch aufbereitet und zusätzlich verständlich erklärt. Ergänzt werden diese Informationen um Herzfrequenzverläufe während der Nacht, Schlafeffizienz sowie Zeitpläne für das Zubettgehen und Aufwachen.

Dadurch entsteht keine isolierte Schlafanalyse, sondern eine vernetzte Tagesübersicht. Genau diese Kombination macht die Trainingsübersicht deutlich persönlicher und aussagekräftiger als reine Fitnessstatistiken.

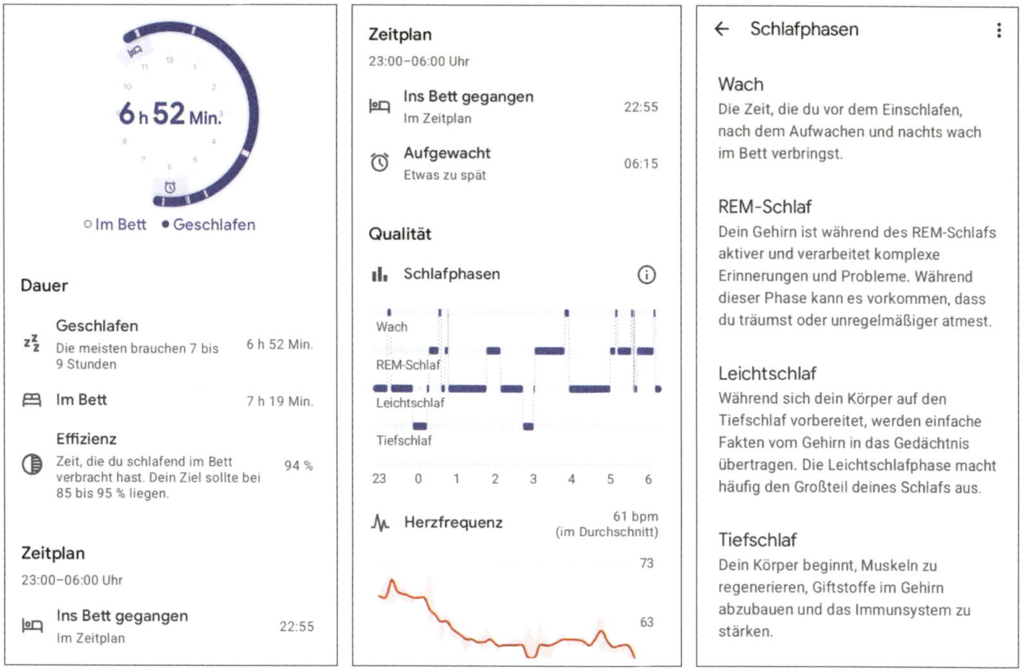

Die Schlafansicht zeigt Schlafdauer, Schlafphasen, Zeitplan und nächtliche Herzfrequenz in einer gemeinsamen Detailübersicht.

Alltag statt Leistung im Mittelpunkt

Anders als klassische Sport-Apps konzentriert sich Fit weniger auf Wettkampf oder Leistungsoptimierung. Die Trainingsübersicht verfolgt einen eher alltagsorientierten Ansatz.

Im Mittelpunkt stehen Fragen wie:

- Wie regelmäßig bewegen Sie sich?
- Wie aktiv war Ihr Tag?
- Wie gut passen Bewegung und Erholung zusammen?

Dadurch eignet sich die Ansicht besonders für Nutzerinnen und Nutzer, die ihre Gesundheit bewusster beobachten möchten, ohne ständig Trainingspläne oder Leistungsziele verfolgen zu müssen.

Übersichtlicher Verlauf über längere Zeiträume

Je länger Sie Fit nutzen, desto wertvoller wird die Trainingsübersicht. Über Tage und Wochen entsteht eine nachvollziehbare Chronik Ihrer Aktivität.

Sie erkennen dadurch beispielsweise:

- regelmäßige Bewegungsmuster
- typische Schlafzeiten
- längere Phasen mit wenig Aktivität

Die Kombination aus kompakten Übersichten und detaillierten Einzelansichten macht die Trainingsübersicht zu einem der praktischsten Bereiche der gesamten App.

Der Bereich »Überblick«

Neben der **Startseite** und der **Trainingsübersicht** bietet Fit mit dem Bereich **Überblick** eine deutlich strukturiertere Ansicht aller Gesundheitsdaten. Während die Startseite eher den aktuellen Tag zusammenfasst, sortiert der **Überblick** sämtliche Informationen nach Themenbereichen.

Die Daten werden dabei in verschiedene Kategorien unterteilt:

- **Aktivität**
- **Körpermaße**
- **Vitalparameter**
- **Ernährung**
- **Schlaf**
- **Zyklustracking**

Dadurch finden Sie bestimmte Werte deutlich schneller wieder, ohne lange durch Tagesansichten oder Trainingslisten scrollen zu müssen.

Öffnen Sie eine Kategorie, blendet Fit die passenden Messwerte in Kartenform ein. Im Bereich **Aktivität** sehen Sie beispielsweise Schritte, Kardiopunkte, Kalorienverbrauch oder zurückgelegte Entfernungen. Kleine Diagramme zeigen direkt die Entwicklung der letzten Tage und machen Veränderungen sofort sichtbar.

Besonders umfangreich fällt der Bereich **Vitalparameter** aus. Hier bündelt Fit Gesundheitswerte wie:

- **Herzfrequenz**
- **Ruhepuls**
- **Blutdruck**
- **Atemfrequenz**

Je nach verbundenem Gerät oder App können zusätzlich weitere Werte erscheinen. Die Daten stammen häufig von Smartwatches, Fitnesstrackern oder spezialisierten Gesundheitsgeräten und werden automatisch synchronisiert.

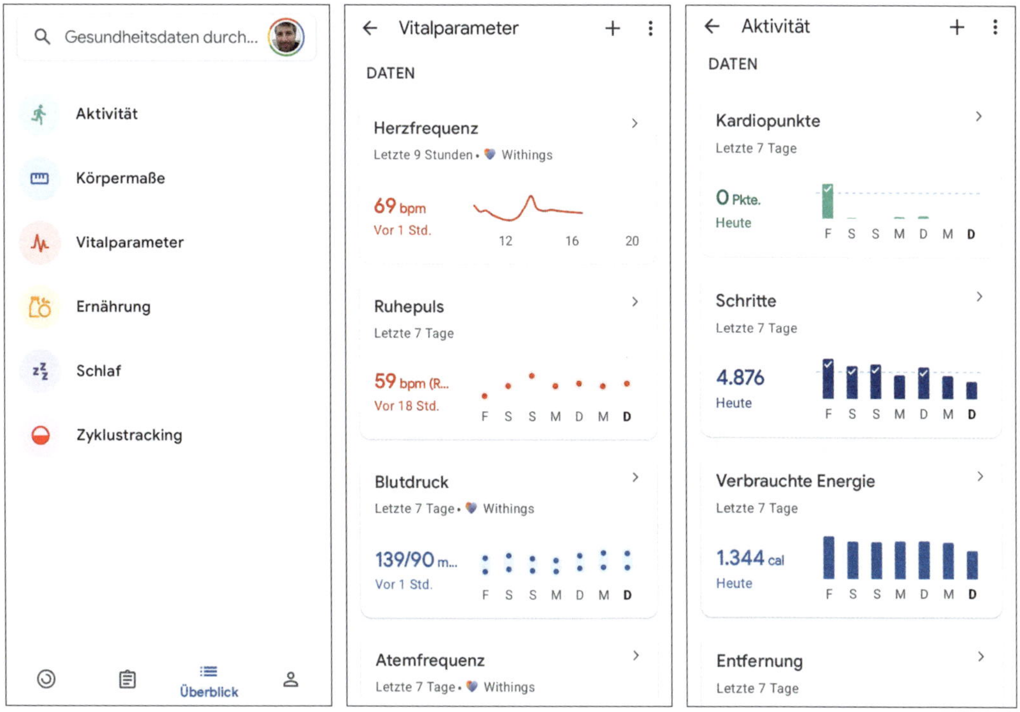

Der Bereich »Überblick« sortiert Gesundheitsdaten nach Themenbereichen und zeigt dazu kompakte Karten mit aktuellen Werten, Tagesdaten und kleinen Verlaufsgrafiken an.

Praktisch ist dabei die Kombination aus kompakten Übersichten und schnellen Detailzugriffen. Bereits in der Kartenansicht erkennen Sie Trends der vergangenen Tage. Tippen Sie auf einen Wert, öffnet sich die ausführliche Analyse mit größeren Diagrammen, Zeitverläufen und zusätzlichen Informationen.

Der Bereich **Überblick** eignet sich deshalb besonders für Nutzerinnen und Nutzer, die ihre Gesundheitsdaten gezielt beobachten oder verschiedene Messwerte miteinander vergleichen möchten. Statt einzelner Trainings steht hier die langfristige Entwicklung Ihrer Werte im Mittelpunkt.

Der Bereich »Profil«

Im Bereich **Profil** verwalten Sie persönliche Angaben, Ziele und grundlegende Einstellungen von Google Fit. Anders als die Startseite oder die Trainingsübersicht steht hier nicht die Auswertung Ihrer Daten im Mittelpunkt, sondern die individuelle Anpassung der App.

Folgendes legen Sie hier unter anderem fest:

- tägliche Schrittziele
- Ziele für Kardiopunkte
- Schlafenszeiten
- Körpergröße
- Gewicht
- persönliche Basisdaten

Diese Angaben helfen Fit dabei, Aktivitäten realistischer auszuwerten und Fortschritte genauer einzuschätzen. Besonders Schritt- und Kardioziele sorgen dafür, dass die App Tagesziele und Aktivitätsringe sinnvoll berechnen kann. Praktisch ist außerdem die integrierte **Schlafenszeit**-Funktion. Sie können feste Zeiten zum Zubettgehen und Aufwachen definieren, wodurch Schlafdaten strukturierter ausgewertet werden.

Einstellungen von Google Fit

Über das Zahnrad ⚙ oben rechts öffnen Sie die allgemeinen Einstellungen der App. Hier steuern Sie vor allem, wie Fit Daten erfasst und verarbeitet.

Wichtige Bereiche sind unter anderem:

- Einheiten für Größe, Gewicht oder Entfernungen

- Synchronisierung mit Health Connect
- Verwaltung verbundener Apps
- automatische Aktivitätserkennung
- Standortnutzung für Trainingsaufzeichnungen
- Benachrichtigungen und Trainingsansagen

Besonders wichtig ist die Verbindung zu Health Connect. Darüber entscheidet Fit, welche Gesundheitsdaten mit anderen Apps ausgetauscht werden dürfen.

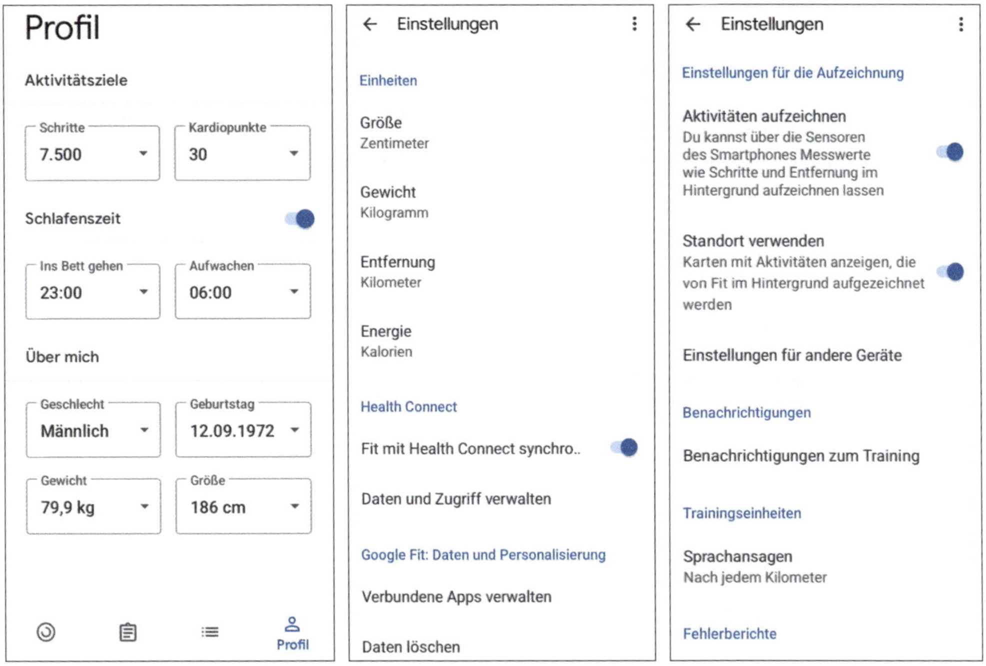

Im Bereich »Profil« passen Sie persönliche Angaben, Aktivitätsziele und Schlafzeiten an, während die »Einstellungen« Optionen für Datenerfassung, Health Connect und Trainingsfunktionen bündeln.

Die **Einstellungen** sind insgesamt bewusst übersichtlich gehalten. Statt unzähliger Untermenüs konzentriert sich Fit auf wenige, alltagstaugliche Optionen, die schnell erreichbar sind.

Persönliche Sicherheit und Notfallfunktionen

Den Bereich **Persönliche Sicherheit** erreichen Sie bequem über die Android-**Einstellungen** im Abschnitt **Notfälle & Sicherheit**. Dort finden Sie verschiedene Funktionen, die im Ernstfall schnelle Hilfe ermöglichen oder wichtige Informationen für Angehörige und Rettungskräfte bereitstellen. Viele dieser Funktionen arbeiten automatisch im Hintergrund und können besonders für ältere Menschen oder Personen mit gesundheitlichen Einschränkungen eine große Unterstützung im Alltag sein.

1. Nach dem Öffnen sehen Sie zunächst mehrere Sicherheitsbereiche wie **Medizinische Daten**, **Notfallkontakte**, **Notfall-SOS** oder den **Notfall-Standortdienst**.
2. Zusätzlich gelangen Sie über die Schaltfläche **Persönliche Sicherheit öffnen** in die eigentliche Sicherheits-App von Google. Dort werden alle Funktionen übersichtlich erklärt und Schritt für Schritt eingerichtet.

Über den Bereich »Notfälle & Sicherheit« erreichen Sie zentrale Notfallfunktionen, medizinische Daten, Notfallkontakte sowie die App »Persönliche Sicherheit«.

Der Bereich »Persönliche Sicherheit«

Die App *Persönliche Sicherheit* dient dabei als Steuerzentrale für alle Notfall- und Schutzfunktionen Ihres Android-Geräts. Bereits auf der Startseite finden Sie die wichtigsten Schnellfunktionen übersichtlich angeordnet. Dazu gehören unter anderem:

- das Senden von Notfallinformationen
- den direkten Notruf über 112
- Sicherheitschecks
- Standortfreigaben für Notfälle

Android erklärt viele Funktionen direkt in der App mit kurzen Hinweisen und leicht verständlichen Beschreibungen. Dadurch eignet sich der Bereich auch für Nutzerinnen und Nutzer, die sich mit Technik nicht intensiv beschäftigen möchten.

Die Startseite der App »Persönliche Sicherheit«

Nach dem Öffnen der App landen Sie zunächst auf der **Startseite**. Sie dient als zentrale Übersicht aller wichtigen Sicherheitsfunktionen und ist bewusst sehr einfach aufgebaut. Gerade in Stresssituationen ist das wichtig, damit Sie Funktionen schnell finden und ohne lange Suche reagieren können. Im oberen Bereich stehen die beiden wichtigsten Aktionen direkt im Mittelpunkt:

- **Senden von Notfallinformationen**
- **112 anrufen**

Dadurch können Sie entweder sofort einen Notruf starten oder wichtige Informationen mit Ihren hinterlegten Notfallkontakten teilen. Die großen Schaltflächen sind gut sichtbar gestaltet und lassen sich auch unterwegs schnell bedienen.

Darunter befindet sich der Bereich **Für deine Sicherheit** mit dem **Sicherheitscheck**. Diese Funktion eignet sich beispielsweise für Spaziergänge, Reisen oder Treffen, bei denen Sie nach einer bestimmten Zeit automatisch überprüft werden möchten. Reagieren Sie nicht auf die Rückfrage des Smartphones, können automatisch Notfallkontakte informiert werden.

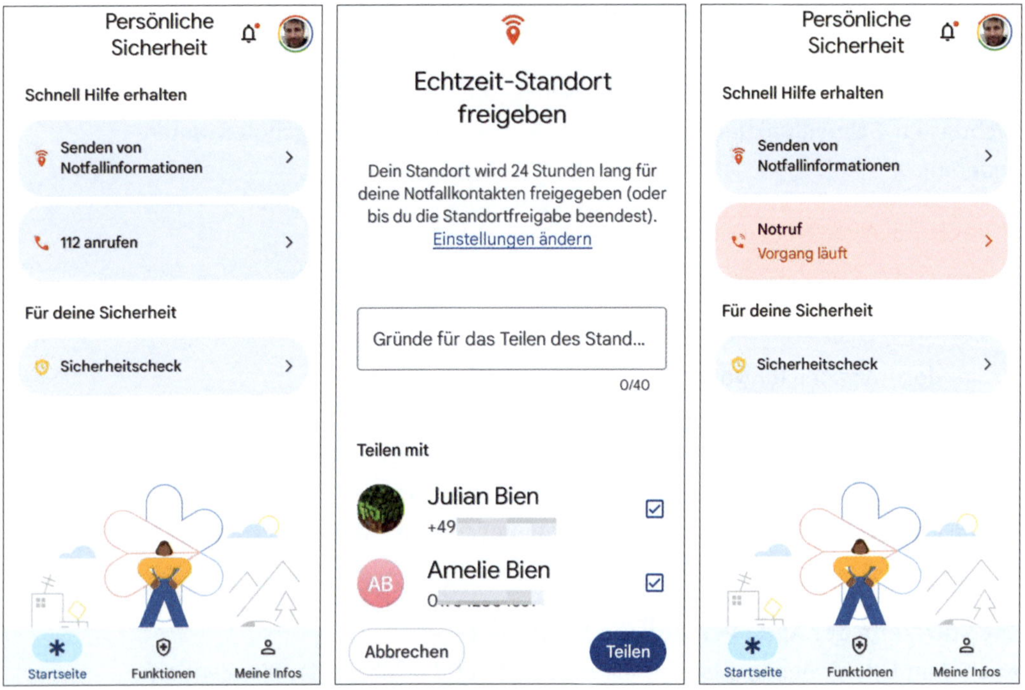

Die Startseite der App »Persönliche Sicherheit« bündelt wichtige Notfallfunktionen wie das Teilen von Standortdaten, den direkten Notruf und den Sicherheitscheck.

Im unteren Bereich der App finden Sie außerdem eine einfache Navigationsleiste mit drei Bereichen:

- **Startseite** für die wichtigsten Sicherheitsfunktionen
- **Funktionen** für zusätzliche Sicherheitsoptionen
- **Meine Infos** für persönliche Angaben wie medizinische Daten oder Notfallkontakte

Sicherheitscheck für unterwegs

Eine wirklich praktische Funktion ist der Sicherheitscheck. Hier legen Sie fest, dass Android nach einer bestimmten Zeit überprüft, ob alles in Ordnung ist. Die Funktion eignet sich beispielsweise in folgenden Situationen:

- auf dem Heimweg am Abend
- beim Wandern oder Spazierengehen

- beim Joggen
- auf Reisen
- generell bei längeren Wegen allein

Beim Start des Sicherheitschecks wählen Sie zunächst einen passenden Grund aus, etwa **Alleine unterwegs**. Anschließend legen Sie fest, wie lange der Sicherheitscheck aktiv bleiben soll, beispielsweise **1 Stunde**.

Danach läuft im Hintergrund ein großer Timer mit. Kurz vor Ablauf fragt Android automatisch nach, ob alles in Ordnung ist. Reagieren Sie nicht auf diese Sicherheitsabfrage, kann das Smartphone automatisch Ihre hinterlegten Notfallkontakte informieren. Dabei lassen sich auf Wunsch zusätzlich folgende Informationen teilen:

- Ihr aktueller Standort
- Informationen über den gestarteten Sicherheitscheck
- Hinweise darauf, dass keine Reaktion erfolgt ist

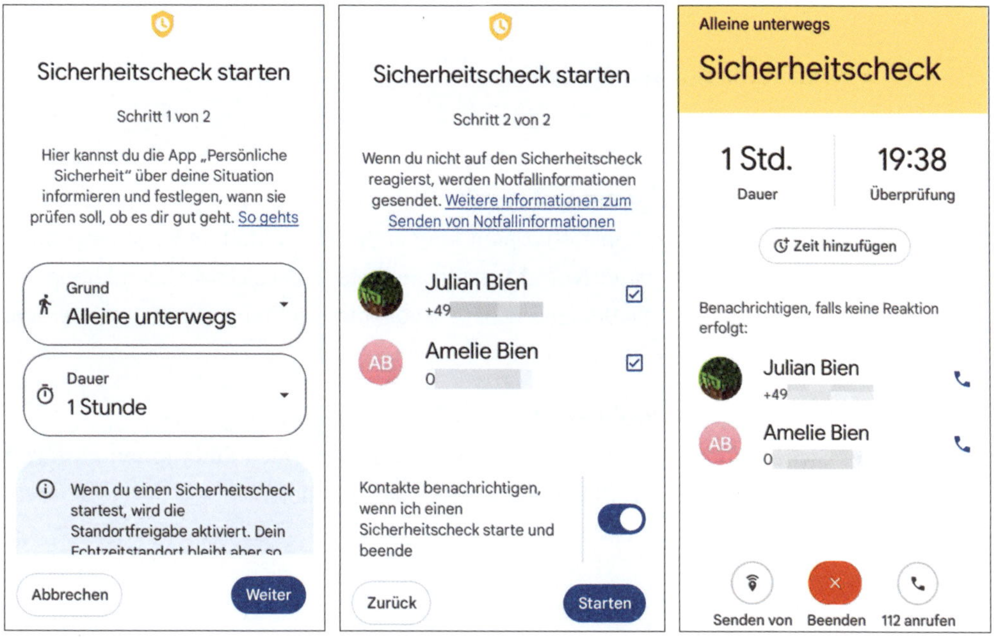

Der Sicherheitscheck überprüft nach einer festgelegten Zeit automatisch, ob alles in Ordnung ist, und kann bei fehlender Reaktion Notfallkontakte informieren und den Standort übermitteln.

Besonders praktisch: Sie können Kontakte sogar automatisch benachrichtigen lassen, sobald der Sicherheitscheck gestartet oder beendet wird. Angehörige oder Freunde wissen dadurch sofort, dass Sie unterwegs sind oder sicher angekommen sind.

Die Funktion arbeitet bewusst sehr einfach und verständlich. Dadurch eignet sie sich auch gut für ältere Menschen oder Nutzerinnen und Nutzer, die zusätzliche Sicherheit im Alltag möchten, ohne komplizierte Einstellungen vornehmen zu müssen.

Der Bereich »Funktionen«

Über die untere Navigationsleiste wechseln Sie in den Bereich **Funktionen**. Hier bündelt die App Persönliche Sicherheit alle wichtigen Schutz- und Notfallfunktionen an einer zentralen Stelle. Die Oberfläche ist bewusst einfach aufgebaut und erklärt jede Funktion direkt auf dem Bildschirm. Dadurch eignet sich der Bereich auch gut für Menschen, die sich mit Technik nicht intensiv beschäftigen. Im Mittelpunkt stehen:

- **Sicherheitscheck**
- **Senden von Notfallinformationen**
- **Notfall-SOS**

Zu jeder Funktion zeigt Android eine kurze Erklärung an. Viele Bereiche besitzen zusätzlich eine Demo-Funktion. Damit können Sie den Ablauf in Ruhe ausprobieren, ohne tatsächlich einen Notruf auszulösen. Gerade bei Sicherheitsfunktionen ist das sinnvoll, weil Sie die Bedienung bereits vor einem echten Notfall kennenlernen.

Sicherheitscheck direkt starten

Der **Sicherheitscheck** kann auch direkt aus dem Bereich **Funktionen** gestartet werden. Android erklärt dabei verständlich, was passiert.

Notfallinformationen schnell teilen

Ebenfalls zentral eingebunden ist die Funktion **Senden von Notfallinformationen**. Hier legen Sie fest, welche Informationen Android im Ernstfall automatisch Ihren hinterlegten Kontakten senden darf. Dazu gehören:

- Ihr aktueller Standort
- gestartete Notrufe
- normale Telefonanrufe
- Hinweise bei niedrigem Akkustand

Besonders interessant ist die Möglichkeit, einen Echtzeitstandort freizugeben. Angehörige können dadurch nachvollziehen, wo Sie sich befinden oder ob Sie sich noch bewegen. Gerade für ältere Menschen, Alleinreisende oder Personen mit gesundheitlichen Problemen kann das eine große Hilfe sein. Android erklärt innerhalb der App sehr transparent, welche Daten geteilt werden und wann dies geschieht. Alle Funktionen lassen sich einzeln aktivieren oder deaktivieren.

Notfall-SOS mit der Ein-/Aus-Taste

Zu den wichtigsten Funktionen gehört der Bereich **Notfall-SOS**. Android zeigt dort Schritt für Schritt, wie die Funktion ausgelöst wird. Drücken Sie die Ein-/Aus-Taste fünfmal oder öfter schnell hintereinander. Danach öffnet Android automatisch die Notfallaktionen. Je nach Konfiguration kann das Smartphone anschließend:

- einen Notruf starten
- den Standort freigeben
- Notfallinformationen versenden
- zusätzliche Sicherheitsfunktionen aktivieren

Besonders hilfreich: Die App erklärt die Bedienung nicht nur mit Text, sondern auch mit großen Grafiken und einer Testfunktion. Dadurch können Sie den Ablauf gefahrlos ausprobieren und sich mit der Bedienung vertraut machen. Gerade in Stresssituationen ist das wichtig, denn im Ernstfall bleibt oft keine Zeit, lange Menüs zu durchsuchen oder Einstellungen zu suchen.

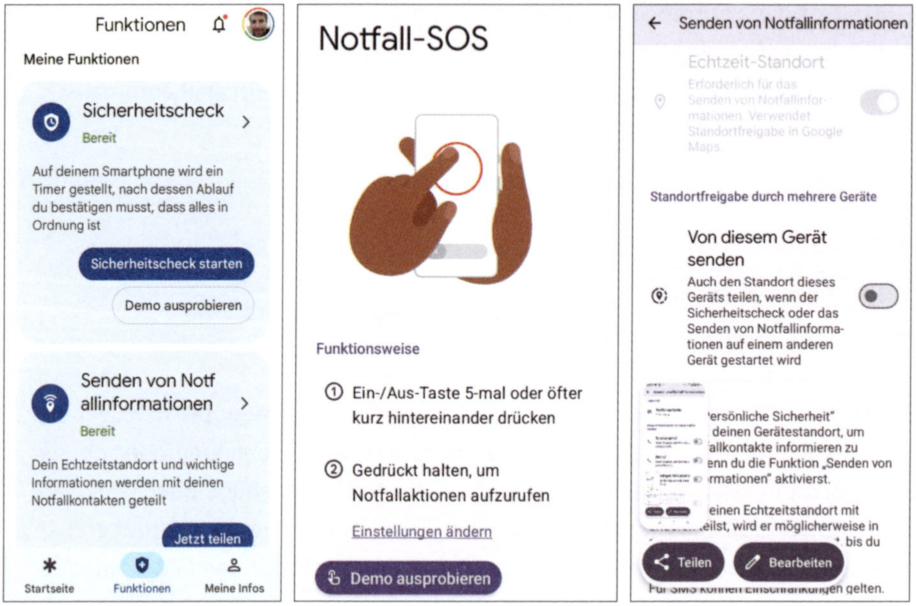

Im Bereich »Funktionen« bündelt die App »Persönliche Sicherheit« wichtige Notfallwerkzeuge wie Sicherheitscheck, Notfall-SOS und das automatische Teilen von Notfallinformationen.

Meine Infos – wichtige Daten für den Notfall hinterlegen

Im unteren Bereich **Meine Infos** verwaltet die App Persönliche Sicherheit alle persönlichen Angaben, die in einem Notfall wichtig werden können. Hier hinterlegen Sie medizinische Daten, Notfallkontakte und weitere Informationen, die Rettungskräften oder Angehörigen im Ernstfall helfen können.

Die Oberfläche ist bewusst einfach aufgebaut. Große Schaltflächen und klar beschriftete Bereiche erleichtern die Einrichtung auch für Menschen, die selten Einstellungen am Smartphone verändern.

Im Mittelpunkt stehen dabei drei Bereiche:

- **Medizinische Daten**
- **Notfallkontakte**
- **Zugriff auf Notfallinformationen**

Zusätzlich können hier gespeicherte Notfallvideos verwaltet werden, sofern diese Funktion verwendet wird.

Medizinische Daten hinterlegen

Der Bereich **Medizinische Daten** lässt sich erstaunlich ausführlich ausfüllen. Android unterstützt dabei deutlich mehr Informationen, als viele Nutzerinnen und Nutzer zunächst vermuten. Unter anderem können Sie hinterlegen:

- Name und Geburtsdatum
- Blutgruppe
- Größe und Gewicht
- Allergien
- Medikamente
- Adresse
- allgemeine medizinische Hinweise
- Informationen zur Organspende

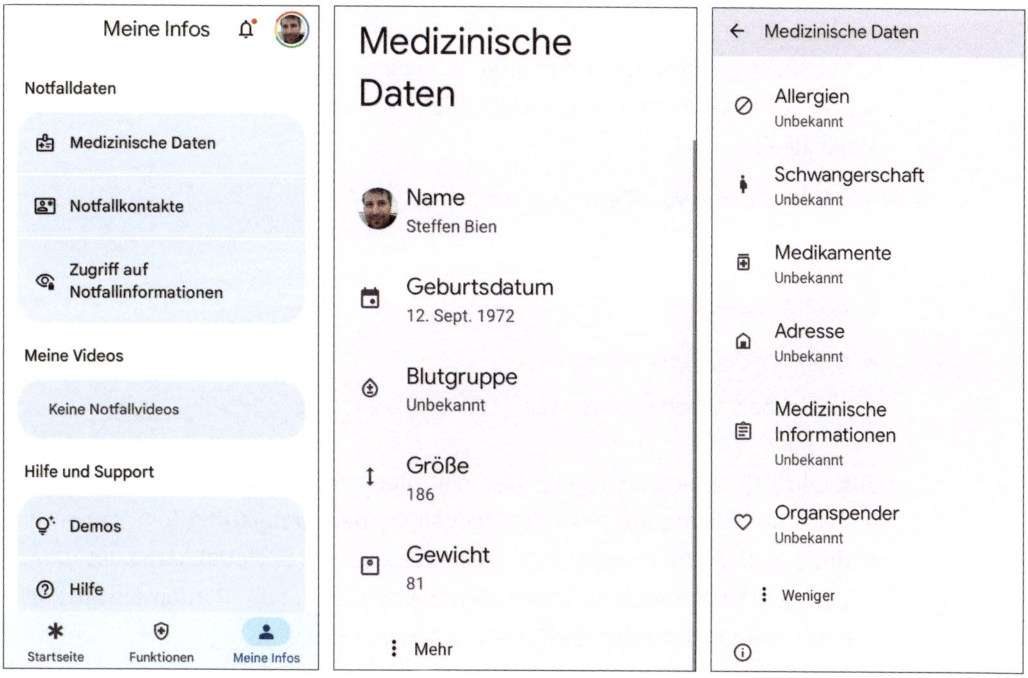

Im Bereich »Meine Infos« hinterlegen Sie medizinische Daten, Notfallkontakte und weitere wichtige Informationen, die im Ernstfall auch über den Sperrbildschirm verfügbar sein können.

Gerade chronische Erkrankungen, starke Allergien oder regelmäßig benötigte Medikamente können im Ernstfall sehr wichtig sein. Rettungskräfte erhalten dadurch schneller einen Überblick über mögliche Risiken oder Besonderheiten. Android zeigt die Angaben übersichtlich in einzelnen Kategorien an. Dadurch bleiben die Informationen auch dann gut lesbar, wenn viele Daten hinterlegt wurden.

Notfallinformationen trotz Sperrbildschirm anzeigen

Eine besonders wichtige Sicherheitsfunktion ist die Möglichkeit, Notfallinformationen direkt auf dem gesperrten Smartphone sichtbar zu machen. Dadurch können Ersthelfer oder Rettungskräfte wichtige Daten abrufen, ohne das Gerät zunächst entsperren zu müssen. Android zeigt dabei ausschließlich die freigegebenen Notfalldaten an. Persönliche Inhalte wie Fotos, Nachrichten, Apps oder andere private Informationen bleiben weiterhin geschützt.

Diese Funktion aktivieren Sie unter **Zugriff auf Notfallinformationen**. Gerade in medizinischen Notfällen kann diese Funktion wertvolle Zeit sparen. Helfer sehen sofort wichtige Hinweise und können schneller reagieren. Besonders ältere Menschen oder Personen mit gesundheitlichen Problemen profitieren von dieser Möglichkeit.

Sinnvoll sind hier vor allem Angaben zu:

- Allergien
- Medikamenten
- bestehenden Erkrankungen
- erreichbaren Notfallkontakten

Zusätzlich lässt sich festlegen, dass die Informationen bei einem Notruf automatisch an Rettungskräfte weitergegeben werden. Unterstützt Ihre Region den Android-Notfall-Standortdienst, können sogar wichtige Notfalldaten zusammen mit Standortinformationen übertragen werden. Dadurch erhalten Einsatzkräfte bereits vor dem Eintreffen wichtige Hinweise zur Situation.

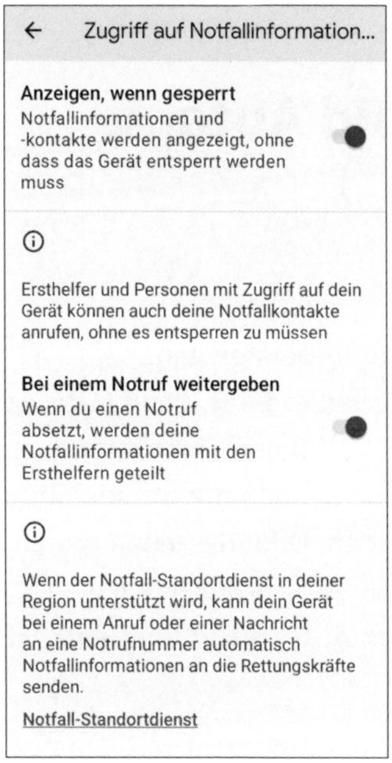

Notfallinformationen lassen sich optional auch auf dem Sperrbildschirm anzeigen und bei einem Notruf automatisch an Rettungskräfte weitergeben.

Außerdem können Ersthelfer direkt über den Sperrbildschirm hinterlegte Notfallkontakte anrufen. Angehörige oder Vertrauenspersonen lassen sich dadurch deutlich schneller informieren.

Kapitel 16
Google Maps und Android Auto

Google Maps gehört zu den Apps, die auf vielen Android-Geräten ganz selbstverständlich genutzt werden. Trotzdem lohnt sich ein genauer Blick, denn Maps ist längst mehr als eine digitale Straßenkarte. Die App hilft Ihnen nicht nur dabei, von einem Ort zum anderen zu kommen, sondern Sie können mit ihr auch Ihre Umgebung erkunden, Restaurants und Geschäfte finden, Öffnungszeiten prüfen, Bewertungen lesen, Bus- und Bahnverbindungen abrufen, Fahrradrouten planen, Ladestationen suchen und Ihre Fahrt direkt auf dem Autodisplay über *Android Auto* begleiten lassen.

Damit wird Google Maps zu einer Art digitalem Orientierungszentrum. Die App verbindet Karte, Suche, Navigation, lokale Informationen und Verkehrsdaten miteinander. Je nach Situation steht ein anderer Aspekt im Vordergrund: Zu Hause planen Sie eine Route, unterwegs suchen Sie die nächste Haltestelle, im Auto lassen Sie sich navigieren und im Urlaub prüfen Sie Sehenswürdigkeiten oder Restaurants in der Nähe.

Gerade auf Android ist Google Maps besonders tief eingebunden. Die App greift auf Ihr Google-Konto zu, kann gespeicherte Orte wie **Zuhause** oder **Arbeit** verwenden, schlägt Ziele aus Ihrem Alltag vor und arbeitet mit Kontakten, Kalenderterminen, Sprachsteuerung und Android Auto zusammen. Auf größeren Displays wie Tablets und Foldables profitieren Sie zudem von mehr Kartenfläche, während Android Auto die wichtigsten Funktionen bewusst reduziert und fahrfreundlich darstellt.

Google Maps öffnen und die Startansicht verstehen

Nach dem Öffnen zeigt Google Maps zunächst Ihre aktuelle Umgebung. Die Karte bildet den Hintergrund, darüber liegen Suchfeld, Schnellkategorien und verschiedene Bedienelemente. Ihre aktuelle Position wird als blauer Punkt oder – während der Navigation – als blauer Pfeil dargestellt. Der Pfeil zeigt zusätzlich an, in welche Richtung Sie bzw. das Gerät ausgerichtet sind. Wenn Sie die Karte verschoben, vergrößert oder gedreht haben, hilft Ihnen das Standortsymbol ◎ am rechten Kartenrand weiter. Ein Tipp darauf bringt die Karte wieder zu Ihrer aktuellen Position zurück. Je nach Ansicht richtet Google Maps die Karte anschließend auch an Ihrer Blick- oder Bewegungsrichtung aus, sodass Sie leichter erkennen, was vor Ihnen liegt. Dazu tippen Sie auf das Kompasssymbol ⊘.

Google Maps passt die Kartenansicht der Bildschirmgröße an – vom Smartphone (links) bis zur breiten Tablet- (rechts) oder Foldable-Ansicht.

Am oberen Rand befindet sich das Suchfeld. Dort geben Sie Adressen, Ortsnamen, Kategorien oder konkrete Geschäfte ein. Sie können also sowohl nach einem konkreten Ort wie »Hannover Hauptbahnhof« als auch nach »Café«, »Supermarkt«, »Tankstelle«, »Ladestation« oder »Arzt« suchen. Neben dem Suchfeld finden Sie ein Mikrofonsymbol 🎙 für die Spracheingabe sowie Ihr Profilbild, über das Sie Kontoeinstellungen, Offlinekarten, Standortfreigaben und weitere Funktionen erreichen.

Unter bzw. neben dem Suchfeld erscheinen Schnellzugriffe. Je nach Situation sehen Sie dort gespeicherte Orte wie **Arbeit**, häufig genutzte Kategorien wie **Restaurants** oder **Tankstellen** oder Vorschläge, die zu Ihrer Umgebung passen. Diese Leiste ist besonders praktisch, wenn Sie nicht genau wissen, welchen Ort Sie suchen, sondern nur eine Kategorie benötigen.

Häufig genutzte Ziele und Ortstypen wie Arbeit, Restaurants, Tankstellen oder Einkaufsmöglichkeiten lassen sich direkt über die Leiste unter dem Suchfeld aufrufen.

Möchten Sie nicht erst einen Ort auswählen, sondern sofort eine Strecke planen, verwenden Sie die Schaltfläche für die Routenplanung ◈. Sie ist an einem Pfeil- bzw. Wegsymbol zu erkennen und führt direkt zur Wegbeschreibung. Dort legen Sie Start- und Zielpunkt fest und wählen anschließend aus, ob Sie mit dem Auto, öffentlichen Verkehrsmitteln, zu Fuß oder mit dem Fahrrad unterwegs sind.

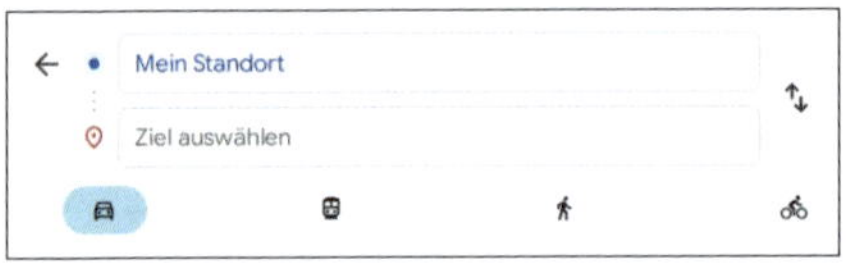

In der Routenplanung legen Sie Start und Ziel fest und wählen anschließend die passende Fortbewegungsart – Auto, öffentliche Verkehrsmittel, Fußweg oder Fahrrad.

Ebenfalls direkt in der Kartenansicht finden Sie das Symbol mit den übereinanderliegenden Ebenen ◈. Darüber passen Sie die Darstellung der Karte an. Sie können zwischen Standardkarte, Satellitenansicht und Geländeansicht wechseln und zusätzliche Kartendetails einblenden. Dazu gehören etwa Verkehrslage, öffentliche Verkehrsmittel, Fahrradwege, Street View, Luftqualität oder Flächenbrände.

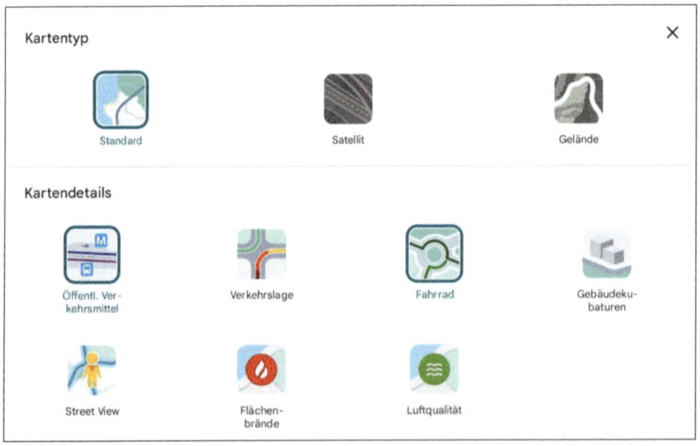

Über die Kartenebenen wechseln Sie zwischen Standardkarte, Satellitenansicht und Gelände und blenden zusätzliche Details wie ÖPNV, Verkehrslage, Fahrradwege oder Luftqualität ein.

So lässt sich Google Maps der jeweiligen Situation anpassen: Vor einer Autofahrt prüfen Sie die Verkehrslage, bei Bus und Bahn blenden Sie ÖPNV-Linien ein, für eine Fahrradtour aktivieren Sie die Fahrradansicht und zur Orientierung an Gebäuden, Parkplätzen oder Zufahrten kann die Satellitenansicht hilfreich sein.

Am unteren Bildschirmrand befinden sich die Hauptbereiche der App. Besonders wichtig sind **Erkunden**, **Für dich** bzw. personalisierte Vorschläge und **Beitragen**. Im Bereich **Erkunden** zeigt Maps Orte in Ihrer Umgebung, Empfehlungen, lokale Informationen und je nach Ansicht auch Wetterdaten mit Temperatur, Kurzvorhersage und Luftqualität an. **Für dich** bündelt zuletzt verwendete und gespeicherte Orte, persönliche Listen, Wunschziele, gespeicherte Fahrten sowie – falls aktiviert – die Zeitachse mit bereits besuchten Orten. Über **Beitragen** können Sie Fotos hochladen, Bewertungen schreiben oder Informationen zu Orten ergänzen.

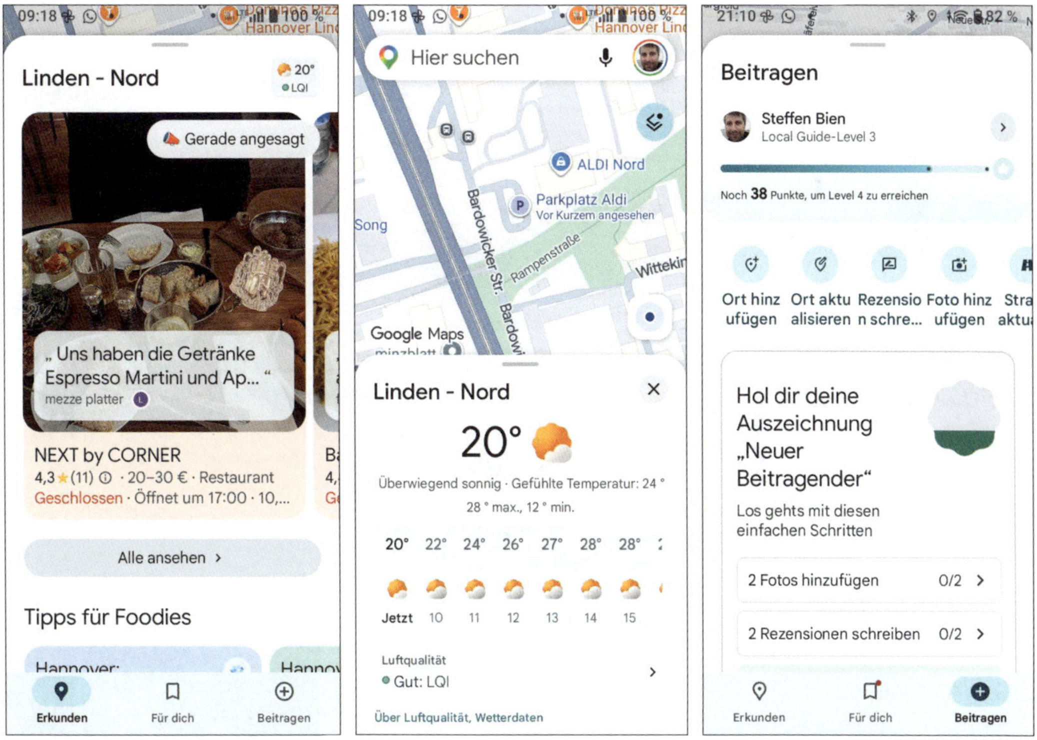

Die unteren Bereiche von Maps: »Erkunden« zeigt lokale Vorschläge, Wetter und Luftqualität, »Für dich« persönliche Infos, »Beitragen« eigene Bewertungen und Fotos.

Die Umgebung erkunden

Google Maps eignet sich nicht nur für die Suche nach einer konkreten Adresse. Die App kann auch wie ein digitaler Stadtführer verwendet werden. Wenn Sie den Bereich **Erkunden** öffnen oder die untere Informationskarte nach oben ziehen, zeigt Maps interessante Orte in Ihrer Nähe an. Dazu gehören Cafés, Restaurants, Geschäfte, Kulturorte, Sehenswürdigkeiten oder häufig besuchte Einrichtungen.

In der Umgebungskarte erscheinen oft große Vorschlagskarten mit Foto, Name, Bewertung, Kategorie, Preisklasse und Öffnungsstatus. Bei einem Café sehen Sie beispielsweise auf einen Blick, ob es geöffnet hat, wie gut es bewertet wurde und ob es eher günstig oder teuer ist. Bei einem Kulturort zeigt Maps die Kategorie, die Bewertung und häufig auch die Entfernung. Solche Vorschläge sind hilfreich, wenn Sie spontan etwas suchen, etwa ein Café in der Nähe, einen Ausflugsort oder ein Geschäft, das noch geöffnet hat.

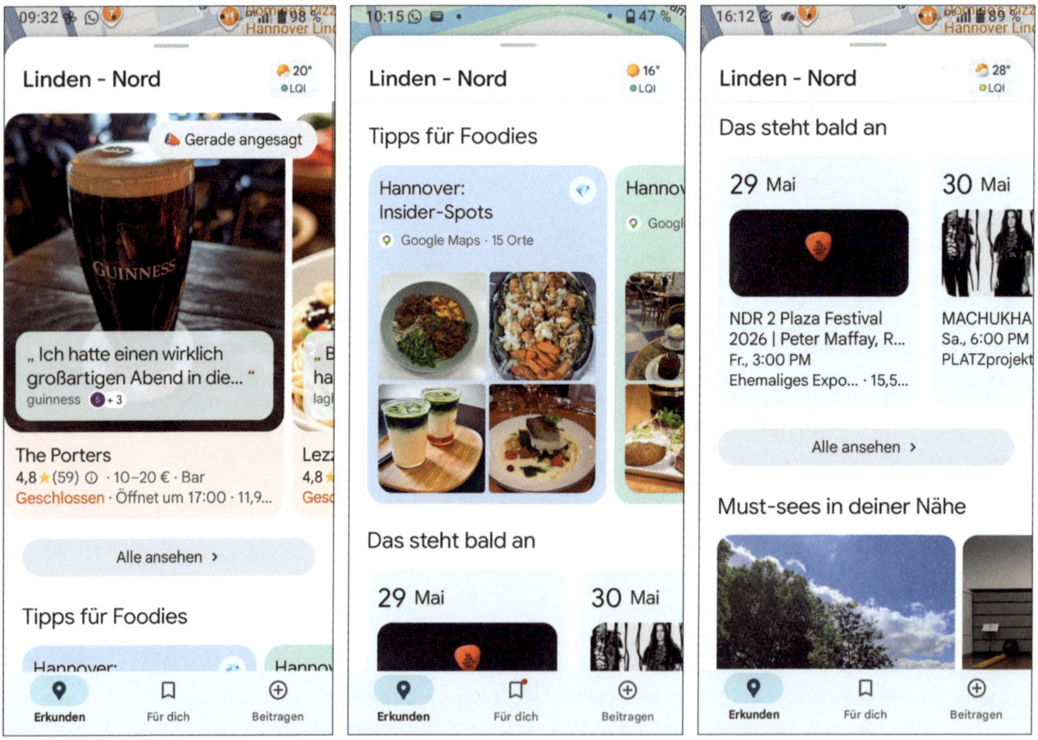

Im Bereich »Erkunden« zeigt Maps lokale Empfehlungen, Foodie-Tipps, kommende Veranstaltungen und sehenswerte Orte in der Nähe.

Die App unterscheidet dabei zwischen verschiedenen Arten von Empfehlungen. Manchmal zeigt Google Maps Orte an, die gerade beliebt sind. In anderen Fällen erscheinen Abschnitte wie **Must-sees in deiner Nähe**. Diese Bereiche sollen Ihnen helfen, interessante Orte zu entdecken, ohne selbst lange suchen zu müssen.

Solche Empfehlungen sind nützlich, aber nicht neutral im Sinne einer redaktionellen Rangliste. Google Maps berücksichtigt unter anderem Bewertungen, Standort, Öffnungszeiten, Suchverhalten, Fotos und allgemeine Beliebtheit. Deshalb sollten Sie bei wichtigen Entscheidungen immer auch die Detailseite eines Ortes prüfen.

Orte suchen

Die gezielte Suche ist der häufigste Einstieg in Google Maps. Tippen Sie in das Suchfeld und geben Sie ein Ziel ein. Das kann eine vollständige Adresse sein, aber auch ein Ortsname, ein Geschäft, eine Kategorie oder ein Kontakt.

So suchen Sie einen Ort:

1. Öffnen Sie Google **Maps**.
2. Tippen Sie oben in das Suchfeld.
3. Geben Sie eine Adresse, einen Ort oder eine Kategorie ein.
4. Wählen Sie aus den vorgeschlagenen Treffern den passenden Eintrag aus.
5. Prüfen Sie die Detailseite.
6. Tippen Sie auf **Route**, wenn Sie den Weg planen möchten.
7. Tippen Sie auf **Starten**, wenn Sie direkt navigieren möchten.

Google Maps schlägt bereits während der Eingabe passende Treffer vor. Wenn Sie nur »REWE« oder »Café« eingeben, zeigt Maps Ergebnisse in der Nähe. Wenn Sie eine genaue Adresse eingeben, springt Maps direkt dorthin. Bei Kontakten funktioniert die Suche ebenfalls, sofern in der Kontakte-App eine Adresse gespeichert ist.

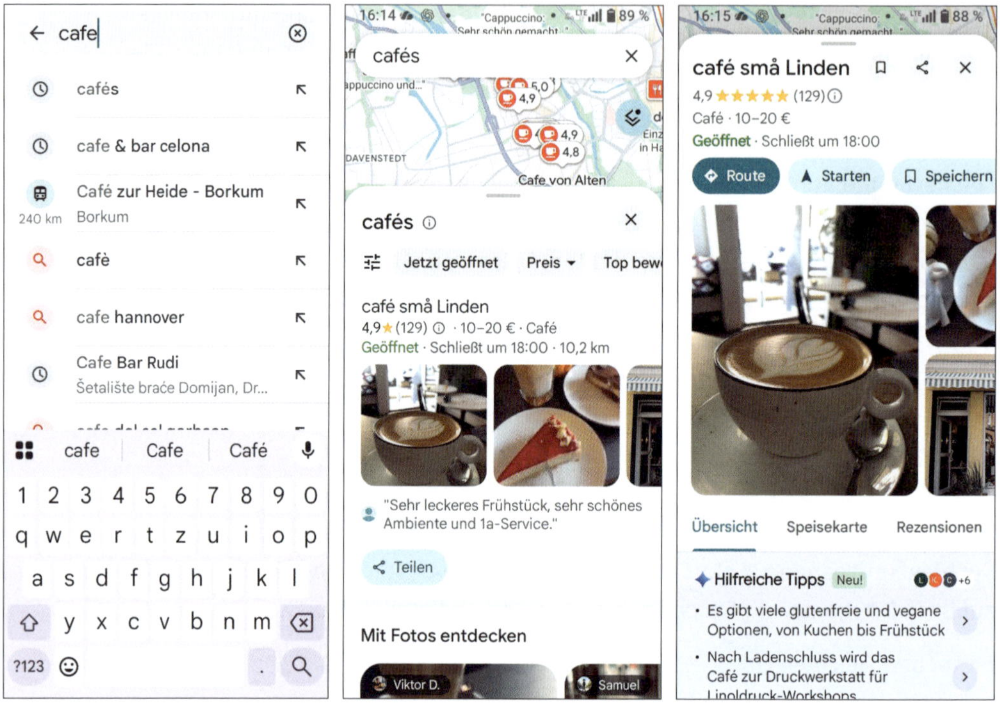

Von der Suche über die Trefferliste bis zur Detailseite: Maps zeigt Cafés mit Bewertung, Öffnungszeiten, Fotos, Route, Speisekarte und Rezensionen.

Ortsseiten verstehen

Wenn Sie einen Ort antippen, öffnet Google Maps eine Detailseite. Diese Seite ist einer der wichtigsten Bereiche der App. Sie zeigt nicht nur die Position auf der Karte, sondern auch viele praktische Zusatzinformationen. Bei Geschäften, Restaurants, Cafés, öffentlichen Einrichtungen oder Sehenswürdigkeiten kann diese Detailseite sehr umfangreich sein.

Typische Informationen sind:

- der Name des Ortes
- die Bewertung und Anzahl der Rezensionen
- die Kategorie, etwa Supermarkt, Café oder Kulturzentrum
- der aktuelle Öffnungsstatus und die Öffnungszeiten

- Fotos und Videos
- Adresse
- Website
- Telefonnummer
- Schaltflächen für **Route**, **Starten**, **Anrufen**, **Speichern** und **Teilen**
- Stoßzeiten und durchschnittliche Aufenthaltsdauer
- Parkplatzinformationen
- Hinweise zur Barrierefreiheit
- Ladestationen
- ein Verzeichnis bei größeren Orten

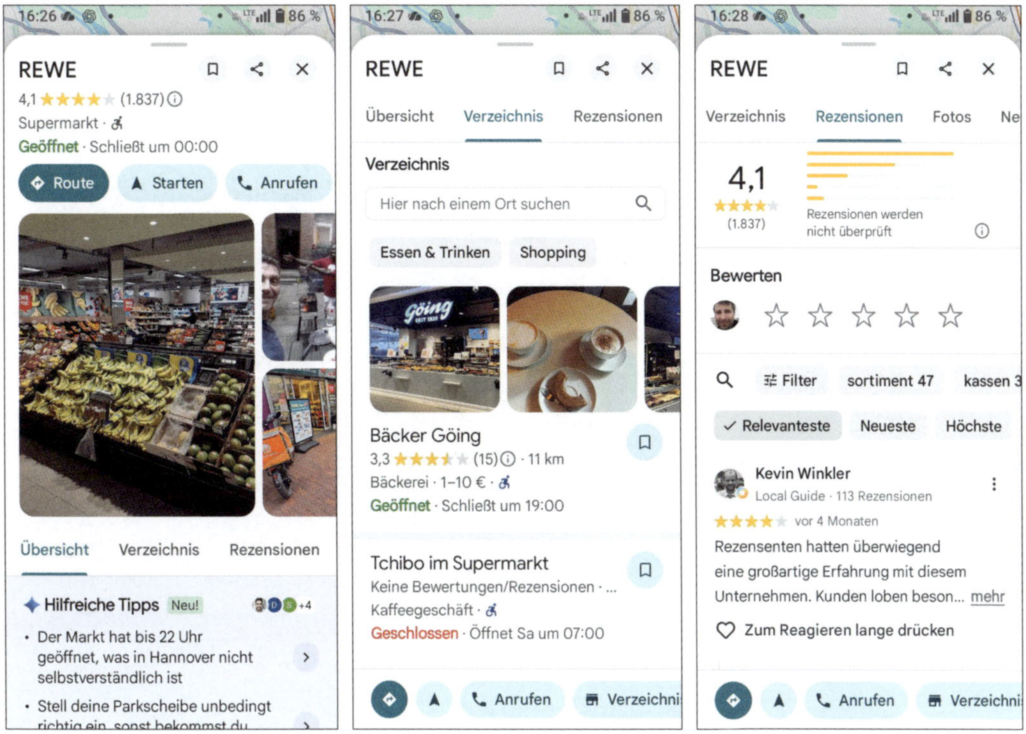

Die Detailseite eines Ortes zeigt Öffnungszeiten, Adresse, Telefonnummer, Bewertungen, Fotos und direkte Aktionen wie »Route«, »Starten« oder »Anrufen«.

Bei einem Supermarkt sehen Sie beispielsweise, ob er noch geöffnet hat oder demnächst schließt. Darunter erscheinen oft Schaltflächen wie **Route**, **Starten** und

Anrufen. Über **Route** öffnen Sie die Routenplanung. Über **Starten** beginnen Sie direkt mit der Navigation. Über **Anrufen** wählen Sie die hinterlegte Telefonnummer.

Die Detailseite ist meist in mehrere Registerkarten unterteilt. Häufig finden Sie die Registerreiter **Übersicht**, **Verzeichnis** und **Rezensionen**. Die Übersicht enthält die wichtigsten Angaben. Das Verzeichnis zeigt einzelne Angebote innerhalb oder im Umfeld eines größeren Standortes. Die Rezensionen liefern Bewertungen und Erfahrungsberichte anderer Nutzerinnen und Nutzer.

Öffnungszeiten und aktuelle Hinweise

Der Öffnungsstatus ist eine der praktischsten Funktionen von Google Maps. Die App zeigt nicht nur die regulären Öffnungszeiten, sondern hebt auch hervor, ob ein Ort gerade geöffnet ist, bald schließt oder aktuell geschlossen hat. Formulierungen wie **Schließt demnächst** oder **Geschlossen · Öffnet Mi um 07:00** helfen Ihnen, unnötige Wege zu vermeiden.

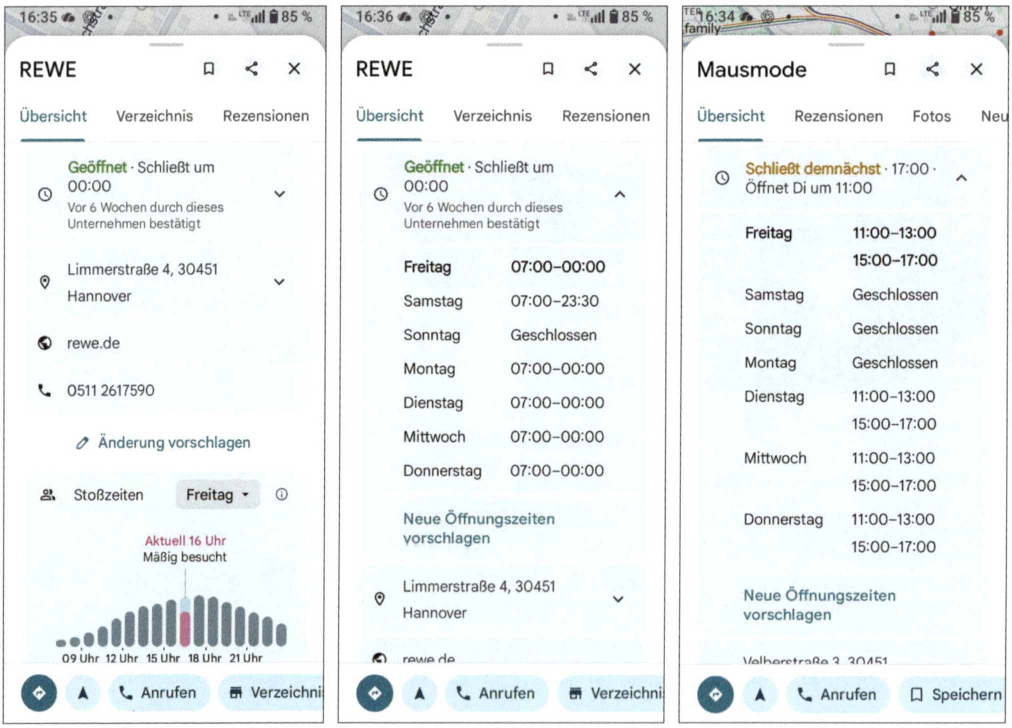

Die Öffnungszeiten lassen sich auf der Detailseite ausklappen und für einzelne Wochentage vollständig anzeigen.

Trotzdem sollten Sie bei wichtigen Wegen vorsichtig sein. Öffnungszeiten in Maps stammen aus Einträgen der Betreiber, aus öffentlichen Quellen oder aus Nutzerbeiträgen. Sie sind meistens zuverlässig, können aber veraltet sein. Wenn es wichtig ist, etwa bei einer Arztpraxis, einer Behörde oder einem Geschäft kurz vor Ladenschluss, ist ein kurzer Anruf oft sinnvoll.

Tippen Sie auf den Öffnungsbereich, können Sie häufig die vollständigen Öffnungszeiten für die Woche einsehen. Das ist besonders hilfreich bei Geschäften mit abweichenden Zeiten, Feiertagen, Restaurants mit Ruhetagen oder Einrichtungen, die nur an bestimmten Tagen geöffnet sind.

Hilfreiche Tipps und zusammengefasste Informationen

Auf vielen Ortsseiten zeigt Google Maps inzwischen zusätzliche Informationsblöcke an. Dazu gehören etwa **Hilfreiche Tipps**. Dort fasst Maps Aussagen aus Rezensionen zusammen. Bei einem Supermarkt kann dort stehen, dass es einen großen kostenlosen Parkplatz gibt, dieser aber schnell voll sein kann, oder dass sich im Markt eine Postfiliale und ein Bäcker befinden.

Solche Hinweise sparen Zeit, weil Sie nicht erst zahlreiche Rezensionen lesen müssen. Maps versucht, wiederkehrende Aussagen zusammenzufassen und als kurze Stichpunkte anzuzeigen. Für den Alltag ist das sehr praktisch: Sie sehen schnell, ob ein Ort zu Ihren Bedürfnissen passt.

Diese Zusammenfassungen sollten Sie aber richtig einordnen. Sie beruhen auf Nutzerbeiträgen und können subjektiv sein. Wenn mehrere Personen denselben Punkt erwähnen, ist das ein guter Hinweis, eine Garantie ist es nicht.

Stoßzeiten und Aufenthaltsdauer

Bei vielen Geschäften, Restaurants und öffentlichen Orten zeigt Google Maps die typischen **Stoßzeiten**. Diese erscheinen als Balkendiagramm. Die Balken zeigen, zu welchen Tageszeiten normalerweise viel los ist. Zusätzlich kann Maps anzeigen, ob aktuell mehr oder weniger Besucherinnen und Besucher als gewöhnlich vor Ort sind.

Das ist besonders hilfreich bei Supermärkten, Behörden, Restaurants, Arztpraxen, Sehenswürdigkeiten oder Freizeiteinrichtungen. Wenn Sie flexibel sind, können Sie einen ruhigeren Zeitpunkt wählen. Maps zeigt außerdem manchmal, wie lange Menschen dort üblicherweise bleiben, z. B. durchschnittlich 15 Minuten.

Stoßzeiten zeigen, wann ein Ort üblicherweise stark besucht ist und wie viel aktuell los ist.

Stoßzeiten beachten

Prüfen Sie vor dem Einkauf oder Besuch die Stoßzeiten. So vermeiden Sie lange Warteschlangen, volle Parkplätze oder stark besuchte Zeitfenster.

Rezensionen und Bewertungen lesen

Bewertungen helfen bei der Einschätzung eines Ortes. Google Maps zeigt eine Sternebewertung und die Anzahl der Rezensionen. Beides sollten Sie gemeinsam betrachten. Eine Bewertung von 4,9 Sternen bei wenigen Bewertungen ist weniger aussagekräftig als 4,4 Sterne bei mehreren hundert Rezensionen.

Auf der Registerkarte **Rezensionen** finden Sie einzelne Erfahrungsberichte. Zusätzlich zeigt Maps häufig Schlagwörter, die in Rezensionen oft vorkommen, etwa »Parkplatz«, »Kasse«, »Sortiment«, »Gemüse« oder »Bäcker«. Diese Begriffe geben schnell einen Eindruck davon, worüber viele Menschen schreiben.

Wenn Sie einen Ort beurteilen möchten, achten Sie auf folgende Punkte:

- Wie viele Bewertungen gibt es?
- Sind die Rezensionen aktuell?
- Werden dieselben Stärken oder Schwächen mehrfach erwähnt?
- Geht es um Dinge, die Ihnen wichtig sind?
- Sind negative Bewertungen sachlich oder eher emotional formuliert?

Das Verzeichnis eines Ortes

Bei größeren Orten erscheint häufig eine Registerreiter **Verzeichnis**. Dieser Bereich ist besonders nützlich bei Einkaufszentren, Supermärkten mit Zusatzangeboten, Bahnhöfen, Flughäfen, Kliniken, Behörden oder großen Gebäudekomplexen.

Im Verzeichnis sehen Sie einzelne Einrichtungen oder Dienstleistungen innerhalb eines Standortes. Ein Supermarkt kann beispielsweise zusätzlich eine Postfiliale, einen Bäcker oder weitere Servicebereiche enthalten. Das Verzeichnis kann außerdem nach Kategorien gegliedert sein, etwa **Essen & Trinken**, **Shopping** oder **Leistungen**.

So finden Sie schneller heraus, ob ein bestimmter Service vorhanden ist. Anstatt mehrere Suchanfragen zu starten, öffnen Sie einfach die Detailseite des Hauptortes und wechseln ins Verzeichnis.

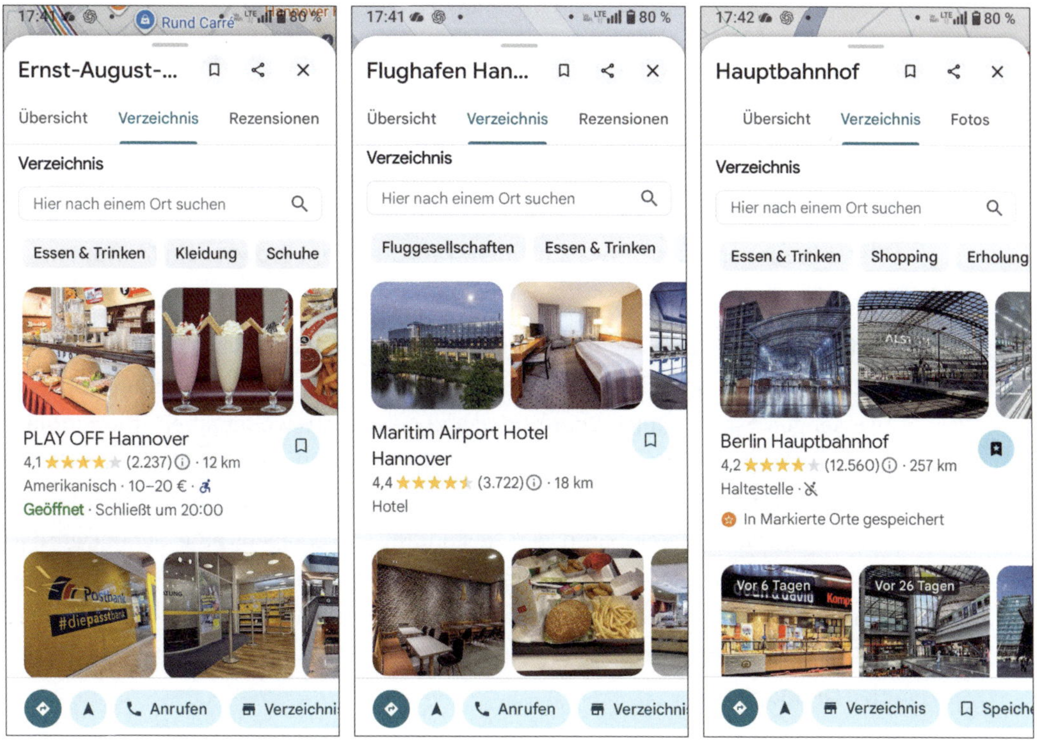

Das Verzeichnis zeigt Angebote und Orte innerhalb größerer Standorte wie Bahnhöfen, Flughäfen oder Einkaufszentren.

Orte speichern und teilen

Wenn Sie einen Ort später wiederfinden möchten, können Sie ihn in Google Maps speichern. Öffnen Sie dazu zunächst die Detailseite des gewünschten Ortes. Dort finden Sie das Lesezeichensymbol ◻. Ein Tipp darauf öffnet den Bereich **In Liste speichern**. Maps zeigt Ihnen anschließend Ihre vorhandenen Listen an, z. B. **Favoriten**, **Wunschziele**, **Reisepläne** oder **Markierte Orte**. Wählen Sie eine oder mehrere Listen aus und bestätigen Sie die Auswahl mit **Speichern**.

Bei Bedarf können Sie direkt eine neue Liste anlegen. Tippen Sie dazu auf **Neue Liste**, vergeben Sie einen Namen und fügen Sie optional eine kurze Beschreibung hinzu. Außerdem legen Sie fest, ob die Liste privat bleiben oder freigegeben werden soll. Private Listen können nur Sie selbst ansehen und bearbeiten. Freigegebene Listen lassen sich über einen Link mit anderen Personen teilen. Das ist besonders praktisch für Reisen, gemeinsame Ausflüge oder eine Sammlung von Orten, die Sie später besuchen möchten.

Gespeicherte Orte eignen sich für viele Alltagssituationen. Sie können Restaurants vormerken, Hotels und Ferienunterkünfte sammeln, Kundenadressen sichern, Arztpraxen wiederfinden, Parkplätze speichern, Ladestationen markieren oder Ausflugsziele für eine spätere Reiseplanung ablegen. Wenn Sie mit demselben Google-Konto angemeldet sind, stehen Ihre gespeicherten Orte auch auf anderen Geräten zur Verfügung, etwa auf einem Tablet oder im Browser am Computer.

Neben dem Speichern können Sie Orte auch teilen. Tippen Sie dazu auf der Detailseite eines Ortes auf das Teilensymbol ≺. Google Maps erstellt dann einen Link zu diesem Ort. Diesen Link können Sie kopieren oder direkt über Apps wie Messenger, E-Mail, Quick Share oder andere Dienste weitergeben. Die Empfängerin oder der Empfänger kann den Ort anschließend direkt in Maps öffnen und sich selbst dorthin navigieren lassen. Das Teilen ist besonders nützlich, wenn Sie einen Treffpunkt vereinbaren, ein Restaurant vorschlagen, eine Sehenswürdigkeit weitergeben oder anderen Personen zeigen möchten, wo sich ein bestimmter Parkplatz, Eingang oder Veranstaltungsort befindet. Auf diese Weise müssen Sie keine Adresse abschreiben und vermeiden Missverständnisse bei ähnlich klingenden Ortsnamen.

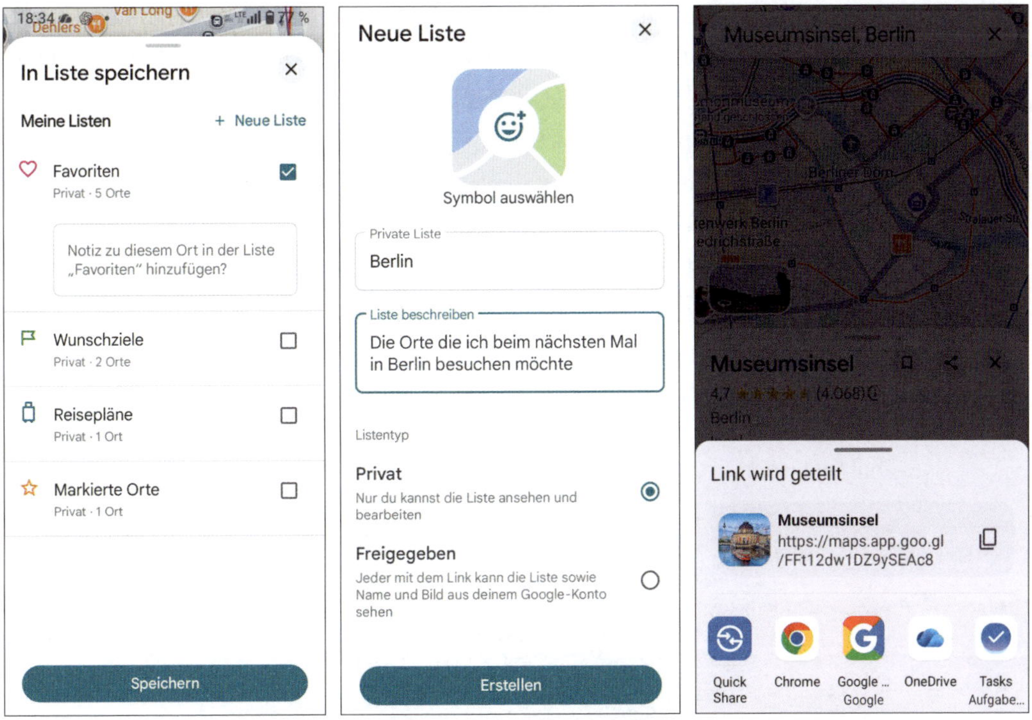

Über das Lesezeichensymbol speichern Sie Orte in Listen; über das Teilensymbol geben Sie einen Maps-Link weiter.

Kartenarten auswählen

Google Maps kann dieselbe Umgebung unterschiedlich darstellen. Über das Ebenensymbol ◈ öffnen Sie das Menü für Kartenarten und Kartendetails. Dort wählen Sie zunächst den **Kartentyp**.

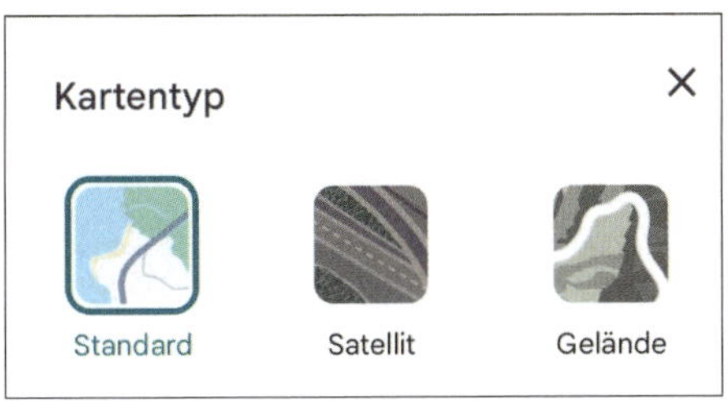

Maps bietet drei Kartentypen: Standardkarte, Satellitenansicht und Geländeansicht.

Die wichtigste Ansicht ist **Standard**. Sie zeigt Straßen, Wege, Gebäude, Grünflächen, Gewässer und Beschriftungen in einer klaren Kartenansicht. Für die tägliche Nutzung und Navigation ist diese Ansicht meist am übersichtlichsten.

Die Ansicht **Satellit** zeigt Luft- bzw. Satellitenbilder. Sie eignet sich besonders, wenn Sie eine Zufahrt, einen Parkplatz, ein Gebäude, ein Grundstück oder die Umgebung genauer einschätzen möchten. Wenn Sie z. B. wissen möchten, wo sich der Eingang eines Gebäudes befindet oder wie groß ein Parkplatz ist, kann die Satellitenansicht hilfreicher sein als die Standardkarte.

Die Ansicht **Gelände** hebt Landschaftsformen und Höhenunterschiede stärker hervor. Sie ist nützlich bei Wanderungen, Fahrradtouren oder Strecken in hügeligem Gebiet. Im Alltag wird sie seltener benötigt, kann aber bei Ausflügen sehr hilfreich sein.

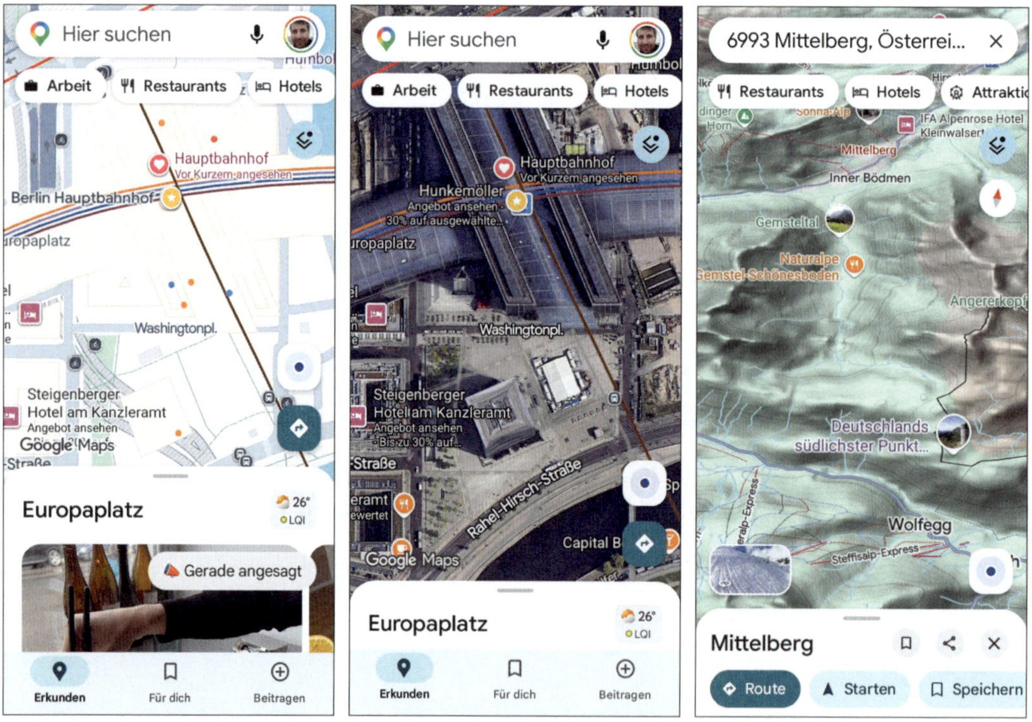

Im Menü »Kartentyp« wechseln Sie zwischen Standardkarte, Satellitenansicht und Gelände. Je nach Aufgabe ist eine andere Darstellung sinnvoll.

Kartendetails einblenden

Über das Ebenensymbol ◈ in der Kartenansicht erreichen Sie nicht nur die Kartentypen, sondern auch zusätzliche Kartendetails. Diese Ebenen blenden bestimmte Informationen über der Karte ein und können einzeln aktiviert werden. So passen Sie Google Maps der jeweiligen Situation an – etwa für Verkehr, öffentliche Verkehrsmittel, Fahrradwege oder weitere Zusatzinformationen.

Kartendetails blenden zusätzliche Informationen wie Verkehrslage, ÖPNV, Fahrradwege, Street View oder Luftqualität ein.

Die Ebene **Öffentliche Verkehrsmittel** zeigt Linien, Haltestellen und Verbindungen. Sie ist hilfreich, wenn Sie mit Bus, Bahn, Stadtbahn, Straßenbahn oder U-Bahn unterwegs sind. In größeren Städten erkennen Sie damit schneller, welche Linien in der Nähe verlaufen und wo sich Haltestellen befinden.

Die Ebene **Verkehrslage** zeigt die aktuelle Verkehrssituation. Grüne Straßenabschnitte bedeuten meist fließenden Verkehr, orangefarbene und rote Bereiche weisen auf Verzögerungen hin. Zusätzlich erscheinen hier Hinweise auf Sperrungen, Baustellen, Unfälle oder andere Störungen. Diese Ebene ist besonders nützlich vor Autofahrten oder wenn Sie prüfen möchten, ob eine Route aktuell stark belastet oder beeinträchtigt ist.

Die Ebene **Fahrrad** hebt fahrradgeeignete Wege oder Routen hervor. Sie ist nützlich für Fahrradtouren oder Alltagswege mit dem Rad. Je nach Region sind die Daten unterschiedlich vollständig. In Städten ist die Fahrradansicht oft hilfreicher als in ländlichen Gebieten.

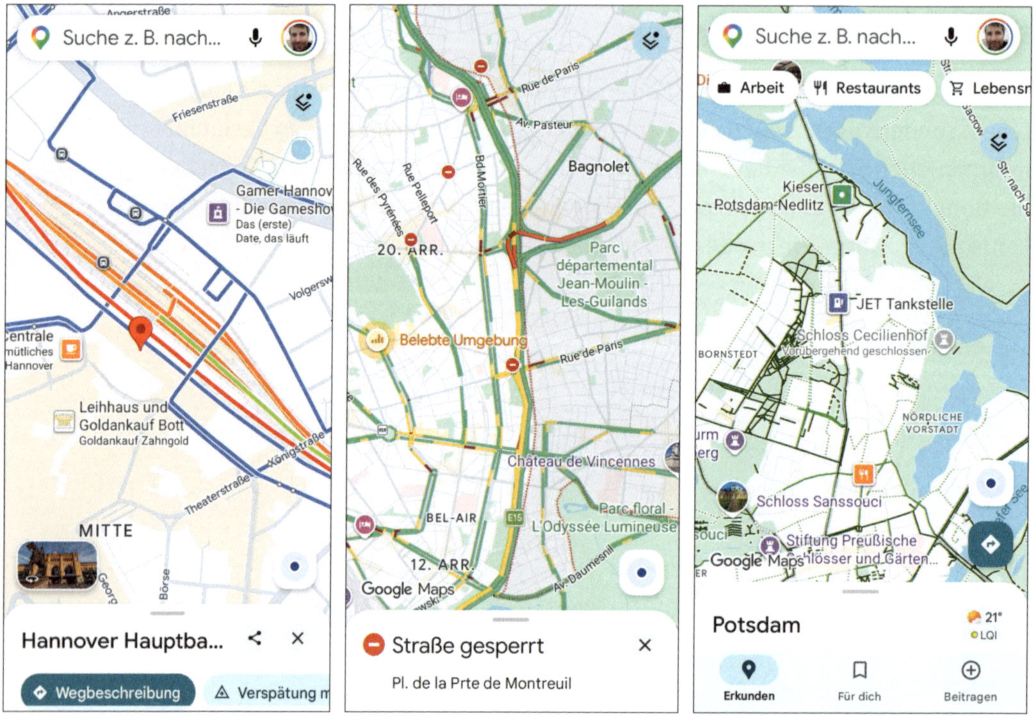

Die Ebenen für ÖPNV, Verkehr und Fahrrad blenden jeweils passende Zusatzinformationen direkt in der Karte ein.

Mit **Gebäudekubaturen** werden Gebäude räumlicher dargestellt. Dadurch wirkt die Karte plastischer und Sie können sich in dicht bebauten Bereichen besser orientieren.

Street View ermöglicht den Blick auf Straßenzüge aus der Perspektive der Straße. Aktivieren Sie dazu in den Kartendetails die Ebene **Street View**. Auf der Karte erscheinen anschließend blau markierte Straßen und Bereiche, für die Street-View-Aufnahmen verfügbar sind. Tippen Sie auf eine blaue Linie oder auf ein kleines Vorschaubild, um die Straßenansicht zu öffnen. Dort können Sie sich durch Tippen oder Wischen entlang der Straße bewegen und die Umgebung drehen. Damit prüfen Sie vorab, wie ein Eingang aussieht, wo eine Einfahrt liegt oder wie ein Treffpunkt erkennbar ist. Nicht alle Orte sind in Street View verfügbar.

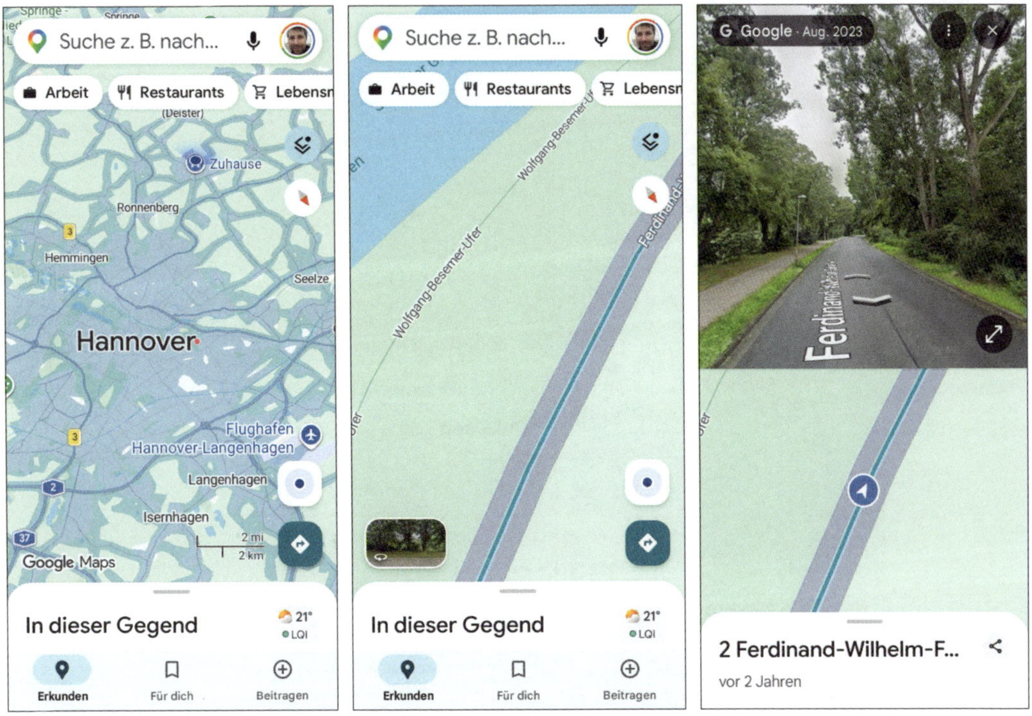

In »Street View« wechseln Sie von der Karte zur Straßenansicht und können die Umgebung aus der Perspektive vor Ort betrachten.

Ebenen gezielt auswählen
Aktivieren Sie nicht alle verfügbaren Ebenen gleichzeitig. Wählen Sie immer die Ansicht, die gerade zu Ihrer Aufgabe passt: Verkehr für Autofahrten, ÖPNV für Bus und Bahn, Fahrrad für Radtouren, Satellit für Einfahrten und Gelände für Ausflüge.

Die Ebene **Flächenbrände** zeigt entsprechende Gefahreninformationen, sofern diese für die Region verfügbar sind. Das ist vor allem bei Reisen, Hitzeperioden oder Waldbrandlagen relevant. Die Ebene **Luftqualität** zeigt Informationen zur Luftbelastung. Das kann für Menschen mit Atemwegserkrankungen, bei Sport im Freien oder bei Reisen in stark belastete Regionen hilfreich sein.

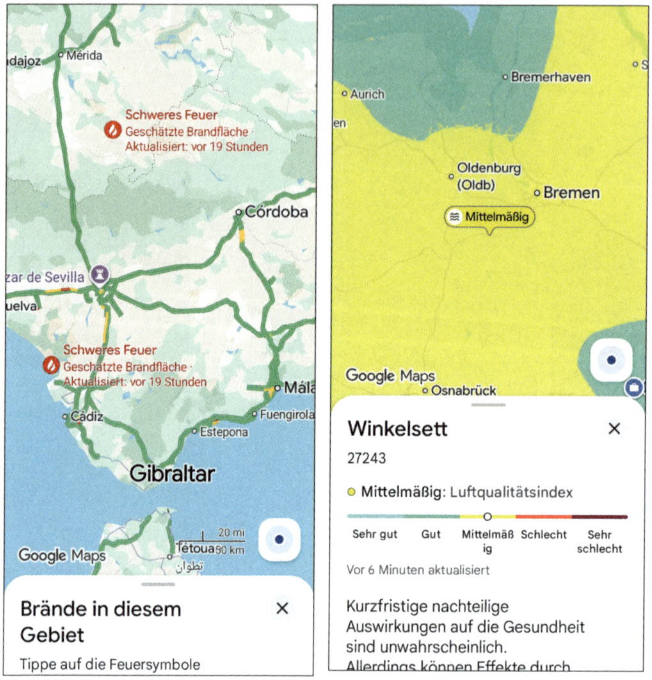

Zusatzebenen zeigen besondere Informationen wie Flächenbrände oder Luftqualität direkt auf der Karte an.

Routenarten in Google Maps

Wenn Sie eine Route planen, wählen Sie nicht nur ein Ziel aus, sondern auch die Art der Fortbewegung. Google Maps berechnet die Strecke je nach Routenart anders. Eine Autofahrt folgt anderen Regeln als ein Fußweg, eine Fahrradroute oder eine Verbindung mit Bus und Bahn. Die verfügbaren Routenarten sind:

- Auto
- öffentliche Verkehrsmittel
- zu Fuß
- Fahrrad
- Fahrdienste und weitere Mobilitätsangebote, sofern verfügbar

Die Symbole für diese Routenarten erscheinen nach dem Tippen auf **Route**. Wechseln Sie zwischen den Symbolen, um unterschiedliche Vorschläge zu sehen. Dauer, Strecke und Wegbeschreibung ändern sich entsprechend.

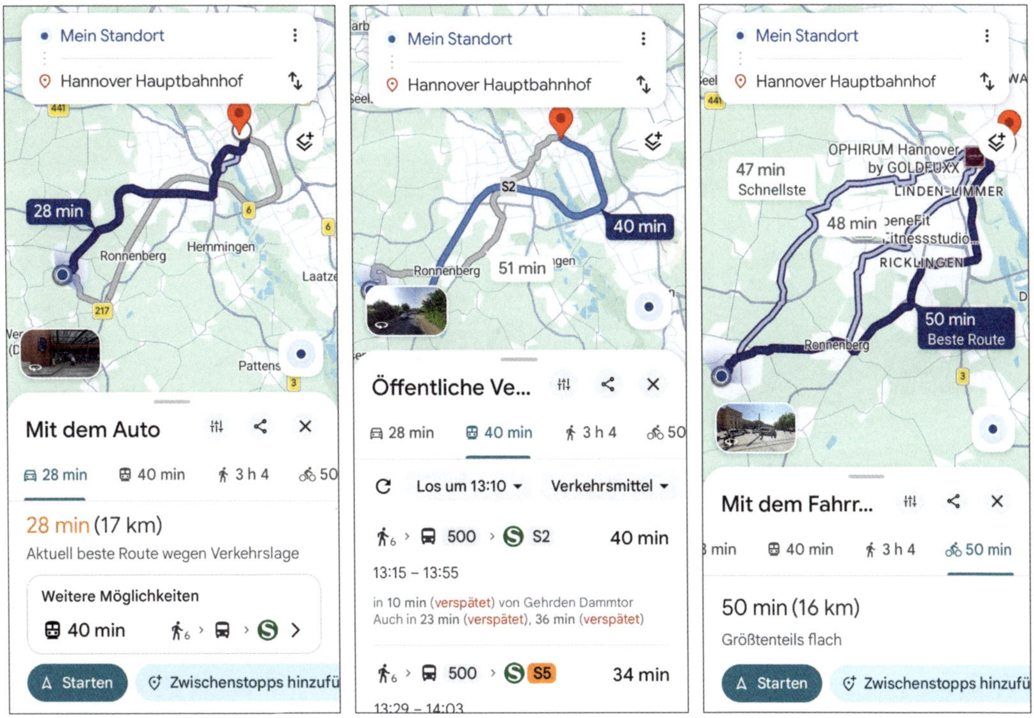

Je nach gewählter Routenart berechnet Maps unterschiedliche Wege für Auto, ÖPNV, Fußweg, Fahrrad oder weitere Mobilitätsangebote.

Route mit dem Auto planen

Die Autoroute ist die klassische Form der Navigation in Google Maps. Die App berechnet die Strecke anhand des Straßennetzes, der aktuellen Verkehrslage, bekannter Sperrungen, Baustellen, Unfälle, Geschwindigkeiten und Erfahrungswerte. Häufig zeigt Maps mehrere Alternativen an: Eine Route kann besonders schnell sein, eine andere vermeidet Mautstraßen, eine weitere ist etwas länger, aber verbrauchsärmer.

Um eine Autofahrt zu planen, suchen Sie zunächst Ihr Ziel und tippen anschließend auf **Route** bzw. **Wegbeschreibung**. Als Startpunkt ist meist automatisch **Mein Standort** eingetragen. Das ist richtig, wenn Sie direkt von Ihrer aktuellen Position losfahren möchten. Anschließend wählen Sie das Autosymbol 🚘 aus. Maps zeigt nun die berechnete Strecke auf der Karte an. Unterhalb der Karte sehen Sie die geschätzte Fahrzeit, die Entfernung und zusätzliche Hinweise, etwa zu normalem Verkehr, Mautstraßen oder Warnungen auf der Strecke.

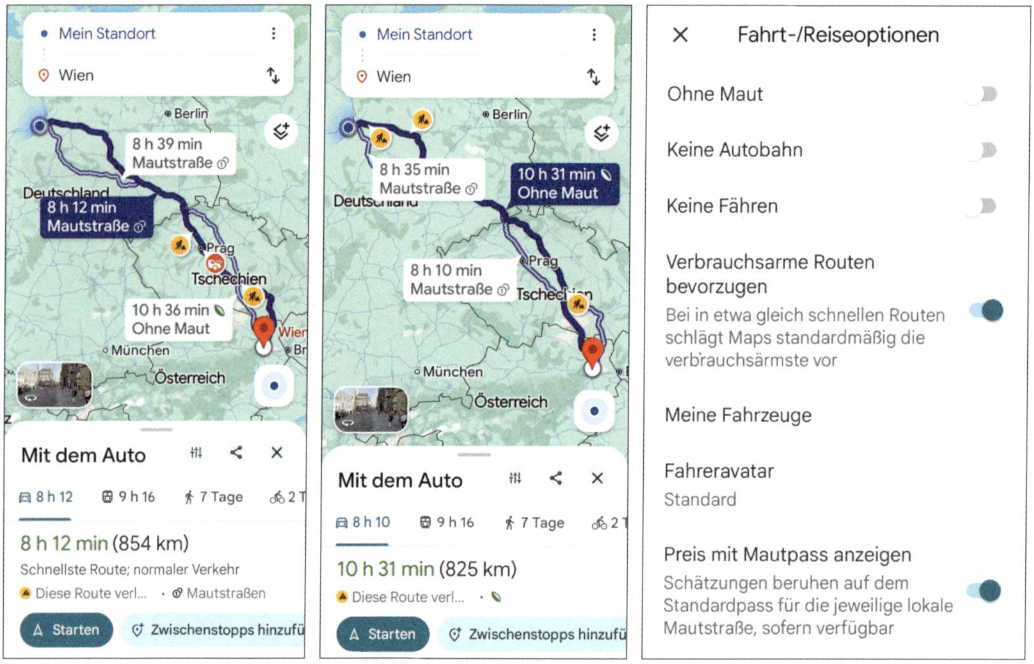

Maps zeigt alternative Autorouten mit Fahrzeit, Maut- und Warnhinweisen; in den Reiseoptionen lassen sich Maut, Autobahnen, Fähren meiden oder verbrauchsarme Routen bevorzugen.

Vor dem Start lohnt sich ein genauer Blick auf die vorgeschlagenen Routen. Alternative Strecken werden direkt auf der Karte eingeblendet und können durch Antippen ausgewählt werden. Dabei sollten Sie nicht nur auf die reine Fahrzeit achten. Eine etwas längere Route kann angenehmer sein, wenn sie weniger Stau, weniger Baustellen oder keine Maut enthält. Über die Routenoptionen ⚙ können Sie außerdem festlegen, ob Google Maps Autobahnen, Mautstraßen oder Fähren vermeiden soll. Diese Einstellungen sind besonders hilfreich auf Urlaubsfahrten oder bei Strecken ins Ausland.

Bei manchen Strecken zeigt Google Maps verbrauchsarme Routen mit einem Blattsymbol an. Dabei berücksichtigt Maps unter anderem Steigungen, Verkehrsdichte und möglichst gleichmäßige Geschwindigkeiten. Ist eine verbrauchsärmere Route ungefähr gleich schnell, kann sie eine sinnvolle Alternative sein. Über die Fahrzeugeinstellungen können Sie zudem angeben, ob Sie mit einem Benziner, Diesel, Hybrid oder Elektrofahrzeug unterwegs sind. Bei Elektrofahrzeugen lassen sich passende Stecker und Adapter auswählen, damit Maps relevantere Ladestationen vorschlagen kann.

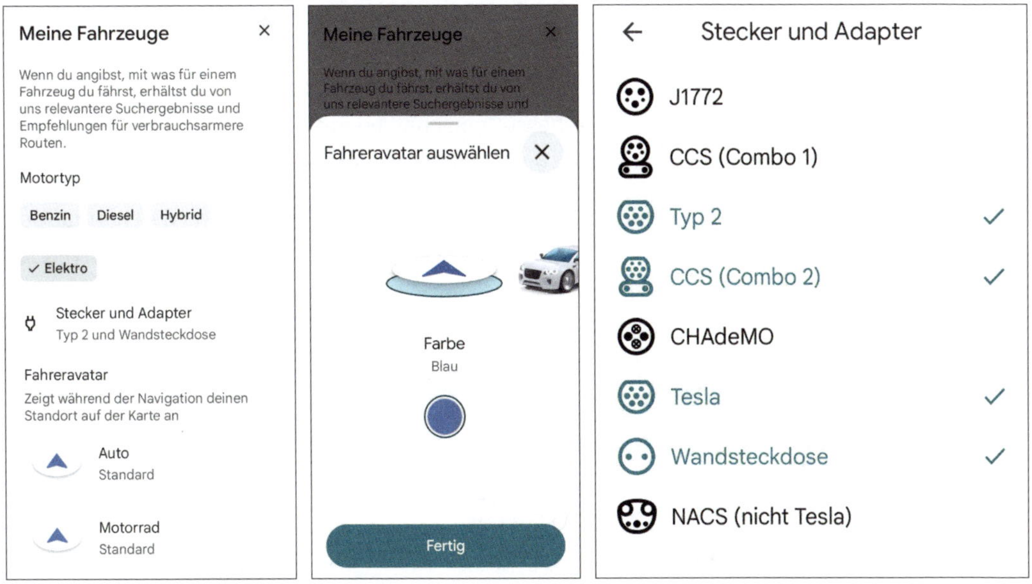

In den Fahrzeugeinstellungen legen Sie Motortyp, Fahreravatar und bei Elektroautos passende Stecker und Adapter fest.

Vor längeren Fahrten lohnt sich auch ein Blick in die Detailansicht der Route. Dort zeigt Google Maps die einzelnen Wegschritte und Verkehrshinweise entlang der Strecke an. Baustellen, Spursperrungen, Unfälle oder Straßensperrungen erscheinen mit passenden Symbolen und kurzen Beschreibungen. Teilweise sehen Sie auch, wann eine Meldung zuletzt bestätigt wurde und ob sie von Google Maps, Google-Maps-Fahrern oder Waze-Fahrern stammt. Dadurch lässt sich besser einschätzen, ob eine Störung noch aktuell ist.

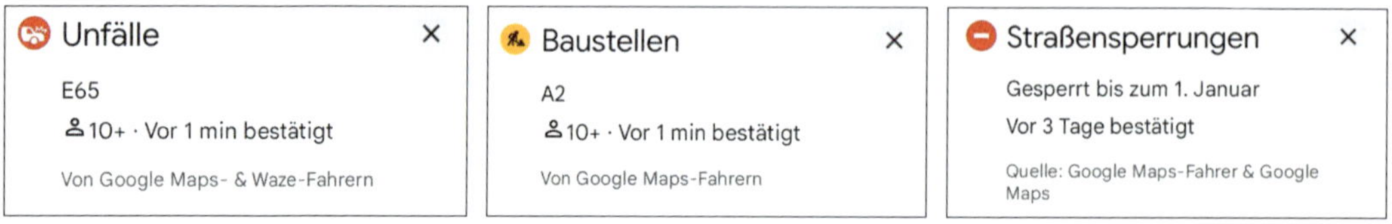

Maps zeigt Verkehrsmeldungen wie Unfälle, Baustellen und Straßensperrungen mit kurzer Beschreibung und letzter Bestätigung an.

Praktisch ist außerdem die Möglichkeit, eine Abfahrts- oder Ankunftszeit festzulegen. Tippen Sie dazu in der Routenansicht auf eine Zeitangabe wie **Los um** oder **Ankunft um**. Danach wählen Sie Uhrzeit und Datum aus. Google Maps berechnet die voraussichtliche Fahrtdauer dann anhand typischer Verkehrsdaten für diesen Zeitraum. So können Sie besser einschätzen, ob eine Fahrt im Berufsverkehr deutlich länger dauert oder ob eine spätere Abfahrt sinnvoller wäre.

Nicht jede Autofahrt führt direkt von A nach B. Wenn Sie unterwegs jemanden abholen, tanken, laden, einkaufen oder eine Pause einlegen möchten, nutzen Sie die Funktion **Zwischenstopp hinzufügen**. Sie befindet sich direkt in der Routenansicht neben der Schaltfläche **Starten**.

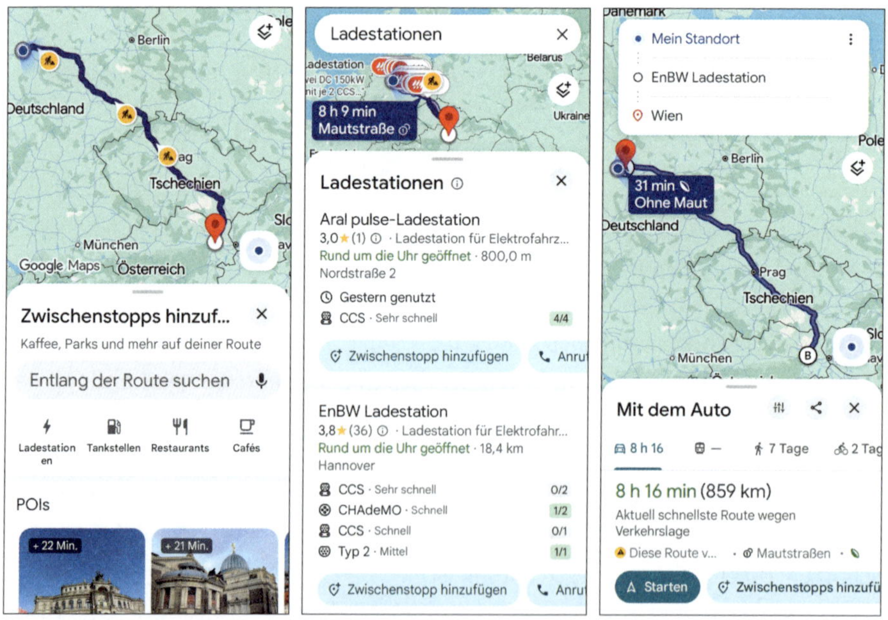

Über »Zwischenstopp hinzufügen« lassen sich weitere Ziele in eine bestehende Route einbauen.

Nach dem Antippen öffnet Maps die Suche, über die Sie eine Adresse, einen konkreten Ort oder eine Kategorie wie Tankstelle, Restaurant oder Ladestation auswählen können. Der gewählte Zwischenstopp wird anschließend in die bestehende Route eingefügt und Maps berechnet Fahrzeit, Strecke und Ankunftszeit neu. Gerade bei längeren Fahrten oder bei Elektrofahrzeugen ist das hilfreich, weil sich Tank-, Lade- oder Pausenstopps besser in die Reise einplanen lassen.

Navigation starten

Wenn die Route passt, starten Sie die Navigation über **Starten**. Google Maps wechselt anschließend in die Navigationsansicht und führt Sie Schritt für Schritt zum Ziel.

Oben auf dem Bildschirm sehen Sie den nächsten Fahrhinweis, z. B. den, auf einer Straße zu bleiben, abzubiegen oder in einen Kreisverkehr einzufahren. Direkt darunter bzw. daneben zeigt Maps die Entfernung bis zur nächsten Aktion und häufig auch den Straßennamen an.

In der Kartenmitte sehen Sie Ihre aktuelle Position als Pfeil und die farbig hervorgehobene Route. Auf Smartphone, Tablet und Foldable passt Maps die Darstellung der verfügbaren Bildschirmgröße an: Auf dem Smartphone ist die Ansicht kompakter, auf größeren Displays bleibt mehr Platz für den Straßenverlauf und mögliche Alternativrouten. Wenn Sie die Karte während der Navigation verschieben, können Sie über **Zentrieren** wieder zur aktuellen Position zurückspringen.

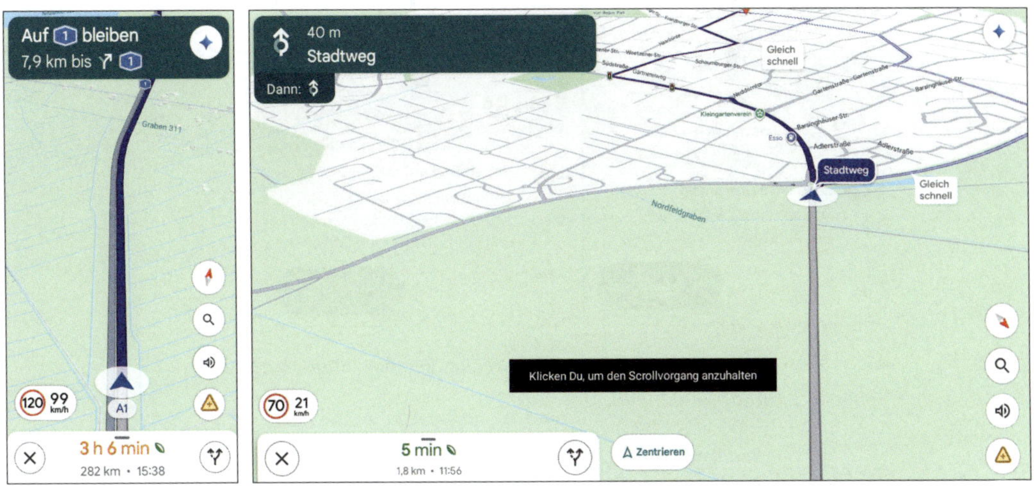

Die Navigationsansicht zeigt Fahrhinweise, Route, Restzeit, Tempo, Such- und Tonoptionen sowie mögliche Alternativstrecken.

Am unteren Bildschirmrand zeigt Maps die verbleibende Fahrzeit, die Reststrecke und die voraussichtliche Ankunftszeit an. Zusätzlich können Hinweise wie das Blattsymbol für eine verbrauchsarme Route erscheinen. Seitlich finden Sie weitere Schaltflächen für die Suche entlang der Route 🔍, die Sprachausgabe 🔊 und die Möglichkeit für das Hinzufügen selbst entdeckter Verkehrsstörungen ⚠.

Verkehrsmeldungen und automatische Umfahrungen

Google Maps nutzt aktuelle Verkehrsdaten, Nutzerhinweise und weitere Quellen, um Staus, Baustellen, Sperrungen und andere Störungen zu erkennen. Solche Ereignisse erscheinen während der Navigation direkt auf der Karte oder als Hinweis am unteren Bildschirmrand. Dabei sehen Sie z. B., ob sich eine Baustelle auf Ihrer Route befindet, wie stark sie die Fahrt verzögert oder ob ein Stau automatisch umfahren wird.

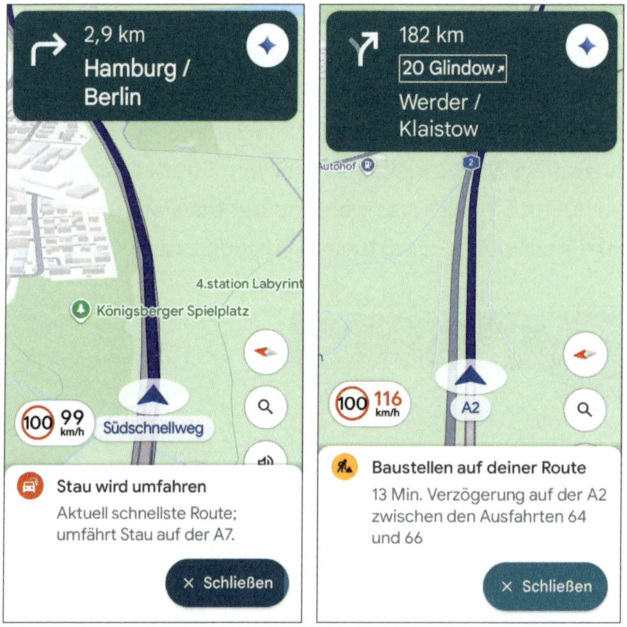

Maps weist während der Fahrt auf Baustellen, Verzögerungen und schnellere Umfahrungen hin.

Wenn eine schnellere oder ähnlich schnelle Alternative verfügbar ist, blendet Maps diese direkt in die Route ein. Sie können dann entscheiden, ob Sie dem Vorschlag folgen oder auf der bisherigen Strecke bleiben. Solche Umfahrungen sind oft hilfreich, sollten aber nicht völlig unkritisch übernommen werden. Manchmal führen sie über enge Nebenstraßen, durch Wohngebiete oder über Strecken, die zwar rechnerisch schnell, aber weniger angenehm zu fahren sind. Wenn Sie die Umgebung kennen, lohnt sich deshalb ein kurzer Blick auf den Vorschlag.

Tankstellen und Ladestationen suchen

Während einer laufenden Navigation können Sie über das Lupensymbol nach Orten entlang der Route suchen. Google Maps öffnet dann eine spezielle Maske **Entlang der Route suchen**. Dort erscheinen häufig bereits passende Kategorien wie **Ladestationen**, **Tankstellen**, **Restaurants**, **Cafés**, **Supermärkte** oder **Rastplätze**. Alternativ können Sie oben einen eigenen Suchbegriff eingeben.

Wählen Sie z.B. **Tankstellen** oder **Ladestationen**, zeigt Maps passende Treffer direkt auf der Karte an. Dabei sehen Sie, wie stark sich der Stopp auf Ihre Route auswirkt, etwa durch Hinweise wie **+3 min** oder **+5 min Umweg**. Bei Tankstellen erscheinen je nach Region Bewertungen, Entfernung, Öffnungszeiten und teilweise Preise. Bei Ladestationen zeigt Maps oft Anbieter, Bewertung, mögliche Ladepunkte und – sofern verfügbar – die aktuelle Verfügbarkeit.

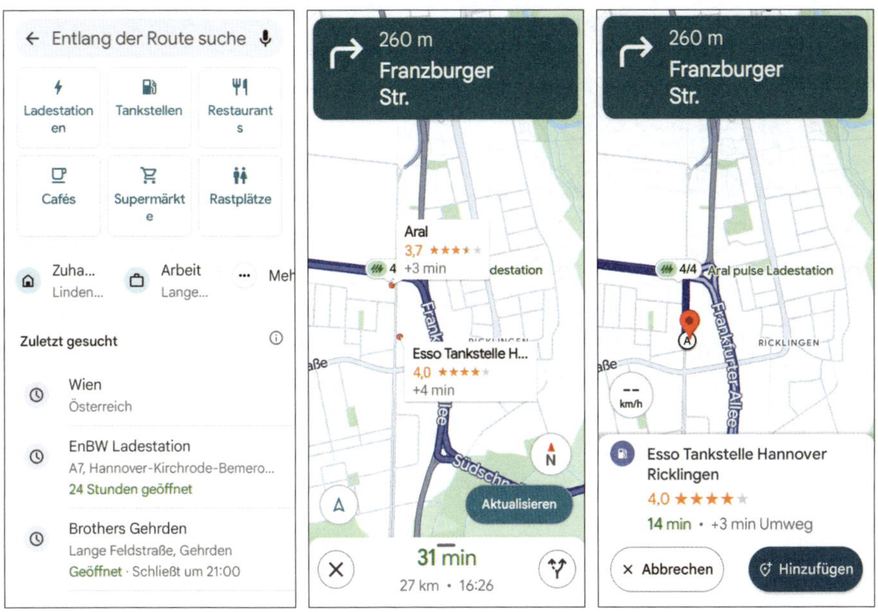

Über die Suche entlang der Route lassen sich Tankstellen, Ladestationen oder andere Stopps auswählen und als Zwischenziel hinzufügen.

Wenn Sie einen passenden Ort auswählen, blendet Google Maps unten eine Karte mit weiteren Informationen ein. Über **Hinzufügen** wird der Ort als Zwischenstopp in die laufende Route übernommen. Mit **Abbrechen** kehren Sie zur bisherigen Navigation zurück. Die Route wird anschließend neu berechnet und Maps passt Fahrzeit, Strecke und Ankunftszeit entsprechend an.

Für Fahrerinnen und Fahrer von Elektroautos ist diese Funktion besonders wichtig. Gerade auf längeren Strecken können Sie so prüfen, welche Ladestationen auf der Route liegen und wie groß der Umweg wäre. Trotzdem sollten Sie sich bei niedrigem Akkustand nicht nur auf eine einzige Station verlassen. Die Verfügbarkeit kann sich schnell ändern. Planen Sie deshalb möglichst eine zweite Lademöglichkeit ein oder prüfen Sie zusätzlich die App des Ladeanbieters.

Eigene Meldungen hinzufügen

Während der Navigation können Sie selbst Verkehrsstörungen melden. Dazu gibt es die Funktion **Meldung hinzufügen** ⚠. Je nach Version und Region stehen Kategorien wie **Straßensperrung**, **Unfall**, **Stau**, **Baustelle**, **Spursperrung** oder **Gegenstand auf der Straße** zur Verfügung.

Über »Meldung hinzufügen« können Sie Störungen wie Unfall, Stau, Baustelle oder Sperrung melden – natürlich nur, wenn es sicher ist.

Solche Meldungen helfen anderen Nutzerinnen und Nutzern. Wenn mehrere Personen eine Meldung bestätigen, wird sie zuverlässiger. Google Maps kann außerdem fragen, ob eine gemeldete Baustelle, ein Stau oder ein Hindernis noch vorhanden ist. Dann können Sie mit **Noch da** oder **Nicht da** antworten.

Nutzen Sie diese Funktion nur, wenn es sicher möglich ist. Beim Fahren sollte die Bedienung nicht ablenken. Wenn Sie allein unterwegs sind, ist es besser, solche Meldungen nur im Stand zu erfassen.

Route mit öffentlichen Verkehrsmitteln

Google Maps ist auch für Bus und Bahn sehr hilfreich. Wenn Sie in der Routenplanung das Symbol für öffentliche Verkehrsmittel wählen, berechnet Maps Verbindungen mit Bus, Bahn, Straßenbahn, Stadtbahn, U-Bahn oder Regionalverkehr. Dabei berücksichtigt die App Abfahrtszeiten, Umstiege, Fußwege und – sofern verfügbar – aktuelle Echtzeitinformationen. Dadurch eignet sich Google Maps nicht nur für lange Fahrten, sondern auch für kurze Alltagswege, etwa zur nächsten Haltestelle, in die Innenstadt oder zu einem Termin in einer anderen Stadt.

Um eine Verbindung mit öffentlichen Verkehrsmitteln zu planen, suchen Sie zunächst Ihr Ziel und tippen anschließend auf **Route** bzw. **Wegbeschreibung**. Als Startpunkt ist meist automatisch **Mein Standort** eingetragen. Das ist sinnvoll, wenn Sie direkt von Ihrer aktuellen Position aus starten möchten. Anschließend wählen Sie das Symbol für öffentliche Verkehrsmittel aus. Maps zeigt nun passende Verbindungen an und nennt dazu Abfahrtszeit, Ankunftszeit, Gesamtdauer, Fußwege und die jeweiligen Linien. In der Übersicht sehen Sie außerdem, ob eine Verbindung pünktlich ist, planmäßig fährt oder sich verspätet.

Über die Auswahl **Los um** können Sie festlegen, ob Sie sofort starten oder eine bestimmte Abfahrts- bzw. Ankunftszeit planen möchten. Das ist besonders praktisch, wenn Sie eine Verbindung für später vorbereiten oder rechtzeitig zu einem Termin ankommen müssen. Über die Routenoptionen können Sie die Vorschläge weiter einschränken. Sie können bestimmte Verkehrsmittel bevorzugen, etwa **Zug**, **Straßenbahn**, **U-Bahn** oder **Bus**. Zusätzlich kann Maps Verbindungen nach Kriterien wie **Beste Route**, **Wenig umsteigen**, **Kurze Fußwege** oder **Rollstuhlgerecht** filtern. Bei barrierefreien Routen werden Aufzüge nach Möglichkeit bevorzugt und Treppen vermieden.

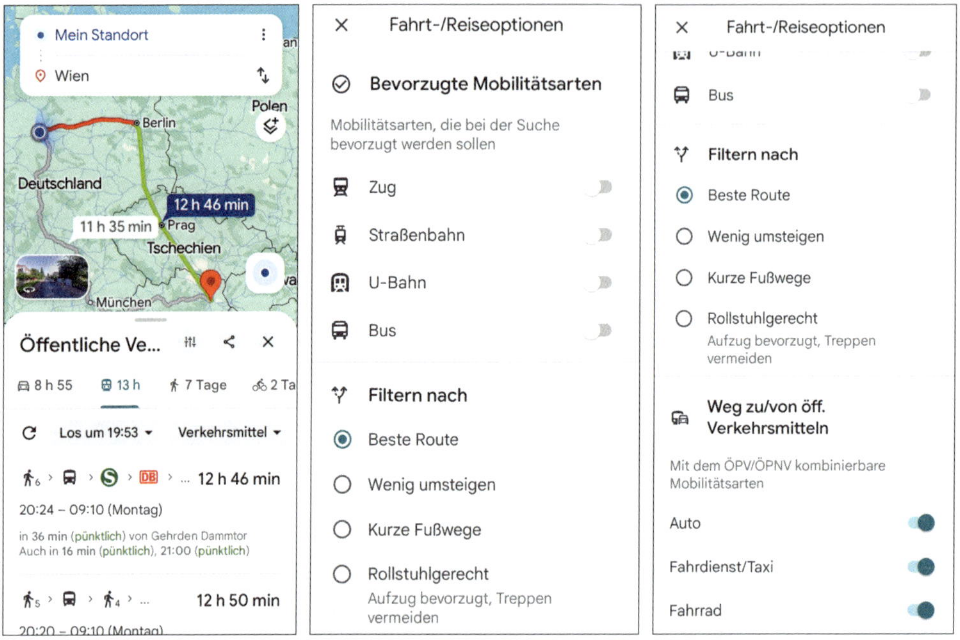

Bei ÖPNV-Routen zeigt Maps passende Verbindungen und bietet Filter für Verkehrsmittel, Umstiege, Fußwege und barrierefreie Routen.

Vor der Auswahl einer Verbindung lohnt sich ein genauer Blick auf die vorgeschlagenen Alternativen. Die schnellste Verbindung ist nicht immer die angenehmste. Eine Route mit einem Umstieg weniger kann entspannter sein, auch wenn sie einige Minuten länger dauert. Achten Sie außerdem auf die Länge der Fußwege und auf die Umstiegszeiten. Gerade an unbekannten Bahnhöfen, großen Haltestellen oder in fremden Städten kann ein zeitlich sehr knapper Umstieg stressig werden.

Wenn Sie eine Verbindung antippen, zeigt Maps die einzelnen Schritte genauer an. Sie sehen dann beispielsweise, wie lange Sie zur Haltestelle gehen, welche Linie Sie nehmen, in welche Richtung sie fährt, an welchem Gleis oder Bussteig Sie einsteigen und an welcher Haltestelle Sie aussteigen. Bei Bahnverbindungen erscheinen häufig zusätzliche Hinweise wie Gleisnummer, Verspätung, Ticketkauf, Auslastung, Barrierefreiheit oder Empfehlungen zum Einsteigen, etwa für ein schnelleres Verlassen des Bahnhofs. Auch Hinweise zum passenden Ausgang am Zielbahnhof können angezeigt werden.

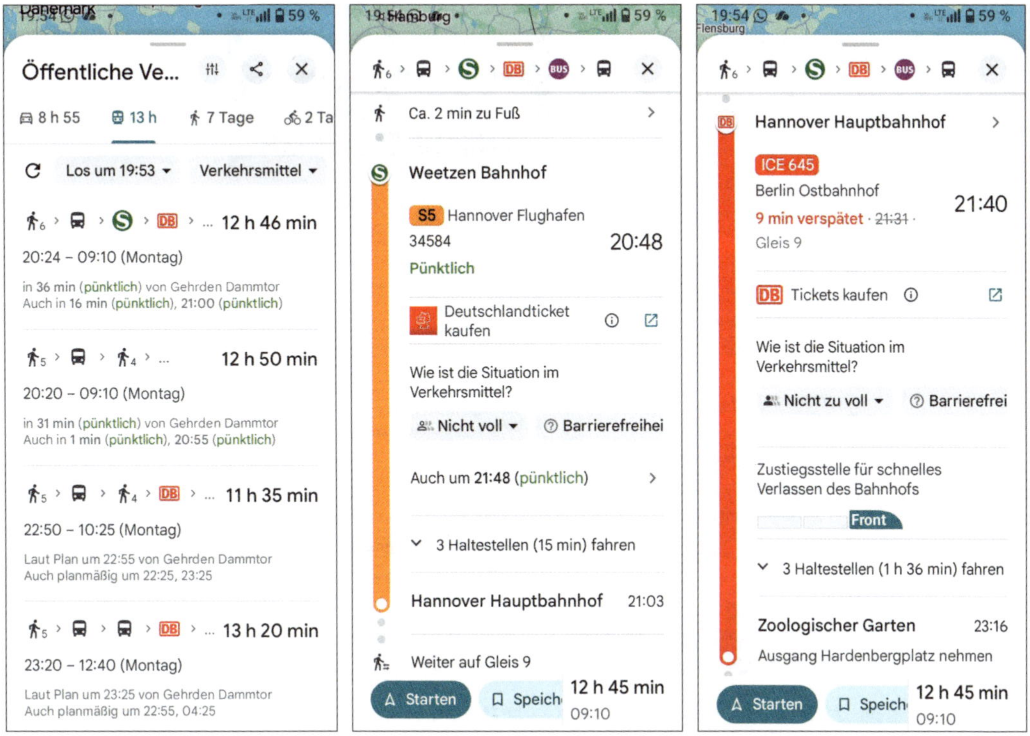

Die Detailansicht einer ÖPNV-Verbindung zeigt alle Fahrtabschnitte mit Linien, Zeiten, Gleisen, Verspätungen, Auslastung und Umstiegen.

Besonders praktisch ist, dass Google Maps bei öffentlichen Verkehrsmitteln verschiedene Verkehrsmittel miteinander kombiniert. Eine Route kann also aus einem Fußweg zur Haltestelle, einer Busfahrt, einem Umstieg in die S-Bahn, einer Zugfahrt und einem weiteren kurzen Fußweg bestehen.

Wenn Sie die passende Verbindung ausgewählt haben, starten Sie die Wegführung über **Starten**. Maps begleitet Sie dann durch die einzelnen Abschnitte der Reise. Während der Fahrt oder des Fußweges erscheinen die nächsten Schritte nicht nur in der App, sondern auch als Benachrichtigung auf dem Sperrbildschirm. Dort sehen Sie z. B., wie lange Sie noch bis zur Haltestelle gehen müssen, welche Linie als Nächstes fährt oder wann Sie voraussichtlich ankommen. Über die Benachrichtigung können Sie die laufende Wegführung außerdem schnell wieder öffnen oder beenden.

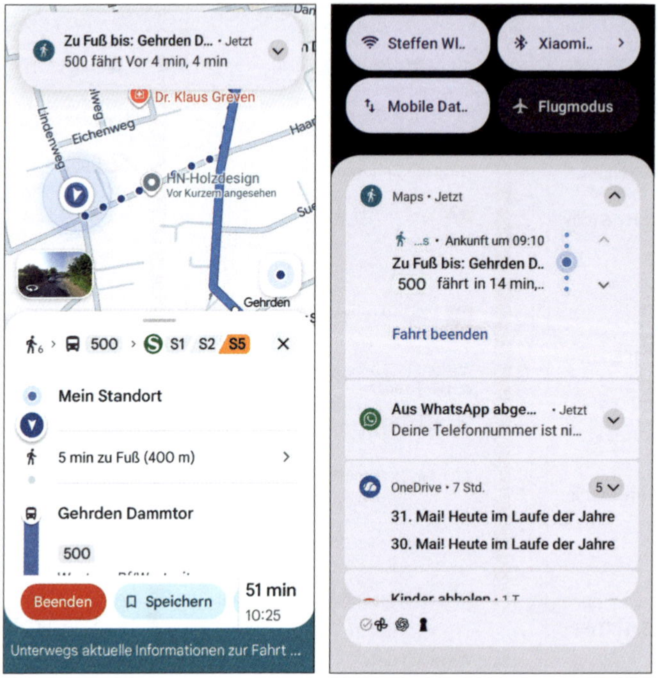

Bei gestarteter ÖPNV-Wegführung zeigt Maps die nächsten Schritte in der App und als Benachrichtigung auf dem Sperrbildschirm an.

Trotzdem sollten Sie bei Bus- und Bahnfahrten etwas Puffer einplanen. Maps zeigt Verbindungen und teilweise Echtzeitdaten an, kann aber kurzfristige Ausfälle, volle Fahrzeuge, verpasste Anschlüsse oder lokale Besonderheiten nicht immer zuverlässig vorhersehen. Bei wichtigen Terminen ist es daher sinnvoll, eine frühere Verbindung auszuwählen oder zusätzlich die App des jeweiligen Verkehrsverbundes zu prüfen.

Haltestellen und Abfahrten anzeigen

Sie können in Google Maps nicht nur komplette ÖPNV-Routen planen, sondern auch einzelne Haltestellen öffnen. Wenn Sie eine Haltestelle antippen, zeigt Maps die nächsten Abfahrten. Dabei sehen Sie Liniennummer, Ziel, Abfahrtszeit, Status und teilweise Gleis oder Bussteig.

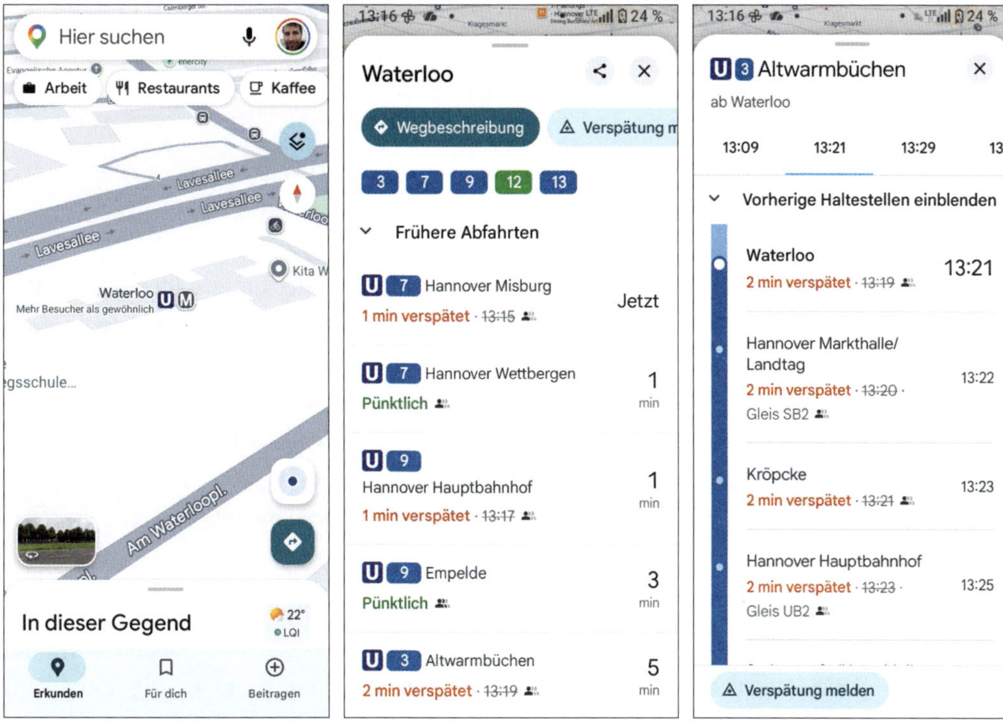

Haltestellen zeigen die nächsten Abfahrten, Linien, Echtzeitstatus, Verspätungen und den Verlauf der einzelnen Verbindung an.

In einer typischen Haltestellenansicht erscheinen z. B. mehrere Abfahrten einer Buslinie. Maps zeigt, ob die Verbindung **pünktlich** oder nur **planmäßig** ist. **pünktlich** weist auf verfügbare Echtzeitinformationen hin, während **planmäßig** den Fahrplan beschreibt.

Eine Haltestellenansicht enthält meist:

- Liniennummer
- Verkehrsmittelsymbol
- Fahrtrichtung bzw. Ziel
- Abfahrtszeit
- Status wie pünktlich, planmäßig oder verspätet
- Gleis, Bussteig oder Haltepunkt, falls verfügbar

Diese Ansicht ist praktisch, wenn Sie bereits wissen, von welcher Haltestelle aus Sie fahren möchten. Sie müssen dann nicht unbedingt eine komplette Route planen, sondern können einfach die nächsten Abfahrten prüfen.

Route zu Fuß 🚶

Die Fußgängernavigation eignet sich für kurze Wege, Innenstädte, Parkplätze, Bahnhöfe, Ausflüge oder den letzten Abschnitt einer längeren Reise. Google Maps berechnet dabei keine Autostrecke, sondern berücksichtigt nach Möglichkeit Gehwege, Fußwege, Abkürzungen, Querungen und Wege durch verkehrsberuhigte Bereiche. Dadurch ist die Fußroute besonders hilfreich, wenn Sie nach dem Parken den Eingang eines Gebäudes suchen, von einer Haltestelle zum Ziel laufen oder sich in einer unbekannten Umgebung orientieren möchten.

Um eine Route zu Fuß zu planen, suchen Sie zunächst Ihr Ziel und tippen anschließend auf **Route** bzw. **Wegbeschreibung**. Als Startpunkt ist meist automatisch **Mein Standort** eingetragen. Anschließend wählen Sie das Fußgängersymbol 🚶 aus. Maps zeigt nun die berechnete Strecke auf der Karte an. Die Route wird als blau markierte bzw. gepunktete Linie dargestellt. Zusätzlich sehen Sie die geschätzte Gehzeit, die Entfernung und die voraussichtliche Ankunftszeit.

Wenn Sie die Fußnavigation starten, wechselt Maps in eine angepasste Navigationsansicht. Oben sehen Sie den nächsten Hinweis, etwa wann Sie abbiegen sollen und welche Straße oder welcher Weg als Nächstes folgt. Auf der Karte zeigt ein Positionspfeil Ihren aktuellen Standort und Ihre Bewegungsrichtung. Das ist besonders nützlich, wenn Sie sich an Kreuzungen oder in Wohngebieten orientieren müssen.

Während der Fußnavigation stehen Ihnen weitere Funktionen zur Verfügung. Über die Lupe können Sie entlang der Route suchen, etwa nach Cafés, Geschäften oder anderen Orten in der Nähe. Über das Lautsprechersymbol steuern Sie die Sprachausgabe. In den weiteren Optionen finden Sie außerdem Funktionen wie **Streckenfortschritt teilen**, **Entlang der Route suchen**, **Wegbeschreibung**, **Satellitenkarte anzeigen** und **Einstellungen**. Die Satellitenansicht kann hilfreich sein, wenn Sie sich an Gebäuden, Grünflächen oder Eingängen orientieren möchten.

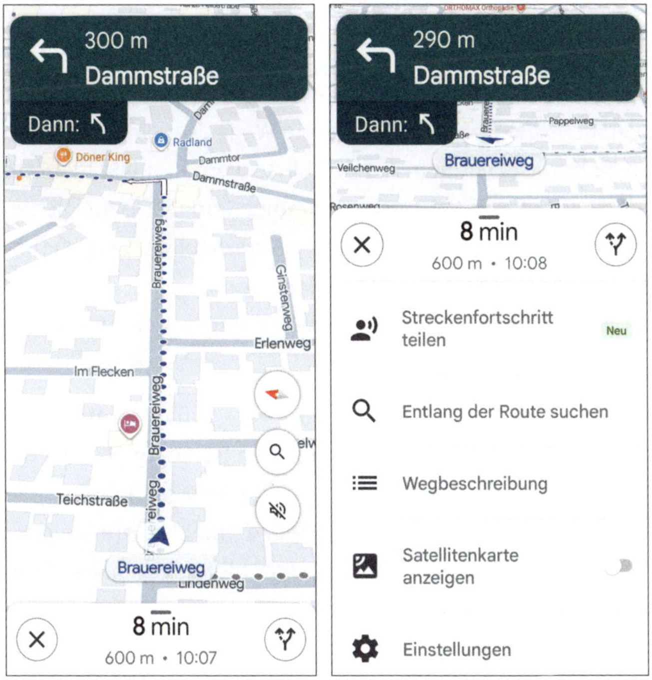

Die Fußnavigation zeigt den Weg mit Abbiegehinweisen; über die Optionen lässt sich die Strecke teilen, die Wegbeschreibung öffnen oder die Satellitenkarte aktivieren.

Besonders praktisch ist die Fußnavigation auch in Kombination mit öffentlichen Verkehrsmitteln. Maps führt Sie dann zunächst zu Fuß zur Haltestelle, begleitet Sie während der Fahrt mit Bus oder Bahn und zeigt anschließend den restlichen Fußweg zum Ziel an. Während der laufenden Wegführung können die nächsten Schritte zusätzlich als Benachrichtigung angezeigt werden, sodass Sie nicht ständig die App geöffnet halten müssen.

Bei komplexen Orten wie großen Kliniken, Bahnhöfen, Einkaufszentren, Parks oder Veranstaltungen sollten Sie dennoch zusätzlich auf Schilder und Hinweise vor Ort achten. Nicht jeder kleine Durchgang, jede Baustelle oder jeder gesperrte Weg ist in Google Maps jederzeit korrekt erfasst. Die App bietet eine sehr gute Orientierung, ersetzt aber nicht den Blick auf die tatsächliche Umgebung.

Route mit dem Fahrrad 🚴

Wenn Sie das Fahrradsymbol 🚴 auswählen, berechnet Google Maps eine Route für das Fahrrad. Die App versucht dabei, fahrradgeeignete Wege, Nebenstraßen und ruhigere Verbindungen zu berücksichtigen. Auf der Karte werden meist mehrere Alternativen angezeigt, die Sie durch Antippen auswählen können. Dabei sehen Sie nicht nur die geschätzte Fahrzeit und Entfernung, sondern teilweise auch Hinweise wie **Beste Route**, **Größtenteils flach** oder **Gleich schnell**. Gerade bei Fahrradrouten ist dieser Vergleich sinnvoll, weil die kürzeste Strecke nicht immer die angenehmste oder sicherste ist.

Vor dem Start sollten Sie die vorgeschlagene Strecke kurz prüfen. Maps weist selbst darauf hin, dass Fahrradrouten nicht immer mit den Bedingungen vor Ort übereinstimmen. Achten Sie deshalb darauf, ob die Route über stark befahrene Straßen, unübersichtliche Kreuzungen, unbefestigte Wege oder größere Steigungen führt. In hügeligem Gelände kann die Geländeansicht hilfreich sein. Möchten Sie sich an Radwegen orientieren, aktivieren Sie die Fahrradebene – so werden geeignete Verbindungen deutlicher sichtbar.

Nach dem Start wechselt Google Maps in die Fahrradnavigation. Oben auf dem Bildschirm sehen Sie den nächsten Fahrhinweis, etwa wann Sie abbiegen sollen und welcher Straße oder welchem Weg Sie folgen. Die Route ist farbig markiert, Ihre aktuelle Position wird als Pfeil angezeigt. Am unteren Rand sehen Sie die verbleibende Fahrzeit, die Reststrecke und die voraussichtliche Ankunftszeit. Je nach Ansicht können auch gleich schnelle Alternativen eingeblendet werden.

Während der Fahrradnavigation stehen weitere Funktionen zur Verfügung. Über die Optionen können Sie z. B.:

- eine **Wegbeschreibung** öffnen
- **Entlang der Route suchen**
- den **Streckenfortschritt teilen**
- die **Satellitenkarte anzeigen**

Außerdem lassen sich während der Fahrt **Meldungen hinzufügen**, etwa wenn ein Problem auf der Strecke auffällt. Nutzen Sie solche Funktionen aber nur, wenn Sie sicher stehen und nicht vom Verkehr abgelenkt werden.

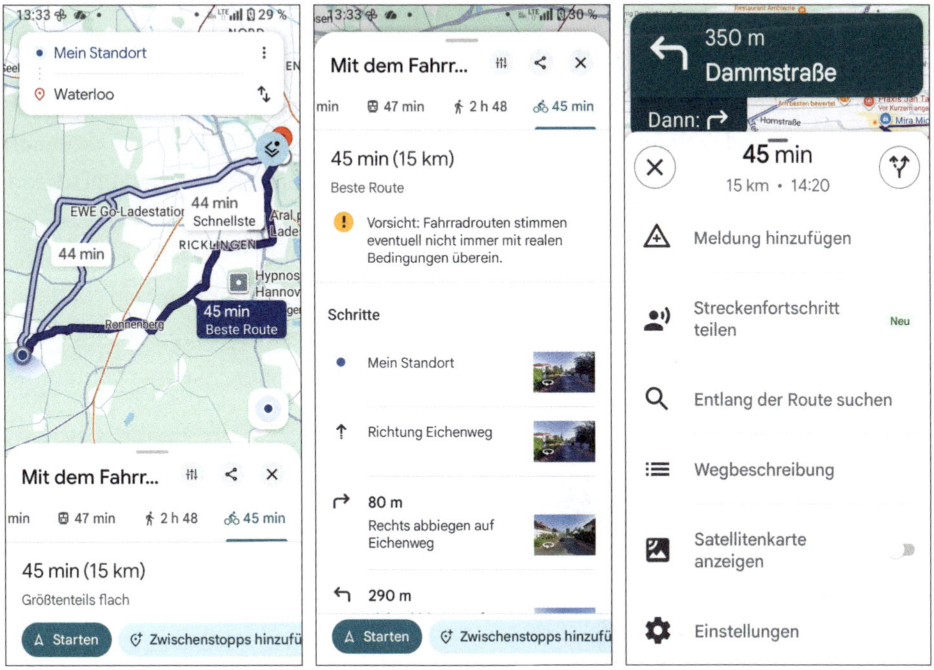

Maps berechnet Fahrradrouten mit Fahrzeit, Entfernung, Höhenhinweisen, Alternativstrecken und Schritt-für-Schritt-Navigation.

Reiseverlauf teilen und Offlinekarten verwenden

Google Maps unterstützt Sie nicht nur während der Navigation, sondern auch bei der Vorbereitung Ihrer Reise. Wenn Sie bereits unterwegs sind, können Sie Ihren aktuellen Reiseverlauf mit einer anderen Person teilen. Die ausgewählte Person sieht dann Ihren Standort, den Fortschritt der Fahrt und die voraussichtliche Ankunftszeit. Das ist besonders praktisch, wenn Sie jemanden besuchen, abholen oder sich verspäten. Anstatt zwischendurch Nachrichten zu schreiben, kann die andere Person direkt verfolgen, wann Sie ungefähr ankommen.

Die Funktion finden Sie während einer laufenden Navigation in den weiteren Optionen. Dort wählen Sie **Streckenfortschritt teilen** (manchmal auch: **Reiseverlauf teilen**) oder **Standort teilen** und anschließend den gewünschten Kontakt aus. Maps erstellt daraufhin eine Freigabe, über die die andere Person Ihre Fahrt verfolgen kann. Nach der Ankunft endet diese Freigabe automatisch. Prüfen Sie dennoch, ob die Standortfreigabe wirklich beendet wurde. Teilen Sie Ihren Standort grundsätzlich nur mit Personen, denen Sie vertrauen.

Für längere Fahrten, Reisen ins Ausland oder Regionen mit schlechtem Mobilfunkempfang sind Offlinekarten eine sinnvolle Ergänzung. Google Maps funktioniert zwar am besten mit aktiver Internetverbindung, weil aktuelle Verkehrsdaten, Sperrungen, Öffnungszeiten, Bewertungen und Suchergebnisse simultan aus dem Netz geladen werden. Sie können aber ausgewählte Kartenausschnitte vorab herunterladen und später ohne durchgehende Verbindung nutzen. Dadurch bleiben Straßen, Orte und viele Kartendetails auch dann verfügbar, wenn unterwegs kein Empfang besteht oder Sie mobiles Datenvolumen sparen möchten.

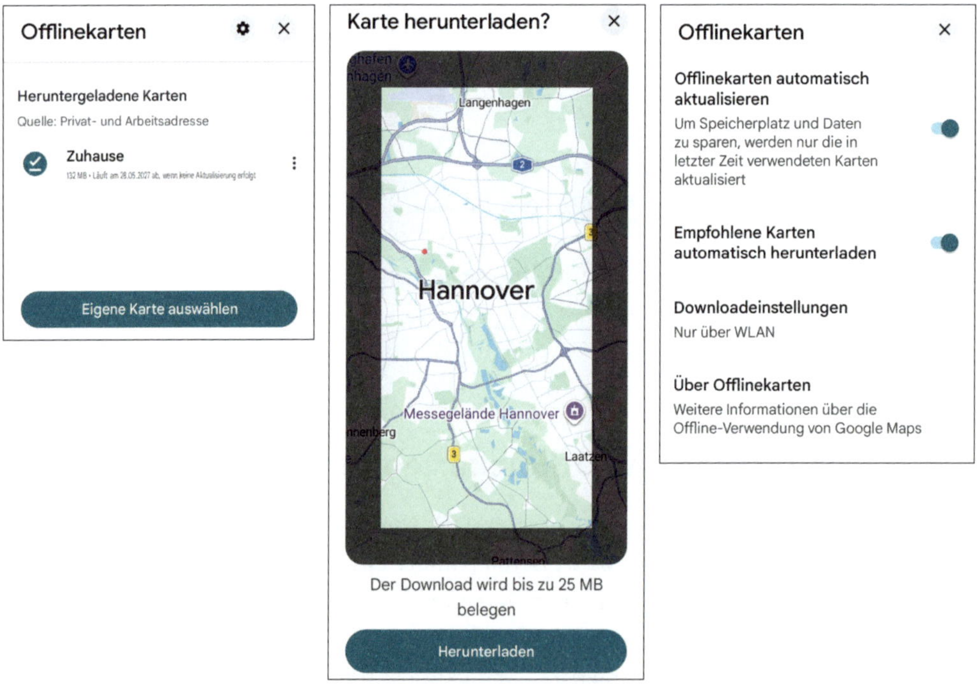

Offlinekarten lassen sich als eigener Kartenausschnitt herunterladen, automatisch aktualisieren und auf WLAN-Downloads beschränken.

Offlinekarten laden Sie über Ihr Profilbild ㉿ in Maps herunter. Dort öffnen Sie den Bereich **Offlinekarten**, wählen **Eigene Karte auswählen** und markieren den gewünschten Kartenausschnitt. Anschließend speichern Sie die Karte über **Herunterladen** auf dem Gerät. In den Einstellungen der **Offlinekarten** können Sie festlegen, ob Karten automatisch aktualisiert und empfohlene Karten automatisch heruntergeladen werden sollen. Außerdem lässt sich bestimmen, dass Downloads nur über WLAN erfolgen. Das ist besonders sinnvoll vor Reisen, damit Sie unterwegs mobiles Datenvolumen sparen und auch bei schlechtem Empfang grundsätzlich orientiert bleiben.

Einschränkungen bei Offlinekarten

Liveverkehr, aktuelle Sperrungen, Öffnungszeiten, Bewertungen und viele Suchergebnisse sind offline nur eingeschränkt oder gar nicht verfügbar. Offlinekarten ersetzen daher keine vollständige Onlinenavigation, sind aber eine wichtige Absicherung für Gebiete mit schwachem Empfang.

Android Auto – Google Maps im Fahrzeug

Android Auto bringt ausgewählte Android-Funktionen auf das Display Ihres Fahrzeugs. Dabei wird nicht einfach der Smartphone-Bildschirm gespiegelt. Stattdessen erscheint eine speziell angepasste Oberfläche mit großen Schaltflächen, klarer Darstellung und reduzierten Ablenkungen. Google Maps ist dabei meist die wichtigste App.

Android Auto nutzt den verfügbaren Bildschirm flexibel. Auf breiten Displays erscheinen Karte und Medienbereich nebeneinander.

Je nach Fahrzeug verbinden Sie Ihr Smartphone per USB-Kabel oder drahtlos mit Android Auto. Anschließend erscheint die Android-Auto-Oberfläche auf dem Fahrzeugdisplay. In den Screenshots ist zu sehen, dass Android Auto die Kartenansicht mit Medieninhalten kombinieren kann. Links erscheint Google Maps, rechts oder unten werden Musik, Podcasts oder andere Inhalte angezeigt.

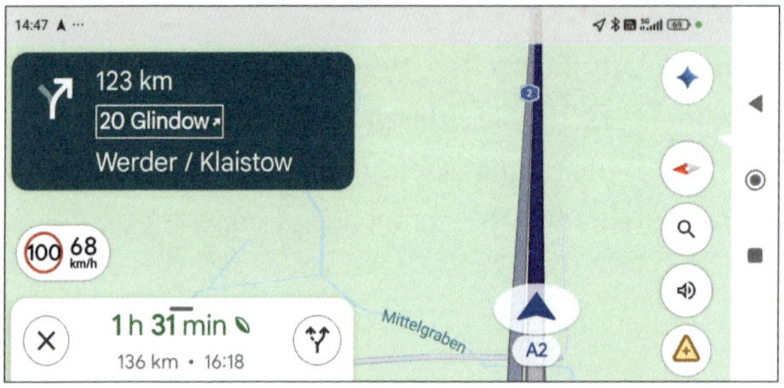

Auf kleineren Displays wird häufiger zwischen Vollbildkarte und App-Ansicht gewechselt.

Android Auto einrichten

Moderne Android-Versionen enthalten Android Auto bereits im Betriebssystem. Eine separate App ist daher meist nicht mehr nötig. Wichtig ist allerdings, dass Ihr Fahrzeug Android Auto unterstützt. Die passende Einstellung finden Sie auf vielen Geräten in den Android-Einstellungen unter **Mehr Verbindungsoptionen**. Dort erscheint der Eintrag **Android Auto** mit dem Hinweis, dass Apps auf dem Fahrzeugdisplay verwendet werden können.

Nach dem Öffnen der Android-Auto-Einstellungen können Sie über **Fahrzeug verbinden** ein neues Auto einrichten. In vielen Fahrzeugen schließen Sie dazu das Smartphone zunächst mit einem USB-Kabel an einen mit Android Auto kompatiblen USB-Anschluss des Autos an. Das Smartphone sollte dabei entsperrt sein. Anschließend folgen Sie den Hinweisen auf dem Smartphone und auf dem Fahrzeugdisplay.

Viele neuere Fahrzeuge unterstützen Android Auto auch kabellos. In diesem Fall starten Sie die Einrichtung häufig über die Sprachbefehlstaste am Lenkrad oder über die entsprechende Android-Auto-Funktion im Fahrzeug. Das Smartphone wird dann für das Auto sichtbar und kann über Bluetooth gekoppelt werden. In den Bluetooth-Einstellungen erscheint das Fahrzeug als gekoppeltes Gerät.

Android Auto lässt sich je nach Fahrzeug per USB-Kabel oder kabellos über Sprachtaste und Bluetooth mit dem Auto verbinden.

Während der Einrichtung fragt Android Auto nach verschiedenen Berechtigungen. Dazu gehören je nach Nutzung der Zugriff auf Standort, Telefon, Kontakte, Nachrichten und Benachrichtigungen. Diese Berechtigungen sind notwendig, wenn Sie auf dem Fahrzeugdisplay navigieren, telefonieren, Nachrichten vorlesen lassen oder Musik- und Medien-Apps verwenden möchten. Danach erscheint Android Auto auf dem Display des Fahrzeugs.

In den Android-Auto-Einstellungen legen Sie außerdem fest, wie sich Android Auto beim Verbinden verhalten soll. Sie können bestimmen, ob Android Auto automatisch startet und ob es auch dann genutzt werden darf, wenn das Smartphone gesperrt ist. Außerdem lässt sich einstellen, ob Musik beim Losfahren automatisch gestartet werden soll.

Der Bereich **Launcher anpassen** bestimmt, welche Apps auf dem Fahrzeugdisplay angezeigt werden und in welcher Reihenfolge sie erscheinen. Sie können dort Apps ein- oder ausblenden und die Reihenfolge verändern. Zusätzlich lassen sich Kurzbefehle hinzufügen, etwa zum direkten Anrufen eines Kontakts oder für eine Gemini-Aktion. Dadurch passen Sie die Android-Auto-Oberfläche besser Ihren Gewohnheiten an.

Weitere Einstellungen betreffen die Anzeige und Bedienung im Fahrzeug. So können Sie **Widgets für die Taskleiste** aktivieren, den **Digitalen Assistenten verwalten**, die »**Hey Google**«**-Erkennung** für Sprachbefehle einrichten und den **Tag-/Nachtmodus für Karten** festlegen. Im Bereich **Messaging** bestimmen Sie, ob Nachrichtenbenachrichtigungen, Gruppenunterhaltungen oder die erste Zeile einer Nachricht angezeigt werden sollen. Auch Nachrichtenton und Benachrichtigungen über den Assistenten lassen sich steuern.

Im erweiterten Bereich finden Sie zusätzliche Optionen wie die **Fahrersitzposition** und das Layout. Damit kann Android Auto das Navigations-Dashboard näher an Fahrerin oder Fahrer anzeigen. Diese Einstellungen sind besonders nützlich, wenn das Fahrzeugdisplay groß ist oder weiter von der Fahrposition entfernt liegt.

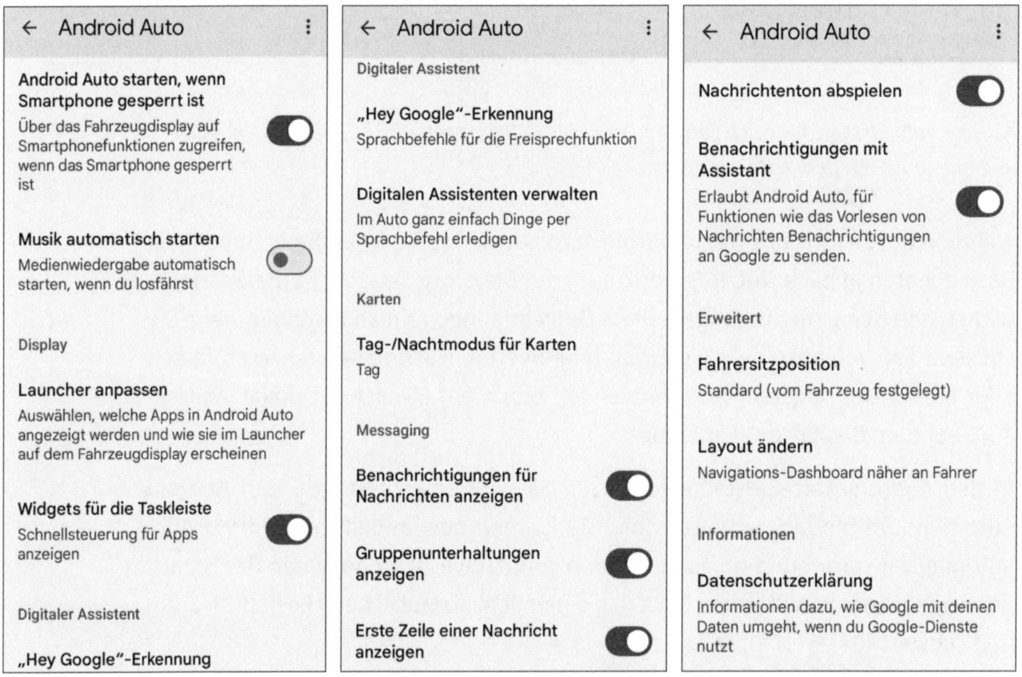

In den Android-Auto-Einstellungen passen Sie Startverhalten, Launcher, Assistent, Kartenanzeige, Nachrichten und Layout an.

Verbindungsprobleme?
Wenn Android Auto nicht startet, liegt es häufig am Kabel. Manche USB-Kabel laden nur, übertragen aber keine Daten zuverlässig. Verwenden Sie möglichst ein hochwertiges Kabel. Bei drahtloser Verbindung hilft oft ein Neustart des Smartphones oder das erneute Koppeln mit dem Fahrzeug.

Die Android-Auto-Oberfläche

Android Auto ist keine klassische App, die Sie wie andere Apps auf dem Smartphone verwenden. Es handelt sich vielmehr um eine speziell angepasste Benutzeroberfläche für das Auto. Sie bringt ausgewählte Funktionen Ihres Android-Smartphones auf das Fahrzeugdisplay und stellt sie dort größer, klarer und ablenkungsärmer dar. Dadurch können Sie Navigation, Medien, Telefonie, Nachrichten und Sprachsteuerung während der Fahrt leichter bedienen.

Die Oberfläche besteht aus mehreren typischen Bereichen: der Kartenansicht, einer App-Leiste auf der linken Seite, dem Mikrofonsymbol für die Spracheingabe, dem Symbol zum Umschalten der Ansicht zu Dashboard oder App-Übersicht links daneben, einer Mediensteuerung sowie Statusinformationen wie Uhrzeit, Netzempfang und Akkustand. Je nach Fahrzeugdisplay und gewählter Ansicht können diese Elemente unterschiedlich angeordnet sein.

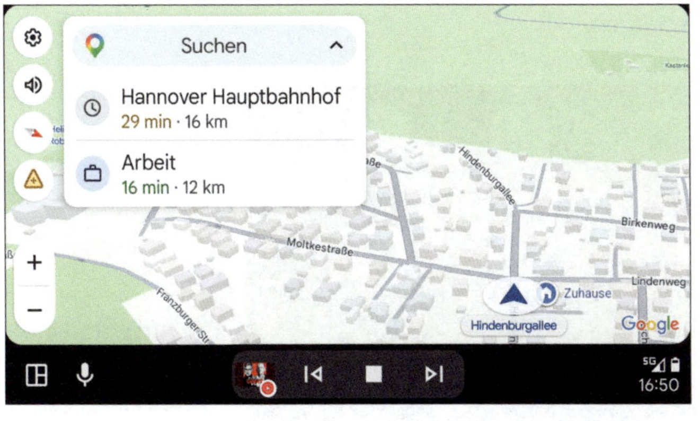

Kartenansicht mit Suchfeld, gespeicherten Zielen, Mediensteuerung und Schnellzugriffen am Rand

Android Auto bietet im Alltag drei Ansichten. In der *Kartenansicht* steht Google Maps im Mittelpunkt. Sie sehen die Karte, Ihre aktuelle Position, das Suchfeld, gespeicherte Ziele und Routenvorschläge. Während der Navigation erscheinen dort große Abbiegehinweise, die Route, Verkehrsmeldungen und die verbleibende Fahrzeit.

Daneben gibt es eine *geteilte Dashboard-Ansicht*. Hier wird die Karte verkleinert angezeigt, während daneben weitere Kacheln erscheinen, z. B. zuletzt verwendete Ziele, Arbeitsweg, Medienwiedergabe oder Vorschläge aus Musik- und Podcast-Apps. Diese Ansicht ist besonders praktisch, wenn Sie Navigation und Medien gleichzeitig im Blick behalten möchten.

Dashboard-Ansicht mit Karte, Zielvorschlägen und Medienkachel für die parallele Nutzung

Die dritte Ansicht ist die *App-Übersicht*. Sie zeigt alle für Android Auto freigegebenen Apps als große Symbole, etwa Maps, Telefon, Kalender, Nachrichten, Musik- oder Hörbuch-Apps. Dort starten Sie Apps direkt über das Fahrzeugdisplay. Welche Apps hier erscheinen, können Sie in den Android-Auto-Einstellungen über **Launcher anpassen** festlegen.

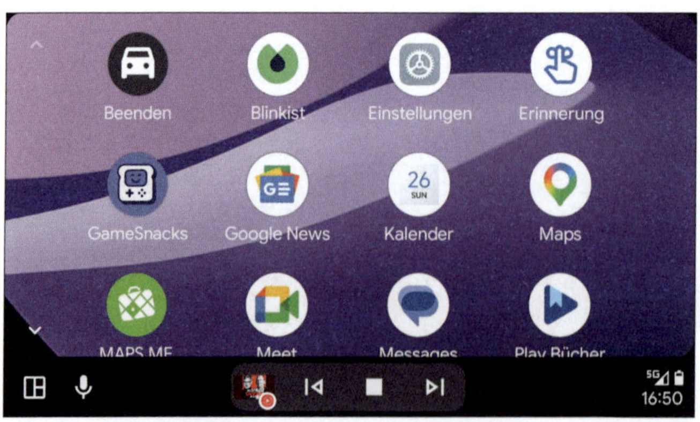

App-Übersicht mit den für Android Auto freigegebenen Apps auf dem Fahrzeugdisplay

Zwischen diesen Ansichten wechseln Sie über die Schaltflächen am unteren oder seitlichen Rand des Android-Auto-Bildschirms. Das Symbol mit den Kacheln bzw. Punkten ⁝⁝⁝ öffnet die App-Übersicht. Dort können Sie Apps wie Maps, Telefon, Kalender oder Medien-Apps starten. Das geteilte Symbol mit zwei unterschiedlich großen Flächen ◫ öffnet die Dashboard-Ansicht, in der Karte, Zielvorschläge und Medien nebeneinander angezeigt werden. Möchten Sie aus der Dashboard-Ansicht zurück zur großen Kartenansicht wechseln, tippen Sie einfach auf die Karte. Das Mikrofonsymbol bleibt dabei erreichbar, damit Sie Ziele, Anrufe oder Medien per Sprachbefehl starten können.

Navigation mit Android Auto starten

Die Navigation lässt sich in Android Auto auf mehreren Wegen starten. Häufig erscheinen bereits passende Zielvorschläge, etwa **Zuhause**, **Arbeit**, zuletzt verwendete Ziele oder häufig angefahrene Orte. Sie können einen dieser Vorschläge direkt antippen und die Navigation starten.

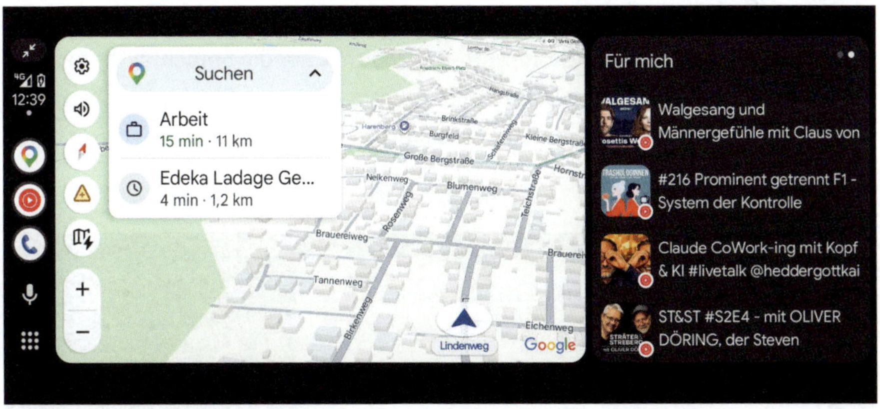

Android Auto zeigt Zielvorschläge wie Arbeit oder zuletzt gesuchte Orte direkt in der Karten- oder Dashboard-Ansicht an.

Alternativ nutzen Sie das Suchfeld. Vor der Fahrt können Sie ein Ziel auch per Texteingabe suchen. Android Auto zeigt dann eine Bildschirmtastatur und passende Treffer an.

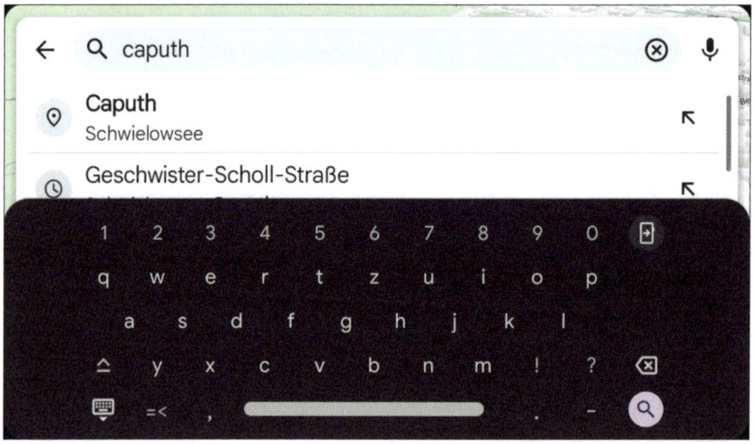

Vor der Fahrt kann ein Ziel auch per Bildschirmtastatur gesucht und aus den Treffern ausgewählt werden.

Während der Fahrt wird die Texteingabe jedoch eingeschränkt. In der Suchansicht kann dann der Hinweis erscheinen, dass während der Fahrt nur die Spracheingabe möglich ist. Das soll verhindern, dass Sie durch Tippen und Suchen vom Verkehr abgelenkt werden. Für die Sprachsuche verwenden Sie entweder das Mikrofonsymbol auf dem Android-Auto-Bildschirm oder die Sprachtaste am Lenkrad, sofern Ihr Fahrzeug diese unterstützt. Dadurch können Sie Ziele suchen, eine Navigation starten oder Orte entlang der Route finden, ohne den Bildschirm lange bedienen zu müssen.

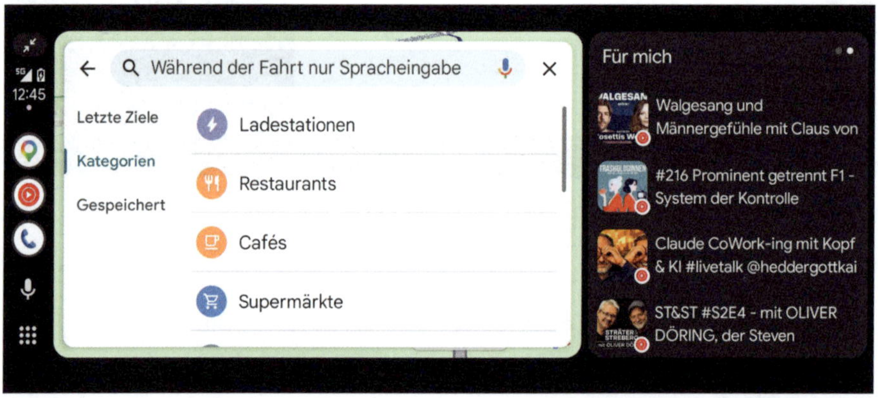

Während der Fahrt lässt Android Auto nur die Spracheingabe zu und zeigt passende Kategorien wie Ladestationen, Restaurants oder Cafés an.

Beispiele für Sprachbefehle sind:

- »Navigiere nach Hause.«
- »Fahre zur Arbeit.«
- »Navigiere zum Hauptbahnhof Hannover.«
- »Suche Supermärkte in der Nähe.«
- »Suche Ladestationen entlang der Route.«
- »Suche Restaurants auf der Strecke.«

Nach dem Start der Navigation wechselt Android Auto in den Navigationsbildschirm. Dort steht die Karte im Mittelpunkt. Der nächste Fahrhinweis wird groß und gut lesbar angezeigt, z. B. die nächste Abfahrt, eine Abbiegung oder der Hinweis, auf einer Straße zu bleiben. Zusätzlich sehen Sie die aktuelle Route, Ihre Position, Verkehrsinformationen, die verbleibende Fahrzeit, Entfernung und Ankunftszeit.

Links in der Kartenansicht kann außerdem ein Tempobereich erscheinen. Dort zeigt Google Maps einerseits die erkannte Geschwindigkeitsbegrenzung der aktuellen Straße und daneben die aktuell gefahrene Geschwindigkeit an. Die eigene Geschwindigkeit wird dabei nicht vom Tachometer des Autos übernommen, sondern aus den Standort- und Bewegungsdaten des Smartphones bzw. Android-Auto-Systems berechnet. Die Anzeige kann deshalb leicht vom Fahrzeugtacho abweichen und ist eher als Orientierung gedacht. Maßgeblich bleiben immer die Beschilderung vor Ort und der Tacho des Fahrzeugs.

Über die seitlichen Schaltflächen erreichen Sie außerdem Einstellungen, Lautstärke, Kartenausrichtung, Meldungen, Zoom und weitere Navigationsfunktionen.

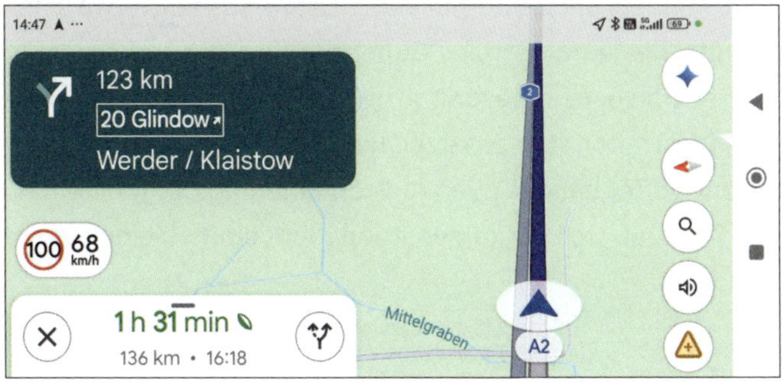

Die Navigationsansicht zeigt Abbiegehinweis, Route, Restzeit sowie links Tempolimit und die aktuell gefahrene Geschwindigkeit.

Routen und Alternativen in Android Auto

Auch in Android Auto zeigt Google Maps alternative Routen an. Sie können vor dem Start eine Route auswählen und sehen Fahrzeit, Entfernung und Hinweise zur Verkehrslage. In den Screenshots sind mehrere Routen mit unterschiedlichen Zeiten und Entfernungen zu sehen. Teilweise weist Maps auf eine energieeffiziente Route hin.

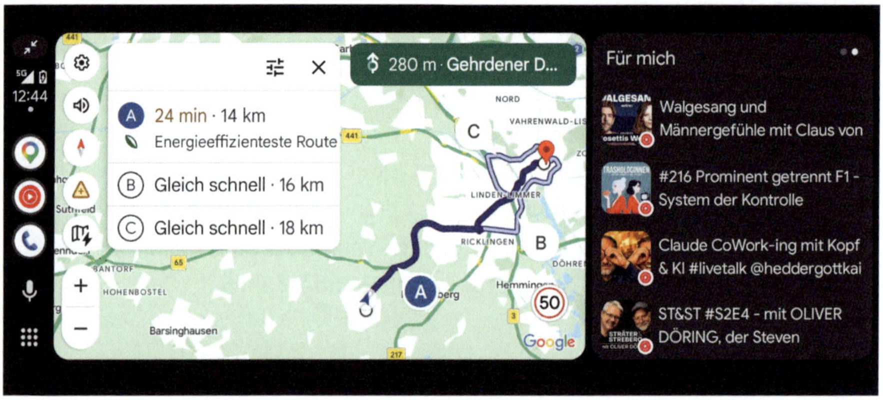

Android Auto zeigt während der Routenplanung und Navigation alternative Routen mit Fahrzeit, Entfernung und Hinweisen wie energieeffizienteste Route an.

Während der Fahrt kann Maps eine schnellere Route vorschlagen. Wenn Sie nichts tun, bleibt Maps je nach Situation auf der aktuellen Strecke oder übernimmt nach kurzer Zeit eine bessere Route. Achten Sie aber immer darauf, ob der Vorschlag im konkreten Fahrumfeld sinnvoll ist.

Suche, Meldungen und Hinweise während der Fahrt

Während der Navigation können Sie weiterhin nach Orten suchen, etwa nach Tankstellen, Ladestationen, Restaurants oder Supermärkten. In Android Auto erscheinen dafür große, gut lesbare Kategorien. Bei Ladestationen zeigt Maps entlang der Route passende Treffer, den zusätzlichen Umweg und – sofern verfügbar – Informationen zur Verfügbarkeit oder zu Problemen an. So können Sie unterwegs besser einschätzen, ob sich ein kurzer Stopp lohnt oder ob eine andere Station sinnvoller ist.

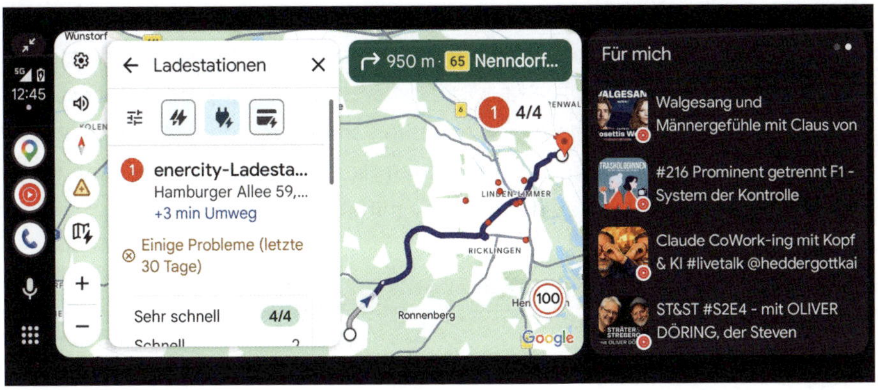

Android Auto zeigt Ladestationen entlang der Route mit Umweg, Verfügbarkeit und möglichen Problemen an.

Während der Fahrt sollte diese Suche möglichst per Sprache erfolgen, damit Sie den Blick nicht unnötig von der Straße nehmen. Je nach Situation zeigt Android Auto zudem den Hinweis, dass während der Fahrt nur die Spracheingabe möglich ist.

Zusätzlich können Sie während der Navigation den Reiseverlauf teilen. Dabei wird Ihre laufende Fahrt mit einer ausgewählten Person geteilt. Die andere Person sieht dann Ihren Standort, den Fortschritt der Fahrt und die voraussichtliche Ankunftszeit. Das ist praktisch, wenn Sie jemanden besuchen, abholen oder später ankommen. Die Freigabe lässt sich wieder abbrechen.

Über Android Auto können Sie den Reiseverlauf teilen und die Freigabe bei Bedarf wieder abbrechen.

Sie haben während der Navigation die Möglichkeit, Verkehrsmeldungen hinzuzufügen. Über das Meldesymbol öffnen Sie eine Auswahl mit typischen Ereignissen wie **Straßensperrung**, **Unfall**, **Stau**, **Baustelle**, **Spursperrung** oder **Gegenstand auf Straße**. Diese Meldungen helfen anderen Fahrerinnen und Fahrern, aktuelle Störungen besser einzuschätzen. Verwenden Sie diese Funktion aber nur, wenn es sicher ist, etwa im Stand oder durch eine mitfahrende Person.

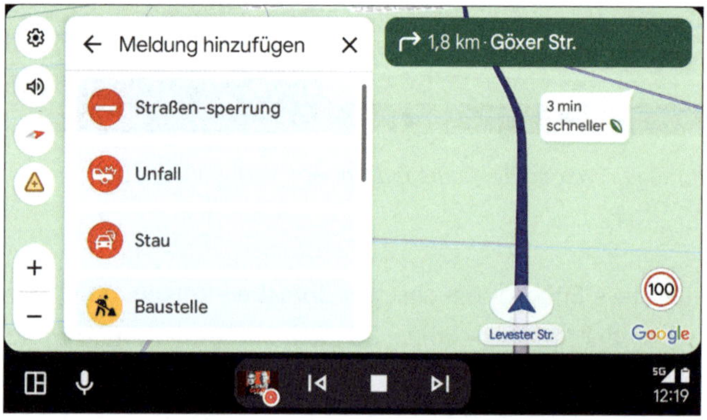

Über »Meldung hinzufügen« ⚠ lassen sich Störungen wie Sperrung, Unfall, Stau oder Baustelle melden.

Google Maps kann außerdem vorhandene Meldungen anderer Nutzerinnen und Nutzer anzeigen und nachfragen, ob eine Störung noch besteht. Wenn etwa eine Baustelle vor Ihnen gemeldet wurde, können Sie bestätigen, ob sie **Noch da** oder **Nicht da** ist. Auch hier gilt: Solche Eingaben sollten niemals vom Fahren ablenken.

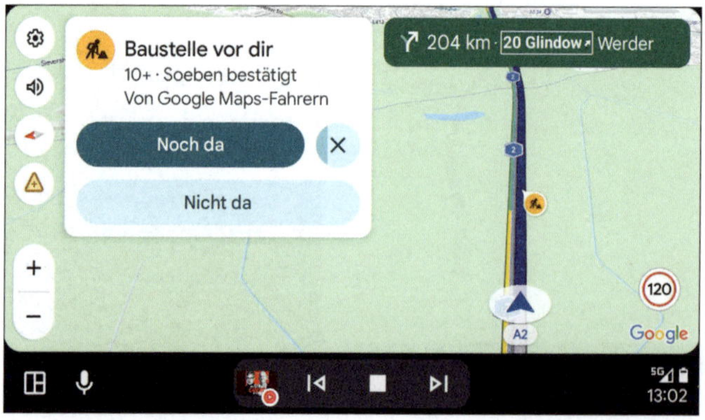

Android Auto fragt bei gemeldeten Störungen nach, ob sie noch bestehen oder nicht mehr vorhanden sind.

Medien, Telefon und Google-Apps in Android Auto

Ein großer Pluspunkt von Android Auto ist, dass Navigation, Medien und Kommunikation parallel nutzbar sind. Sie können mit Google Maps navigieren und gleichzeitig Musik, Podcasts oder Hörbücher hören. Je nach Displaygröße erscheinen Mediensteuerungen entweder neben der Karte, als Kachel in der Dashboard-Ansicht oder am unteren Rand. Dort können Sie Titel pausieren, fortsetzen oder zum nächsten Titel springen, ohne die Navigationsansicht vollständig zu verlassen.

Navigationsansagen werden dabei über die Medienwiedergabe gelegt. Wenn Google Maps eine Anweisung spricht, werden Musik oder ein Podcast kurz leiser gestellt. Danach läuft die Wiedergabe automatisch weiter. So bleiben Abbiegehinweise verständlich, ohne dass Sie die Wiedergabe selbst regeln müssen.

Über die App-Übersicht lassen sich verschiedene für Android Auto freigegebene Apps öffnen. Dazu gehören neben **Maps** z. B. **YouTube Music** inklusive Podcasts bzw. Podcast-Inhalten, **Kalender**, **Google News**, **Meet**, **Nachrichten** bzw. **Messages** und **Telefon**. Welche Apps tatsächlich angezeigt werden, hängt davon ab, welche Apps auf Ihrem Smartphone installiert sind und ob sie Android Auto unterstützen.

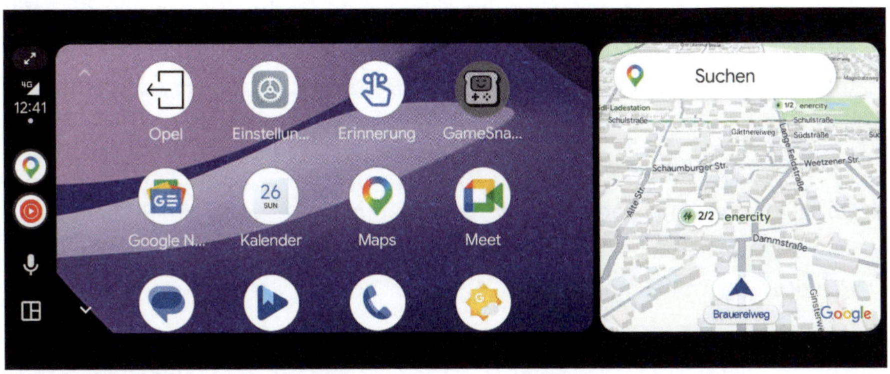

In der geteilten Ansicht bleiben App-Übersicht und Google Maps gleichzeitig sichtbar.

- **YouTube Music** dient in Android Auto dem Abspielen von Musik, Playlists und Podcasts. Die Oberfläche ist stark vereinfacht und zeigt große Bedienelemente für Wiedergabe, Pause, zurück, weiter, Zufallswiedergabe oder Wiederholung. Bei Podcasts erscheinen Bereiche wie **Neue Folgen** oder eigene Podcasts. Für

Musik kann je nach Inhalt ein kostenpflichtiges Abo erforderlich sein, während Podcasts häufig auch ohne Musikabo verfügbar sind.

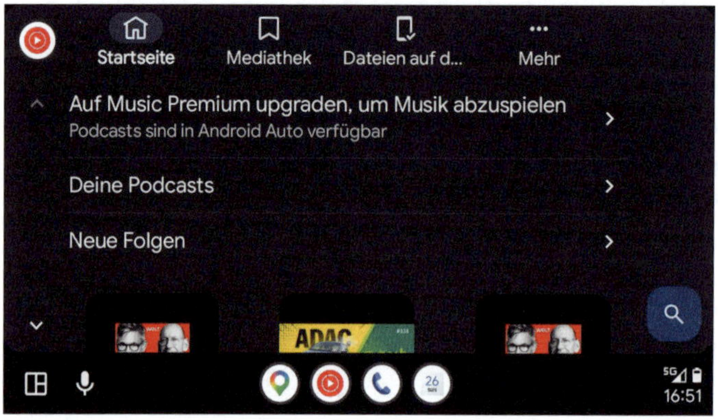

YouTube Music zeigt in Android Auto Musik, Podcasts, Mediathek und Suchfunktion in einer fahrgerechten Ansicht.

- **Kalender** kann anstehende Termine anzeigen. Enthält ein Termin eine Adresse, lässt sich daraus direkt eine Navigation starten. Das ist praktisch, wenn Sie zu einem Arzttermin, einer Besprechung oder einem privaten Termin fahren möchten und die Adresse bereits im Kalender gespeichert wurde.
- **Nachrichten** (bzw. **Messages**) zeigt eingehende Nachrichten in einer fahrgerechten Form an. Nachrichten können vorgelesen und per Sprache beantwortet werden. Je nach Einstellung werden Benachrichtigungen, Gruppenunterhaltungen oder die erste Zeile einer Nachricht angezeigt. Diese Optionen legen Sie in den Android-Auto-Einstellungen fest.
- **Google News** kann Nachrichteninhalte bereitstellen, wobei die Bedienung im Fahrzeug auf einfache Auswahl und Wiedergabe bzw. Anzeige geeigneter Inhalte reduziert ist.
- **Meet** kann – sofern unterstützt – für Anrufe oder Besprechungen genutzt werden, allerdings ebenfalls in einer für das Auto angepassten, ablenkungsärmeren Darstellung.
- Auch die **Telefon**-App ist eng eingebunden. Android Auto kann auf Ihre Kontakte zugreifen, wenn Sie die Berechtigung erteilen. In der Oberfläche erscheinen häufig Bereiche wie **Favoriten**, **Letzte**, **Kontakte** und **Wähltasten**. So können Sie Personen direkt über das Fahrzeugdisplay anrufen. Wenn ein Kontakt eine Adresse enthält, kann er auch für die Navigation relevant sein.

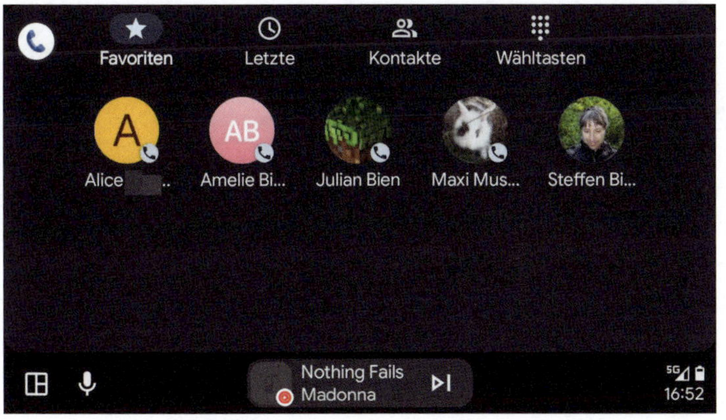

Die Telefon-App bietet in Android Auto schnellen Zugriff auf Favoriten, letzte Anrufe, Kontakte und Wähltasten.

Nutzen Sie für Telefonie und Suche möglichst die Spracheingabe, z. B.: »Rufe Anna an«, »Rufe Zuhause an«, »Navigiere zu Max Mustermann« oder »Spiele meine Playlist ab«. Das ist sicherer als die manuelle Suche während der Fahrt. Android Auto ist darauf ausgelegt, Bedienwege kurz zu halten und viele Aufgaben über Sprache zu erledigen.

Stichwortverzeichnis